FALKEN
VERLAG

Holger Krause

Wege zum Börsenerfolg

Aktien · Anleihen · Optionen

FALKEN VERLAG

In Geldangelegenheiten sollte man immer gut Bescheid wissen:
„Erfolgreich. Millionär Helmut Hans verrät sein Erfolgskonzept" (Nr. 4276)
„Ihre optimale Rente" (Nr. 0806)

Mein besonderer Dank gilt Barbara Janßen.

CIP-Kurztitelaufnahme der Deutschen Bibliothek

Krause, Holger:
Wege zum Börsenerfolg: Aktien, Anleihen, Optionen /
Holger Krause. – Niedernhausen-Ts.:
Falken-Verlag, 1987.
(Falken-Sachbuch) (Großer Ratgeber)
ISBN 3-8068-4275-2

ISBN 3 8068 4275 2

Titelbild: Frankfurter Wertpapierbörse; Kurszettel des Handelsblattes vom 3./4. 10. 1986
Zeichnungen: Pia Selbach, Wiesbaden, Seite: 25, 56, 63, 124, 221 (nach einer Vorlage des Gamma Verlages, München)
Bildquellennachweis: AMEX, New York, Seite: 131; Arbeitskreis Aktie e. V., Düsseldorf, entnommen aus „Alles über Aktien", Seite: 41; Bank-Verlag GmbH, Köln, entnommen aus „Wirtschaft auf einen Blick", Seite: 57, entnommen aus „Sparen und Anlegen", Seite: 69; Bank Vontobel, Zürich, Seite: 209–215; Bayerische Vereinsbank AG, München, Seite: 172; CAPITAL, Das deutsche Wirtschaftsmagazin, alle Rechte bei Gruner + Jahr AG & Co, Hamburg, Seite: 152, 171; Commerzbank AG, Frankfurt, Seite: 32, 59; dpa, Frankfurt, Seite: 79/Eilmes, 82; Frankfurter Wertpapierbörse, Frankfurt a. M., Seite: 20, 64, 126, 160; Gamma Verlag GmbH, München, Seite: 222–223; Gemeinschaftsdienst der Boden- und Kommunalkreditinstitute, Frankfurt a. M., Seite: 158; Globus-Kartendienst GmbH, Hamburg, Seite: 10, 13, 43; Handelsblatt, Düsseldorf, Seite: 145; Historisches Portfolio, Frankfurt a. M., Seite: 22, 23; Informationsdienst für Bundeswertpapiere, Frankfurt a. M., Seite: 26, 168; Keystone Pressedienst GmbH, Hamburg, Seite: 130; VEBA AG, Düsseldorf, Seite: 34, 35; VWD-Vereinigte Wirtschaftsdienste GmbH, Eschborn, Seite: 67, 71, 73, 129, 144, 146, 167, 174, 178, 181, 189, 204, 217; „The Wall Street Journal", New York, Seite: 132, 133, 206; WIRTSCHAFTSWOCHE, Rechte bei der Gesellschaft für Wirtschaftspublizistik GmbH, Düsseldorf, Seite: 127, 128, 156, 183, 184.

Satz: LibroSatz, Kriftel bei Frankfurt
Druck: Auer, Donauwörth

817 2635 4453 62

Inhalt

Einleitende Bemerkungen

Nachfrage und Angebot, in der Sprache der Börsianer kurz Geld und Brief genannt, bestimmen die Kurse von Wertpapieren und Devisen. Käufer und Verkäufer haben in der Regel unterschiedliche Vorstellungen über den weiteren Kursverlauf.

Die Börse ist also unter keinen Umständen eine Einbahnstraße, wo die Kurse nur steigen können. Korrektur- bzw. Konsolidierungsphasen gehören notwendigerweise dazu.

Auch in der größten Euphorie sollte man sich daher an den Wortsinn von „Spekulation" erinnern, der im „Deutschen Wörterbuch" der Brüder Jacob und Wilhelm Grimm treffend definiert wird: „berechnung, überlegung, nach der ein unternehmen, vorhaben u.s.w. erfolg erhoffen läszt".

Ohne Hoffnung geht es also auch an der Börse nicht, auch dann nicht, wenn wir, wie seit 1982, eine Börsenkonstellation haben, die im historischen Vergleich einmalig ist:

- niedrige Zinsen,
- niedrige Inflationsraten
- und günstige Rohstoff- und Energiepreise.

Man kann daher ohne Übertreibung feststellen: die Börsen der Welt befinden sich in einer Phase der völligen Neubewertung. Wurde schon 1985 als das Jahr der Aktie bezeichnet, so können wir für die gesamte Periode der 80er Jahre ohne Übertreibung von einem Jahrzehnt der Börse sprechen.

Nehmen Sie an dieser zweifellos spektakulären Bewegung teil. Das vorliegende Buch liefert Ihnen dafür die notwendigen Kenntnisse und Informationen, wobei insbesondere das ausführliche, doch leichtverständliche Fachwortverzeichnis am Ende des Buches auch dem Leser ohne Vorkenntnisse eine erste Orientierung ermöglicht.

Lehnen Sie sich also zurück und versinken Sie in der geheimnisvollen Welt von Aktie und Börse, um danach als erfolgreicher Anleger wieder aufzutauchen.

> Prophezeiungen sind so schwierig, vor allem über die Zukunft.
> *George Bernard Shaw*

Die Reichen und die „Superreichen“

Falls Sie sich, verehrter Leser, nach eigener sachkundiger Einschätzung diesem Personenkreis zugehörig fühlen, können Sie mit meinem vollen Verständnis rechnen, sollten Sie mit der Lektüre nicht fortfahren wollen.
Für alle anderen Leser allerdings dürfte ein Studium des vorliegenden Buches äußerst empfehlenswert sein, beträgt doch das Geldvermögen aller privaten Haushalte in der Bundesrepublik Deutschland zusammen nahezu 2,2 Billionen DM. Dies ist immerhin eine Zahl mit 12 Nullen, und ein derartig gewaltiger Betrag will natürlich erst einmal richtig, das heißt gewinnbringend, angelegt sein.

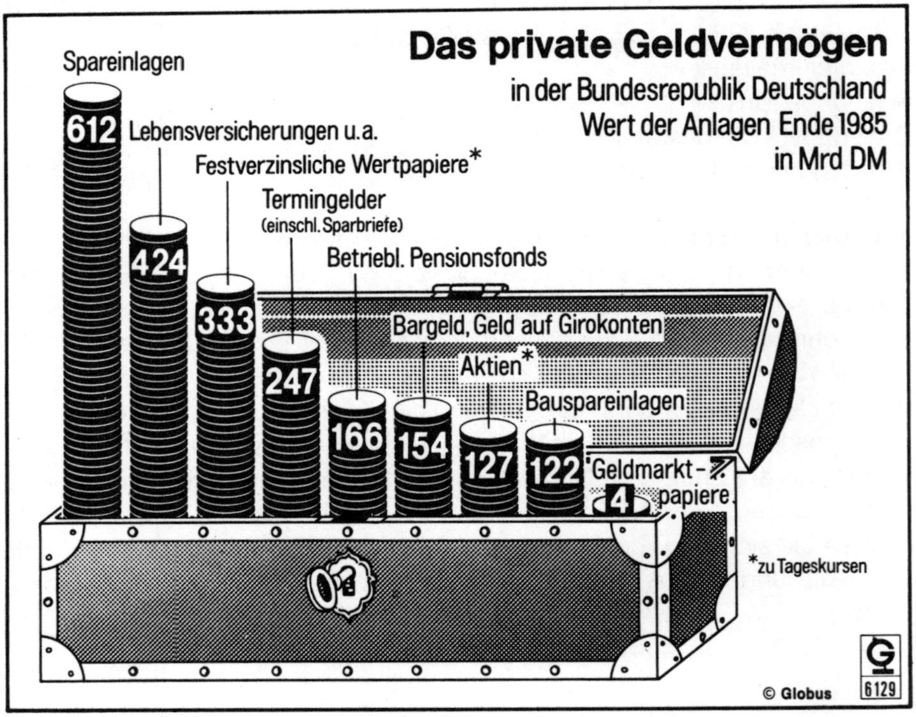

Das private Geldvermögen in der Bundesrepublik Deutschland (in Mrd. DM, Ende 1985)

Wie Sie sehen können, stellt das Sparbuch nach wie vor das wichtigste Vermögenspolster der Bundesbürger dar. Verglichen mit dem Wert der Geldanlagen in festverzinslichen Wertpapieren haben Engagements auf dem Aktienmarkt noch einen deutlichen Nachholbedarf zu verzeichnen. Hier winken höhere Gewinnmöglichkeiten bei allerdings steigendem Verlustrisiko.

Für den einzelnen bundesdeutschen privaten Haushalt errechnet sich ein durchschnittliches Geldvermögen von fast DM 90 000,–, während es 1970 erst DM 24 000,– waren. Pro Bundesbürger ergibt sich damit ein Geldvermögen von knapp DM 36 000,–. Diese Durchschnittszahl wird natürlich von den etwa 67 000 statistisch erfaßten Bundesbürgern verfälscht, die ein Vermögen von mindestens einer Million DM ihr eigen nennen. Noch um Grade interessanter sind allerdings die rund 10 000 dem Finanzamt bekannten Einkommensmillionäre. Denn es ist ein gravierender Unterschied, ob man eine Million DM nur besitzt oder jedes Jahr eine Million DM einstreichen kann. Es ist auch nicht weiter verwunderlich, daß in dieser Einkommensklasse die Unternehmer klar dominieren.
Nun sind das aber alles relativ kleine Fische, verglichen mit den sogenannten „Superreichen" in diesem unserem Lande. Hier findet man so illustre Namen wie Flick, von Finck, von Thurn und Taxis, von Bismarck, Henkel, Oetker, Haniel und Quandt. Als reichster Deutscher gilt immer noch Friedrich Karl Flick, dessen Vermögen auf mindestens sechs Milliarden DM geschätzt wird. Der Finck-Erbe August junior braucht nach eigener Aussage immerhin Jahre, um das geerbte Vermögen, das auf wenigstens vier Milliarden DM geschätzt wird, genau auszurechnen. An dritter Stelle im Klub der „Superreichen" steht der Fürst von Thurn und Taxis mit einem geschätzten Vermögen von gut drei Milliarden DM. Dann allerdings wird die Reihenfolge unübersichtlich, ganz im Gegensatz zu den USA, wo jedes Jahr lange Listen über Einkommen und Vermögen der reichsten Amerikaner veröffentlicht werden.
Das führende amerikanische Finanzmagazin „Forbes" erstellt jährlich die „Forbes Four Hundred". Um in diese Liste der „Superreichen" aufgenommen zu werden, bedarf es eines Vermögens von mindestens 125 Millionen Dollar. An erster Stelle dieser Liste wird Gordon Peter Getty mit einem Betrag von bisher lediglich 2,2 Milliarden Dollar genannt, denn seit der Fusion von Getty Oil mit Texaco dürfte sich Gettys geschätztes Vermögen der 4 Milliarden-Dollar-Grenze nähern. Weitere 14 Dollarmilliardäre folgen, darunter der 71jährige Hewlett-Packard-Gründer David Packard mit 1,85 Milliarden Dollar, dessen Aktienpaket allerdings in der ersten Hälfte 1986 allein um über 300 Millionen Dollar im Wert gestiegen ist. Auch An Wang, der Gründer der Wang Laboratories Inc., der 1,6 Milliarden Dollar sein eigen nennt, sowie vier Kinder des ehemaligen Erdölkönigs H. L. Hunt, darunter auch Nelson Bunker Hunt, der von sich reden machte, als er versuchte, den Silbermarkt unter seine Kontrolle zu bringen, gehören zu den reichsten Amerikanern.
Interessanterweise gilt nur noch ein einziger Rockefeller als Milliardär, nämlich der ehemalige Leiter der Chase Manhattan Bank, der 68jährige David Rockefeller. Steven P. Jobs, der 1976 Apple Computer gründete, gehört mit einem Vermögen von über 200 Millionen Dollar zu den 400 reichsten Amerikanern. Mit seinem Alter von nur 28 Jahren ist er bedeutend jünger als die

meisten seiner Millionärskollegen, denn immerhin mehr als die Hälfte der „superreichen" Amerikaner sind über 70 Jahre. Auch der Ex-Beatle John Lennon gehörte zu den Top 400, denn er vererbte seiner Witwe Yoko Ono rund 150 Millionen Dollar. Auf dem besten Weg zu einem dreistelligen Millionenvermögen ist der Rock-Star Michael Jackson. Er kassierte beispielsweise für drei Pepsi-Cola-Werbespots ein Sekundenhonorar von 55 556 Dollar. Damit schlug er die meisten amerikanischen Topmanager um Längen, obwohl fast 150 von ihnen mehr als eine Million Dollar im Jahr verdienen.

Spitzenreiter in der Verdienst-Hitliste war 1985 Lee Iacocca, der den drittgrößten amerikanischen Autokonzern, die Chrysler Corp., nach verlustreichen Jahren wieder in die Gewinnzone steuerte. Sein zeitweiliges symbolisches Jahresgehalt von nur einem Dollar erhöhte Iacocca 1985 auf die stolze Summe von 11,4 Millionen Dollar. Hierin enthalten sind allerdings fast 10 Millionen Dollar, die durch den Verkauf von Aktien und Aktienoptionen anfielen. Schließlich erfuhren die Chrysler-Aktien dank Iacoccas Führung eine Wertsteigerung von 1700 Prozent in fünf Jahren. In den 11,4 Millionen Dollar nicht enthalten sind allerdings die 300 000 Aktien, die Iacocca anläßlich seiner Vertragsverlängerung zugeteilt wurden, sowie seine Einnahmen als Bestsellerautor und gefragter Festredner. Der Popularitätsgrad Lee Iacoccas ist inzwischen so stark angestiegen, daß er bereits als Präsidentschaftskandidat für das Weiße Haus gehandelt wird. Iacocca ebenbürtig ist der DWG-Chairman Victor Posner, der 1985 insgesamt 12,7 Millionen Dollar einstrich, aber im Juli 1986 wegen Steuerbetruges verurteilt wurde.

Die Gehälter der Topmanager täuschen allerdings über die Tatsache hinweg, daß seit 1984 über 600 000 amerikanische Manager ihren Job verloren. Immer mehr Unternehmen gehen dazu über, auch auf den mittleren Managementebenen Rationalisierungsmaßnahmen durchzuführen. Die Fluggesellschaft Pan Am beispielsweise, die vor Jahren noch 128 Vizepräsidenten auf ihrer Gehaltsliste führte, hat heute nur noch 23 davon in ihren Diensten. Chrysler reduzierte die Zahl der Belegschaft einschließlich des mittleren Managements seit 1978 um fast 50 Prozent. Andere Unternehmen weisen ähnliche Rationalisierungsergebnisse auf.

Als Ort der unbegrenzten Möglichkeiten tritt einmal mehr die Wallstreet ins Rampenlicht: Der „Risk-Arbitrageur" und Übernahmespezialist Ivan F. Boesky gilt einem Bericht des angesehenen Magazins „Financial World" zufolge mit einem Einkommen von 100 Millionen Dollar im Jahr 1985 als Großmeister im Geldverdienen. Ein derartiges Spitzeneinkommen relativiert sich allerdings, wenn man weiß, wie es zustande kam: mit Hilfe verbotener Insidergeschäfte! Boesky wurde dafür im bisher größten bekanntgewordenen Insiderskandal zu einer Zahlung von 100 Millionen Dollar an die amerikanische Börsenaufsichtsbehörde Securities and Exchange Commission (SEC) verurteilt. Außer-

dem bleibt er auf Lebenszeit vom amerikanischen Wertpapierhandel ausgeschlossen. Trotzdem hat es sich für den Sohn russischer Emigranten gelohnt, wird doch sein persönliches Vermögen auf mehrere 100 Millionen Dollar geschätzt. Auch Michael Milken, Senior Vice President der Investmentbank Drexel Burnham Lambert, der es 1985 auf rund 50 Millionen Dollar Jahreseinkommen brachte, war in den bislang größten Insiderskandal verwickelt und trat zurück.
Der Verdienst von Wallstreet-Guru und Zinspapst Henry Kaufman nimmt sich dagegen mit rund 2,7 Millionen Dollar vergleichsweise bescheiden aus.
Sollten Sie, verehrter Leser, nach der Lektüre dieses Kapitels nun plötzlich an Minderwertigkeitskomplexen leiden, weil Ihr eigenes Jahreseinkommen noch nicht ganz an die Bezüge der amerikanischen Spitzenverdiener heranreicht, so möchte ich Ihre Aufmerksamkeit auf die folgende Grafik lenken: Sie sehen – so schlecht geht es uns nun auch wieder nicht!

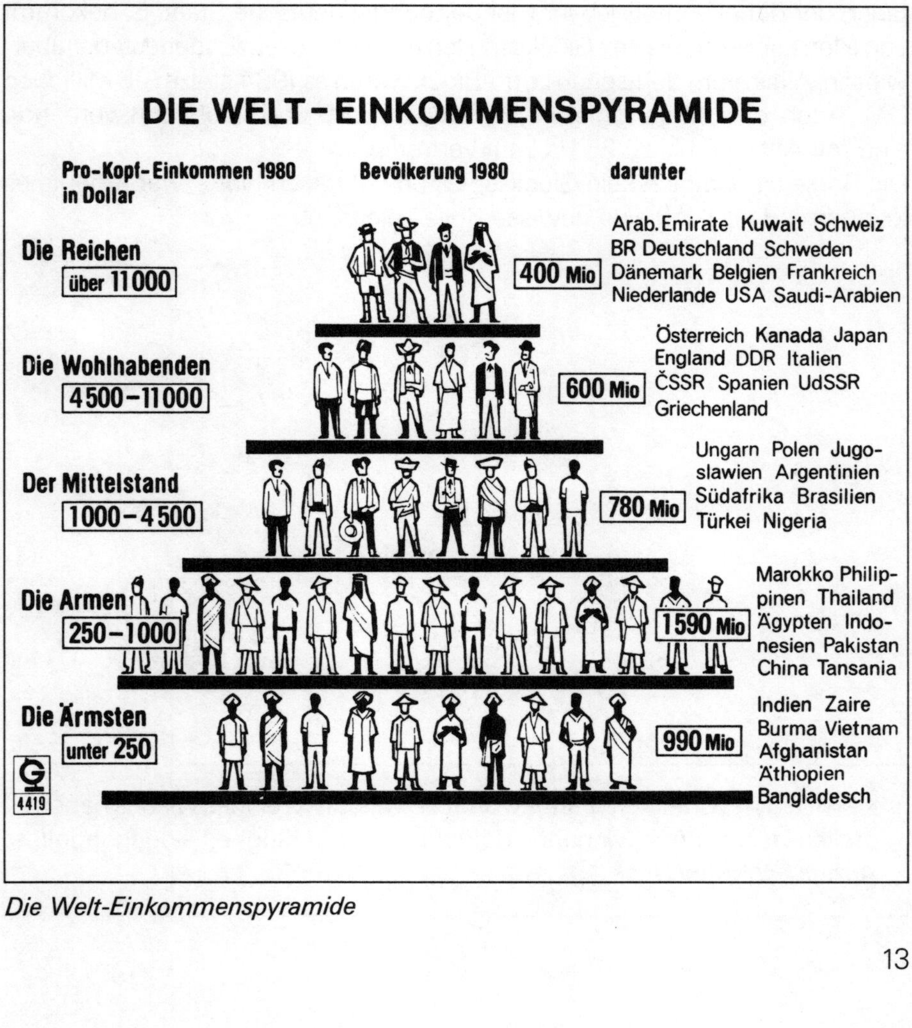

Die Welt-Einkommenspyramide

Glück, das man kaufen kann

1 zu 13 983 816 steht die Chance, einmal im Samstagslotto sechs Richtige zu tippen. Weil sich nun aber der Zufall nicht unbedingt nach mathematischen Gesetzen richtet, kann der begehrte Haupttreffer auch einmal früher oder eben auch später fallen.

Trotzdem war den Bundesbürgern 1984 die Hoffnung auf befreiende Millionengewinne insgesamt über zehn Milliarden DM wert. Ergänzt man diese offizielle Zahl noch um die geschätzten Einsätze in den 29 bundesdeutschen Spielcasinos, so kommt man auf eine Summe von über 35 Milliarden DM. Gespielt wird mit insgesamt hohen Einsätzen und mehr oder minder niedrigen Gewinnausschüttungen, die von geschätzten 97,3 Prozent beim Roulette und 60 Prozent an Spielautomaten über 50 Prozent bei Lotto, Toto und Rennquintett bis hinunter zu 25 Prozent des Einsatzes bei der ARD-Lotterie „Ein Platz an der Sonne" reichen.

Einer, der dabei immer gewinnt, ist der bundesdeutsche Staat. Er bekommt von allen konzessionierten Glücksspielen rund 17 Prozent Lotteriesteuer überwiesen. Allein vom deutschen Lotto-Block waren es 1984 stolze 815 Millionen DM. Auch die Länderregierungen sowie Sport- und Wohlfahrtsverbände sind mit Anteilen bis zu 25 Prozent vertreten.

Die Börse ist natürlich kein Glücksspiel, obwohl auch hier – wer möchte es leugnen – das Glück eine gewisse Rolle spielt.

> Kein Geld ist vorteilhafter angewandt als das, um welches wir uns haben prellen lassen; denn wir haben dafür unmittelbar Klugheit eingehandelt.
> *Arthur Schopenhauer*

Geld, das durch Nichtstun anwächst

Da das Glück sich häufig als unbeständig erweist, wollen wir uns nun lieber den exakt rechenbaren Zinsen zuwenden. Zins und Zinseszins, zwei genau kalkulierbare Größen, die uns dennoch den nur schwer vorstellbaren Einfluß des Faktors Zeit vor Augen halten. Daß ein Guthaben verzinst wird und daß auch diese aufgelaufenen Zinsen in die neue Zinsberechnung einbezogen werden, ist noch ein einleuchtender Vorgang. Wozu eine derartige, von jedem Kreditinstitut garantierte Zinseszinsrechnung allerdings führen kann, soll Ihnen das folgende Beispiel verdeutlichen:

Bei 9 Prozent Verzinsung wachsen DM 10 000,– wie folgt an:

Verdoppelung	Anzahl Jahre	Betrag DM	Zinsen jährlich DM	Zinsen monatlich DM
1.	8	20 000	1 800	150
2.	16	40 000	3 600	300
3.	24	80 000	7 200	600
4.	32	160 000	14 400	1 200 ❶
5.	40	320 000	28 800	2 400
6.	48	640 000	57 600	4 800
7.	56	1 280 000	115 200	9 600 ❷
8.	64	2 560 000	230 400	19 200
9.	72	5 120 000	460 800	38 400
10.	80	10 240 000	921 600	76 800
11.	88	20 480 000	1 843 200	153 600
12.	96	40 960 000	3 686 400	307 200
13.	104	81 920 000	7 372 800	614 400
14.	112	163 840 000	14 745 600	1 228 800 ❸
15.	120	327 680 000	29 491 200	2 457 600
16.	128	655 360 000	58 982 400	4 915 200
17.	136	1 310 720 000	117 964 800	9 830 400
18.	144	2 621 440 000	235 929 600	19 660 800 ❹

❶ Nach der 4. Verdoppelung könnte man von den Zinsen fast schon leben.

❷ Nach der 7. Verdoppelung wäre man Millionär und könnte jeden Monat DM 9 600 ausgeben.

❸ Nach der 14. Verdoppelung sind die Erben im Besitz von 164 Millionen DM und könnten monatlich 1,2 Millionen verleben.

❹ Und nach der 18. Verdoppelung gehören Sie dem Kreis der Mehrfachmilliardäre an und könnten, wenn Sie nicht mehr reicher werden wollten, an jedem Arbeitstag rund 1 Million DM ausgeben.

Dies ist natürlich nur eine Musterrechnung, die weder die Geldentwertung durch möglicherweise steigende Inflationsraten noch das immense Problem berücksichtigt, daß die aufgelaufenen Beträge in unserem Beispiel ständig wieder neu zu 9 Prozent Verzinsung angelegt werden müssen. Dennoch: Wäre das Zinseszins-Versprechen der Banken tatsächlich real und erfüllbar, dann brauchte jeder Bundesbürger sich ja nur ein Konto mit DM 10 000,– einzurichten und rund 50 Jahre zu warten, um dann als Millionär von den Zinsen bestens leben zu können.
Der Ökonom Silvio Gesell sieht nun allerdings in den Zinsen die eigentliche Ursache für die immer wiederkehrenden Wirtschaftskrisen. Er ist der Meinung, daß dieses System entweder in eine unvorstellbare Inflation oder aber zu einem ständigen irrealen Anlage- und Wachstumsdruck führt, um dem Geld einen Gegenwert gegenüberzustellen bzw. um immer höhere Kapitalbeträge anzulegen.
Da aber diese letzte Möglichkeit an der Begrenzung unserer Erde scheitert, muß das zuviel vorhandene Kapital schließlich über Wirtschaftskrisen und Wirtschaftszusammenbrüche, ja sogar notfalls über kriegerische Auseinandersetzungen auf ein „normales" zinsgarantierendes Maß zurückgeführt werden.
Silvio Gesell hat allerdings bei seinem Szenarium einen wichtigen Aspekt vergessen: der Zinseszinseffekt hat nicht nur für den Sparer Gültigkeit, sondern er betrifft gleichermaßen den Schuldner, der sich das Geld von den Banken leiht. Die Banken werden also darauf achten, das vom Sparer eingezahlte Geld gleich wieder zu verleihen, damit die vom Schuldner zu zahlenden Zinsen mindestens den von der Bank gutzuschreibenden Sparzinsen entsprechen. Diese Betrachtungsweise führt damit zu der logischen Schlußfolgerung: wenn es niemanden mehr gibt, der Kredite benötigt, dann kann es andererseits auch keine Zinsen mehr geben.
Noch sind wir aber nicht soweit, und eine Firma wie Daimler-Benz hat 1981, ähnlich wie andere Großunternehmen, an Vermögenseinnahmen, die sich vorwiegend aus Zinseinkünften zusammensetzten, mehr verdient als am Verkauf der gesamten PKW- und LKW-Produktion.
Im Geschäftsjahr 83/84 beispielsweise erzielte dieser Konzern Zinsüberschüsse von rund 1,3 Milliarden DM. 1985 konnte Daimler-Benz bereits 1,5 Milliarden DM an Zinseinnahmen kassieren und damit seine Geldreserven auf beachtliche 8 Milliarden DM erhöhen, während der Elektromulti Siemens als „Extremfall der Geldhortung" 1985 sogar einen größeren Zinsüberschuß erwirtschaftet hat als das zweitgrößte Kreditinstitut der Bundesrepublik Deutschland, der Dresdner Bank AG.
Siemens, ein Unternehmen, das traditionell über eine gut gefüllte Kasse verfügt, konnte 1986 bereits über 20 Milliarden DM „flüssige" Mittel zinsbringend anlegen, wobei der Elektrokonzern es in dieser Hinsicht mühelos mit den mei-

sten Kreditinstituten aufnehmen kann. Nicht umsonst wird Siemens scherzhaft als „Bank mit angeschlossenem Elektrohandel" bezeichnet.
Übrigens, falls Sie im Jahr 2000, also in 14 Jahren, Millionär sein wollen, müssen Sie schon heute bei einem durchschnittlichen Zinssatz von 6 Prozent rund 442 000,– DM auf die hohe Kante legen.

Ein Pfennig, im Jahre 0 zu 4,5 Prozent Zins auf die hohe Kante gelegt, wäre heute zu einer Sextillion Mark angeschwollen (1 + 36 Nullen), im Wert eines massiven Goldwürfels mit der Kantenlänge des Erddurchmessers.

Die Zinsen in islamischen Staaten

„Diejenigen, die Zins nehmen, werden dereinst nicht anders dastehen als wie einer, der vom Satan erfaßt und geschlagen ist. Dies wird ihre Strafe dafür sein, daß sie sagen: Kaufgeschäft und Zinsleihe sind ein und dasselbe. Aber Gott hat das Kaufgeschäft erlaubt und die Zinsleihe verboten. Diejenigen aber, die es künftig wieder tun, werden Insassen des Höllenfeuers sein und ewig darin weilen. Gott läßt den Zins des Wucherers dahinschwinden, aber er verzinst die Almosen mit himmlischem Lohn."
Soweit das Zitat aus dem Koran, Sure 3. Jede Verzinsung von Geld ist also verboten und wird nach religiösem Gesetz bestraft. Es ist dem Besitzer von Geld oder anderen Vermögenswerten streng untersagt, sich zu Lasten der Armen und Bedürftigen zu bereichern. Der Islamisierung der Bankgeschäfte haben sich bereits Länder wie Saudi-Arabien, Sudan, Iran, Pakistan und einige arabische Emirate am Golf angeschlossen. Allerdings keine Regel ohne Ausnahme: das Zinsverbot hat für Geschäftskontakte mit Ausländern, die keine Mohammedaner, sondern „Ungläubige" sind, keine Gültigkeit. Interessanterweise ist laut Ayatollah Khomeini die Geldverzinsung zwischen Mann und Frau sowie Vater und Kind ebenfalls erlaubt.
Nun kann allerdings auch die moderne islamische Wirtschaft ohne Zinsen, oder wie auch immer der Preis für die zeitweilige Überlassung von Geld genannt wird, weder produzieren noch existieren. Daher werden die religiösen Grundsätze in der täglichen Praxis durch zahlreiche phantasievolle Ideen umgangen bzw. entsprechend interpretiert. Die einfachste Form, das Zinsverbot zu umgehen, ohne sich strafbar zu machen, ist die, eine passende Umschreibung zu finden. Das Wort „Zinsen" wird einfach durch eine andere Sprachregelung ersetzt. Wenn dann diese Gebühren, Kommissionen oder Vergütungen dem geschäftsüblichen Zinssatz entsprechen, ist dies natürlich ein „ganz

unglaublicher Zufall". In vielen Fällen wird die zeitweilige Überlassung von Kapital auch „Ertrag einer gemeinsamen Geldanlage" genannt, den Gläubiger und Schuldner entsprechend den religiösen Richtlinien ehrlich unter sich teilen. Eine große Verbreitung haben in islamischen Ländern in letzter Zeit sogenannte abgezinste Wertpapiere, wie zum Beispiel Zero-Bonds, gefunden. Der Ertrag einer solchen Kapitalanlage besteht aus der Differenz zwischen Ausgabepreis und dem späteren Rückzahlungsbetrag. Der Begriff „Zinsen" taucht bei diesen Wertpapieren nirgends auf. Die Banken der Vereinigten Arabischen Emirate geben seit kurzem Einlagenzertifikate mit Laufzeiten von drei Monaten bis zu einem Jahr aus, um Finanzmittel im Inland zu halten. Auch hier werden, um dem mohammedanischen Zinsverbot Rechnung zu tragen, keine laufenden Zinszahlungen geleistet, sondern die Zertifikate mit einem Abschlag ausgegeben.
Der Mensch weiß sich doch immer wieder zu helfen.

Es gibt tausend Möglichkeiten, sein Geld auszugeben, aber nur zwei, es zu erwerben: Entweder wir arbeiten für Geld – oder das Geld arbeitet für uns.
Bernard Baruch

Historische Wertpapiere

Wußten Sie, daß der Preußenkönig Friedrich der Große bereits 1767 die ersten Pfandbriefe einführte und den Anlegern als Sicherheit Grund und Boden der Gutsbesitzer anbot? Das Land war nach dem gewonnenen Siebenjährigen Krieg verarmt, doch durch Ausgabe von Pfandbriefen bekamen die Gutsbesitzer genügend Geldmittel, um die zerstörten Betriebe wieder aufzubauen. Können Sie sich heute noch vorstellen, daß die Brandenburgisch-Afrikanische Kompanie des Großen Kurfürsten von Brandenburg am Ende des siebzehnten Jahrhunderts beim Handel mit Eingeborenen an Eisenstäben 160 Prozent, an Branntwein 191 Prozent, an Kleidern 223 Prozent und an Glasdosen sogar 550 Prozent verdient hat? Die Eingeborenen bezahlten natürlich nicht mit Geld, sondern statt dessen mit Salz, Getreide, Elfenbein, Goldstaub und Sklaven. Der Handel mit den Sklaven, denen auf der rechten Schulter die Initialen der Gesellschaft eingebrannt waren, brachte immerhin noch durchschnittlich 85 Prozent Gewinn.

Die Holländisch-Ostindische Kompanie

Gegen Ende des 16. Jahrhunderts lag der Handel mit Indien und den Sundainseln vornehmlich in den Händen Portugals, das damals die stärkste Seemacht darstellte. Gleichzeitig war der aufblühende Handel der Niederländer zusammen mit dem anderer Nationen vom begehrten Gewürzmarkt in Lissabon ausgeschlossen. Um diesen unbefriedigenden Zustand zu verändern, schlossen sich 1602 mehrere kleinere holländische Gesellschaften zur Holländisch-Ostindischen Kompanie zusammen. Diese war das erste Unternehmen in der Welt, dessen Anteile öffentlich angeboten und an einer Börse gehandelt wurden. Da zudem die Haftung auf den Nominalwert der Anteile begrenzt war, gilt die Holländisch-Ostindische Kompanie nach übereinstimmender Auffassung als die erste Aktiengesellschaft moderner Prägung.

Das Kapital der Gesellschaft betrug etwa 6,5 Millionen Gulden und war in Namensaktien im Nennwert von 6 000 Gulden eingeteilt. Jeder Holländer konnte diese Aktien erwerben und wieder verkaufen. Der Übertragung dieser Aktien lag ein kompliziertes und zeitaufwendiges Verfahren zugrunde, und zu jeder Transaktion mußte mindestens einer der 17 Direktoren der Gesellschaft seine Zustimmung geben.

Die Aktien der Holländisch-Ostindischen Kompanie unterlagen kräftigen Kursschwankungen. Nachdem im Jahre 1622 bereits 300 Prozent erreicht waren, kletterten die Aktien im Jahr 1720 bis auf 1 260 Prozent, um danach wieder auf rund 200 Prozent zurückzufallen.

Dividende wurde an die Aktionäre nur sehr unregelmäßig ausgezahlt. Mal gab es zwei oder drei Jahre keine Dividende, mal mehrere Gewinnaus-

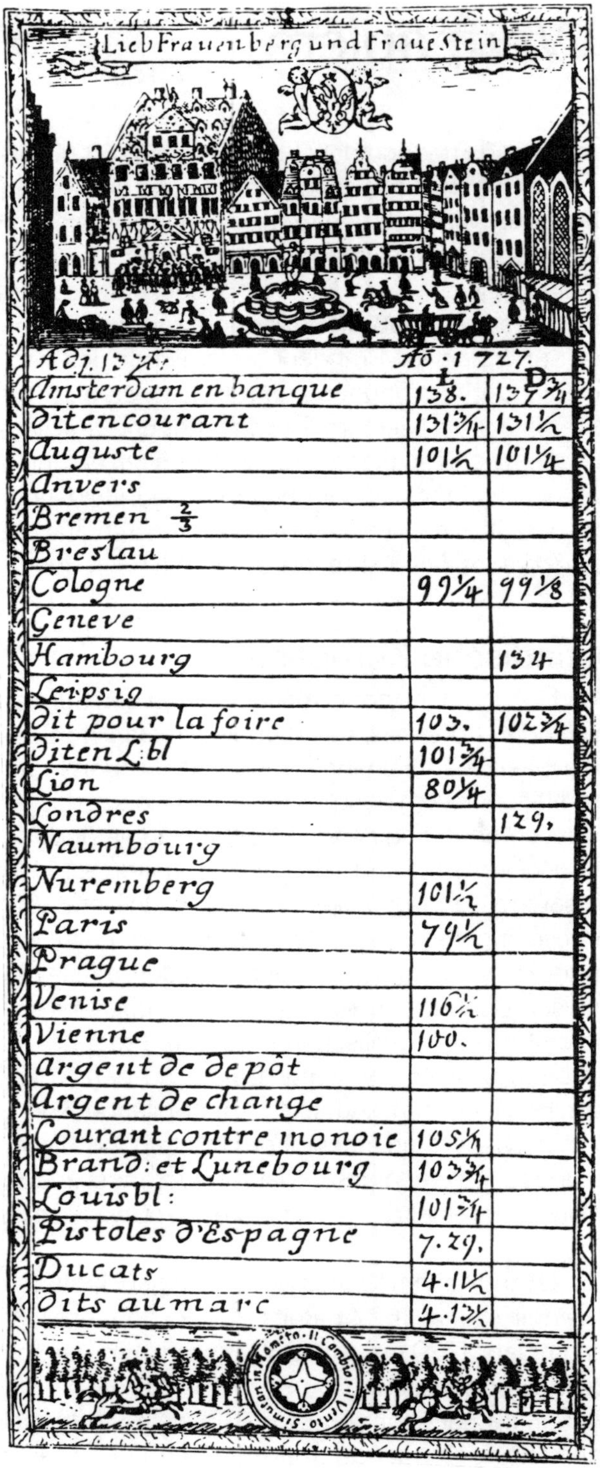

Lieb Frauenberg und Fraue Stein

Adj. 13 7br.	Ao: 1727. L	D
Amsterdam en banque	138.	137¾
ditencourant	131¾	131½
Auguste	101½	101¼
Anvers		
Bremen ⅔		
Breslau		
Cologne	99¼	99⅛
Geneve		
Hambourg		134
Leipsig		
dit pour la foire	103.	102¾
diten L.bl	101¾	
Lion	80¼	
Londres		129.
Naumbourg		
Nuremberg	101½	
Paris	79½	
Prague		
Venise	116½	
Vienne	100.	
argent de depôt		
argent de change		
Courant contre monoie	105⅛	
Brand: et Lunebourg	103¾	
Louisbl:	101¾	
Pistoles d'Espagne	7.29.	
Ducats	4.11½	
dits au marc	4.13½	

Kurszettel der Frankfurter Börse aus dem Jahre 1727

schüttungen innerhalb eines Jahres. 1605 wurden 15 Prozent Dividende gezahlt und schon im Jahre 1606 gab es die höchste Ausschüttung von stolzen 75 Prozent. Durchschnittlich hat die Gesellschaft in den 198 Jahren ihres Bestehens jährlich 20 Prozent Dividende ausgezahlt. Natürlich erfolgte die Zahlung der Dividende nicht immer in Bargeld, sondern vielmehr in Gewürznelken oder Gewürzen. Die Aktionäre wurden daher auch bald als die „Pfeffersäcke von Amsterdam" bezeichnet. 1799 wurde die Gesellschaft aufgelöst. Eine Dividende, die nicht in Bargeld ausgezahlt wurde, war übrigens zu der damaligen Zeit nichts Ungewöhnliches. Die Aktionäre der Hudson's Bay Company, die 1670 gegründet wurde, erhielten anfangs Nerzfelle für ihr unternehmerisches Risiko, und die Eiffelturm-Aktionäre durften früher einmal jährlich den Eiffelturm-Fahrstuhl kostenlos benutzen.

Historische Wertpapiere als Sammlerobjekt

Häufig sind sie an der Börse nichts mehr wert. Sammler allerdings zahlen noch bis zu DM 20 000,– für guterhaltene und zugleich seltene sogenannte „Nonvaleurs". Immerhin werden in diesem gerade 15 Jahre alten Sammelgebiet weltweit beträchtliche Umsätze erzielt, davon ein bedeutender Teil in der Bundesrepublik Deutschland. Verständlich erscheinen jährliche Zuwachsraten von bis zu 20 Prozent, sind doch historische Wertpapiere weitaus seltener als beispielsweise Briefmarken oder Münzen. Alte Wertpapiere wurden um so aufwendiger und schöner gestaltet, je dringender die ausgebende Gesellschaft Kapital benötigte. Brasilianische Eisenbahnanleihen vom Beginn dieses Jahrhunderts sind beispielsweise besonders dekorativ gestaltet, zurückgezahlt jedoch wurden sie mangels Masse relativ selten.
Die älteste Aktie der Welt, die heute noch vorhanden ist, stammt von der Holländisch-Ostindischen Kompanie aus dem Jahre 1606. Sie befindet sich im Besitz der Amsterdamer Börse, kann dort besichtigt werden und ist mit einer Million Gulden versichert.
Da alte Aktien und Anleihen erst vor einigen Jahren als Sammel- und Dekorationsobjekte entdeckt worden sind, konnte es vorkommen, daß ein Wertpapier sehr hoch bewertet wurde, um dann um so tiefer zu fallen, wenn nämlich das gleiche Wertpapier stapelweise auf irgendeinem Dachboden gefunden wurde.
Aktien und Anleihen mit den Originalunterschriften berühmter amerikanischer Wirtschaftspioniere werden relativ hoch gehandelt. Von John D. Rockefeller weiß man zum Beispiel, daß er lediglich 279 Wertpapiere eigenhändig unterschrieb, von denen allerdings nur 150 Stück erhalten geblieben sind. Die Hälfte davon ist noch in einem guten, verkaufsfähigen Zustand. Aus diesem Grund muß man für eine Altaktie der Standard Oil Company aus den siebziger Jahren des vorigen Jahrhunderts mit John D. Rockefellers eigenhändigem Namenszug je nach Zustand zwischen DM 5 000,– und DM

200 Sächsische ... zu Dresden. 200

Umgestellt auf RM 300.–
Dreihundert Reichsmark

Actie
der
... Bank zu Dresden

№ 36148

Inhaber dieser Actie hat an die Casse der Sächsischen Bank zu Dresden

Zweihundert Thaler

200 Thaler

baar eingezahlt und nach Höhe dieses Betrags, sowie in Gemäßheit der mittels Decrets vom 18. Juli 1865 bestätigten Statuten, denen sich derselbe allenthalben unterwirft, verhältnißmäßig gleichen Antheil an dem gesammten Eigenthum, Gewinn und Verlust der Bank.

Dresden, den 1. Juli 1873.

Die Sächsische Bank zu Dresden.

Sächsische Bank zu Dresden 1873

9 000,– anlegen. Hat John D. Rockefeller ein Zertifikat sogar dreimal eigenhändig unterschrieben, wie dies bei insgesamt 28 Aktien der Fall ist, so liegt der Preis schon bei etwa DM 25 000,–. Hat er gar zusammen mit seinem Bruder William auf einer Aktie unterschrieben, so erhöht dies nochmals den Preis auf über DM 30 000,–. Ende 1979 reichten für die gleiche Aktie noch DM 440,–. Einen auf Schweinshaut gedruckten Pfandbrief der „Pommerschen Landschaft“ aus dem Jahre 1822 bekommt man dagegen schon für einen Betrag von unter DM 4 000,–. Auch die Originalunterschrift von Max Mannesmann aus dem Jahre 1890 ist zusammen mit der Gründeraktie der „Deutsch-Österreichischen Mannesmannröhren-Werke AG“ bereits für DM 3 200,–recht preiswert zu haben.

Brazil Railway Company

Mannesmannröhren-Werke 1910

Das Sammeln von historischen Wertpapieren ist also ein recht interessantes Hobby, das nebenbei auch so manchen Gewinn abwerfen dürfte. Trotz verstärkter Nachfrage gibt es noch genügend Material zum Sammeln, gingen doch beispielsweise allein zwischen 1870 und 1873 rund 1 000 Aktiengesellschaften an die Börse.

Die Brüder Grimm belegten in ihrem berühmten „Deutschen Wörterbuch" das Wort „Börsengesumse" mit folgendem Zitat von G. Chr. Lichtenberg: „ich sehe auch wirklich nicht ein, warum nicht börsengesumse ebenso angenehm sein soll, als das rauschen des eichenwaldes."

Geldanlage im Überblick

Wie investiert man seine Ersparnisse auf sinnvolle Art und Weise? Nachfolgend finden Sie einen kurzen Überblick über die unterschiedlichen Möglichkeiten, Ihr Geld gewinnbringend anzulegen. Diese Übersicht erhebt keinen Anspruch auf Vollständigkeit, soll aber die manchmal verhängnisvolle Wechselwirkung zwischen Gewinn und Verlust verdeutlichen: je höher die mögliche Rendite bzw. Gewinnspanne ausfällt, desto größer ist in der Regel auch das Verlustrisiko anzusetzen. Höhere Gewinnmöglichkeiten werden also fast immer mit einem höheren Verlustrisiko erkauft. Ein weiterer Punkt betrifft die Liquidität der Anlage. Nicht immer läßt sich eine Kapitalanlage problemlos in Bargeld umwandeln, häufig ist auch der Tages- bzw. Kurswert dabei zu berücksichtigen.

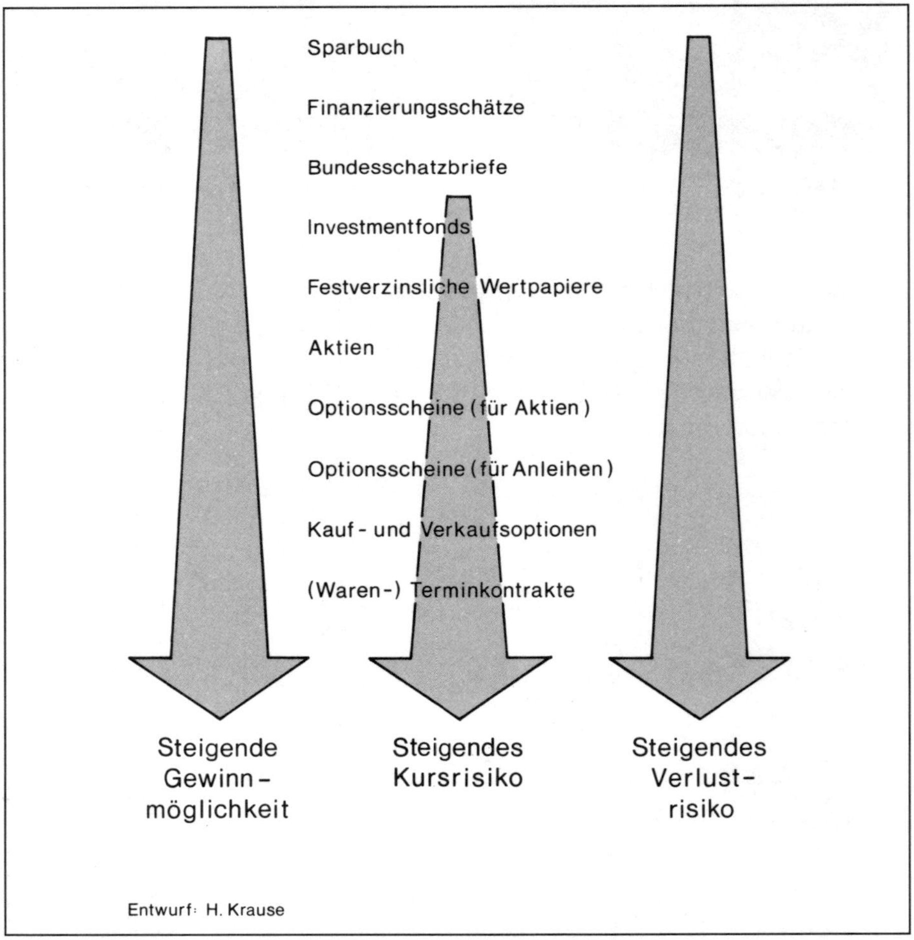

Geldanlage im Überblick

Das Sparbuch

Das *Sparbuch* ist nach wie vor eine sichere Sache. Nach dem Zusammenbruch der Herstatt-Bank am 26. Juni 1974 ist seit dem 1. Mai 1976 eine neue umfassende Einlagensicherung für alle privaten Banken wirksam. Es sind nunmehr alle Einlagen bis zur Höhe von 30 Prozent des haftenden Eigenkapitals der jeweiligen Bank durch einen Einlagensicherungsfonds geschützt. Solange Sie also keine Millionenbeträge auf dem Sparbuch deponieren, können Sie die Frage der Einlagensicherung getrost vergessen. Auch bei den Sparkassen und genossenschaftlichen Kreditinstituten besteht eine Einlagensicherung in praktisch unbegrenzter Höhe.
Von einem Sparbuch mit der gesetzlichen Kündigungsfrist von drei Monaten können innerhalb von 30 Zinstagen ohne Kündigung bis zu DM 2 000,– abgehoben werden. Wer mehr Geld benötigt, muß in der Regel für den über DM 2 000,– hinausgehenden Betrag Vorschußzinsen bezahlen, die meist ein Viertel der Sparzinsen betragen. Übrigens, die Sparzinsen sind Einkünfte aus Kapitalvermögen und unterliegen nach Abzug von Werbungskosten (Pauschbetrag DM 100,– für Ledige bzw. DM 200,– für Verheiratete) und Sparerfreibetrag (DM 300,– bzw. DM 600,–) der Einkommenssteuer, wobei bis zu einem zu versteuernden Einkommen von DM 24 000,– für Alleinstehende bzw. DM 48 000,– für Verheiratete Nebeneinkünfte in Höhe von DM 800,– im Jahr steuerfrei sind.

Finanzierungsschätze

Die allmonatlich neu herausgegebenen *Finanzierungsschätze* des Bundes bieten schon eine deutlich höhere Verzinsung als herkömmliche Sparbücher. Allerdings beträgt hier der Mindestanlagewert DM 1 000,–, und während der Laufzeit von ein oder zwei Jahren ist eine vorzeitige Rückgabe oder ein Verkauf in der Regel nicht möglich. Finanzierungsschätze werden abgezinst ausgegeben, das heißt, der Käufer bekommt am Ende der Laufzeit mehr Geld zurück, als er ursprünglich eingezahlt hat, weil die Zinsen für den entsprechenden Zeitraum bereits im voraus vom Kaufpreis abgezogen werden. Der Anleger zahlt zum Beispiel DM 917,40 ein und erhält nach Ablauf von zwei Jahren DM 1 000,– zurück. Die Differenz von DM 82,60 entspricht dem Zinsertrag in Höhe von 4,4 Prozent Rendite pro Jahr. Der Zinsertrag zählt ebenso wie die Sparzinsen zu den Einkünften aus Kapitalvermögen und muß zum Zeitpunkt der Einlösung der Finanzierungsschätze versteuert werden. Erwerb und Einlösung von „Bundesschätzchen“ sind ebenso gebührenfrei wie die Verwahrung bei den Landeszentralbanken. Zu Hause kann man die Finanzierungsschätze nicht aufbewahren, weil diese, wie übrigens auch die nachfolgend beschriebenen Bundesschatzbriefe, nicht mehr in effektiven Stücken ausgedruckt werden. Finanzierungsschätze stellen auf Grund der recht kurzen Laufzeiten bei relativ guter Verzinsung eine Alternative zum Sparbuch dar.

Bundesschatzbriefe

Bundesschatzbriefe bieten jährlich wachsende Zinsen bei einer Laufzeit von sechs oder sieben Jahren. Bereits nach einem Jahr können Bundesschatzbriefe bis zu einem Höchstbetrag von DM 10 000,– innerhalb von 30 Zinstagen je Gläubiger wieder in Bargeld eingetauscht werden. Es gibt zwei Typen von Bundesschatzbriefen.

- Typ A: Mindestanlagewert DM 100,–, Laufzeit sechs Jahre mit jährlicher Zinsauszahlung.
- Typ B: Mindestanlagewert DM 50,–, Laufzeit sieben Jahre. Die Zinsen werden bis zum Ende der Laufzeit angesammelt, dem Kapital zugerechnet und zu den steigenden Zinsen laut Zinsstaffel mitverzinst (Zinseszins).

Bundesschatzbriefe A und B – Nominalzins und Renditen

Laufzeitjahr	*Nominalzins*	*Rendite nach dem .... Jahr*	
		Typ A	*Typ B*
1. Jahr (1986/87)	*3,50%*	*3,50%*	*3,50%*
2. Jahr (1987/88)	*5,00%*	*4,23%*	*4,25%*
3. Jahr (1988/89)	*5,50%*	*4,64%*	*4,66%*
4. Jahr (1989/90)	*6,00%*	*4,95%*	*5,00%*
5. Jahr (1990/91)	*7,00%*	*5,32%*	*5,39%*
6. Jahr (1991/92) nur Typ B	*8,00%*	*5,70%*	*5,82%*
7. Jahr (1992/93)	*8,00%*	–	*6,13%*

Rendite = wirklicher Zinsgewinn pro Jahr (berechnet auf die gesamte Laufzeit)

Rendite Bundesschatzbrief A = 5,70%
Rendite Bundesschatzbrief B = 6,13%

Stand: Dezember 1986 (beide Abbildungen)

So wächst das Geld mit Bundesschatzbriefen B:

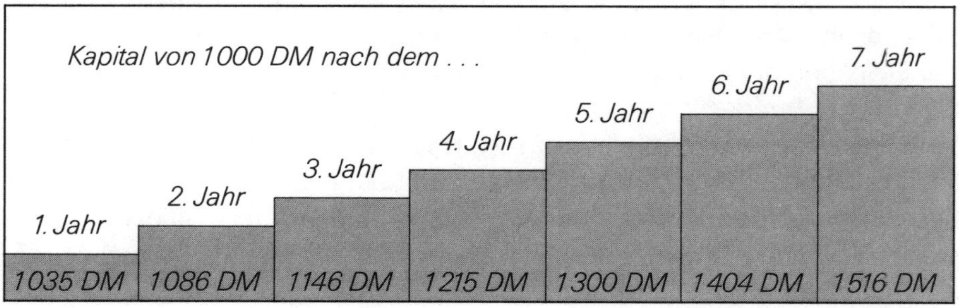

Interessant sind die jährlich nach festem Plan wachsenden Zinssätze. Die Verzinsung ist zu Anfang recht niedrig und steigt dann von Jahr zu Jahr. Eine derartig progressive Zinsstaffelung soll natürlich verhindern, daß Bundesschatzbriefe schon vor Ablauf der Laufzeit zurückgegeben werden. Wer diese Möglichkeit dennoch nutzt, kann je nach Zeitpunkt der Rückgabe teilweise nicht mehr als einen bescheidenen Sparbuch-Zinssatz auf der Habenseite verbuchen. Andererseits sind es gerade diese von Erstzeichnern schon vor dem Ende der Laufzeit an die Banken zurückgegebenen Bundesschatzbriefe, für die clevere Anleger auf der Lauer liegen. Wer nämlich einen Bundesschatzbrief während der Laufzeit erwirbt, kommt in den Genuß der höheren Zinssätze und erhöht damit seine Durchschnittsrendite. Allerdings ist für den Erwerb eines bereits laufenden Schatzbriefes in aller Regel ein Eintrag in die Warteliste Ihrer Bank notwendig, da Bundesschatzbriefe nicht an der Börse gehandelt werden und Sie somit auf eine Zuteilung Ihrer Bank angewiesen sind. Wer dann das Glück hat, noch Schatzbriefe aus einer Hochzinszeit zu bekommen, kann Zinssätze von bis zu 12 Prozent erreichen.
Zinserträge unterliegen sowohl für Typ A als auch für Typ B nach Abzug von Werbungskosten und Sparerfreibetrag jährlich der Einkommenssteuer. Bei Typ B werden die aufgelaufenen Zinsen allerdings erst ab dem zweiten Jahr jährlich bei der Einkommenssteuer angerechnet, das heißt, erstmals zum Ende des Kalenderjahres, das nach Ablauf der einjährigen Sperrfrist endet. Erwerb und Einlösung von Bundesschatzbriefen sind wiederum gebührenfrei, und durch einen Eintrag bei der Bundesschuldenverwaltung können diese auch kostenfrei verwahrt werden.
Eine zusammenfassende Gegenüberstellung von Bundesschatzbriefen und Finanzierungsschätzen mit anderen Bundeswertpapieren finden Sie im Kapitel „Festverzinsliche Wertpapiere". Die aktuellen Konditionen von Bundeswertpapieren erfahren Sie rund um die Uhr vom Informationsdienst für Bundeswertpapiere (siehe Kapitel „Nützliche Anschriften").

Investmentfonds

Investmentfonds sind Kapitalanlagegesellschaften, die verschiedene Aktien oder Anleihen nach dem Grundsatz der Risikomischung zu einem Fonds zusammenfassen. Hier beginnt bereits das Kursrisiko, denn die Kursentwicklungen der Aktien oder Anleihen an der Börse bestimmen letztendlich den Wert des Investmentfonds und damit auch die Ausgabe- und Rücknahmekurse der Investmentanteile.

Rentenpapiere

Wer schon etwas mutiger ist, investiert direkt in *festverzinslichen Wertpapieren,* die auch als *Anleihen* oder, wegen der regelmäßigen Zinseinkünfte, als *Rentenpapiere* bezeichnet werden. Als Inhaber eines festverzinslichen Wert-

papiers sind Sie Gläubiger, der einem Unternehmen Geld leiht und dafür einen bestimmten Zinssatz als Gegenleistung bekommt. Wer eine Anleihe kauft und diese dann auch bis zum Ende der Laufzeit behalten will, der braucht sich um die zwischenzeitlichen Kursveränderungen an der Börse nicht zu sorgen, da ein festverzinsliches Wertpapier am Ende der Laufzeit immer zu 100 Prozent, das heißt zum Nennwert, zurückgezahlt wird. In Verbindung mit dem tatsächlichen Erwerbskurs läßt sich somit schon beim Kauf die voraussichtliche Rendite errechnen. Anders verhält es sich für denjenigen, der seine Anleihe noch während der Laufzeit über die Börse verkaufen will oder muß. In diesem Fall ist eine genaue Beobachtung des allgemeinen Zinsniveaus und der daraus resultierenden Kursveränderungen an der Börse unerläßlich. Bei einer zur Zeit durchschnittlichen Rendite von rund 5,5 Prozent auf dem Rentenmarkt gegenüber nur rund 2,5 Prozent (Dividende einschließlich Steuergutschrift) auf dem Aktienmarkt erscheint das Kursrisiko von festverzinslichen Wertpapieren im Verhältnis zur Rendite überschaubar.
Eine alte Börsenweisheit lautet: Wer gut schlafen will, investiert in Rentenpapieren, wer lieber gut essen und trinken will, der sollte Aktien kaufen.

Aktien

Mit dem Kauf von *Aktien* stoßen Sie schon in die wesentlich interessanteren Bereiche der Börse vor. Als Inhaber einer Aktie sind Sie in Höhe des auf der Aktie aufgedruckten Nennwertes am Vermögen einer Aktiengesellschaft beteiligt. In Verbindung mit dem in der Regel gewährten Stimmrecht sowie dem Verlustrisiko bei Zahlungsunfähigkeit oder Liquidation der Gesellschaft wird deutlich, daß Aktionäre faktisch als Unternehmer mit allen daraus entstehenden Vorteilen und Risiken anzusehen sind. Das Kursrisiko ist bei Aktien im Vergleich zu den Rentenwerten weitaus größer, dafür bieten Aktien allerdings auch ein wesentlich höheres Gewinnpotential. Aber auch hier – wie übrigens bei allen Geldanlagen, die Kursschwankungen unterliegen – ist zu bedenken: Geld, das hier investiert wird, muß für einen längeren Zeitraum frei verfügbar sein, das heißt, wer am Monatsanfang sein Gehalt in Aktien anlegt, um am Monatsende von den Erträgen seine Miete zu bezahlen, der handelt mit Sicherheit falsch.

Optionsscheine

Dies gilt einmal mehr für *Optionsscheine,* die zum Bezug von *Aktien* berechtigen. Diese werden an der Börse separat gehandelt und nehmen an den Kursschwankungen der zugrundeliegenden Aktien in der Regel überproportional teil. Kursgewinne von 50 Prozent und mehr sind hier nichts Ungewöhnliches, wer allerdings zum falschen Zeitpunkt, also am Kursgipfel, Optionsscheine kauft, muß möglicherweise in der gleichen Größenordnung mit entsprechenden Verlusten rechnen.

Gleiches trifft auch auf *Optionsscheine* zu, die zum Bezug von *festverzinslichen Wertpapieren* berechtigen. Auch diese Optionsscheine werden an der Börse separat gehandelt und reagieren ebenfalls überaus stark auf die Kursschwankungen der zugrundeliegenden Anleihen. Da die Kursveränderungen von festverzinslichen Papieren im wesentlichen durch das allgemeine Zinsniveau beeinflußt werden, bezeichnet man die zugehörigen Optionsscheine auch als *„Zinswarrants"*, wobei „Warrant" Optionsschein bedeutet.

Kauf- und Verkaufsoptionen

Wer sein Geld in *Kauf- oder Verkaufsoptionen* investiert, befindet sich bereits mit einem Fuß in der Oberstufe der Börse. Als Käufer einer Option erwerben Sie das Recht, innerhalb eines bestimmten Zeitraumes entweder die Lieferung (Kaufoption) oder die Abnahme (Verkaufsoption) von Wertpapieren zu einem bestimmten Preis vom Verkäufer verlangen zu können. Gewinne in einer Größenordnung von mehreren hundert Prozent sind nicht selten, allerdings sind auf der anderen Seite Totalverluste mindestens ebenso häufig. Da nützt es auch nichts, wenn beim Optionshandel das auf den Einsatz begrenzte Risiko als Vorteil hervorgehoben wird, denn es handelt sich hierbei stets um ein Risiko von 100 Prozent.

(Waren-)Terminkontrakte

Eigentlich nur für Profis zu empfehlen sind die *(Waren-)Terminkontrakte*. Hier eröffnet sich dem Investor eine ungeheure Vielfalt von Anlagevariationen, aber nicht jedermann weiß mit Terminkontrakten, die beispielsweise auf Schweinebäuche, lebende Rinder, Aktienindizes oder Gold lauten, richtig umzugehen. Mindestens ebenso verwirrend ist die Praxis, Terminkontrakte nur zu ca. 10 bis 20 Prozent mit einem sogenannten „Einschuß" anzuzahlen. Hierin liegt auch das Geheimnis der ungeheuren Gewinn- und Verlustmöglichkeiten, denn schon geringe Kurssteigerungen des Terminkontraktes reichen aus, um, bezogen auf den geleisteten Einschuß, mehrere hundert Prozent Gewinn zu erzielen. Natürlich funktioniert dieses Prinzip nach beiden Seiten, und wer zum falschen Zeitpunkt in Terminkontrakte einsteigt, muß nicht nur den Verlust seines Einschusses, sondern darüber hinaus noch eine zusätzliche Nachschußpflicht befürchten. Beim Handel mit Terminkontrakten bietet sich also die wohl einzigartige Möglichkeit, mehr zu verlieren, als man ursprünglich eingesetzt hat.

> Eine freundliche Stimmung an der Börse sollte nicht zu voreiligen Schlüssen führen. So manch einer, der rosig aussieht, hat auch nur hohen Blutdruck.
> *Börsenweisheit*

Aktien und Aktionäre

Wer den richtigen Riecher besitzt und im Herbst 1982 Aktien gekauft hat, der kann sich heute in der Regel mindestens über eine Verdreifachung seines Depotwertes freuen. Die Kurssteigerungen, die damals an der Börse durch ein allgemein stark sinkendes Zinsniveau ausgelöst wurden, lassen sich nur noch mit dem Wachstum in den fünfziger Jahren vergleichen. Perioden längerfristiger Kurssteigerungen gab es auch schon von 1966 bis 1968 und von 1974 bis 1976, allerdings konnten in diesen Zeiträumen „lediglich" Kursgewinne von 30 bis 50 Prozent erzielt werden.

Analog zu den Kurssteigerungen gab es an den deutschen Börsen wahrhaft gigantische Umsatzsteigerungen, die die Börsen und Banken vor kaum noch lösbare Kapazitätsprobleme stellten. So stieg beispielsweise der Aktienumsatz an den acht deutschen Börsen von 32,9 Milliarden DM im Jahre 1980 auf über 236 Milliarden DM im Jahre 1985 und übertraf damit erstmals den Umsatz an festverzinslichen Wertpapieren. Trotz aller damit verbundenen Belastungen wird eine Berufsgruppe diese Entwicklung sicher hocherfreut zur Kenntnis nehmen: die Makler, die zwischen Kauf- und Verkaufsaufträgen vermitteln. Diese sind nämlich unmittelbar mit ihrer Maklercourtage am Umsatz beteiligt.

Wie geht es weiter? Der Börsenwert aller Aktien zusammen entspricht nur etwa 23 Prozent des bundesdeutschen Bruttosozialprodukts, während es im Jahre 1960 schon einmal 33 Prozent waren. Verglichen etwa mit der Schweiz, die einen Aktienanteil von über 70 Prozent am Bruttosozialprodukt vorweisen kann, ist die Anlageform Aktie in der Bundesrepublik deutlich unterrepräsentiert und dürfte daher auch in den kommenden Jahren noch eine echte Nachholtendenz aufweisen.

Die Bundesrepublik sei in dieser Hinsicht – so der Präsident der Frankfurter Wertpapierbörse auf dem Aktienforum 1986 – mit jenem Entwicklungsland vergleichbar, in das zwei Schuhverkäufer gesandt wurden. Der eine telegrafierte sofort zurück: „Keine Chancen. Alle gehen barfuß." Der andere meldete sich: „Keiner trägt Schuhe. Fabelhafte Absatzmöglichkeiten. Die ganzen Lagerbestände hierher schicken."

Struktur des Aktienbesitzes

Wie die Commerzbank in einer Analyse zur Struktur des deutschen und internationalen Aktienbesitzes feststellt, konnten auch die Kurssteigerungen der letzten Jahre nicht verhindern, daß das private Aktiensparen in der Bundesrepublik Deutschland relativ weiter an Bedeutung verloren hat. Die Quote, die private Haushalte am gesamten Aktienvermögen in Deutschland halten, ging von 27 Prozent (1965) über 24 Prozent (1975) auf 17 Prozent (1985) zurück. Allerdings ist die Aktionärszahl Anfang der sechziger Jahre wegen der soge-

nannten Volksaktienausgabe sprunghaft angestiegen, so daß das Gesamtbild etwas verzerrt ist. Trotzdem besitzt nur etwa jeder zehnte private deutsche Haushalt Aktien. Von den 3,2 Millionen deutschen Aktionären sind jedoch rund 40 Prozent schon über 50 Jahre alt. Es fehlt also an Nachwuchs.
Die deutsche Aktionärsstruktur weicht deutlich von der anderer großer Industrieländer ab. Charakteristisch sind hierzulande beispielsweise die relativ engen Verflechtungen der Unternehmen untereinander, denn mehr als ein Drittel des nominalen Aktienwertes befindet sich im Besitz eines anderen inländischen Unternehmens. Banken und Versicherungen sind hierbei noch nicht berücksichtigt, allerdings kommen die Analysten der Commerzbank in ihrer Untersuchung zu dem für manche wohl überraschenden Ergebnis, daß Banken und Versicherungen am deutschen Aktienvermögen nicht wesentlich beteiligt sind. Zumindest nicht auf direkte Art und Weise.
Besonders stark sind beim deutschen Aktienmarkt auch die internationalen Verflechtungen ausgeprägt. Vom Nominalwert aller Aktien befindet sich knapp ein Viertel in den Händen von Ausländern. Diese Konstellation ist im internationalen Vergleich einzigartig. Sie unterstreicht einmal mehr, welche Bedeutung den ausländischen Anlegern im Hinblick auf die Verfassung der deutschen Börse zukommt. Markttechnisch sehr interessant ist auch die Tatsache, daß die privaten Haushalte praktisch den einzigen wirklich beweglichen Teil der deutschen Aktionärsstruktur ausmachen, das heißt, wollten die Ausländer durch neue Käufe ihren Anteil ausdehnen, so steht dem nur das theoretische Angebot von 17 Prozent (private Haushalte) gegenüber. Zu welchen explosiven Kurssteigerungen eine derartige Marktlage führen kann, können Sie sich sicher vorstellen.
Die Deutschen sind also noch kein Volk von Aktionären. Diese Tatsache wird auch von einer Umfrage des Instituts für Demoskopie Allensbach untermauert, denn mehr als 34 Prozent aller Befragten bezweifelten Ende 1983, daß es seriöse Leute seien, die an der Börse mit Aktien handeln würden.
Die Struktur des deutschen Aktienbesitzes im internationalen Vergleich ersehen Sie bitte aus der nachfolgenden Grafik.
Nordamerika ist aus der Sicht des privaten Aktionärs offenbar ein Eldorado, denn sowohl in den USA als auch in Kanada befinden sich mehr als zwei Drittel aller Aktien im Eigentum von Privatpersonen. 1985 lebten in den USA über 47 Millionen Aktionäre. In Japan, wo es 4,8 Millionen Aktionäre gibt, fällt die hohe Beteiligung von Geschäftsbanken auf. Am Aktienmarkt Großbritanniens dominieren Versicherungen und Pensionskassen, die zusammen rund die Hälfte aller Aktien auf sich vereinigen. Bemerkenswert auch der sehr geringe Ausländeranteil, ist London doch eine internationale Finanzmetropole mit zahlreichen ausländischen Banken. Ebenfalls sehr ungewöhnlich ist die Tatsache, daß von den 6 Millionen englischen Aktionären etwa ein Fünftel weniger als DM 30 000,– im Jahr verdienen.

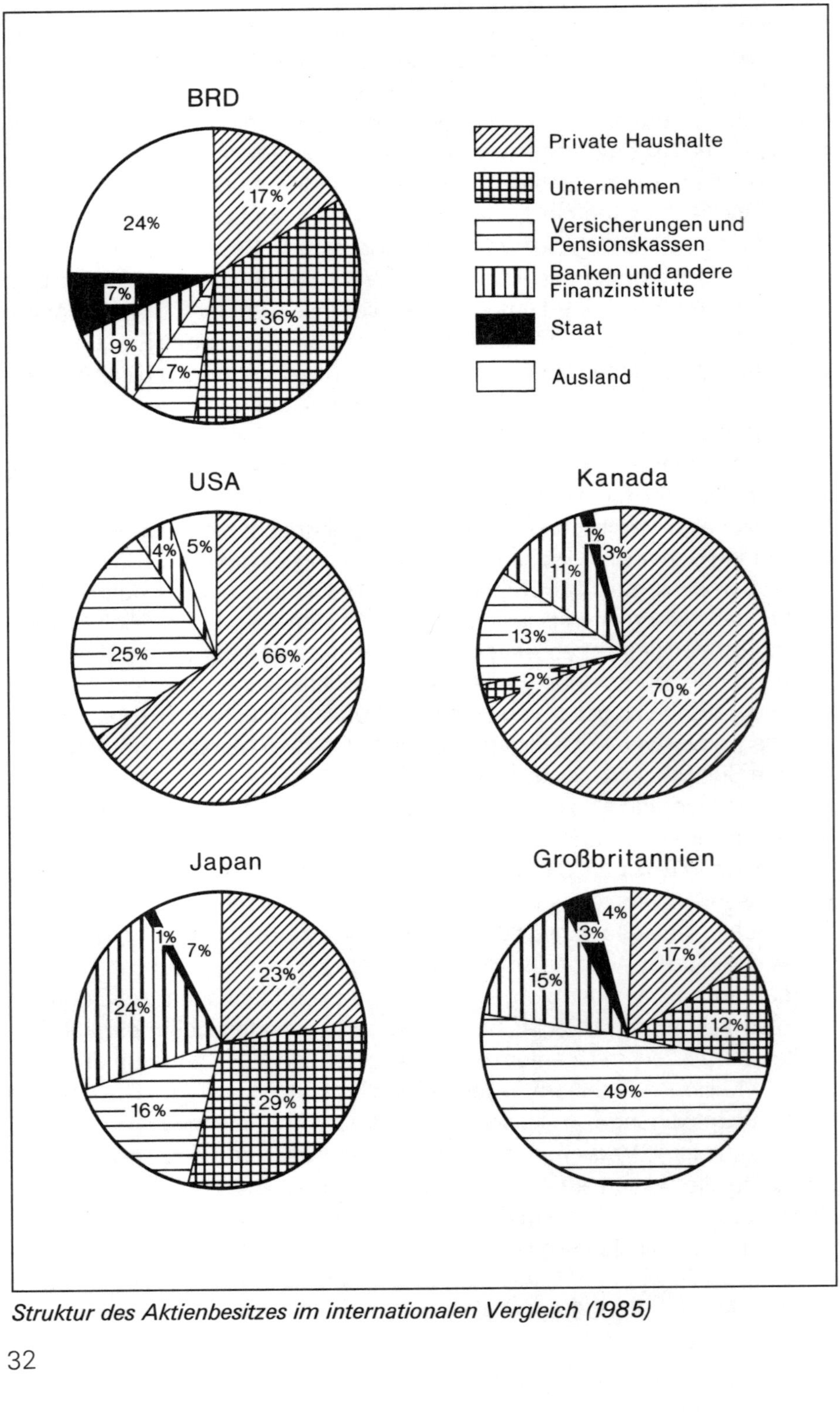

Struktur des Aktienbesitzes im internationalen Vergleich (1985)

Was ist eine Aktie?

Ein Unternehmen hat mehrere Möglichkeiten der Finanzierung. Zum Beispiel können nicht entnommene (thesaurierte) Gewinne wieder neu investiert werden, oder langlebige Wirtschaftsgüter werden durch Abschreibungserlöse im Laufe der Jahre wieder neu finanziert. Oft jedoch ist beides nicht ausreichend, eine große Anzahl von Unternehmen finanziert sich daher zusätzlich durch die Ausgabe von Schuldverschreibungen, also festverzinslichen Wertpapieren, oder Aktien. Die Ausgabe von Wertpapieren muß wohldurchdacht sein, denn während beispielsweise bei der Fremdfinanzierung für die Schuldverschreibungen meist Kapitalkosten bzw. Zinsen in gleicher Höhe anfallen, sind diese bei der Eigenfinanzierung durch Ausgabe von Aktien jeweils von der Gewinnhöhe abhängig. Auch steuerlich gibt es Unterschiede, gelten die Fremdkapitalzinsen doch als Aufwand und schmälern so den zu versteuernden Gewinn. Uns interessiert jedoch hier vorerst die Finanzierung durch Ausgabe von Aktien.

Eine Aktie ist eine Urkunde, die den Inhaber mit dem aufgedruckten Nennwert am Vermögen einer Aktiengesellschaft beteiligt und bestimmte Rechte für den Aktionär verbrieft. Jede Aktie besteht aus dem Mantel, der eigentlichen Wertpapierurkunde, und dem Bogen, der auch Kupon- oder Dividendenscheinbogen genannt wird. Früher bestand die Wertpapierurkunde aus einer Doppelseite, in die der Bogen hineingelegt wurde. Daher die Bezeich-

Der Mantel einer Aktie

nung Mantel. Der Mantel verbrieft das Teilhaberrecht. Seine Merkmale sind:

- DIN A4 Querformat, bei Vorzugsaktien DIN A4 hoch;
- fälschungssicheres Papier mit Guillochen (Linienverschlingungen);
- Name der Aktiengesellschaft;
- aufgedruckter Nennbetrag (mindestens DM 50,–);
- fortlaufende Kontrollnummer;
- faksimilierte (vorlagengetreu nachgebildete) Unterschriften von Aufsichtsrat, Vorstand und einem Kontrollbeamten. (Siehe dazu auch Abb. Seite 33.)

Der Bogen enthält die meist 20 Dividenden- oder Gewinnanteilscheine, auch Kupons genannt, die fortlaufend numeriert sind. Seine Merkmale sind:

- DIN A4 hoch;
- Name der Aktiengesellschaft;
- Angabe des Nennwertes der dazugehörigen Aktie;
- gleiche Kontrollnummer wie die Aktie;
- Unterschrift des Vorstandes. (Siehe dazu auch Abb. Seite 35.)

Bei Dividendenzahlungen und Kapitalerhöhungen wird ein bestimmter Schein aufgerufen. Will ein Aktionär seinen Gewinnanteil (Dividende) kassieren oder an einer Kapitalerhöhung teilnehmen, so muß er die entsprechenden Kupons abtrennen und bei seiner Bank oder, wie es ursprünglich einmal war,

DOLERIT-BASALT AKTIENGESELLSCHAFT

Köln

– Wertpapier-Kenn-Nummer 557 700 –

Aufforderung zur Entgegennahme neuer Gewinnanteilscheinbogen

Zu den Aktien unserer Gesellschaft werden vom 12. Mai 1986 an neue Gewinnanteilscheinbogen, enthaltend die Gewinnanteilscheine Nr. 31 bis 50 und Erneuerungsschein, bei der

Commerzbank Aktiengesellschaft, Frankfurt a. M.

kostenfrei ausgegeben.

Wir bitten hiermit unsere Aktionäre, die Erneuerungsscheine zu den Aktien unserer Gesellschaft, nach Nennbeträgen und der Nummernfolge geordnet, mit einem Verzeichnis in dreifacher Ausfertigung einzureichen. Für Aktien, die bei einem Kreditinstitut verwahrt werden, brauchen die Aktionäre nichts zu veranlassen.

Köln, im Mai 1986

Der Vorstand

Ausgabe eines neuen Bogens

Der Bogen einer Aktie mit Kupons und Talon

bei dem betreffenden Unternehmen selber einreichen. Wer allerdings seine Wertpapiere im Depot einer Bank hält, braucht sich um derartige Dinge nicht weiter zu kümmern, da die Wertpapiersammelbank in der Regel solche Serviceleistungen übernimmt.
Am Ende des Bogens befindet sich ein Erneuerungsschein, auch Talon genannt, mit dem bei Bedarf ein neuer Bogen angefordert werden kann.

Nennwert und Bilanz

Der Nennwert ist einer Aktie aufgedruckt und entspricht hier dem wertmäßigen Anteil am Grundkapital der betreffenden Aktiengesellschaft. Die Summe der Nennwerte aller Aktien einer Aktiengesellschaft entspricht also ihrem Grund- bzw. Aktienkapital. Sehen wir uns zur Erläuterung doch einmal die Bilanz einer Aktiengesellschaft an:

Bilanz einer Aktiengesellschaft	
Aktiva	*Passiva*
I. Anlagevermögen	I. Grundkapital
A. Sachanlagen	II. Offene Rücklagen
– Grundstücke	– Gesetzliche Rücklagen
– Produktionsanlagen	– Freie Rücklagen
– Maschinen	
B. Finanzanlagen	III. Wertberichtigungen
– Beteiligungen	IV. Rückstellungen
– Ausleihungen	
II. Rechnungsabgrenzungsposten	V. Langfristige Verbindlichkeiten
III. Umlaufvermögen	VI. Kurzfristige Verbindlichkeiten
– Vorräte	
– Guthaben	VII. Rechnungsabgrenzungsposten
– Forderungen	VIII. Bilanzgewinn

Ganz stark vereinfacht können Sie aus der Passivseite einer Bilanz die Herkunft der vorhandenen Kapitalmittel erkennen, während die Aktivseite Auskunft darüber gibt, wie das zur Verfügung stehende Geld investiert wurde. Die Vermögenswerte auf der Aktivseite werden also dem Eigen- und Fremdkapital auf der Passivseite gegenübergestellt. Beide Seiten müssen daher in der Summe den gleichen Wert aufweisen. Sind Aktiva und Passiva einmal nicht mehr ausgeglichen, so gibt es zwei Möglichkeiten: entweder verzeichnen wir auf der Passivseite einen Bilanzgewinn, was bedeutet, daß das ursprünglich investierte Geld vermehrt wurde, oder aber den Kapitalwerten auf der Passivseite stehen nicht mehr genügend Vermögenswerte gegenüber, so daß auf der Vermögens- bzw. auf der Aktivseite ein Bilanzverlust ausgewiesen werden muß.

Das Grundkapital bildet also zusammen mit den gesetzlichen Rücklagen (10 Prozent vom Grundkapital), den freien Rücklagen und einem möglichen Gewinnvortrag das Eigenkapital einer Aktiengesellschaft. Wie bereits kurz angesprochen, ist das Grundkapital in Aktien aufgeteilt. Der Mindestnennwert einer Aktie beträgt in der Bundesrepublik Deutschland DM 50,–. Höhere Aktiennennwerte müssen jeweils auf volle DM 100,– lauten, sind aber am deutschen Aktienmarkt nur von sehr geringer Bedeutung. Ein Grundkapital von 12 Millionen DM ist also in der Regel in 240 000 Aktien mit einem Nennwert von DM 50,– aufgeteilt.

Inzwischen überlegt man, den Mindestnennwert einer Aktie auf DM 10,– oder gar DM 5,– herabzusetzen, um so die aus den Kurssteigerungen der vergangenen Jahre resultierenden optisch hohen Kurse zu verringern, da sich dann das Vermögen bzw. die Börsenbewertung einer Aktiengesellschaft auf mehr Aktien verteilt, so daß der Wert der einzelnen Aktie sinken wird. Eine Herabsetzung des Nennwertes auf DM 5,– bedeutet beispielsweise bei der Daimler-Benz-Aktie, die gegenwärtig (November 1986) bei 1 265,– DM notiert, daß sich ihr Kurs auf 126,50 DM vermindert, die Zahl dieser Aktien jedoch auf 10 steigt. Die einzelne Aktie wird „leichter", am Gesamtbesitz eines Aktionärs ändert sich aber nichts. Indes dürften dadurch zumindest der Erwerb von Belegschaftsaktien sowie die Ausnutzung steuerlicher Vergünstigungen im Rahmen der gesetzlichen Vermögensbildung erleichtert werden. Kritiker verweisen jedoch auf die lediglich befristete Wirkung einer derartigen Maßnahme, ist doch schon einmal der Mindestnennwert einer Aktie von DM 100,– auf DM 50,– gesenkt worden.

Einen Ausweg bietet da schon eher die Einführung einer nennwertlosen Aktie, der sogenannten Quotenaktie, wie sie beispielsweise in den USA, in Kanada, Großbritannien, Italien und Holland gebräuchlich ist. Unter Quotenaktien sind Aktien zu verstehen, die keinen bestimmten Nominalwert aufweisen, sondern statt dessen auf einen Anteil am Gesellschaftsvermögen bzw. am Kapital einer Aktiengesellschaft lauten. Diese Anteile lassen sich durch die Anzahl der Aktien relativ problemlos steuern.

Die Rechte eines Aktionärs

Nachdem Sie nun wissen, wie eine Aktie aussieht, und auch die Sache mit dem Grundkapital etwas besser verstehen, wollen wir uns den Rechten eines Aktionärs zuwenden:

- Anspruch auf Auskunft durch den Vorstand,
- Teilnahme an der Hauptversammlung,
- Stimmrecht in der Hauptversammlung,
- Anspruch auf Anteil am Gewinn (Dividende),
- Recht auf den Bezug neuer (junger) Aktien,
- Anspruch auf Anteil am Liquidationserlös bei Auflösung der AG.

Gleich der erste Punkt verleitet möglicherweise zu falschen Hoffnungen. Der Aktionär hat ein Recht auf Auskunft durch den Vorstand. Diese Auskunft bekommt er auch. Während des Geschäftsjahres kommt diese Auskunft oft in Form von Hochglanzbroschüren ins Haus, auf der Hauptversammlung antwortet der Vorstand mit wohlgesetzten Worten. Wer allerdings hofft, hierbei in den Besitz von sogenannten Insiderinformationen zu gelangen, der irrt. Informiert wird nur über die Belange, die auch für die Öffentlichkeit vorgesehen sind. Und das ist manchmal recht wenig.
Zur Teilnahme an der Hauptversammlung, der Versammlung aller Aktionäre, benötigen Sie eine Eintritts- bzw. Stimmkarte, die Ihnen Ihre Bank kostenlos besorgt und auf der die Anzahl der hinterlegten Aktien vermerkt ist. Die Hinterlegungsfrist, meist eine Woche vor der Hauptversammlung bis zu deren Ende, ist notwendig, um einerseits eine übersichtliche Stichtagsregelung für die Ausgabe von Eintritts- bzw. Stimmkarten zu erreichen und andererseits zu verhindern, daß an der Hauptversammlung teilnehmende Aktionäre einen möglichen Wissensvorsprung noch während der Hauptversammlung für eigene Börsentransaktionen nutzen. Dies bedeutet nun nicht, daß während der Hauptversammlung einer Aktiengesellschaft die betreffenden Aktien an der Börse nicht gehandelt werden können, denn nur ein sehr kleiner Teil aller Aktionäre nimmt persönlich an der Hauptversammlung teil, und bei weitem nicht alle Aktionäre lassen sich auf der Hautversammlung durch ihre Bank vertreten.
Übrigens ist es auch Ihr gutes Recht als Aktionär, zu den einzelnen Tagesordnungspunkten einer Hauptversammlung nach § 126 Aktiengesetz Gegenanträge zu stellen, die bei rechtzeitiger Ankündigung dann auch von der Aktiengesellschaft bekanntgegeben werden müssen. Besonders davon betroffen sind in der letzten Zeit Chemiewerte und Stromversorger, denn für die Teilnahme an der Hauptversammlung und für die Ankündigung von Gegenanträgen genügt bereits eine einzige Aktie.
Genießen Sie nun als Kostprobe einen Gegenantrag des über lange Jahre wohl meist beschäftigtsten Hauptversammlungsredners und ehemaligen Kohlenhändlers Erich Nold, der nicht selten als Besitzer einer einzigen Aktie bis zu 100 (!) Fragen stellte, so daß Schlagzeilen wie „Nold opponiert wieder" jahrelang zum gewohnten Bild in allen Wirtschaftszeitungen gehörten (siehe Abbildung Seite 39).
Das Stimmrecht wird auf der Hauptversammlung nach Aktiennennbeträgen ausgeübt, in der Regel allerdings entfällt auf eine Aktie auch eine Stimme. Wenn Sie Ihr Stimmrecht nicht selbst wahrnehmen, können Sie Ihre Bank, bei der Sie ein Depot unterhalten, mit der Wahrnehmung Ihrer Interessen beauftragen. Eine derartige Vollmacht für das sogenannte Depotstimmrecht kann für längstens 15 Monate erteilt werden und ist jederzeit widerrufbar. Trotz einer derartigen Vollmacht können Sie zu jedem Tagesordnungspunkt einer

Lufthansa

Deutsche Lufthansa Aktiengesellschaft
Köln

Sehr geehrte Aktionäre,

zur Tagesordnung für die Hauptversammlung am 16. Juli 1986 liegt uns ein Gegenantrag des Aktionärs Erich Nold, Darmstadt, vor, den wir hiermit bekanntgeben.

Herr Nold beantragt zu den Tagesordnungspunkten drei bis fünf, gegen die Verwaltungsvorschläge zu stimmen.

Mitgeteilte Begründung:

„Methoden der Verwaltung sind undurchsichtig und zum Teil unvernünftig, sie führen zu schweren Schäden, wie fehlgeschlagener Währungsspekulation, Sammelpositionen werden verschleiert, nicht Spenden, Beratungshonorare aufgegliedert. Als Aktionär fühle ich mich ‚für dumm verkauft' und benachteiligt. Das Ansehen des Lufthansa-Aufsichtsrates und -Vorstandes litt wegen Langfrist-Beraterauftrag zu gunsten Dr. Scholl zur Zeit JVA-Untersuchungshaftanstalt Baden-Baden, dem angeblich mtl. ca. 18.000,-- DM von der Verwaltung bezahlt wird . . .

Ich könnte der Verwaltung bestimmt kostenlos bessere Ratschläge erteilen, als ihr angeblicher Chefberater Dr. Scholl und möchte wissen, um welche Hintergründe es da geht . . ."

Stellungnahme der Verwaltung zu dem Gegenantrag

Die Verwaltung sieht keine Veranlassung, ihre Beschlußvorschläge zu den Tagesordnungspunkten drei bis fünf zu ändern.

Köln, den 16. Juni 1986

Deutsche Lufthansa Aktiengesellschaft
Der Vorstand

Gegenantrag

Hauptversammlung detaillierte Weisungen geben, wie das beauftragte Kreditinstitut für Sie abstimmen soll. Im Gegensatz zur Schweiz haben deutsche Kreditinstitute auch unerwünschte Weisungen entgegenzunehmen und auszuführen. Andernfalls wird das Kreditinstitut entsprechend den eigenen Vorschlägen abstimmen, was fast immer bedeutet: im Sinne der Vorschläge der Verwaltung (Vorstand und Aufsichtsrat). Sehr oft werden Sie dabei auch den Vermerk finden: „Den Gegenanträgen vermögen wir nicht zu folgen." Fast die einzige Ausnahme in den letzten Jahren war eine Thyssen-Hauptversammlung, wo beispielsweise die Deutsche Bank ihren Kunden die Entlastung von Vorstand und Aufsichtsrat nicht empfehlen konnte.
Selbstverständlich können Sie Ihr Stimmrecht auch anderen Personen oder Institutionen übertragen, beispielsweise der „Deutschen Schutzvereinigung für Wertpapierbesitz", die Ihre Interessen auf derzeit rund 400 Hauptversammlungen vertreten kann. Die bundesweit 23 Hauptversammlungsredner der Schutzvereinigung sind bei den Vorständen der Aktiengesellschaften nicht ungern gesehen, bringen sie doch im Namen ihrer rund 10 000 Mitglieder Leben in müde Hauptversammlungen, in denen nur wenige Einzelaktionäre einmal das Rednerpult erklimmen. Vorstandsmitglieder der Schutzvereinigung sind darüber hinaus in 30 Aufsichtsräten von Unternehmen vertreten. In den vergangenen zehn Jahren hat die Schutzgemeinschaft mehrere Musterprozesse geführt und dabei Ausgleichszahlungen und Abfindungen für die von ihr vertretenen Aktionäre von mehr als 100 Millionen DM erstritten. Im November 1986 wurde von der Mitgliederversammlung in Düsseldorf der wirtschaftspolitische Sprecher der FDP-Bundestagsfraktion und ehemalige Bundeswirtschaftsminister, Otto Graf Lambsdorff, zum Präsidenten der „Deutschen Schutzvereinigung für Wertpapierbesitz" gewählt. Wer an einer Mitgliedschaft und dem damit verbundenen kostenlosen Bezug der Zeitschrift „Wertpapier" interessiert ist, wende sich an die Deutsche Schutzvereinigung für Wertpapierbesitz e. V. (siehe Kapitel „Nützliche Anschriften").
Die Hauptversammlung beschließt über die Verwendung der Bilanzgewinne, sofern überhaupt ein solcher vorhanden ist. An dieser Stelle sei vermerkt, daß Bilanzen in einem gewissen Rahmen „manipulierbar" sind, so daß der ausgewiesene Bilanzgewinn in der Regel dem Betrag entspricht, der beim besten Willen nicht mehr anderweitig in der Bilanz unterzubringen ist. Dieses muß für den Aktionär, der ja letztendlich auch Unternehmer ist, nicht unbedingt negativ sein, soll aber zeigen, daß Bilanzen häufig nur noch von denjenigen voll durchschaut werden können, die sie auch erstellt haben.
Das Recht auf den Bezug junger Aktien werden wir in einem späteren Kapitel noch ausführlich besprechen („Wenn Aktien Junge bekommen"), an dieser Stelle sei nur darauf hingewiesen, daß dieses Bezugsrecht lediglich einen notwendigen Wertausgleich darstellt, weil durch die Kapitalerhöhung das alte Grundkapital „verwässert" wird.

Der Anspruch auf Anteil am Liquidationserlös bei Auflösung der Aktiengesellschaft ist häufig nicht viel wert, denn bevor die Anteilseigner befriedigt werden, bekommen die Gläubiger ihr geliehenes Geld zurück, so daß oftmals für die Aktionäre nichts mehr übrig bleibt: sie erleiden dann das Schicksal eines gescheiterten Unternehmers.

Die Organe einer Aktiengesellschaft

Die Aktiengesellschaft ist eine Kapitalgesellschaft, bei der das Grundkapital von mindestens 100 000,– DM von wenigstens 5 Aktionären aufgebracht wird. Die Gesellschafter haften nicht persönlich, sondern nur in Höhe ihrer Einlagen für die Verbindlichkeiten der Unternehmung.
Es gibt in der Bundesrepublik Deutschland rund 2 000 Aktiengesellschaften, die nach dem untenstehenden Muster strukturiert sind:

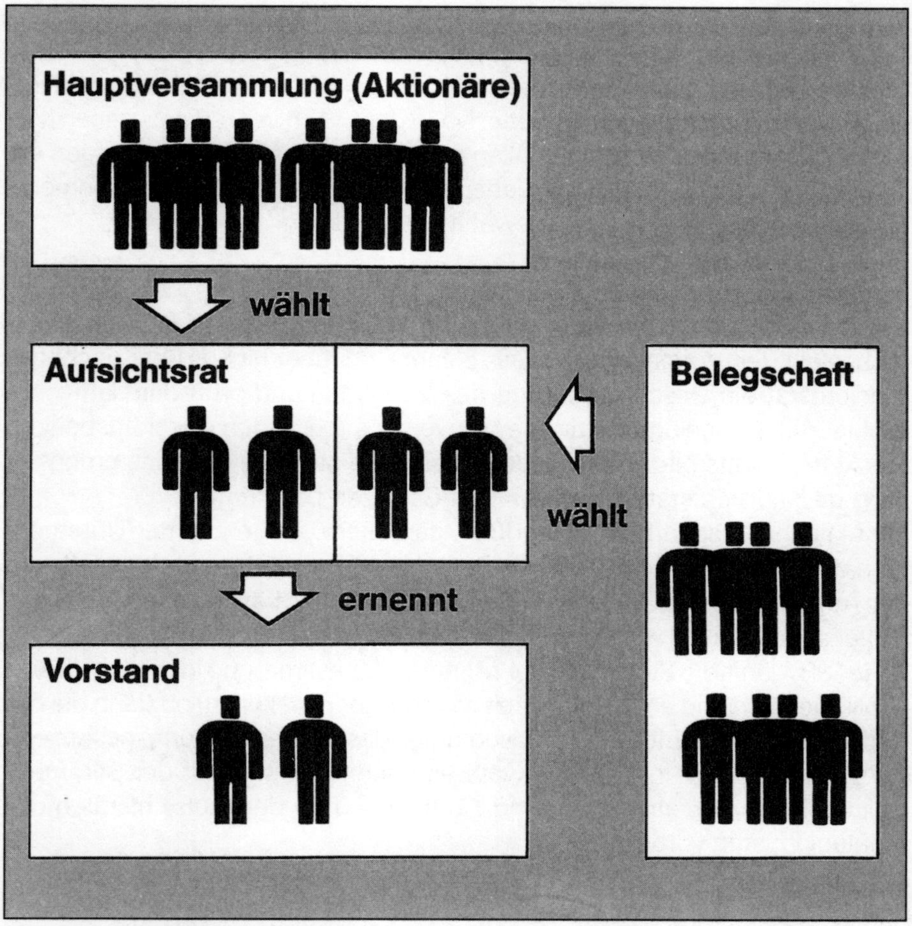

Organe der Aktiengesellschaft

Die Hauptversammlung wählt die Vertreter der Aktionäre in den Aufsichtsrat, die Belegschaft die Arbeitnehmervertreter. Der Vorstand wird vom Aufsichtsrat ernannt.

Der Vorstand

Dem Vorstand obliegt die Geschäftsführung und Vertretung der Aktiengesellschaft. Er ist dabei normalerweise an keine Weisungen des Aufsichtsrats oder der Hauptversammlung gebunden, es sei denn, die Satzung der Aktiengesellschaft legt davon abweichende Regelungen fest. Der Vorstand wird vom Aufsichtsrat für jeweils 5 Jahre bestellt und hat diesem auch regelmäßig über die Geschäftslage der Gesellschaft Bericht zu erstatten. Beträgt das Grundkapital einer Aktiengesellschaft mehr als drei Millionen DM, so muß der Vorstand, falls die Satzung nichts anderes bestimmt, aus mindestens zwei Personen bestehen. In Aktiengesellschaften der Montanindustrie gehört dem Vorstand zusätzlich ein Arbeitsdirektor an, der für Sozial- und Personalangelegenheiten sowie das Ausbildungswesen zuständig ist. Der Arbeitsdirektor kann nicht gegen die Stimmenmehrheit der im Aufsichtsrat vertretenen Belegschaftsvertreter gewählt werden. Nach dem 1976 in Kraft getretenen Mitbestimmungsgesetz ist auch in allen anderen großen Unternehmungen ein Arbeitsdirektor zu bestellen, der jedoch hier auch gegen die Stimmenmehrheit der Belegschaftsvertreter gewählt werden kann.

Der Aufsichtsrat

Das Kontrollorgan der Aktiengesellschaft ist der Aufsichtsrat. Der Aufsichtsrat bestellt den Vorstand für jeweils 5 Jahre. Darüber hinaus überwacht der Aufsichtsrat die Geschäftsführung des Vorstands und prüft den Jahresabschluß, die Vorschläge für die Gewinnverteilung und den Geschäftsbericht. Die Aufsichtsratsmitglieder werden für 4 Jahre gewählt. Die Zusammensetzung des Aufsichtsrates wird von drei Gesetzen bestimmt.

Für Aktiengesellschaften bis zu 2 000 Mitarbeitern, ausgenommen Unternehmen der Montanindustrie, gilt das Betriebsverfassungsgesetz, wonach sich der Aufsichtsrat zu zwei Dritteln aus Vertretern der Kapitalseite und einem Drittel aus Arbeitnehmervertretern zusammensetzt.

Ende 1987 läuft die Sicherung der Montan-Mitbestimmung in der Bundesrepublik Deutschland aus. Schon jetzt wird darüber spekuliert, ob dann die betroffenen Unternehmen automatisch unter das Mitbestimmungsgesetz von 1976 fallen sollten. In dem Fall wäre es dann allerdings mit der Stimmengleichheit von Arbeitnehmern und Arbeitgebern in den Aufsichtsräten der Montanindustrie vorbei.

Im September 1965 wurde im Bundestag ein Gesetz verabschiedet, das die Anzahl der Aufsichtsratsmandate, die ein einzelner ausüben darf, auf höchstens zehn beschränkt. Vieles deutet darauf hin, daß dieses scherzhaft auch

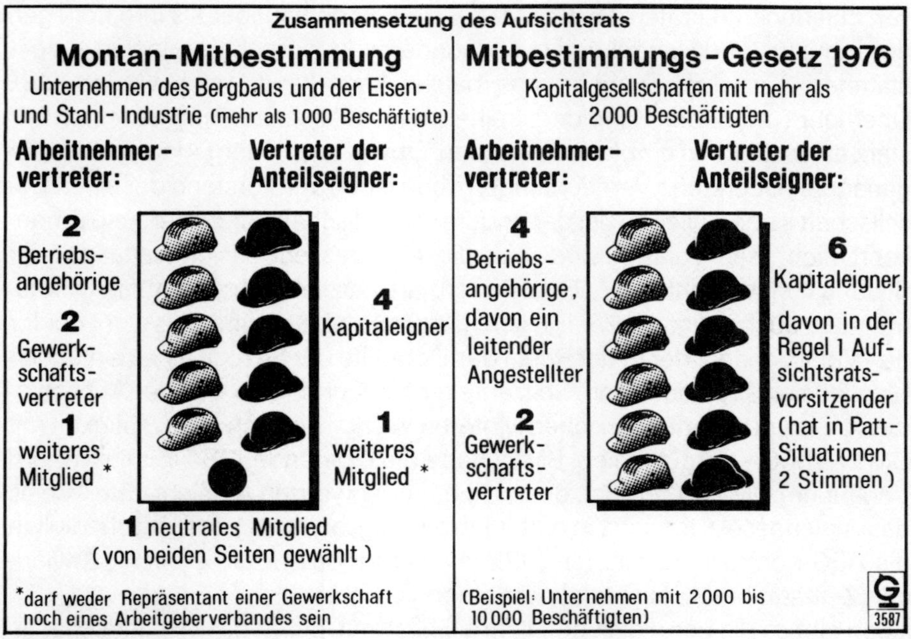

Der Aufsichtsrat

„Lex Abs" genannte Gesetz in erster Linie wegen eines mächtigen und einflußreichen Mannes erlassen wurde, der früher lange Jahre Vorstandssprecher der Deutschen Bank AG war und heute ihr Ehrenvorsitzender ist: Hermann Josef Abs. Der langjährige Chef der Deutschen Bank, der 1965 Inhaber von rund 30 Aufsichtsratsmandaten war, pflegte damals zu sagen: „Was gut ist für die Deutsche Bank, das ist auch gut für die deutsche Bundesrepublik." Auch für das neu erlassene Gesetz hatte er eine pointierte Bemerkung parat: „Die einschneidendste von allen Maßnahmen, die jemals zum Schutze meiner Gesundheit getroffen wurden ..."
Die Zahl der Aufsichtsratsmandate wurde natürlich in erster Linie beschränkt, um auf diese Weise die Wirksamkeit und Gewissenhaftigkeit des Kontrollgremiums zu erhöhen. Der Mann, mit dessen Namen sich die nachhaltige Maßnahme verbindet, bot allerdings den geringsten Anlaß für eine Kritik in dieser Hinsicht. Hermann Josef Abs war unermüdlich unterwegs, um seine Mandate wahrzunehmen. Dabei kam ihm – nebenbei bemerkt – sein Amt als Verwaltungsratsvorsitzender bei der Bundesbahn sehr gelegen, konnte er doch TEE-Züge auch in kleinen Provinzstationen halten lassen, um so seine Termine zeitsparend zu koordinieren.
Banken sind in den bundesdeutschen Aufsichtsräten, wer wollte es ihnen verdenken, besonders stark vertreten. Allein die zwölf Vorstandsmitglieder der Deutschen Bank sitzen in über 300 Aufsichts- und Verwaltungsräten sowie

verschiedenen Beiräten. Daß sie dabei auch noch häufiger als ihre Kollegen aus Industrie und Handel den mit besonderen Mitspracheprivilegien ausgestatteten Aufsichtsratsvorsitz inne haben, kann kaum noch verwundern. Überhaupt muß die Handlungsfreiheit der Aufsichtsratsmitglieder oft als stark eingeschränkt empfunden werden. Obwohl nach dem Aktiengesetz sogenannte „Überkreuz-Verflechtungen", bei denen der Vorstand der einen Gesellschaft seine Kollegen bei der anderen Gesellschaft kontrolliert und umgekehrt, nicht mehr zulässig sind, wird diese Interessenkollision weiter mit der Bildung von Aufsichtsratsbeiräten praktiziert. Letztendlich sind Aufsichtsratsmandate auch in finanzieller Hinsicht durchaus lukrativ, und dies nicht nur für den Vorsitzenden, der in der Regel das Doppelte der Bezüge eines einfachen Mitglieds einstreichen kann. Spitzenreiter 1984 und 1985 war der Aufsichtsratsvorsitzende der Bayerischen Motoren Werke, der sich seine Tätigkeit mit DM 172 500,– vergüten ließ. BMW hatte die Dividende 1984 immerhin zum Vorjahr um DM 0,50 erhöht, doch nicht immer werden Aufsichtsräte, wie es das Aktiengesetz vorsieht, in erster Linie erfolgsabhängig entlohnt. Lediglich die AEG-Kontrolleure mußten 1982 in einer für das Unternehmen schwierigen Zeit auf ihre Aufsichtsratstantiemen verzichten.
Auch gibt es die von vielen genutzte Möglichkeit, durch die Mitgliedschaft in diversen Ausschüssen die eigentlichen Aufsichtsratsbezüge erheblich zu erhöhen.
Hochdotierte Aufsichtsratsmandate gibt es etwa bei der Deutschen Bank (Mitglied: 58 512,– DM; Vorsitzender: 117 024,– DM), bei Daimler-Benz (Mitglied: 65 000,– DM; Vorsitzender: 144 000,– DM) oder bei Hoechst (Mitglied: 81 747,– DM; Vorsitzender: 163 494,– DM).
Mittlere Plätze nehmen die Aufsichtsräte beispielsweise ein bei Thyssen (Mitglied: 26 000,– DM; Vorsitzender: 52 000,– DM) und der Dresdner Bank (Mitglied: 38 000,– DM; Vorsitzender: 76 000,– DM).
Mit ausgesprochen mageren Tantiemen müssen sich die Aufsichtsräte von so bekannten Unternehmen begnügen wie: Lufthansa (Mitglied: 6 604,– DM; Vorsitzender: 13 208,– DM), VW (Mitglied: 12 000,– DM; Vorsitzender: 24 000,– DM) und RWE (Mitglied: 17 000,– DM; Vorsitzender: 34 000,– DM) (alle Zahlen: 1985).

Die Hauptversammlung

Die Hauptversammlung ist die Versammlung der Aktionäre oder ihrer Vertreter. Jeder Aktionär sollte hellhörig werden, wenn eine bereits angekündigte Hauptversammlung wieder abgesagt wird, wie es im September 1986 bei den Haller-Meurer-Werken AG geschah.
In diesem Fall war der Grund für die Absage der Hauptversammlung ein Konkursantrag der Gesellschaft, womit auch eine Aussetzung der Kursnotierung an der Börse verbunden war. Also eine betrübliche Zukunftsperspektive für

Haller-Meurer-Werke
Aktiengesellschaft
Hamburg

Wir beziehen uns auf die Einladung vom 8. August 1986 zur Ordentlichen Hauptversammlung am 19. September 1986, 11.00 Uhr, und teilen den Aktionären unserer Gesellschaft mit, daß die vorgesehene Hauptversammlung am 19. September 1986 nicht stattfindet.

Der Termin der nächsten Hauptversammlung wird fristgemäß, Gesetz und Satzung entsprechend, bekanntgegeben.

Hamburg, den 15. September 1986 Der Vorstand

die Haller-Meurer-Aktionäre. In der Regel findet allerdings eine Hauptversammlung wie angekündigt auch statt und beschäftigt sich dann unter anderem mit folgenden Themen:

- Vorlage des Jahresabschlusses,
- Beschlußfassung über die Verteilung des Bilanzgewinns,
- Entlastung von Vorstand und Aufsichtsrat,
- Beschlußfassung über Satzungsänderungen,
- Wahlen zum Aufsichtsrat,
- Bestellung der Abschlußprüfer.

Diese Themen finden Sie auch auf der Tagesordnung der Hoffmann's Stärkefabriken Aktiengesellschaft wieder (siehe Abbildung Seite 46).
Unter Entlastung von Vorstand und Aufsichtsrat ist eine Anerkennung der bisher geleisteten Arbeit zu verstehen. Die Beschlüsse der Hauptversammlung bedürfen im allgemeinen der einfachen Stimmenmehrheit, bei Kapitalerhöhungen, Kapitalherabsetzungen, Satzungsänderungen, Abberufung von Aufsichtsratsmitgliedern, Fusion und Auflösung der Aktiengesellschaft bedarf es einer qualifizierten Mehrheit, das heißt, mindestens drei Viertel der abgegebenen Stimmen bzw. des vertretenen Grundkapitals. Bei allen Abstimmungen ist für die Beschlußfassung das bei der Hauptversammlung *vertretene Grundkapital* entscheidend und nicht etwa das insgesamt vorhandene Grundkapital einer Aktiengesellschaft. Da oftmals nicht mehr als rund 60 Prozent des gesamten Grundkapitals auf einer Hauptversammlung vertreten ist, reichen in der Praxis schon wesentlich kleinere Stimmenkontingente als 50 Prozent des Grundkapitals aus, um einen Mehrheitsbeschluß zu erzielen.
Der Einfluß der Banken und Sparkassen auf Hauptversammlungen ist erdrükkend. Ob als Aktionär oder Vertreter ihrer Depotkunden, das Kreditgewerbe vereinigt bei den großen Publikumsgesellschaften etwa 90 Prozent aller an-

Hoffmann's Stärkefabriken Aktiengesellschaft Bad Salzuflen

— Wertpapier-Kenn-Nummer 607 700 —

Einladung und

Tagesordnung

für die

97. ordentliche Hauptversammlung

am 24. Juni 1986, 10 Uhr,

im Kameradschaftssaal der Hoffmann's Stärkefabriken AG, Bad Salzuflen.

1. Vorlage des Jahresabschlusses und des Teilkonzernabschlusses für das Geschäftsjahr 1985, des Geschäftsberichts, des Teilkonzerngeschäftsberichts und des Berichts des Aufsichtsrates
2. Feststellung des Jahresabschlusses
3. Beschlußfassung über die Gewinnverwendung
4. Beschlußfassung über die Entlastung
   a) des Vorstandes
   b) des Aufsichtsrates
5. Neufassung der Satzung
6. Wahlen zum Aufsichtsrat
7. Wahl des Abschlußprüfers für das Geschäftsjahr 1986

Erläuterungen zu den Tagesordnungspunkten bitten wir dem Bundesanzeiger Nr. 74 vom 19. April 1986 zu entnehmen.

Zur Teilnahme an der Hauptversammlung sind diejenigen Aktionäre berechtigt, die ihre Aktien bis spätestens 16. Juni 1986 bei der Gesellschaftskasse in Bad Salzuflen, bei einem deutschen Notar, bei einer Wertpapiersammelbank oder bei einer der nachstehenden Stellen bis zur Beendigung der Hauptversammlung hinterlegen. Die Hinterlegung ist auch dann ordnungsgemäß erfolgt, wenn Aktien mit Zustimmung einer von der Gesellschaft bestimmten Hinterlegungsstelle für sie bei anderen Banken bis zur Beendigung der Hauptversammlung im Sperrdepot gehalten werden. Im Falle der Hinterlegung der Aktien bei einem Notar oder einer Wertpapiersammelbank ist die Bescheinigung über die Hinterlegung spätestens am 18. Juni 1986 bei der Gesellschaft einzureichen.

Hinterlegungsstellen sind außer den obengenannten Stellen folgende Banken:

Deutsche Bank AG
Deutsche Bank Berlin AG
Bankhaus M. M. Warburg-Brinckmann, Wirtz & Co.

Bad Salzuflen, im April 1986 **Der Vorstand**

wesenden Stimmen auf sich. Mit den Vollmachten ihrer Depotkunden kommen die Großbanken sogar im eigenen Haus auf bedeutende Stimmenanteile. Die Dresdner Bank kontrollierte zum Beispiel 1984 auf der eigenen Hauptversammlung fast 60 Prozent der anwesenden Stimmen, bei der Deutschen Bank waren es immerhin noch fast 50 Prozent aller Stimmen. Allerdings können die Banken für ihre *eigenen* Aktionäre nur dann das Depotstimmrecht ausüben, wenn diese ausdrückliche Weisungen zu den einzelnen Tagesordnungspunkten erteilt haben. Dieser Passus im Aktiengesetz soll verhindern, daß börsennotierte Banken ohne jede Aktionärskontrolle über sich selbst bestimmen können.
Grundsätzlich hat ein Aktionär nach dem Aktiengesetz:

- bei mehr als 25 Prozent des Grundkapitals eine sogenannte Sperrminorität, das heißt, er kann beispielsweise Satzungsänderungen verhindern;
- bei mehr als 50 Prozent des Grundkapitals die Möglichkeit, alle Beschlüsse durchzubringen, bei denen keine Dreiviertelmehrheit notwendig ist;
- bei 75 Prozent des Grundkapitals die Möglichkeit, auch Satzungsänderungen zu erzwingen.

Keine Regel ohne Ausnahme. Conti-Gummi beispielsweise ließ sich vor einiger Zeit eine Beschränkung des Stimmrechts je Aktionär auf 5 Prozent genehmigen. Bei 5,4 Millionen Aktien gab es damals immerhin 848 000 Neinstimmen, obwohl die Banken, wie üblich, die Stimmrechtsbeschränkung voll unterstützten. Auch die Leifheit Aktiengesellschaft gewährt ihren Aktionären lediglich ein Höchststimmrecht bis zu 10 Prozent vom Grundkapital. Der Vorstand einer Aktiengesellschaft befreit sich mit einer derartigen Stimmrechtsbegrenzung natürlich von dem Einfluß eines möglicherweise ungeliebten Großaktionärs.
Übrigens können auf einer Hauptversammlung auch einmal Namensänderungen beschlossen werden, wie das nachfolgende Beispiel (Seite 48) zeigt. Derartige Firmenänderungen sind nicht gerade billig, müssen doch alle Aktienurkunden neu gedruckt werden. Auch die Badische Anilin- & Soda-Fabrik Aktiengesellschaft hat sich 1984 in BASF-Aktiengesellschaft umbenannt. Diese Firmenänderung war zwar bereits auf der Hauptversammlung vom 20. Juni 1973 beschlossen worden, aber erst 1984 erschien der Zeitpunkt zum Umtausch der Aktien günstig, weil sowieso neue Gewinnanteilscheinbogen ausgegeben werden mußten.
Pflichtblatt für alle offiziellen Veröffentlichungen einer Aktiengesellschaft ist der Bundesanzeiger, das amtliche Verkündigungsorgan der Bundesregierung. Darüber hinaus findet man einen Abdruck der meisten Veröffentlichungen auch häufig in bedeutenden Wirtschafts- und Tageszeitungen.
Als positiv sind Kurssteigerungen am ersten Börsentag nach einer Hauptversammlung zu bewerten. Offenbar sind dann auf der Versammlung aller An-

teilseigner Dinge zur Sprache gekommen, die die weitere Kursentwicklung der betreffenden Aktie in einem günstigen Licht erscheinen lassen. So beispielsweise 1986 mit der japanischen Toshiba-Aktie geschehen, die auch an deutschen Börsen in DM notiert wird. Am Tag nach der Hauptversammlung stieg diese Aktie, die lange Zeit bei rund DM 4,50 vor sich hindümpelte, überraschend um DM 0,65, das heißt um über 10 Prozent. Dies ist um so bemerkenswerter, wird doch am Tag nach der Hauptversammlung der Kurs der betreffenden Aktie ohne Anspruch auf die fällige Dividende, in der Regel also mit einem Kursabschlag, gehandelt. In den auf die Hauptversammlung folgenden Wochen stieg dann die Toshiba-Aktie auch auf fast DM 11,–!

Nomenklatur der Aktie

Nach der Art der Rechtsübertragung werden Aktien in Inhaber- und Namenspapiere eingeteilt.

Inhaberaktien

Diese werden am häufigsten ausgegeben, weil sie leicht übertragbar sind und damit den Bedürfnissen des Börsenhandels am ehesten gerecht werden. Die Verbriefung erfolgt durch Urkunde, was zur Folge hat, daß ein gutgläubiger Erwerb sogar dann möglich ist, wenn die Inhaberaktie dem Eigentümer gestohlen worden ist. Ein Grund mehr also für den Aktionär, seine Aktien im Depot einer Bank zu belassen und nicht etwa zu Hause zu lagern.

Namensaktien

Diese lauten auf den Namen des jeweiligen Besitzers. Zusätzlich sind die Namensaktien unter der Bezeichnung des Inhabers nach Namen, Wohnort und Beruf in das Aktienregister der Gesellschaft einzutragen. Die Ausgabe von Namensaktien ist gesetzlich vorgeschrieben, wenn der Gegenwert bei der Ausgabe nicht voll eingezahlt wird, wie es beispielsweise bei vielen Versicherungen üblich ist, die für ihre Geschäftstätigkeit nicht das volle Grundkapital benötigen. Außerdem ist die Ausgabe von Namensaktien bei Kapitalanlagegesellschaften, die als Aktiengesellschaft firmieren, zwingend erforderlich.
Namensaktien werden in der Praxis oft durch Blankoindossament übertragen, das heißt, durch eine schriftliche Erklärung auf der Rückseite des Wertpapiers wird eine Art Generalvollmacht für die Übertragung des Wertpapiers gegeben. Dieses ist für den Börsenhandel von Namensaktien notwendig. Die Umschreibung im Aktienregister ist daher für eine wirksame Übertragung der Namensaktie nicht erforderlich, allerdings können die Rechte gegenüber der Gesellschaft nur dann ausgeübt werden, wenn eine Umschreibung erfolgt ist. Als Aktionär gegenüber der Aktiengesellschaft gilt also nur der im Aktienregister Eingetragene. Häufig sind bei ansonsten gleichwertig erscheinenden Namens- und Inhaberaktien derselben Gesellschaft bemerkenswerte Kursunterschiede zu verzeichnen. So lauten beispielsweise die Namensaktien der Münchener Rückversicherung auf einen Nennwert von DM 100,-, sind aber nur zu 50 Prozent eingezahlt, während die Inhaberaktien auf DM 50,- lauten und voll eingezahlt sind. Da hier das Stimmrecht auf den effektiv eingezahlten Nennwert lautet, sind die Namensaktien den Inhaberpapieren hinsichtlich des

Stimmrechts gleichgestellt. Trotzdem notieren die Namensaktien in der Regel mit einem gewissen Abschlag, weil diese durch die Nachschußpflicht für die teileingezahlten Aktien eine höhere Haftung aufweisen.

Vinkulierte Namensaktien

Bei der vinkulierten Namensaktie, die umgangssprachlich auch als gefesselte Aktie bezeichnet wird, ist die Übertragung der Rechte aus der Aktie von der Zustimmung der Gesellschaft abhängig. Mit der Teilprivatisierung des Springer-Konzerns, die mit der Ausgabe von 1,666 Millionen vinkulierter Springer-Aktien verbunden war, ist die Möglichkeit am deutschen Aktienmarkt, die freie Übertragbarkeit einer Aktie zu beschränken, erstmals einer größeren Öffentlichkeit bekanntgeworden. Noch rund 600 bundesdeutsche Aktiengesellschaften verschließen sich auf diese Weise erfolgreich gegen fremde Einflüsse. Meist sind es Aktiengesellschaften in Familienbesitz, die auf diese Weise die Kontrolle über ihr Unternehmen behalten können, ohne dabei auf die Erhöhung des Eigenkapitals durch Ausgabe von Aktien verzichten zu müssen. Auch der Springer-Konzern will trotz des reduzierten Verlagsanteils von 26,1 Prozent auch in Zukunft darüber entscheiden können, wer im Konzern mitbestimmen darf.

Bisher war die Vinkulierung vorwiegend aus der Versicherungsbranche bekannt. Mehr als zwei Drittel des Aktienkapitals in dieser Branche sind vinkuliert. Dazu gehört auch das gesamte Grundkapital der Allianz Versicherungs-Aktiengesellschaft. Trotzdem werden die Allianz-Aktien ebenso wie die Springer-Aktien an der Börse gehandelt. Auch hier werden die zukünftigen Übertragungen nämlich per Blankoindossament im voraus sanktioniert. Werden dabei jedoch unliebsame Aufkäufer oder Aktionäre bemerkt, so kann die betreffende Gesellschaft immer noch ihre Zustimmung zur Aktienübertragung verweigern. Dem Käufer der Aktien stehen dann in der Regel allerdings schuldrechtliche Ansprüche gegenüber dem Veräußerer zu. Grundsätzlich gilt: liegt keine Zustimmung der Gesellschaft vor, ist die Übertragung der Aktien unwirksam.

Im Hinblick auf die Ausstattung von Aktien unterscheidet man Stamm- und Vorzugsaktien.

Stammaktien

Als „Stämme" werden Aktien bezeichnet, die mit Rechten ausgestattet sind, die in der Regel allen Aktionären zustehen. Dazu gehören beispielsweise das Recht auf Teilnahme an der Hauptversammlung, das Stimmrecht oder auch der Anspruch auf Gewinnausschüttung. Zum Ausdruck Stammaktie greift man also in der Regel dann, wenn die gewöhnliche Aktie von der Vorzugsaktie unterschieden werden soll, falls eine Gesellschaft beide Aktienarten ausgegeben hat.

Vorzugsaktien

Dem Inhaber von „Vorzügen“ dagegen werden einige Vorrechte eingeräumt. In der Regel bestehen diese Vorrechte aus der Auszahlung einer erhöhten Vorzugsdividende oder Vorteilen bei der Verteilung eines möglichen Liquidationserlöses. Auch ein Mehrfachstimmrecht ist denkbar. Die Ausgestaltung von Vorzugsaktien liegt mit einigen Einschränkungen im freien Ermessen der ausgebenden Gesellschaft. Für die oft genutzte Möglichkeit, das Stimmrecht auszuschließen, muß beispielsweise eine Nachzahlungsverpflichtung für dividendenlose Geschäftsjahre vereinbart werden. Diese kumulativen Vorzugsaktien ohne Stimmrecht dürfen nur bis zur Höhe des Gesamtnennbetrags der Stammaktien ausgegeben werden. Fällt die Vorzugsdividende zweimal hintereinander aus, so lebt das Stimmrecht im dritten Jahr wieder auf. Selbst bei der Berechnung von Hauptversammlungsmehrheiten müssen die dann stimmberechtigten Vorzugsaktien berücksichtigt werden. Auch darf auf die Stammaktien so lange keine Dividende ausgeschüttet werden, bis die Dividendenansprüche der Vorzugsaktionäre voll erfüllt sind.

Die Inhaber von Vorzugsaktien ohne Stimmrecht haben auf der regulären Hauptversammlung auch weiterhin ein Auskunfts- und Rederecht. Bei Beschlüssen, die die Ausgabe von weiteren Vorzugsaktien betreffen, bedarf es sogar der Zustimmung der Vorzugsaktionäre ohne Stimmrecht, wie Sie aus der folgenden Abbildung ersehen können (siehe Abbildung Seite 52).

Obwohl die Vorzugsaktie in gewisser Weise den grundlegenden Charakter einer Aktiengesellschaft in Frage stellt, denn sie nimmt den Aktionären ihre angestammten Mitbestimmungsrechte, nutzten in den letzten Jahren immer mehr Gesellschaften diese im Aktienrecht verankerte Möglichkeit, das Eigenkapital bei gleichzeitigem Schutz vor Überfremdung aufzustocken. Porsche beispielsweise bekam 1984 durch die Ausgabe von stimmrechtslosen Vorzugsaktien rund 270 Millionen DM in die Kasse.

Was dem einen recht ist, ist dem anderen billig. Erstmals hat daher auch die Volkswagen Aktiengesellschaft im September 1986 Vorzugsaktien ohne Stimmrecht ausgegeben, die mit einer nachzahlbaren Vorzugsdividende von 4 Prozent, bezogen auf den Nennwert von DM 50,-, ausgestattet sind. Die VW-Großaktionäre, der Bund und das Land Niedersachsen mit noch jeweils 20 Prozent Kapitalanteil, werden aller Voraussicht nach schon im eigenen Interesse für eine rechtzeitige Zahlung der Vorzugsdividende sorgen, würden sie doch andernfalls ein Aufleben der Stimmrechte der Vorzugsaktionäre riskieren.

Häufig besteht zwischen Stamm- und Vorzugsaktien ein Kursunterschied von bis zu 10 Prozent, so daß man auf Grund von Renditeüberlegungen die „Vorzüge“ den „Stämmen“ vorziehen müßte.

ALLWEILER AG
7760 Radolfzell

Hiermit laden wir die Vorzugsaktionäre unserer Gesellschaft zu der

am Freitag, dem 27. Juni 1986, 12.00 Uhr

im Sitzungssaal des Feuerwehrgerätehauses in Radolfzell stattfindenden

Gesonderten Versammlung der Vorzugsaktionäre

ein.

TAGESORDNUNG

Vorstand und Aufsichtsrat schlagen vor, folgenden Beschluß zu fassen:

Die Inhaber von Vorzugsaktien ohne Stimmrecht erteilen dem folgenden Beschluß der Hauptversammlung vom 27. Juni 1986 ihre Zustimmung:

a) Der Vorstand wird ermächtigt, das Grundkapital mit Zustimmung des Aufsichtsrates bis zum 26. Juni 1991 um bis zu DM 4 000 000,— durch ein- oder mehrmalige Ausgabe neuer, auf den Inhaber lautender Stammaktien und/oder neuer, auf den Inhaber lautender Vorzugsaktien ohne Stimmrecht in der gleichen Ausstattung wie die bisherigen Vorzugsaktien (§§ 17 und 24 der Satzung) gegen Geldeinlagen zu erhöhen.

   Die neuen Aktien sollen von einem Bankenkonsortium mit der Verpflichtung übernommen werden, den Stammaktionären die neuen Stammaktien und den Vorzugsaktionären die neuen Vorzugsaktien jeweils im Verhältnis ihrer Bezugsrechte zum Bezug anzubieten; das Bezugsrecht der Inhaber von Aktien einer Gattung auf Aktien der anderen Gattung ist insofern ausgeschlossen.

b) § 4 der Satzung erhält folgenden neuen Absatz 3:

   Der Vorstand ist ermächtigt, das Grundkapital mit Zustimmung des Aufsichtsrates bis zum 26. Juni 1991 um bis zu DM 4 000 000,— durch ein- oder mehrmalige Ausgabe neuer, auf den Inhaber lautender Stammaktien und/oder neuer, auf den Inhaber lautender Vorzugsaktien ohne Stimmrecht in der gleichen Ausstattung wie die bisherigen Vorzugsaktien (§§ 17 und 24 der Satzung) gegen Geldeinlagen zu erhöhen.

   Die neuen Aktien sollen von einem Bankenkonsortium mit der Verpflichtung übernommen werden, den Stammaktionären die neuen Stammaktien und den Vorzugsaktionären die neuen Vorzugsaktien jeweils im Verhältnis ihrer Beteiligung zum Bezug anzubieten; das Bezugsrecht der Inhaber von Aktien einer Gattung auf Aktien der anderen Gattung ist insofern ausgeschlossen."

Zur **Teilnahme an der gesonderten Versammlung** der Vorzugsaktionäre sind diejenigen Vorzugsaktionäre berechtigt, deren Vorzugsaktien spätestens am 23. Juni 1986 bis zum Ende der Schalterstunden bei der Gesellschaftskasse, bei einem deutschen Notar, bei einer Wertpapiersammelbank oder bei einer Niederlassung der nachstehend genannten Banken hinterlegt und dort bis zur Beendigung der Hauptversammlung belassen werden.

Hinterlegungsstellen sind:

Deutsche Bank AG
Merck, Finck & Co.
Commerzbank AG
Dresdner Bank AG

Die Hinterlegung ist auch dann ordnungsgemäß erfolgt, wenn die Aktien mit Zustimmung einer Hinterlegungsstelle für sie bei anderen Kreditinstituten bis zur Beendigung der Hauptversammlung gesperrt gehalten werden.

Werden die Aktien bei einem Notar hinterlegt, so ist dessen Hinterlegungsbescheinigung in Urschrift oder beglaubigter Abschrift spätestens einen Tag nach Ablauf der Hinterlegungsfrist bei der Gesellschaft einzureichen; das gleiche gilt bei Hinterlegung bei einer Wertpapiersammelbank.

Radolfzell, im Mai 1986 **DER VORSTAND**

Belegschaftsaktien

Bereits mehr als 100 Unternehmen beteiligen ihre Arbeitnehmer durch die Ausgabe von Belegschaftsaktien zu einem Vorzugspreis. Darunter befindet sich auch die Daimler-Benz Aktiengesellschaft, die ihren Mitarbeitern 1986 beispielsweise eine Aktie zum Vorzugspreis von DM 899,– angeboten hat. Auch die Mitarbeiter der Nixdorf Computer Aktiengesellschaft konnten 1986 bis zu 16 Aktien ihres Unternehmens aus dem Nachlaß des verstorbenen Firmengründers Heinz Nixdorf zum Vorzugspreis erwerben. Je nach Börsenkurs ergaben sich dabei Vorteilsbeträge bis zu DM 3 000,–, die eine Schenkung des verstorbenen Firmenchefs an seine Mitarbeiter darstellten.
Zur Ausgabe von Belegschaftsaktien dürfen Aktiengesellschaften bis zu 10 Prozent des Grundkapitals an eigenen Aktien zurückkaufen. Häufig werden Belegschaftsaktien aber auch im Rahmen einer Kapitalerhöhung ausgegeben. Der Vorteil, der dem Arbeitnehmer durch den niedrigen Kaufpreis zufließt, bleibt bei der Lohnsteuer des Mitarbeiters unberücksichtigt, wenn der Vorteil nicht höher ist als der halbe Börsenkurs und insgesamt DM 300,– im Kalenderjahr nicht übersteigt, und wenn die Belegschaftsaktien für 5 Jahre festgelegt werden. Die Festlegungsfrist verlängert sich auf 6 Jahre, wenn der Mitarbeiter für den Erwerb vermögenswirksame Leistungen einsetzt. Dazu ein Beispiel: Der Börsenkurs einer Aktie beträgt DM 200,–. Das Unternehmen räumt seinen Mitarbeitern einen Kursabschlag von 50 Prozent, also DM 100,– ein. Jeder Mitarbeiter erhält 3 Aktien, so daß der Vorteilsbetrag von DM 300,– steuerfrei bleibt. Die folgende Tabelle gibt Ihnen weitere Beispiele:

Eigenleistung des Arbeitnehmers	*Wert der Beteiligung*	*Steuerfrei*	*Steuerpflichtig*
Bei kostenloser Überlassung			
–	100	50	50
–	600	300	300
–	700	300	400
Bei verbilligter Überlassung			
300	500	200	–
100	500	250	150
300	600	300	–
350	700	300	50

Beispiele für den Erwerb von Belegschaftsaktien

Belegschaftsaktien können nach Ablauf der Sperrfrist wie alle anderen Aktien auch über die Börse verkauft werden. Wann immer es Ihnen möglich ist, sollten Sie die Chance zum Bezug der verbilligten Aktien wahrnehmen, da es sich fast in jedem Fall lohnt. Vorsicht ist lediglich dann geboten, wenn Belegschaftsaktien zum Zeitpunkt bereits stark gestiegener Börsenkurse mit einem nur geringen Kursvorteil ausgegeben werden, so daß sich bei fallender Börse der vermeintliche Vorteil ins Gegenteil verkehrt. Der Vorzugskurs, zu dem die Aktie ursprünglich ausgegeben worden ist, kann dann unter Umständen höher sein als die Notierung an der Börse.

Die Dividende – eine von zwei Ertragsquellen der Aktie

Die Gewinnbeteiligung eines Aktionärs ist die sogenannte Dividende. Sie wird nach Erstellung des Jahresabschlusses von Vorstand und Aufsichtsrat vorgeschlagen und von der Hauptversammlung beschlossen. Sie ist der Lohn für das Risiko, das die Aktionäre mit ihrer Beteiligung an der Aktiengesellschaft eingegangen sind. Am Tag nach der Hauptversammlung wird die Dividende vom Kurs der Aktie abgeschlagen, das heißt, ab diesem Tag wird das Wertpapier ohne Anspruch auf die fällige Dividende gehandelt (exD). Dies führt in der Regel zu einem Kursrückgang, was jedoch verständlich ist, wenn man bedenkt, daß die Aktiengesellschaft Gewinne ausgeschüttet und damit die Vermögenssubstanz des Unternehmens um eben diesen Betrag verringert hat.

Nach aller Erfahrung wird der Dividendenabschlag relativ schnell wieder durch Kurssteigerungen aufgeholt, wenn es sich um ein entsprechend finanzstarkes Unternehmen handelt.

Zu wahren Kurseskapaden kann es aber kommen, wenn die Dividende unerwartet hoch ausfällt. Wenn es auch nicht oft geschieht, so übertreffen die Dividendenausschüttungen die vorher gehegten Erwartungen gelegentlich doch. Dies kann zu einem plötzlichen Nachfrageboom nach der betreffenden Aktie führen, der dann in deutlich steigenden Börsenkursen seinen Ausdruck findet. So geschehen beispielsweise bei der Hoffmann's Stärke Aktiengesellschaft, die nach zwei dividendenlosen Jahren für 1985 überraschend eine hohe Dividende von DM 29,– pro Aktie ankündigte. Damit Insider ihr Wissen nicht an der Börse nutzen konnten, wurde der Handel in der Hoffmann's Stärke-Aktie, die zuletzt bei DM 239,– notierte, am Tag der Dividendenankündigung ausgesetzt. Zwei Tage später stand die Aktie bereits bei DM 355,–.

Die Bedeutung einer derartig hohen Dividende läßt sich am besten in einem Vergleich mit der durchschnittlichen Dividendenrendite deutscher Aktiengesellschaften aufzeigen, die zum gleichen Zeitpunkt bei rund 2,5 Prozent einschließlich Steuergutschrift lag.

$$\text{Dividendenrendite} = \frac{\text{Dividende} \times 100}{\text{Kurs der Aktie}}$$

Dividenden werden immer auf den Nennwert bezogen angegeben und ausgezahlt. Eine Dividende von 10 Prozent entspricht daher bei einem Nennwert

von DM 50,– lediglich DM 5,–, auch wenn der eigentliche Kurswert sehr viel höher liegt. Viele Unternehmen versuchen eine gewisse Dividendenkontinuität zu erreichen, indem sie sowohl in wirtschaftlich erfolgreichen Jahren als auch zu ertragsärmeren Zeiten einen bestimmten Dividendensatz gleichbleibend ausschütten. Siemens beispielsweise ist in den letzten 20 Jahren fast immer bei einer Standarddividende von 16 Prozent geblieben. Andere Unternehmen schütten in erfolgreichen Jahren zusätzlich zur Dividende einen einmaligen Bonus aus, der im folgenden Jahr wieder weggelassen werden kann, ohne daß optisch die Dividende gekürzt würde.
Auch der Einfluß eines Großaktionärs ist für die Dividende von Bedeutung. Benötigt er für seine Aktivitäten dringend Geld, so wird er auf eine hohe Ausschüttung drängen. Will er aber vielmehr die Kleinanleger abschrecken, um selbst günstig Aktien aufkaufen zu können, wird er auf eine niedrige Ausschüttung Wert legen.

Die Besteuerung von Dividendenerträgen
Wie verhält es sich nun eigentlich mit der Steuergutschrift? Durch das neue Körperschaftssteuerreformgesetz wird seit Januar 1977 der an die Aktionäre ausgeschüttete Unternehmensertrag nicht mehr doppelt besteuert. Bis dahin unterlagen die Dividenden und Boni beim Aktionär voll der Einkommenssteuerpflicht, ohne daß eine Berücksichtigung der vom Unternehmen bereits abgeführten Körperschaftssteuer erfolgte. Nach der neuen Regelung wird die von der Aktiengesellschaft auf die ausgeschütteten Gewinne entrichtete Körperschaftssteuer nun voll auf die Einkommenssteuer des Aktionärs angerechnet (siehe Abbildung Seite 56).
Eine Aktiengesellschaft stellt einen Gewinn von beispielsweise 10 Millionen DM vor Abzug der Körperschaftssteuer zur Ausschüttung bereit. Dafür zahlt sie 36 Prozent Körperschaftssteuer, das heißt 3,6 Millionen DM (Ausschüttungsbelastung), an das Finanzamt. Wegen der Belastung des zur Ausschüttung bestimmten Gewinns mit 36 Prozent Körperschaftssteuer (statt 56 Prozent bei einbehaltenen Unternehmensgewinnen) ist das Verhältnis von Ausschüttungsbelastung zum tatsächlich ausgeschütteten Gewinn (Bruttodividende) $^{36}/_{64}$ oder gekürzt $^{9}/_{16}$ bzw. 56,25 Prozent. Von der Bruttodividende muß die Aktiengesellschaft am Tage der Auszahlung 25 Prozent Kapitalertragssteuer, das entspricht 16 Prozent des auszuschüttenden Gewinns, einbehalten und an ihr Finanzamt abführen. Der verbleibende Rest (Nettodividende) wird dem einkommensteuerpflichtigen Aktionär ausgezahlt.
Sowohl die Körperschaftssteuer als auch die Kapitalertragssteuer werden später bei der Einkommenssteuerveranlagung des Aktionärs auf die persönliche Steuerschuld angerechnet. Diejenigen Aktionäre allerdings, die nicht zur Einkommenssteuer veranlagt werden und die ihrer Bank eine Nichtveranlagungsbescheinigung vorlegen, erhalten nicht nur die Bruttodividende, son-

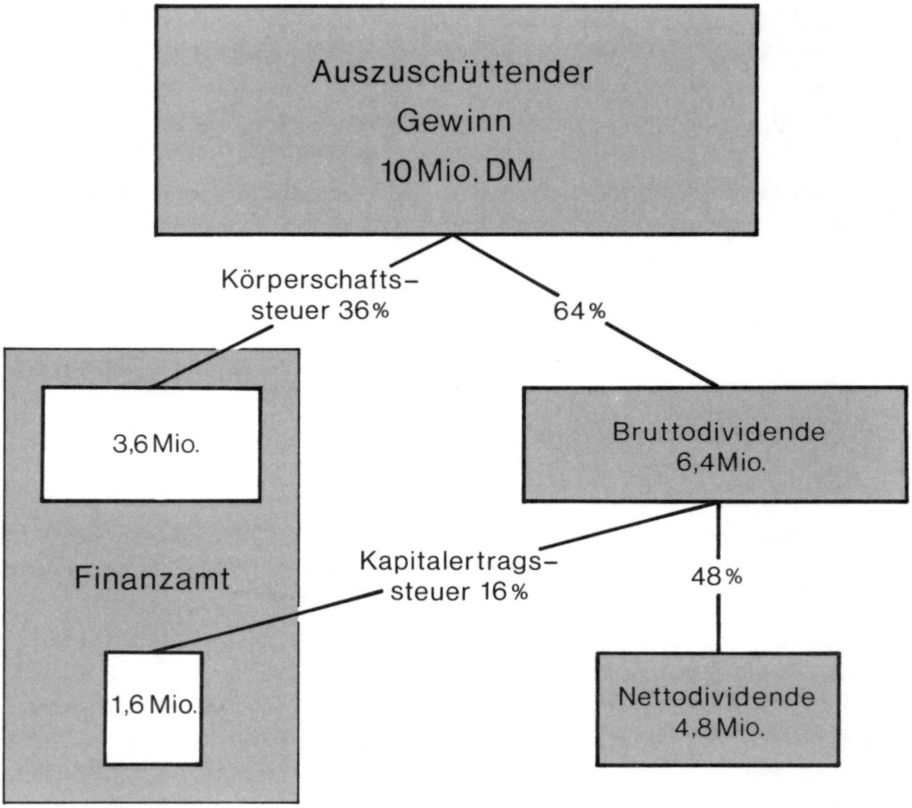

Besteuerung des Gewinns

dern auch das Steuerguthaben sofort auf ihrem Konto gutgeschrieben. Da sie auch keine Kapitalertragssteuer zu bezahlen brauchen, bekommen sie also die Gesamtausschüttung ohne jeden Abzug ausgezahlt.

Die Nichtveranlagungsbescheinigung ist beim Wohnsitzfinanzamt zu beantragen und wird für die Dauer von drei Jahren ausgestellt, wenn folgende Voraussetzungen vorliegen: das zu versteuernde Jahreseinkommen darf bei Alleinstehenden nicht mehr als DM 24 000,–, bei Verheirateten nicht mehr als DM 48 000,– betragen.

Die Kapitaleinkünfte dürfen nach Abzug der Werbungskostenpauschale in Höhe von DM 100,– bzw. DM 200,– für Verheiratete und des Sparerfreibetrages von DM 300,– bzw. DM 600,– für Verheiratete zusammen mit allen übrigen Nebeneinkünften insgesamt nicht höher als DM 800,– ausfallen.

Nehmen wir einmal an, Sie besitzen 20 Aktien, und die ausgeschüttete Dividende beträgt 10 Prozent, das heißt DM 5,– pro Aktie. Für diesen Fall gibt Ihnen die nachfolgende Tabelle noch einmal eine Zusammenfassung:

Das bleibt von der Dividende für den Aktionär			
Ertrag des Aktionärs	*Der Aktionär wird nicht zur Einkommenssteuer veranlagt (Vorlage einer Nichtveranlagungsbescheinigung)*	*Der Aktionär wird zur Einkommenssteuer veranlagt*	
Der Gesamtbetrag besteht aus:			
Dividende	100,-- DM	100,-- DM	
Steuergutschrift (9/16 der Dividende)	+ 56,25 DM	+ 56,25 DM	
Zu versteuernde Einnahme	156,25 DM	156,25 DM	
Der Aktionär erhält als Gutschrift:			
Dividende	100,-- DM	100,-- DM	
Kapitalertragssteuer	--	– 25,-- DM	
Steuerguthaben	+ 56,25 DM	--	
Dividendengutschrift	156,25 DM	75,-- DM	
		Einkommenssteuersatz 30%	40%
Seine Einkommenssteuerschuld beträgt:	0	46,88 DM	62,50 DM
Darauf sind anzurechnen:			
Kapitalertragssteuer		+ 25,-- DM	+ 25,-- DM
Steuerguthaben		+ 56,25 DM	+ 56,25 DM
Einkommenssteuererstattung		34,37 DM	18,75 DM
Ertrag nach Steuern:			
Dividendengutschrift		75,-- DM	75,-- DM
Einkommenssteuererstattung		+ 34,37 DM	+ 18,75 DM
Gesamtertrag:	156,25 DM	109,37 DM	93,75 DM

Aus Angst, auf die erhaltenen Dividenden Steuern bezahlen zu müssen, unterlassen es viele Aktionäre unkorrekterweise, die Dividendeneinkünfte in der Steuererklärung anzugeben. Wie Sie jedoch aus der obenstehenden Tabelle ersehen konnten, verschenken diese Steuerzahler meistens Geld. Da sowohl die Körperschaftssteuer als auch die Kapitalertragssteuer bei Ihrer persönlichen Veranlagung stets angerechnet werden, ist das Verschweigen der Dividendeneinkünfte auch bei höheren Einkommen stets nachteilig. Es sollte daher eine korrekte Abrechnung in der Steuererklärung erfolgen.

Wie sieht es nun bei *ausländischen Wertpapieren* aus? In der Bundesrepublik Deutschland werden Erträge aus ausländischen Wertpapieren grundsätzlich mit ihrem Bruttobetrag (vor Abzug der ausländischen Quellensteuer) zur Einkommenssteuer herangezogen und unterliegen in voller Höhe der deutschen Besteuerung. Der Bruttobetrag der ausländischen Dividenden ist dazu zusammen mit der ausländischen Quellensteuer in die „Anlage KSO" der Steuererklärung einzusetzen. Zusätzlich unterliegen diese Erträge jedoch in dem jeweiligen ausländischen Staat in der Regel der sogenannten Quellensteuer. Eine Befreiung von diesem Quellensteuerabzug oder eine Ermäßigung bzw.

Erstattung der Quellensteuer ist nur möglich, wenn dies in einem *Doppelbesteuerungsabkommen* zwischen der Bundesrepublik Deutschland und dem ausländischen Staat vorgesehen ist. Dazu hat der inländische Besitzer ausländischer Wertpapiere im allgemeinen einen Antrag an die jeweilige ausländische Steuerverwaltung zu stellen. Auf dem Formular muß das zuständige deutsche Finanzamt eine Wohnsitzbestätigung anbringen. Dies klingt nun komplizierter, als es in der Praxis eigentlich der Fall ist. Zu beachten ist in jedem Fall: nur der Betrag, der im Ausland keinem Ermäßigungsanspruch unterliegt, kann auf die deutsche Einkommenssteuer angerechnet werden. Betrachten Sie dazu bitte die nachfolgende Tabelle (Seite 59).
Sowohl bei den Dividendenerträgen aus Aktien als auch bei den Zinseinkünften aus festverzinslichen Wertpapieren kann die im Ausland verbleibende Steuer, in der Tabelle jeweils in der dritten und sechsten Spalte dargestellt, auf die deutsche Einkommenssteuer angerechnet werden. Die Differenz zwischen dem normalen und dem ermäßigten Quellensteuersatz wiederum kann sich der deutsche Aktionär nur von der ausländischen Finanzbehörde auf schriftlichen Antrag erstatten lassen. Wer diese Möglichkeit zur Reduzierung seiner ausländischen Quellensteuer nicht nutzt, kann die zuviel gezahlten Beträge in seiner deutschen Steuererklärung nicht geltend machen.
Dies führt dann im Extremfall zu wahren Auswüchsen, wenn ein Deutscher beispielsweise Schweizer Anleihen besitzt. Das deutsche Finanzamt setzt die vollen Schweizer Zinserträge in der Steuererklärung an, weil der Bundesbürger sich die in der Schweiz einbehaltenen Quellensteuern in diesem Fall voll bei der eidgenössischen Steuerverwaltung in Bern erstatten lassen kann. Wer dies nicht getan hat und zufällig noch in der höchsten Steuerprogression ist, zahlt insgesamt 91 Prozent Steuern auf die Zinserträge der Schweizer Anleihen, nämlich 56 Prozent deutsche Einkommenssteuer und 35 Prozent Schweizer Quellensteuer. Ein Erstattungsantrag lohnt sich also. Bei den dabei notwendigen Formalitäten helfen oft auch die Banken. Die meistens zweisprachig abgefaßten Formulare erhalten Sie entweder über Ihre Bank oder vom Bundesamt für Finanzen in Bonn (siehe Kapitel „Nützliche Anschriften"). Dort können Sie sich auch über die Vielzahl von Sonderregelungen informieren, von denen an dieser Stelle nur einige erwähnt seien.
In den USA unterliegen Anleihen, die nach dem 18. Juli 1984 ausgegeben worden sind, nicht mehr der Quellensteuer auf Zinserträge. In Kanada sind Zinsen aus allen Anleihen, die nach dem 23. Juni 1975 mit einer Laufzeit von über 5 Jahren ausgegeben wurden, quellensteuerfrei.
Deutsche Aktionäre französischer Aktiengesellschaften erhalten außer der Erstattung der französischen Quellensteuer eine Steuergutschrift in Höhe von 50 Prozent der Bruttodividende. Diese Steuergutschrift unterliegt ebenso wie die Bruttodividende der deutschen Besteuerung, sie wird jedoch gleichzeitig auf die Einkommenssteuer angerechnet wie jede Kapitalertragssteuer.

Dividenden und Zinsen bei ausländischen Wertpapieren

Gutgeschriebene Dividenden und Zinsen aus	*Dividenden*			*Zinsen*		
	Quellen-steuersatz in %	*Ermäßigungs- bzw. Erstattungs-anspruch gem. DBA*) in %*	*Im Ausland verbleibende Steuer*	*Quellen-steuersatz in %*	*Ermäßigungs- bzw. Erstattungs-anspruch gem. DBA*) in %*	*Im Ausland verbleibende Steuer*
Australien	30	15	15	10	0	10
Belgien	25	10	15	25	10	15
Dänemark	30	15	15	0	0	0
Frankreich	25	25	0	25	25	0
Großbritannien	0	0	0	30	30	0
Irland	0	0	0	35	35	0
Israel	25	0	25	25	10	15
Italien	32,4	0	32,4	30	0	30
Japan	20	5	15	20	10	10
Kanada	25	10	15	25	10	15
Luxemburg						
● Allgemein	15	0	15	0	0	0
● Wandel- und Gewinnobligationen	0	0	0	15	15	0
Niederlande						
● Allgemein	25	10	15	0	0	0
● Gewinnobligationen	25	10	15	0	0	0
Norwegen	25	10	15	0	0	0
Österreich						
● Allgemein	20	0	20	0 bzw. 5	0 bzw. 5	0
● Wandel- und Gewinnobligationen	0	0	0	20	0	20
Schweden	30	15	15	0	0	0
Schweiz						
● Allgemein einschl. Wandelobligationen	35	20	15	35	35	0
● Grenzkraftwerke	35	30	5	0	0	0
● Gewinnobligationen, Beteiligung als stiller Gesellschafter oder partiarisches Darlehen	35	5	30	0	0	0
Spanien	18	3	15	18	8	10
Südafrika	15	0	15	10	0	10
USA	30	15	15	30 bzw. 0	30 bzw. 0	0

* DBA = Doppelbesteuerungsabkommen

In Österreich wird seit dem 1. Januar 1984 eine Zinsertragssteuer in Höhe von 7,5 Prozent erhoben, die deutsche Bundesbürger im Erstattungsverfahren zurückfordern können. Die mit Abstand erfreulichste Sonderregelung sei zum Schluß erwähnt: Bei Dividenden und Zinsen aus

- Australien,
- Kanada,
- Japan,
- Norwegen,
- Schweden sowie
- den USA

behalten die Banken von ihren Kunden bei Nachweis eines Wohnsitzes in der Bundesrepublik Deutschland automatisch nur den *ermäßigten* ausländischen Quellensteuersatz ein.
Übrigens: Ausländer, die deutsche Aktien kaufen, sind zur Zeit immer noch von der Steuergutschrift, die ja immerhin mehr als die Hälfte der Dividende beträgt, ausgeschlossen.

Der Kursgewinn – die zweite Ertragsquelle der Aktie

Kaufen, wenn die Kanonen donnern, verkaufen, wenn es am schönsten ist. Wer sich an diesen Spruch altgedienter Börsianer hält, kann unter Umständen beträchtliche Kursgewinne erzielen. Überhaupt liegt in der Chance auf Kursgewinne auch der Reiz einer Aktienanlage begründet. Leider wird jeder Anleger während seiner Börsenkarriere auch mit Kursverlusten konfrontiert, denn um größere Kursgewinne zu erzielen, muß man Aktien kaufen, wenn die wirtschaftliche Lage schlecht ist und das Unternehmen in der Krise steckt. Gerade dann aber sind solche Unternehmen auch am anfälligsten für weitere Kursverluste. Trotzdem sind Kursgewinne gar nicht so selten, und bei Beachtung einiger Regeln lassen sie sich sogar steuerfrei vereinnahmen.

Die Besteuerung von Kursgewinnen

Realisierte Kursgewinne gelten als Spekulationsgewinne und sind mit Ihrem persönlichen Einkommenssteuersatz als sonstige Einkünfte zu versteuern,

- wenn zwischen An- und Verkauf der Wertpapiere nicht mehr als sechs Monate liegen und
- wenn diese Gewinne zusammen jährlich DM 1000,- und mehr betragen.

Da es sich hier nicht um einen Freibetrag, sondern um eine Freigrenze handelt, bleibt ein Gesamtgewinn von jährlich DM 999,99 steuerfrei, während ein solcher von jährlich DM 1000,– voll versteuert werden muß und nicht etwa nur der eine Pfennig, der über der Freigrenze liegt. Wo möglich, sollte man daher Aktien mindestens sechs Monate halten. Wer es dennoch für richtig hält, seine Buchgewinne innerhalb von sechs Monaten in bare Münze umzuwan-

deln, kann immerhin noch alle Nebenkosten wie Bankprovision, Börsenumsatzsteuer und Maklercourtage von seinem Spekulationsgewinn absetzen. Weiterhin besteht die Möglichkeit, Kursverluste, die innerhalb der sechsmonatigen Frist realisiert worden sind, gegen die Spekulationsgewinne aufzurechnen. Dies darf jedoch nicht zu negativen Einkünften führen. Die Freigrenze von DM 1 000,– können Sie legal auf DM 2 000,– erhöhen, indem Ihr Ehegatte ebenfalls ein Depot eröffnet. So haben Sie Ihren Freiraum um 100 Prozent vergrößert und können möglicherweise etwas ruhiger schlafen.
Überhaupt kann es sinnvoll sein, mit mehreren Depots gleichzeitig zu arbeiten. Haben Sie beispielsweise zu verschiedenen Terminen jeweils Aktien derselben Aktiengesellschaft gekauft, geht das Finanzamt davon aus, daß die zuletzt erworbenen Aktien auch als erste wieder verkauft werden (last in – first out). Nehmen wir einmal an, Sie haben vor drei Monaten 10 Siemens-Aktien so günstig gekauft, daß ein schneller Verkauf zum jetzigen Zeitpunkt DM 1 500,– Kursgewinn bringen würde. Vor mehr als sechs Monaten haben Sie aber schon einmal 10 Siemens-Aktien ähnlich vorteilhaft gekauft. Wenn Sie sich jetzt entschließen, 10 Aktien aus Ihrem Bestand zu verkaufen und dabei mit dem realisierten Kursgewinn über die Freigrenze geraten, müssen Sie diesen Spekulationsgewinn mit Ihrem persönlichen Einkommenssteuersatz voll versteuern, denn für das Finanzamt gelten die zuletzt gekauften Aktien als zuerst verkauft. Das Gegenteil könnten Sie dem Fiskus nur dann beweisen, wenn Sie die Käufe auf zwei getrennte Depots aufgeteilt hätten.
Zum Schluß noch ein Appell an Ihre Steuerehrlichkeit. Natürlich gehen von den Banken bisher noch keine Kontrollmitteilungen an die Finanzämter. Allerdings stehen der Buß- und Strafgeldstelle des Finanzamts schon bei steuerlichen Ordnungswidrigkeiten, die in der Regel mit einem Bußgeld geahndet werden, staatsanwaltliche Ermittlungsbefugnisse zu. Meistens allerdings sind derartige Maßnahmen gar nicht notwendig, lassen sich doch schon aus Ihrem Depot und den Kontoauszügen gewisse Erkenntnisse gewinnen.
In diesem Zusammenhang sei noch erwähnt, daß beispielsweise Geldüberweisungen auf anonyme Konten ins Ausland gar nicht so anonym sind, es sei denn, die einzelnen Beträge fallen entsprechend niedrig aus. Jeder Betrag über DM 2 000,–, der ins Ausland überwiesen wird, ist nämlich der Deutschen Bundesbank für statistische Zwecke zu melden. Und gar nicht so selten kommt die Aufforderung ins Haus, den Verwendungszweck nachzuweisen. Es bleibt festzuhalten: In der Bundesrepublik Deutschland gibt es *kein* Bankgeheimnis-Gesetz, sondern lediglich einen Banken-Erlaß des Bundesfinanzministeriums, der die Geschäftsbeziehungen des Kunden zu seiner Bank einem besonderen Vertrauensverhältnis unterwirft. Der Erlaß ist aber nur eine dienstliche Anweisung an die Finanzbeamten und kein Gesetz, wie in der Schweiz, Österreich oder Luxemburg.

Spätestens im Todesfall ist die Kontrolle der Finanzbehörden jedoch fast perfekt: Nach Paragraph 33 des Erbschaftssteuergesetzes müssen dann Banken und Versicherungen automatisch an das Finanzamt Mitteilungen machen.

Nennwert und Kurswert einer Aktie

Wieso wird eine Boss-Aktie an der Börse mit DM 2 800,–, eine Lufthansa-Aktie aber nur mit DM 170,– bezahlt, beträgt doch in beiden Fällen der Nennwert lediglich DM 50,–? Die Antwort auf diese oft gestellte Frage liegt einerseits in der Anzahl der ausgegebenen Aktien und andererseits im sogenannten inneren Wert einer Aktiengesellschaft begründet. Grundsätzlich wird sich die durch Angebot und Nachfrage bildende Börsenbewertung eines Unternehmens erst einmal an den bekannten, also bewertbaren Größen orientieren. Dies beginnt mit dem Grund- bzw. Aktienkapital, das in der Regel in Nennbeträge von DM 50,– aufgeteilt ist. Addiert man dazu anteilig sowohl die offenen als auch die in der Bilanz verborgenen stillen Reserven, wobei sich letztere natürlich nur schätzen lassen, so kommt man in Verbindung mit einem möglichen Bilanzgewinn zu einer Bewertung des Eigenkapitals pro Aktie. Sofern eine Gesellschaft nicht Verlust erwirtschaftet, wird der Kurswert einer Aktie nie unter den anteiligen Wert des Eigenkapitals sinken. Er wird sogar in

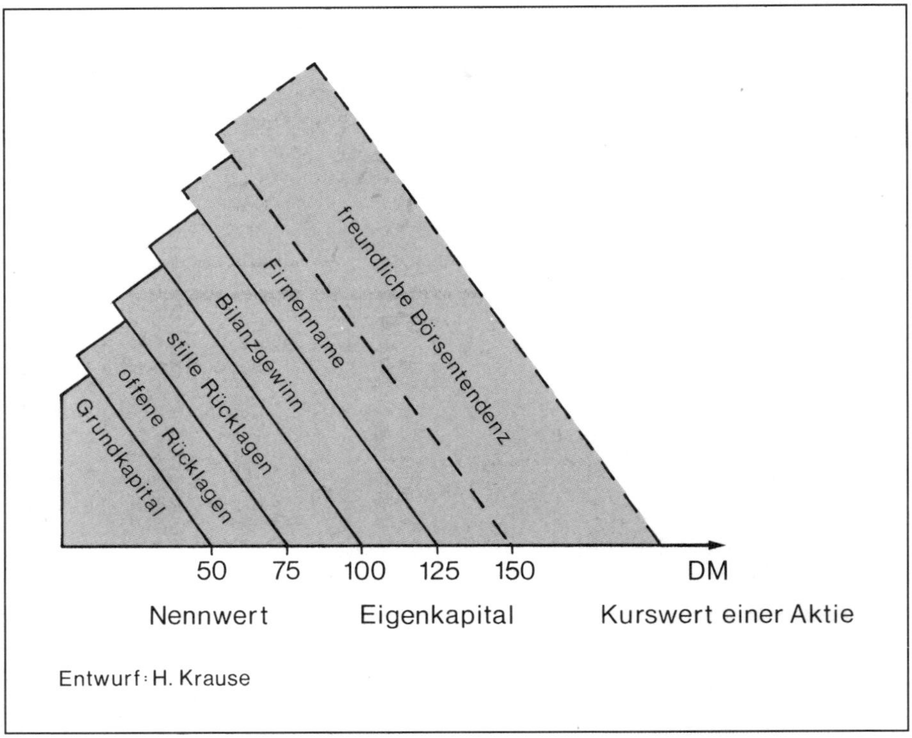

Nennwert und Kurswert einer Aktie

aller Regel noch steigen, da an dieser Stelle auch das sogenannte Öffentlichkeitsprofil einer Firma zum Tragen kommt.
Einem technisch hochgerüsteten Unternehmen wie Daimler-Benz oder Nixdorf traut man im Hinblick auf eine positive zukünftige Ertragsentwicklung mehr zu als beispielsweise der relativ unbekannten Kleinwanzlebener Saatzucht- oder der Calwer Decken- und Tuchfabriken-Aktiengesellschaft. Bei den beiden letztgenannten Unternehmen wird man sich bei der Börsenbewertung verstärkt an den fundamentalen Daten orientieren, während bei anderen Unternehmen bereits ein freundliches Börsenumfeld zu Kurssteigerungen führen kann. Letztendlich drückt sich in dem Börsenkurs eines Unternehmens der gesamte Marktwert aus, den man durch Multiplikation des Kurswertes mit der Anzahl der ausgegebenen Aktien ermitteln kann.
Aktien von Versicherungen, die traditionell ein hohes Eigenkapital mit einem relativ kleinen Grund- bzw. Aktienkapital verbinden, notieren daher auch schon einmal im fünfstelligen Bereich. Für den Kauf einer einzigen Namensaktie der Nürnberger Lebensversicherung im Nennwert von DM 500,– bedarf es beispielsweise bereits eines guten Jahreseinkommens. Die Aktie kostete im September 1986 im Münchener Telefonverkehr die Kleinigkeit von rund DM 73 000,–. Übrigens: Mehr als den doppelten Betrag muß ein Käufer für die „schwerste" Aktie der Welt – Hoffmann La Roche – auf den Tisch blättern. Der Börsenkurs einer einzigen der insgesamt nur 50 000 Stammaktien liegt zur Zeit bei rund 150 000 Schweizer Franken . . .
An dieser Stelle sei noch ein Hinweis auf die unterschiedlichen Börsenkurse der Daimler-Benz- sowie der Mercedes-Automobil-Holding-Aktie erlaubt. Letztere Aktiengesellschaft wurde eigens gegründet, um zum Jahreswechsel 1975/76 25 Prozent des Daimler-Benz-Kapitals aus dem Besitz der Flick-Gruppe zu übernehmen und in Zukunft zu verwalten, da der deutsche Aktienmarkt für eine derartige Zwei-Milliarden-Transaktion nicht aufnahmefähig war. Immerhin konnte die Hälfte dieser Holdingaktien, die bis auf das Stimmrecht mit den Daimler-Benz-Aktien vergleichbar sind, auf 50 000 Aktionäre verteilt werden, während die andere Hälfte institutionellen Anlegern vorbehalten blieb. Auch 1986 gelang es der Holding, durch die vorrübergehende Anlage der Daimler-Dividende die eigenen Verwaltungskosten voll zu decken und noch einen Gewinn von rund DM 500 000 zu erwirtschaften.

Der Gewinn ist eine Lebensvoraussetzung für jedes Unternehmen und so notwendig wie die Luft zum Atmen für den Menschen. Wie der Mensch aber nicht nur lebt, um zu atmen, so betreibt er auch seine wirtschaftliche Tätigkeit nicht nur, um Gewinn zu machen.
Hermann J. Abs

Deutsche Aktiengesellschaften mit dem größten Marktwert

Aktiengesellschaft	*An der Frankfurter Wertpapierbörse zugelassenes Aktienkapital*		*letzter Einheitskurs*		*Marktwert*		
	in Mio DM		*Stücknotiz*		*in Mio DM*		*Veränderung in %*
	1984	*1985*	*1984*	*1985*	*1984*	*1985*	
Daimler-Benz	1 696,8	1 696,8	591,50	1 244,00	20 072,8	42 215,7	+ 110,3
Siemens	2 150,8	2 340,6	473,90	756,00	20 385,1	35 389,1	+ 73,6
Deutsche Bank	1 469,1	1 611,1	383,10	937,00	11 256,6	30 192,9	+ 168,2
Allianz	500,4	601,4	969,50	2 075,00	9 702,8	24 959,8	+ 157,2
Allianz-Lebensversicherung	110,0	130,0	4 860,00	8 100,00	12 612,0	21 060,0	+ 67,0
dgl. junge	20,0	–	4 800,00	–		–	
Hoechst	2 526,9	2 849,2	191,20	291,50	9 662,8	16 610,6	+ 71,9
BASF	2 249,5	2 575,0	186,20	269,50	8 377,1	15 169,2	+ 81,1
dgl. junge	–	250,0	–	258,00	–		
Münchener Rückversicherung	15,0	15,0	1 100,00	2 999,00	4 654,0	14 690,5	+ 215,7
dgl. vink. Nam.-Akt.	460,0	460,0	940,00	2 998,00			
Bayer	2 555,0	2 586,0	192,50	270,00	9 836,8	13 964,4	+ 42,0
Volkswagen	1 200,0	1 200,0	204,40	492,00	4905,6	11 808,0	+ 140,7
VEBA	1 387,8	1 650,5	172,30	296,50	4 782,3	9 787,7	+ 104,7
Dresdner Bank	988,0	991,0	192,30	450,00	3 799,8	8 919,0	+ 134,7
Rhein.-Westf. Elektrizitätswerk	1 463,3	1 463,3	165,70	193,00	7 331,9	8 543,3	+ 16,5
dgl. Vorzugsaktien	750,0	750,0	165,50	193,00			
Bayerische Motoren Werke	600,0	600,0	374,00	569,50	4 488,0	6 834,0	+ 52,3
Mannesmann	1 160,4	1 160,4	149,50	289,00	3 469,5	6 707,0	+ 93,3
Commerzbank	843,4	888,6	169,50	367,00	2 859,1	6 522,1	+ 128,1
Bay.-Hypo.- u. Wechsel-Bank	539,0	617,0	333,50	506,80	3 595,0	6 253,9	+ 74,0
Thyssen	1 300,0	1 565,0	82,40	170,60	2 142,4	5 339,8	+ 149,2
Mercedes-Automobil-Holding	214,3	214,3	504,20	1 124,00	2 160,9	4 817,2	+ 122,9
Bayerische Vereinsbank	386,7	449,6	334,00	533,00	2 582,9	4 792,9	+ 85,6
Lufthansa	789,0	789,0	182,00	229,00	3 271,6	4 104,2	+ 25,4
dgl. Vorzugsaktien	111,0	111,0	180,00	221,00			
Schering	253,4	253,4	453,50	635,00	2 298,1	3 585,2	+ 56,0
dgl. junge	–	29,6	–	620,00	–		
AEG	619,9	681,2	102,50	240,90	1 270,7	3 281,9	+ 158,3
Hochtief	200,0	200,0	499,00	800,00	1 996,0	3 200,0	+ 60,3
Linde	180,0	184,5	392,80	602,00	1 414,1	2 746,8	+ 94,2
dgl. junge	–	44,0	–	597,00	–		
Gutehoffnungshütte	432,0	432,0	161,00	244,00	1 841,6	2 725,1	+ 48,0
dgl. Vorzugsaktien	151,2	151,2	149,00	204,00			
Nixdorf Computer	180,0	180,0	520,00	563,00	1 872,0	2 686,8	+ 43,5
dgl. junge	–	60,0	–	550,00	–		
Degussa	248,0	284,0	345,00	427,00	1 711,2	2 425,4	+ 41,7
Karstadt	360,0	360,0	238,00	330,00	1 713,6	2 376,0	+ 38,7
Aachen. u. München. Beteilg.	60,0	60,0	980,00	1 940,00	1 176,0	2 328,0	+ 98,0

Es ist möglich, Geld – und zwar beträchtliche Summen – an der Börse zu verdienen. Aber nicht durch Käufe und Verkäufe, die man aufs Geratewohl startet. Die mächtigen Gewinne gehen dem intelligenten, sorgfältigen und geduldigen Investor zu. Kaufen Sie, wenn die Aktienpreise tief sind, und geben Sie die Papiere nicht aus der Hand. Eine große Schar von Menschen scheint diesen einfachen Grundsatz nicht zu erfassen. Sie fürchten sich vor Gelegenheitskäufen. Sie kaufen erst, wenn sie meinen, jedes Risiko vermieden zu haben. Meistens kaufen sie zu spät.
J. Paul Getty

Die Börse – ein Markt für Wertpapiere

Die acht deutschen Wertpapierbörsen in Frankfurt, Düsseldorf, München, Bremen, Hannover, Stuttgart, Hamburg und Berlin sind öffentlich-rechtliche Einrichtungen nach Maßgabe des 1896 erlassenen und inzwischen mehrfach geänderten Börsengesetzes. Träger der Börsen sind entweder die jeweiligen Industrie- und Handelskammern wie beispielsweise in Frankfurt oder aber private Vereine. Die deutschen Börsen unterliegen einer staatlichen Aufsicht durch die zuständige Landesregierung. Diese genehmigt die Errichtung oder Aufhebung einer Börse ebenso wie die vom Börsenvorstand zu erlassende Börsen- und Gebührenordnung. Weiterhin ist die Landesregierung für die Bestellung der Kursmakler zuständig.

Den eigentlichen Geschäftsablauf regelt die Börsenordnung. Hier findet man unter anderem Angaben über die Zusammensetzung des Börsenvorstandes, der in der Regel aus Vertretern der an der Börse zugelassenen Kreditinstitute und Makler besteht. Weiterhin gibt es an jeder Börse eine sogenannte Zulassungsstelle, die entscheidet, welche Wertpapiere zum Börsenhandel zugelassen werden. Die Zulassungskommission muß dabei mindestens zur Hälfte aus Mitgliedern bestehen, die sich nicht berufsmäßig am Börsenhandel mit Wertpapieren beteiligen. Für die Aufsicht über die Kursmakler gibt es die Kursmaklerkammer, der auch meist die Herausgabe des Amtlichen Kursblattes obliegt.

Der amtliche Handel

Das Kernstück des deutschen Börsengeschäfts stellt der amtliche Handel dar. Damit nur erstklassige Werte in den amtlichen Handel gelangen, ist ein förmliches Zulassungsverfahren vorgeschrieben. Wesentliche Voraussetzungen für die Zulassung von Wertpapieren zum amtlichen Börsenhandel sind unter anderem:

- das Gesamtvolumen der zuzulassenden Wertpapiere muß mindestens DM 500 000,– betragen;
- die Wertpapiere müssen voll eingezahlt sein, sofern es sich nicht um Aktien von Versicherungsgesellschaften handelt;
- die Ausstattung der Wertpapiere ist bestimmten Richtlinien unterworfen, die in der Hauptsache den Fälschungsschutz betreffen;
- der Öffentlichkeit muß ein ausführlicher Börsenprospekt vorgelegt werden, der vor allem die wirtschaftlichen und finanziellen Verhältnisse des Emittenten, wie die betreffende Aktiengesellschaft als Antragsteller genannt wird, auflistet.

Befassen wir uns nun mit den Eigenarten des amtlichen Handels etwas intensiver. Grundsätzlich gilt, daß im amtlichen Handel ein Anspruch auf Ausführung besteht, sofern dies aufgrund der Kursfestsetzung möglich ist. Bei allen zum amtlichen Handel zugelassenen Wertpapieren wird börsentäglich etwa ab 12.15 Uhr ein Einheits- oder Kassakurs ermittelt. Weiterhin sind sogenannte Standardwerte, in denen besonders hohe Umsätze getätigt werden, zu einem ununterbrochenen Handel während der gesamten Börsenzeit von 11.30 Uhr bis 13.30 Uhr zugelassen. Dabei werden täglich mindestens drei Kurse festgesetzt:

- der Anfangs- oder Eröffnungskurs,
- der Kassa- oder Einheitskurs,
- der Schlußkurs.

Darüber hinaus können beliebig viele weitere Kurse festgesetzt werden. Alle Aufträge zur ersten variablen Notierung müssen spätestens bei Börsenbeginn dem vereidigten Kursmakler vorliegen. Der Eröffnungskurs wird hierbei von dem Kursmakler in gleicher Weise wie der Einheitskurs, nämlich durch Gegenüberstellung aller Kauf- und Verkaufsaufträge, ermittelt. Den später festgestellten Verlaufskursen liegen in der Regel jeweils nur einzelne Geschäfte zugrunde. Zu variablen Notierungen werden alle Aufträge abgewickelt, die auf eine Mindeststückzahl von 50 oder ein Vielfaches davon lauten.
An deutschen Börsen gehandelte Auslandsaktien weisen einen davon abweichenden sogenannten Mindestschluß auf. Japanische, englische und italienische Aktien werden fast ohne Ausnahme erst ab 1 000 Stück variabel gehandelt, amerikanische und holländische Papiere schon ab 100 Stück und einige wenige, wie zum Beispiel die Schweizer Nestlé-Aktie, schon ab 5 Stück. Die Angaben zum Mindestschluß finden Sie neben vielen anderen nützlichen Details im amtlichen Kursblatt der Frankfurter Wertpapierbörse, (siehe Kapitel „Nützliche Anschriften"). Daneben gibt es aber auch bei diesen Werten, wie wir schon gesehen haben, für alle kleineren Aufträge unter 50 Stück sowie für Spitzenbeträge von größeren Aufträgen einmal am Tag die Kassanotiz. Dies kann dazu führen, daß ein Anleger, der beispielsweise 80 Stück Herlitz-Aktien kaufen möchte, dafür zwei verschiedene Abrechnungen bzw. Kurse bekommt. 50 Stück Herlitz-Aktien werden dann nämlich variabel abgerechnet, die restlichen 30 Stück zum Kassakurs. Da den variablen Notierungen jeweils einzelne Geschäfte zugrunde liegen, können die Kurse durchaus voneinander oder auch von der Kassanotiz abweichen. Allerdings weiß niemand im voraus, auch nicht der Makler, welcher Kurs nun der günstigste sein wird. Entweder vertraut man hier auf sein Glück, oder man gibt eine obere Begrenzung für den Kaufpreis, ein Limit, an. Mit dem Problem der Limitierung wollen wir uns später noch etwas näher beschäftigen. Zunächst aber einen Ausschnitt aus dem Kurstableau des Handelsblattes:

Fortlaufende Notierungen 12.9.86

Höchst- und Niedrigstkurse seit 2.1.1986

Name	Div.		Anfang	Verlauf		Schluß	Kasse	+/–	H/N
Adca	3	F	178.00 b	81.0	78.0	181.00 b	181.00 b	-6	212/ 150
		D					185.50 b	-4.5	210/ 152
Adlerwerke	28	F	-	-	-	-	295.00 G	-4.5	362/ 290
		D	290.00 G	-	-	290.00 G	290.00 G	-3	360/ 290
AGIV	10	F	439.00 b	42.0	39.0	442.00 b	443.00 b	-12	480/ 330
		D	438.00 b	40.0	38.0	440.00 G	439.00 b	-11	478/ 325
AKZO (Holl.)		F	140.00 b	40.0	38.5	138.50 b	138.50 b	-4.5	162/ 133
		D	139.50 b	39.5	39.5	138.50 G	138.50 b	-3	162/ 133
Alcan (Kan)		F	66.90 b	66.9	66.0	66.00 b	66.90 b	-3	79/ 58
Alg. Bk. Ned. (Holl.)		F	-	-	-	-	500.00 b	-5	565/ 470
		D	500.00 G	-	-	496.00 G	496.00 b	-14	565/ 470
AEG	0	F	310.00 b	12.0	08.5	310.00 b	310.50 b	-9.5	361/ 266
		D	312.00 b	19.5	09.5	309.00 G	312.00 b	-7.5	361/ 267
Allianz Hold.	10	F	2415.00 b	15.0	-	2410.00 b	2395.00 b	-80	2767/ 1914
		D	2380.00 b	90.0	80.0	2380.00 G	2370.00 b	-100	2818/ 1928
dgl. junge		F	2401.00 b	01.0	-	2400.00 b	2400.00 b	-70	2520/ 2400
		D	2390.00 b	90.0	90.0	2370.00 G	2370.00 b	-100	2520/ 2370
All.Nippon Air.(Jap.)		F	-	-	-	-	12.40 b	-0.6	14/ 8
Altana	10	F	411.00 b	11.0	10.5	410.50 b	411.00 b	-4	480/ 350
		D	410.00 b	10.0	09.0	408.00 G	407.00 b	-9.5	478/ 348
Alu. Co. Am. (USA)		F	78.00 b	78.0	78.0	78.00 b	76.50bG	-3.6	107 / 61
Am. Brands (USA)		F	-	-	-	-	182.00 G	-3	227/ 154
		D	180.00 G	-	-	180.00 G	180.00 G	-6	225/ 154
AMAX Inc. (USA)		F	29.50 b	29.5	29.0	29.50 b	29.50 b	-0.7	37 / 23
Am. Cyanamid (USA)		F	-	-	-	-	167.00 b	-3	184/ 132
Am. Express (USA)		F	121.00 b	22.0	21.0	121.00 b	122.00 b	-8	159/ 122
		D	123.00 G	-	-	121.50 G	121.50 b	-8	159 / 120
Am Rot. Bk. (Holl.)		F	89.50 b	89.5	88.0	88.00 b	88.50 b	-4	105 / 83
		D	89.50 b	89.5	89.5	89.50 b	88.00 b	-5.5	104 / 84
Anzag	4	F	244.50 b	44.5	37.0	237.00 b	237.00 b	-2	242/ 143
AAC (S.Afr.)		F	31.50 b	31.7	30.3	31.70 b	31.70 b	+1.5	35 / 19
Arbed (Lux)		F	118.00 b	18.0	18.0	118.00 b	117.00 b	-5	170/ 115
Asahi Chem. (Jap.)		F	11.00 b	11.0	11.0	11.00 b	11.00 b	-0.3	12/ 9
Asics (Jap.)		F	7.25 T	-	-	7.25 T	7.25 T	+0.05	8/ 4
ASKO	10	F	1700.00 b	-	-	1690.00 G	1700.00 b	-240	1960/ 1200
dgl. VA	11.5	F	1460.00 b	60.0	90.0	1390.00 b	1420.00 b	-100	1690/ 1050
Badenwerk	6.5	F	179.50 b	79.5	79.5	179.50 b	179.50 b	-1.5	200/ 161
		D	175.00 b	75.0	75.0	175.00 G	175.00 b	-6.5	204 / 163
Bco. de Bilb. (Span.)		F	97.90 b	97.9	97.9	97.90 b	97.90 b	-5.1	103/ 33
Bco de Sant. (Span.)		F	60.00 b	60.0	60.0	60.00 b	60.00 b	-2.9	64/ 29
Bco. de Vizc.(Span.)		F	124.00 b	24.0	24.0	124.00 b	124.00 b	-6.1	135/ 47
Bco. Hisp. Am. (Span.)		F	34.00 b	34.0	34.0	34.00 b	34.00 b	-3.4	43/ 12
Barlow Rand (S.Afr.)		F	-	-	-	-	9.90 b	±0	13/ 7
BASF	10	F	278.00 b	81.0	78.0	279.50 G	279.00 b	-8.3	330/ 239
		D	278.50 b	81.0	78.0	279.50 b	279.90 b	-7.6	332/ 239
BAT Ind. (Engl.)		F	13.30 T	-	-	13.30 T	13.30 T	-0.4	14 / 10
		D	12.90 b	12.9	12.9	12.90 G	12.90 b	-1.1	14 / 10
Bayer	10	F	304.50 b	05.5	03.5	304.20 b	304.00 b	-6.6	351/ 261
		D	303.50 b	05.0	03.0	304.00 G	303.00 b	-8	350/ 262
Bayernhyp	12.5	F	588.00 b	93.0	88.0	591.00bG	590.00 b	-27	660 / 492
		D	591.00 b	91.0	91.0	591.00 G	591.00 b	-28	662/ 488
BMW	12.5	F	610.00 b	17.0	10.0	616.00 b	613.00 b	-14	648/ 424
		D	620.00 b	20.0	15.0	615.00 G	619.50 b	-9	647/ 422
dgl. junge		F	598.00 b	98.0	90.5	593.00 b	590.50 b	-14.5	630/ 551
		D	591.00 b	91.0	91.0	591.00 G	591.00 b	-10	626/ 550
Bay. Vereinsbk.	12.5	F	540.00 b	45.0	40.0	545.00 b	545.00 b	-20	662 / 457
		D	541.00 b	50.0	41.0	547.00 b	550.00 b	-17	658/ 451

Auf der linken Seite finden Sie die Namen der Aktiengesellschaften, die im amtlichen Handel fortlaufend notiert werden. Direkt daneben steht in der Regel die letzte Dividende in DM. Die Buchstaben „F“ oder „D“ deuten auf die Kursnotiz an der Frankfurter oder an der Düsseldorfer Börse hin. Selbstverständlich werden die Standardwerte an allen deutschen Börsen gehandelt, sie sind aber im Handelsblatt aus Platzmangel nicht aufgeführt. Häufig werden Sie jedoch zwischen den einzelnen Börsen kleinere Kursdifferenzen feststellen. Dies ist völlig normal, werden doch an jeder Börse die Kurse auf Grund einer jeweils unterschiedlichen Angebots-Nachfrage-Konstellation ermittelt. Bei größeren Kursdifferenzen treten die Kreditinsitute auf den Plan, um am Ort der niedrigeren Kurse zu kaufen und am Platz der höheren Kurse zu verkaufen. Durch diese *Arbitragegeschäfte* wird ein relativ einheitliches Kursniveau aufrechterhalten. Bevor Sie nun aber im Kurstableau – etwa in Ihrer Tageszeitung – nach Kursdifferenzen suchen, sei noch erwähnt, daß sich Arbitragegeschäfte für Privatanleger wegen der damit verbundenen Kostenbelastung in aller Regel nicht lohnen.
In der Kurstabelle des Handelsblatts finden Sie nach dem Börsenkürzel den Anfangs- oder Eröffnungskurs, dann aus Platzmangel lediglich zwei gekürzt wiedergegebene Verlaufskurse und darauf folgend den Schlußkurs. Dann kommt der Kurs, der für die meisten Kleinanleger wichtig ist, der Kassa- oder Einheitskurs, zu dem alle kleineren Aufträge unter 50 Stück sowie Spitzenbeträge von größeren Aufträgen abgewickelt werden. Eine Erklärung der Kurszusätze wie G, B oder b, die jeweils hinter dem Kurs angegeben sind, finden Sie im folgenden Kapitel. Aus den nächsten beiden Spalten können Sie dann noch die Veränderung der Kassanotiz zum Vortag in DM sowie die Höchst- und Niedrigkurse seit dem 2. Januar 1986 ablesen.

Geld und Brief

Geld oder Brief, Nachfrage oder Angebot, das ist hier das Problem. Sie haben die Wahl, entweder billigst zu kaufen oder bestens zu verkaufen. Beides bedeutet im Prinzip das gleiche: der Auftrag wird zum jeweiligen Tageskurs ausgeführt, egal, ob dieser gestiegen oder gefallen ist. Da ist es manchmal besser, ein Limit anzugeben. Das Limit darf beim Kauf nicht überschritten und beim Verkauf nicht unterschritten werden. Zur Problematik der Limitierung später noch mehr. Die Kursfestsetzung an der Börse erfolgt immer unter Berücksichtigung des größtmöglichen Umsatzes. Oft jedoch sind Angebot und Nachfrage bei dem errechneten Kurs nicht ausgeglichen. Genau darüber aber geben die Kurszusätze Auskunft. Leider werden diese noch nicht an allen Börsen einheitlich angewandt. Während beispielsweise an den meisten Börsen ein großes G oder B nur Nachfrage bzw. nur Angebot bedeutet, ohne daß Umsätze getätigt worden sind, zeigen die gleichen Kürzel an der Münchener Börse an, daß jeweils Umsätze stattfanden, obwohl noch weitere

So liest man ein Kursblatt

G	Geldkurs	Auf dieser Basis ist nur Nachfrage vorhanden.
B	Briefkurs	Auf dieser Basis ist nur Angebot vorhanden. Wenn Kurse nur mit den Zeichen G oder B ohne weiteren Zusatz versehen sind, so sind bei diesen Papieren keine Umsätze getätigt worden.
b, bz, oder bez	bezahlt	Angebot und Nachfrage waren ausgeglichen.
bG	bezahlt Geld	Die zum festgestellten Kurs limitierten Kaufaufträge sind nicht vollständig ausgeführt; es bestand weitere Nachfrage.
bB	bezahlt Brief	Die zum festgestellten Kurs limitierten Verkaufsaufträge sind nicht vollständig ausgeführt; es bestand weiteres Angebot.
etw. bG oder ebG	etwas bezahlt Geld	Die zum festgestellten Kurs limitierten Kaufaufträge konnten nur zu einem geringen Teil ausgeführt werden.
etw. bB oder ebB	etwas bezahlt Brief	Die zum festgestellten Kurs limitierten Verkaufsaufträge konnten nur zu einem geringen Teil ausgeführt werden.
bG rep.	bezahlt Geld repartiert	Die zum Kurs und höher limitierten sowie die unlimitierten Kaufaufträge konnten nur durch beschränkte Zuteilung ausgeführt werden.
bB rep.	bezahlt Brief repartiert	Die zum Kurs und niedrieger limitierten sowie die unlimitierten Verkaufsaufträge konnten nur durch beschränkte Zuteilung ausgeführt werden.
– G	gestrichen Geld	Es lagen Billigst-Kauforders vor ohne Angebot.
– B	gestrichen Brief	Es lagen Bestens-Verkaufsorders vor ohne Nachfrage.
T	Taxkurs	Vom Kursmakler geschätzter Kurs eines Wertpapiers, das nicht gehandelt wurde.
exD oder ex Div.	ausschließlich Dividende	Kurszusatz am Tag des Dividendenabschlags; in der Regel am Börsentag nach der Hauptversammlung; von diesem Tag an wird das Wertpapier ohne Anspruch auf die fällige Dividende gehandelt.
exB oder Ex BR	ausschließlich Bezugsrecht	Kurszusatz am Tag des Bezugsrechtsabschlags, dessen Höhe von der Börse bekanntgegeben wird, in der Regel am ersten Tag des Bezugsrechtshandels; von diesem Tage an werden die alten Wertpapiere ohne Anspruch auf den Bezug junger Aktien gehandelt.
ex BA	ausschließlich Berichtigungsaktien	Kurszusatz am Tag des Berichtigungsaktien-Abschlags; von diesem Tag an werden die Wertpapiere ohne Anspruch auf den Bezug von Berichtigungs- oder Zusatzaktien gehandelt.

Nachfrage bzw. weiteres Angebot vorhanden war. An den meisten anderen Börsen wird diese Situation mit den Kürzeln bG oder bB bezeichnet. Das sind jedoch Ausnahmen. Hinter vielen Kursen werden Sie lediglich ein kleines b (bezahlt) finden. Sie können dann beruhigt die Zeitung aus der Hand legen, bedeutet es doch: Angebot und Nachfrage sind ausgeglichen.
Übrigens: An den Kursanzeigetafeln der Börsen besteht noch die Möglichkeit der einfachen bzw. doppelten Plus- oder Minusankündigung. Dies bedeutet, daß die Kurse im Vergleich zum Vortag um über 5 bzw. 10 Prozent gestiegen oder gefallen sind. Eine Plusankündigung gab es beispielsweise bei AEG, als die Beteiligung von Daimler-Benz bekannt wurde. Einer großen Nachfrage stand damals ein nur geringes Angebot gegenüber.
Eine Übersicht über die wichtigsten Kurszusätze finden Sie in der Tabelle Seite 69.

Der geregelte Freiverkehr

Im geregelten Freiverkehr werden vorwiegend Wertpapiere von Gesellschaften mit meist nur geringer, regionaler Bedeutung gehandelt. Manchmal trifft man auch auf Aktien, die wegen geringer Umsätze oder eines kleinen Grundkapitals für die amtliche Notierung nicht geeignet sind. Gerade diese Papiere mit oft sehr bescheidenen Tagesumsätzen sind es aber, die von vielen Börseninformationsdiensten als heiße Tips gehandelt werden. Wer hier nicht streng limitiert, wird möglicherweise von geradezu erstaunlichen Kursveränderungen – sowohl nach oben als auch nach unten – überrascht.
Der geregelte Freiverkehr liegt ebenso wie der ungeregelte Freiverkehr ausschließlich in den Händen der Kreditinstitute und freien Makler. Im Gegensatz zum amtlichen Handel besteht im geregelten Freiverkehr kein Anspruch auf Ausführung eines Auftrages, denn hier werden nicht Kurse, sondern Preise festgesetzt, und das auch noch unverbindlich. Trotzdem kann man sich auf die in den Zeitungen angegebenen Preise im großen und ganzen verlassen. Von den meisten Börsen werden Mittelpreise bekanntgegeben bzw. Brief- oder Geldpreise, wenn kein Mittelpreis zustande kommt.
Der geregelte Freiverkehr unterliegt der Aufsicht sogenannter Freiverkehrsausschüsse. Diese entscheiden auch darüber, welche Papiere am Wertpapierhandel teilnehmen dürfen. Dem Antrag ist unter anderem ein Exposé beizufügen, das Auskunft über die wirtschaftliche und finanzielle Situation des Emittenten gibt. Dieses Verfahren entspricht, wenn auch mit weniger strengen Anforderungen, der Zulassung zum amtlichen Handel. Die dabei anfallenden Kosten sind jedoch wesentlich niedriger und machen nur etwa die Hälfte der amtlichen Gebühr aus. Viele Neuemissionen nutzten bereits bei ihrem Gang an die Börse diese Kostenvorteile, so daß der geregelte Freiverkehr nicht unbedingt als Gradmesser für eine geringere Bonität der betreffen-

den Gesellschaft anzusehen ist. Auch hier kann ein Blick auf das Kurstableau im Handelsblatt den Sachverhalt veranschaulichen:

Kassakurse

Name	Div.	12.9.86	11.9.86	H/N
AM-Beteil.	10 F	2480.00 b	2590.00 b	2860/ 1900
AM-Vers.	7 F	1975.00 b	2010.00 b	2060/ 1255
Aach.-Rück	9 F	2450.00 b	2425.00 b	4100/ 1280
Aach. Strb. (100)	4 D	375.00 T	375.00 T	495/ 320
Ackerm. Gögg.	8 M	165.00 b	168.00 bG	179/ 146
Adia PS (Schw.)	F	830.00 G	840.00 G	870/ 750
ADV/Orga VA	*3.25 Hn*	380.00 b	390.00 b	400/ 315
Aesculap	9 F	430.00 bG	430.00 bG	515/ 366
Agab	5 F	168.00 b	169.00 b	176/ 113
Agripp. RV (100)	0 D	3800.00 b	3850.00 b	4500/ 2700
Agrob St.A (100)	0 M	182.00 bG	185.00 bG	236/ 140
dgl. VA (100)	0 M	135.00 bG	138.00 b	175/ 121
Aigner, Etienne	0 M	275.00 b	250.00 b	275/ 158
Akt. Br. Kfb. (100)	20 M	1050.00 G	1050.00 G	1200/ 960
Albingia	8 H	1700.00 bB	1700.00 bG	2120/ 1500
Alexanderwerk	0 D	114.00 B	114.00 bB	115/ 103
Allbank	*3 Hn*	313.00 b	315.00 b	440/ 310
Alldephi Genußsch.	*7,875 D*	145.00 G	146.00 G	165/ 125
dgl. Ausg. 1986	*D*	97.50 G	98.00 G	99/ 95
Allerthalw. (100)	0 Hn	191.00 b	- B	240/ 135
AEG Kabel	9 D	445.00 G	449.50 b	550/ 320
ARA B (35)	6.30 S	4980.00 b	5100.00 bB	5300/ 3900
dgl. C (35)	6.30 S	4310.00 TB	4330.00 TB	4950/ 3350
dgl. D (100)35 % E	6.30 S	6506.00 bG	6590.00 b	6800/ 5100
Allianz Leben vink.	9 F	6700.00 b	6780.00 b	8120/ 6050
Allweiler St.A	8 F	305.00 G	300.00 b	325/ 270
dgl. VA	9 F	212.00 bG	212.00 G	257/ 202
A.Lpz.NA-A	*3 F*	820.00 B	820.00 B	1080/ 615
dgl. NA-B (70)	*4.2 F*	1000.00 T	1000.00 T	1263/ 842
dgl. NA-C (100)	*3 F*	1111.00 T	1100.00 G	1210/ 623
Aqua Signal	*Br*	136.00 b	139.00 b	149/ 133
Arico (USA)	*F*	241.50 b	241.50 b	241/ 200
ATB	*S*	125.00 b	127.00 b	129/ 101
Atlas Cop. (Schwed.)	F	63.00 b	63.00 b	79/ 51
Audi	4 F	651.00 bG	669.00 b	756/ 570
AKS	3 M	127.00 b	130.00 b	160/ 109
Autania	*10 B*	425.00 B	440.00 B	460/ 370
AVA	D	1395.00 b	1500.00 b	1745/ 1395
B*abc.-BSH (100)*	*6 D*	600.00 TG	600.00 TG	740/ 540
Bad. Württ. Bk.	12 S	653.00 b	658.00 b	715/ 549
Bad. Salz.(100)	*0 F*	835.00 G	835.00 G	835/ 425
Balcke-Dürr	3 F	315.00 G	300.00 bG	445/ 282
de Ball (Kan.)	*D*	23.00 bB	22.00 bG	29/ 20
Bco. Centr. (Span.)	F	64.00 b	66.90 b	67/ 28
Bankv. Bremen	*6 Br*	265.00 bG	267.00 b	316/ 233
Banning (500)	0 D	740.00 b	760.00 b	1050/ 740
Bw. Gronau	*6 D*	500.00 T	510.00 TB	540/ 260
Bau-Verein Hbg.	*2.56 H*	605.00 G	605.00 G	740/ 565
Bav. St. Pauli	3 H	205.00 b	206.00 b	255/ 185
Bay. Br. Schuck-J.	0 F	228.00 G	228.00 G	259/ 222
Bay. Handelsbk.	11 M	528.00 b	555.00 b	650/ 395
Bay. Hartst. (100)	6 M	500.00 G	500.00 G	700/ 430

Im Handelsblatt finden Sie die Werte des geregelten Freiverkehrs kursiv gedruckt inmitten derjenigen Papiere des amtlichen Handels, die nicht zur fortlaufenden Notierung zugelassen sind. Direkt neben den Namen der Aktiengesellschaften stehen manchmal Nennwerte, die vom üblichen Betrag von DM 50,– abweichen. Auch teileingezahlte Versicherungsaktien, meist durch einen Prozentsatz vor einem „E" kenntlich gemacht, können Sie hier entdekken. Die verschiedenen Buchstaben hinter der Dividendenangabe geben Hinweise auf die jeweilige Börse. Auch die bereits erwähnten vinkulierten Aktien der Allianz-Lebensversicherung begegnen uns hier wieder.

Der ungeregelte Freiverkehr – Telefonverkehr

Der ungeregelte Freiverkehr umfaßt den Handel in Wertpapieren, die weder amtlich eingeführt noch in den geregelten Freiverkehr einbezogen sind. Im weiteren Sinne gehört zum ungeregelten Freiverkehr auch der sogenannte Telefonverkehr, der wiederum den gesamten vor-, nach- und außerbörslichen Handel mit Wertpapieren einschließt. Der Telefonverkehr vollzieht sich mit oder ohne Vermittlung eines freien Maklers ausschließlich zwischen Kreditinstituten. Die Ergebnisse bezeichnet man als *Vor-* bzw. *Nachbörse.* Oftmals ist die Nachbörse geschäftslos, das heißt, es ist zu keinen weiteren Abschlüssen gekommen. In Zeiten unsicherer Börsenlage allerdings kann es sowohl vor- als auch nachbörslich zu beachtlichen Aktivitäten kommen. Für die hier zustandekommenden Abschlüsse zeichnen weder der Börsenvorstand noch der Freiverkehrsausschuß verantwortlich. Es gelten vielmehr die allgemeinen Bestimmungen des Vertragsrechts. Auch hier ein Auszug aus dem Handelsblatt (Abbildung Seite 73).
Auffallend sind die vielen in DM gehandelten ausländischen Aktien sowie die oftmals sehr niedrigen Preise. Bei ausländischen Aktien ist dies verständlich, da diese Werte häufig auch sehr geringe Nennwerte aufweisen. Bei deutschen Aktien allerdings sind Kurse unter dem Nennwert von DM 50,– stets ein Alarmsignal. So finden wir hier auch gleich mehrere ehemals glorreiche Neuemissionen der vergangenen Jahre, die jetzt zu Schleuderpreisen angeboten werden. Die Vorzüge der BCT-Computer-Aktiengesellschaft zum Beispiel schwankten im September 1986 zwischen DM 2,– und DM 3,–, während Tewidata-Aktien noch DM 4,– wert waren. Dies entspricht in etwa wohl den vermutlichen Anteilswerten an der Konkursmasse. Eindeutig besser sieht es dagegen bei den bereits erwähnten Namensaktien der Nürnberger Lebensversicherung aus. Für diese mußte man nämlich im September 1986 entweder rund DM 17 000,– bei einem Nennwert von DM 100,– oder sogar rund DM 73 000,– bei einem Nennwert von DM 500,– hinlegen.
Das (T) deutet an, daß diese Werte ausschließlich per Telefon gehandelt werden. Auch für die im Münchener ungeregelten Freiverkehr gehandelten Jacobs-Suchard-Aktien bekommt man schon fast einen Kleinwagen, notierten

Ungeregelter Freiverkehr/Telefonhandel

(in DM)	Platz	12.9.86	11.9.86	H/N
Abbott Laborat.	(M)	90.10 b	93.30 b	119/ 73
Adt junge	(F)	-	-	82/ 43
Adt konv	(F)	76.90 b	75.10 b	95/ 49
Aegon	(M)	91.40 b	95.00 b	96/ 89
AG f. chem. Ind. (T)	(S)	300.00 b	300.00 B	3600/ 300
dgl. VA (T)	(S)	685.00 bG	685.00 G	6600/ 650
Ahold	(M)	82.00 b	85.30 b	89/ 82
L'Air Liqu.	(F)	225.00 b	229.50 b	279/ 195
Akt. Br. Bm.	(D)	400.00 T	400.00 T	440/ 370
Allg. Alp.	(M)	405.00 G	405.00 bG	464/ 371
Allg. G.u.S. Sch.	(F)	700.00 B	700.00 G	1200/ 600
Allied Signal	(F)	85.00 b	86.00 b	121 / 79
Alps Electric	(M)	-	25.20 b	28/ 19
American Motors	(D)	5.80 b	5.90 b	10 / 5
Ameritech	(F)	279.50 b	290.00 G	308/ 243
AMR Corp.	(M)	108.70 b	112.60 b	135/ 97
Anglo Am. Gold	(M)	16.50 b	16.10 b	20 / 9
Armco Inc.	(D)	13.40 b	11.00 b	26 / 11
Asea	(M)	105.00 b	103.80 b	155 / 102
Atlantic Richfield	(M)	119.50 b	122.00 b	158/ 95
ATT	(F)	49.00 b	51.30 b	62/ 47
ATT	(D)	48.00 b	52.50 b	61 / 47
Avon Products	(M)	66.10 b	71.00 b	79 / 62
Baker Int.	(D)	-	24.00 TG	44/ 18
Baxter Travenol Lab	(M)	34.10 b	35.90 b	48/ 34
BBC Inh.	(M)	2080.00 b	2100.00 b	2765/ 1950
BCT-Comp. VA (T)	(M)	3.50 Gr	3.00 TB	5/ 2
Bell Atlantic	(F)	140.00 b	144.00 G	162/ 122
Bell South	(F)	122.50 b	131.00 G	138/ 108
Berl. AG Ind.	(F)	400.00 G	400.00 G	650/ 250
Berlinische Leben	(D)	6275.00 bG	6275.00 G	6500/ 3600
Berlin. Leb. 50% Ez	(D)	5010.00 bG	5010.00 G	5420/ 3700
Berthold	(F)	179.00 b	172.50 b	264/ 125
Beta Syst. Comp. (T)	(H)	80.00 T	80.00 T	145/ 80
Bethlehem Steel	(D)	17.50 b	18.00 b	49 / 13
Bibl. Inst.	(F)	400.00 B	400.00 B	520/ 360
BID (T)	(S)	430.00 B	430.00 b	550/ 420
Boeing	(D)	116.50 b	121.80 b	144/ 111
Boeing	(M)	115.80 b	120.60 b	144/ 115
Bols	(M)	139.70 b	146.50 b	151/ 133
Bougainville Copper	(M)	3.95 b	3.95 b	4 / 3
Braunschwg. Kohle	(Hn)	208.00 G	208.00 G	208/ 150
Broken Hill Pr.	(M)	20.40 b	20.00 b	31 / 18
Buckau-Walther	(F)	123.00 B	123.00 G	156/ 110
Bürst. Kränz.	(F)	215.00 G	215.00 G	250/ 210
Can. Pac.	(F)	24.20 b	25.00 b	34/ 21
Charlottenb. Wasser	(F)	-	-	6/ 6
Christiania Bank	(M)	59.00 b	61.90 b	63/ 46
Ciba-Geigy Inh.	(M)	4405.00 b	4630.00 b	4930/ 3410
Citicorp	(M)	109.00 b	111.80 b	145/ 104
Colonia Leben (100)	(D)	5900.00 G	5900.00 G	8500/ 5900
Comm. Satellite	(M)	72.90 b	73.70 b	92 / 66
Commod. Internat	(M)	15.40 b	16.95 b	28/ 11
Courtaulds	(F)	-	-	9/ 5
CRA	(M)	9.00 b	8.85 b	12 / 7
Cross Air Inh.	(M)	2100.00 b	2100.00 b	2255/ 1910
CSR	(M)	3.80 b	3.70 b	6 / 3
Daiwa Sec.	(M)	-	31.30 b	33/ 8
De Beers	(M)	15.70 b	15.00 b	18/ 11
Deere Lz.	(F)	143.00 G	143.00 G	175/ 140
Delta Airlines	(F)	87.00 b	88.50 b	108 / 79
Dt. Ring Leben (T)	(H)	1950.00 B	1950.00 B	2130/ 1600
Diam. Shamr.	(F)	24.80 b	25.90 b	37/ 20
Diskuswerke	(F)	60.00 B	60.00 G	70/ 46
D.N.C	(M)	50.20 b	54.40 b	55/ 43
Dome Petroleum	(M)	1.80 b	1.80 bG	5 / 1

dt1(in DM)	Platz	12.9.86	11.9.86	H/N
Hughes Tool	(D)	17.00 b	17.50 G	33/ 14
Hutch. Whampoa	(M)	-	47.80 b	47/ 35
IBM	(D)	290.10 b	298.00 b	388/ 268
Impala Plat. Hold.	(M)	23.20 b	23.30 b	25/ 16
Impoil	(M)	70.70 b	70.30 b	126/ 55
Inco	(D)	28.00 b	28.90 b	38 / 23
Inprop	(F)	26.30 b	26.30 G	32/ 23
Italcementi	(F)	107.00 G	106.00 G	112/ 59
Jacobs Suchard	(M)	10000.00 b	10000.00 b	10430/ 9330
Jard.Mathes.Hold.	(M)	-	4.45 bB	4/ 3
Kloof Gold M.	(M)	17.00 bB	16.00 bG	22 / 10
Kölner Verw.	(D)	1350.00 G	1350.00 G	1350/ 700
Koenig & Bauer Inh	(D)	400.00 T	400.00 T	480/ 341
König & Bauer Nam	(D)	360.00 T	360.00 G	600/ 305
Langb.-Pf.	(F)	172.00 b	170.00 G	172/ 105
Liac	(F)	-	-	.10/ 0
Liac	(D)	.50 bG	.50 bG	.55/ 0
LTV Corp.	(D)	4.90 b	5.10 b	22 / 4
Magn. Marelli	(F)	-	-	2 / 2
Masch. Fahr	(F)	370.00 G	370.00 G	550/ 300
McDonnell	(D)	176.00 b	179.00 G	209/ 164
Medtronic Inc.	(M)	157.50 b	163.60 b	186/ 106
Merrill Lynch	(M)	-	76.00 b	102 / 67
MIM Hold.	(F)	2.95 b	2.85 b	5 / 2
MIM H. (A's = 2 Akt.)	(M)	6.00 b	5.70 b	10 / 4
Mineralbrunn. Überk	(S)	605.00 bG	619.00 b	655/ 396
Minerals and Res. Co	(M)	17.55 b	17.85 b	23/ 14
Mövenpick Hold.	(M)	8230.00 b	8350.00 b	8415/ 7400
Montedison	(F)	4.90 b	4.90 b	6 / 3
Navistar Int. Corp.	(M)	14.70 b	15.40 b	25/ 13
N. Semiconductor	(M)	19.20 b	21.10 b	35/ 18
Nat. Nederlanden	(M)	75.00 b	76.20 b	79/ 71
NCR Corp.	(M)	105.80 b	113.60 b	130 / 93
Nedlloyd	(M)	158.60 b	163.30 b	163/ 142
Nestle PS	(M)	1830.00 b	1900.00 b	1990/ 1600
Nippon Steel	(M)	-	2.95 b	3/ 1
NL Industries	(D)	8.90 G	10.30 b	38/ 7
Nomura Sec.	(M)	-	48.00 bB	48/ 12
Norcem	(M)	32.20 b	32.00 b	42/ 24
Nordw. Hefe	(Hn)	477.00 b	477.00 b	477/ 420
Novo Ind.	(F)	310.00 b	310.50 b	380/ 305
Nürnb.Leb.Inh.(100)(T)	(M)	17400.00 bB	17450.00 b	23950/ 14500
dgl. Namen (500) (T)	(M)	72000.00 b	73250.00 b	77900/ 56000
Nynex	(F)	133.70 b	139.90 G	274 / 128
Oerl. Bührle Hold.	(M)	1980.00 b	2125.00 b	2300/ 1895
Osnabr. Bier	(Hn)	367.00 G	367.00 G	460/ 343
Pacific Telesis	(F)	111.50 b	113.80 G	235/ 110
Panam	(F)	10.80 b	11.00 G	21 / 10
Panam	(D)	10.80 b	11.00 b	21 / 10
Panam	(M)	10.80 b	11.10 b	22/ 10
Papier Weiss.	(F)	115.00 B	118.00 B	134/ 87
Parker Drilling	(D)	8.10 b	8.00 G	12/ 6
Parker Hannifin	(F)	54.00 T	55.50 G	107 / 43
Peko-Wallsend	(F)	8.30 b	8.05 b	9 / 6
Pepsico	(D)	58.00 b	61.00 G	80/ 53
Pepsico	(M)	57.70 b	59.70 b	80/ 53
Perlmooser	(F)	85.00 G	85.00 G	105/ 80
Peugeot	(F)	351.00 b	366.00 b	380/ 174
Pioneer Electric	(M)	-	27.00 b	32 / 15
Piper	(F)	88.00 b	88.00 b	95/ 75
Polaroid	(M)	121.70 b	130.50 b	160 / 103
Prime Computer	(M)	41.80 b	44.00 b	64 / 34
Ramada Inns	(D)	13.70 b	-	22 / 13
Ranger Oil	(D)	8.40 b	8.60 bB	9 / 6
Ranger Oil Ltd.	(M)	8.40 b	8.50 b	9 / 6
Reiningh.	(F)	120.00 G	120.00 G	160/ 110

sie doch im September 1986 bei sage und schreibe runden DM 10 000,–.
Zusätzlich zu den oben beschriebenen „Marktabschnitten“ gibt es seit dem 1. Mai 1987 im Rahmen eines neuen Börsenzulassungsgesetzes ein viertes Segment, den sogenannten geregelten Markt.
Dieser soll einerseits unter der Aufsicht des Börsenvorstandes stehen, andererseits aber vor allem durch weniger strenge Publizitätsauflagen und eine

vereinfachte Börseneinführung gekennzeichnet sein. Verbunden mit den gegenüber dem amtlichen Handel deutlich geringeren Emissionskosten dürfte dieser neue, zwischen amtlichem Handel und Freiverkehr angesiedelte geregelte Markt besonders für junge Unternehmen, die an die Börse streben, recht interessant sein.
Der geregelte Markt ist also als eine amtliche Börse mit erleichterten Zulassungsbedingungen zu verstehen, was auf Dauer möglicherweise dazu führt, daß viele Unternehmen aus dem geregelten Freiverkehr in den geregelten Markt aufsteigen werden und damit den geregelten Freiverkehr entbehrlich machen. Das neue Börsenzulassungsgesetz beendet darüber hinaus das Emissionsmonopol der Kreditinstitute. Künftig können auch andere Unternehmen wie beispielsweise Versicherungen oder Unternehmensbeteiligungsgesellschaften bei der Antragstellung zum geregelten Markt mitwirken.

Ausländische Aktien an deutschen Börsen

„An den deutschen Börsen weltweit operieren“ – wer diese Behauptung als Widerspruch empfindet, dem sei gesagt, daß rund 300 Auslandswerte an deutschen Börsen in DM notiert werden. Allein im amtlichen Handel sind rund 180 davon vertreten. Die ausländischen Aktien müssen dabei das gleiche Zulassungsverfahren durchlaufen wie entsprechende deutsche Werte. Zwischen BASF und der amerikanischen Caterpillar-Aktiengesellschaft bestehen also hinsichtlich des Zulassungsverfahrens zum amtlichen Handel keine Unterschiede. Ähnlich wie bei deutschen Aktien werden viele Auslandswerte erst einmal im Freiverkehr notiert, um dann später in den amtlichen Handel überzuwechseln. Dies kann auch schon von Börse zu Börse unterschiedlich sein, wird doch beispielsweise die meist als Witwen- und Waisenpapier bezeichnete IBM-Aktie in Düsseldorf wegen des geringeren Volumens im ungeregelten Freiverkehr, in Frankfurt hingegen amtlich notiert. Bei allen Auslandswerten darf man jedoch das Kursrisiko nicht außer acht lassen. Wenn auch die Kursfestsetzungen an den heimischen Börsen letztendlich nur auf Grund von Angebot und Nachfrage zustande kommen, sorgen allein schon die bereits erwähnten Arbitragegeschäfte dafür, daß auch international das Kursniveau einigermaßen einheitlich ist. Ein fallender Dollar wirkt sich also auf die in DM notierten amerikanischen Aktien negativ aus, während ein wieder steigender Dollar die Kursnotierungen auch ohne besondere Nachfrage nach oben treibt. Das entscheidende Argument für ausländische Aktien an deutschen Börsen ist natürlich die Kostenfrage. Sie zahlen für die ausländischen Werte die gleichen Beträge, die auch für die entsprechenden deutschen Aktien Gültigkeit haben. Wer also beispielsweise sein Faible für Diamanten entdeckt hat, der sollte Anteile der südafrikanischen Gesellschaft De Beers kaufen. Er bezahlt dafür nicht mehr Spesen, nämlich 1,33 Prozent, als beim Kauf von VW-Aktien.

Gerade die relativ niedrigen Kurswerte einiger ausländischer Aktien reizen zur Spekulation, ist doch bekannt, daß optisch niedrige Kurse prozentual oft stärkeren Schwankungen unterworfen sind, als es bei den als behäbig geltenden höheren Werten der Fall ist. Die optisch niedrigen Kurse sind die Folge von meist sehr geringen Nennwerten. Die japanische Toshiba-Aktie hat zum Beispiel lediglich einen Nennwert von 50 Yen, das sind knapp DM 0,65. Kein Wunder also, wenn die Aktie nur bei rund DM 8,– notiert. Wen derartige Spekulationen reizen, der findet bei den Auslandspapieren ein reichhaltiges Betätigungsfeld. Angefangen bei der italienischen Finsider-Aktie, die manchmal noch für DM 0,10 begehrt wird, weiter mit der japanischen Japan Line für rund DM 1,40 oder der Hongkong and Shanghai Banking Corp. für ca. DM 1,80, reicht die Skala bis hin zu den Anteilen des maroden kanadischen Ölkonzerns Dome Petroleum, dessen Aktie trotz 3,4 Milliarden Dollar Schuldenlast immerhin noch knapp über DM 1,– notiert.
Sie sehen also, der Kauf von Auslandswerten hat durchaus seine besonderen Reize.

Kursmakler und Freimakler

Am Börsenhandel nehmen im wesentlichen amtliche Kursmakler, freie Makler und die Börsenhändler als Beauftragte der Kreditinstitute teil. Während man den Berufshandel der Freimakler und Börsenhändler auch gern als Kulisse bezeichnet, haben die amtlichen Kursmakler die Aufgabe, zwischen den genannten Personengruppen zu vermitteln und die Kurse im amtlichen Handel festzustellen. Sie werden dafür von der jeweiligen Landesregierung bestellt und vereidigt. Um eine mögliche Interessenskollision zu vermeiden, dürfen sie nicht auf eigene Rechnung handeln, es sei denn, dies ist zur Kursfestsetzung unbedingt notwendig und geschieht im Rahmen eines Spitzenausgleichs.
Die freien Makler, die vom Börsenvorstand zum Börsenhandel zugelassen werden, sind für die Kursfestsetzung im Freiverkehr zuständig. Darüber hinaus dürfen sie auch mit allen anderen Werten an der Börse handeln, dann aber meist auf eigene Rechnung, was ausgleichend und belebend auf den gesamten Börsenhandel wirkt. Stimmungsmäßig hat daher der Berufshandel einen nicht zu unterschätzenden Einfluß. Er kann für einige Tage die Tendenz bestimmen, und häufig gelingt es ihm, andere Interessenten mitzuziehen. Doch man sollte sich dabei auch nicht täuschen lassen. Ist nämlich der Berufshandel besonders optimistisch gestimmt, so besitzt er in der Regel ausreichend Aktienmaterial, das er bei aufkommender Nachfrage zur Verfügung stellen will. Bleibt die erhoffte Ordertätigkeit aus, wird er seine Bestände „glattstellen" und so einen kurzfristigen Kursrückgang hervorrufen.
Sowohl die Kurs- als auch die Freimakler sind selbständige Kaufleute, von denen es an der Frankfurter Börse zum Beispiel nur 32 bzw. 44 Mitglieder gibt.

Um diesem exklusiven Berufszweig anzugehören und an der Börse zugelassen zu werden, bedarf es unter anderem eines Vermögensnachweises und einer Sicherheitsleistung, die an der Frankfurter und Düsseldorfer Börse jeweils DM 50 000,– für Kursmakler und DM 200 000,– für freie Makler beträgt. Die Makler können üblicherweise bis zum Zehnfachen dieser Sicherheitsleistungen vorübergehend eigene Verpflichtungen eingehen.
Sowohl Kursmakler als auch Freimakler erhalten für ihre Tätigkeit nicht etwa ein bestimmtes Gehalt, sondern vielmehr eine Vermittlungsprovision, die Courtage, die bei Aktien durchweg 0,8 Promille vom Gesamtbetrag ausmacht. Dies erscheint nicht gerade als besonders viel, aber in diesem Fall macht es die Menge. Es ist daher auch kein Geheimnis, daß Wertpapiermakler in guten Jahren durchaus zu den Spitzenverdienern der Wirtschaft gehören. Dafür müssen sie aber auch in der Lage sein, schwache Börsenjahre finanziell zu verkraften. In dieser Hinsicht dürften die Makler in den letzten Jahren keine Schwierigkeiten gehabt haben, wurde doch wohl nicht ohne Grund die Courtage 1986 von 1 Promille auf 0,8 Promille gekürzt.

Die Leerspekulation

Aktien an der Börse (leer) verkaufen, die man gar nicht besitzt – was Aktionären gemäß Aktiengesetz verwehrt ist –, stellt für die Wertpapiermakler dennoch keine Schwierigkeit dar. Sie nutzen die Möglichkeit, daß zwischen Abschluß und Lieferung der Wertpapiere branchenüblich zwei Tage liegen, man die Spanne aber notfalls auch auf drei bis vier Tage ausdehnen kann. Durch Übertragen dieses Verfahrens auf andere Makler lassen sich nochmals zwei bis drei Tage gewinnen. Spätestens dann aber muß man sich mit den benötigten Wertpapieren eindecken. Geschieht dies zu höheren Kursen, als man ursprünglich durch den Leerverkauf erzielen konnte, so hat sich der Makler „verfixt", wie es in der Börsensprache heißt. Ein Leerverkauf ist natürlich nur dann sinnvoll, wenn anzunehmen ist, daß die bereits leerverkauften Wertpapiere in den nächsten Tagen im Kurs fallen, so daß man sich zu einem niedrigeren, das heißt günstigeren Kurs eindecken kann.
Da auch Makler in der Regel über keine prophetischen Gaben verfügen, verläuft eine derartige Leerspekulation nicht immer erfolgreich, wie der Fall des drittgrößten Düsseldorfer Freimaklers im Juni 1984 beweist. Wie der *Effecten-Spiegel* in seiner Ausgabe Nr. 27/1984 auf Grund von Informationen aus Düsseldorfer Börsenkreisen berichtete, soll der Makler 40 000 Stück Nixdorf-Aktien bei einem Kurs von DM 430,– bis DM 450,– leerverkauft und sich dann um DM 500,– wieder eingedeckt haben, um daraufhin zum Kurs von DM 500,– noch Nixdorf-Aktien zuzukaufen, worauf der Nixdorf-Kurs dann zurückfiel und er nochmals auf der falschen Seite lag. Ein Großteil der offenen Positionen davon ist offensichtlich gegenüber den Banken gehalten worden. Die Düsseldorfer Börse distanzierte sich in einer Stellungnahme von den be-

schriebenen Größenordnungen und verwies auf die Tatsache, daß offene Positionen lediglich bis zum Zehnfachen der hinterlegten Sicherheitsleistung, also bis zu zwei Millionen DM, zulässig sind. Wie auch immer, der Makler konnte sich dazu nicht mehr äußern, da er kurze Zeit nach diesen Fehlspekulationen Selbstmord beging.
Trotzdem soll hier nicht der Eindruck erweckt werden, daß Leerverkäufe der Börse Schaden zufügen. Das Gegenteil ist in aller Regel der Fall, werden doch größere Kurssprünge an einem Tag weitgehend verhindert, indem ein Makler bei übermäßig starker Nachfrage „dagegenhält", das heißt Aktien verkauft, die er möglicherweise gar nicht besitzt. Gefährlich wird es erst dann, wenn andere Makler die Schieflage eines Kollegen ausnutzen und die Kurse noch zusätzlich in die Höhe treiben. Aber dies sind Ausnahmefälle, und fast immer findet die Leerspekulation zum Vorteil der Aktionäre statt.

Die Kursfestsetzung

Nachdem Sie nun wissen, wer einen Börsenkurs festlegt, erfahren Sie in diesem Kapitel, wie ein solcher entsteht. Grundsätzlich erfolgt die Kursfestsetzung nach dem Höchstumsatzprinzip, das heißt, aus dem vorhandenen Angebot und der gegebenen Nachfrage wird der Kurs ermittelt, der den größten Umsatz ermöglicht. Lediglich bei den Verlaufskursen im variablen Handel wird das Auktionssystem verwendet, für jeden Geschäftsabschluß über eine bestimmte Mindeststückzahl also ein neuer Kurs festgelegt.
Am Beispiel der VW-Aktie wollen wir uns nun ansehen, welche Umsätze auf Grund der folgenden Aufträge zur Ausführung zum Einheitskurs erzielt werden:

Kurs	*Kauf*	*Verkauf*
bestens	–	40
498	40	30
499	20	45
500	45	45
501	15	20
502	30	10
503	20	10
billigst	40	–

Die Entstehung eines Börsenkurses

Kurs	*Kauf*	*Verkauf*	*erzielbare Umsätze*
498	210	70	70
499	170	115	115
500	150	160	150
501	105	180	105
502	90	190	90
503	60	200	60

Bei der Feststellung des Einheits- oder Kassakurses sind folgende Bedingungen zu beachten:

- alle unlimitierten Aufträge, also die Bestens- und Billigstaufträge, müssen ausgeführt werden;
- alle *über* dem Einheitskurs limitierten Kaufaufträge sowie alle *unter* dem Einheitskurs limitierten Verkaufsaufträge müssen ausgeführt werden;
- zum Einheitskurs limitierte Kauf- und Verkaufsaufträge müssen mindestens teilweise ausgeführt werden.

Unter Beachtung dieser Bedingungen gelangt man zu einem VW-Einheitskurs von DM 500,–, da zu diesem Kurs offensichtlich die größten Umsätze möglich sind. Da aber mehr Aktien verkauft als gekauft werden sollen, einem Angebot von 160 Stück also nur eine Nachfrage von 150 Stück gegenübersteht, wird der Einheitskurs der VW-Aktie an diesem Tag mit dem Zusatz „bB", das heißt bezahlt Brief, auf *500 bB* festgesetzt. In der obersten Tabelle sind alle Aufträge gekennzeichnet, die auf Grund der vorgegebenen Limitierung ausgeführt werden konnten. Der verbleibende Rest wird in der Regel vom Makler notiert und in die Kursfestsetzung des nächsten Börsentages einbezogen.

Der Devisenhandel

„Die fühlen sich nur dann wohl, wenn sie vier Telefone am Ohr und zwei in der Hosentasche haben", charakterisierte ein Frankfurter Devisenhändler einen Teil seiner Kollegen. „Wenn was los ist, dann springen sie rum wie ein HB-Männchen", wird die Tätigkeit der Devisenhändler bei einer Großbank scherzhaft beschrieben. In der Tat sind Devisenhändler auf Grund ihres hektischen Berufes bereits mit 50 Jahren reif für den Ruhestand. Dafür werden sie allerdings meist auch mit Jahresgehältern zwischen DM 100 000,– und DM 250 000,– entlohnt. Neben umfangreichen Sprachkenntnissen und einer abgeschlossenen Banklehre werden Auslandserfahrung, Entscheidungsfreu-

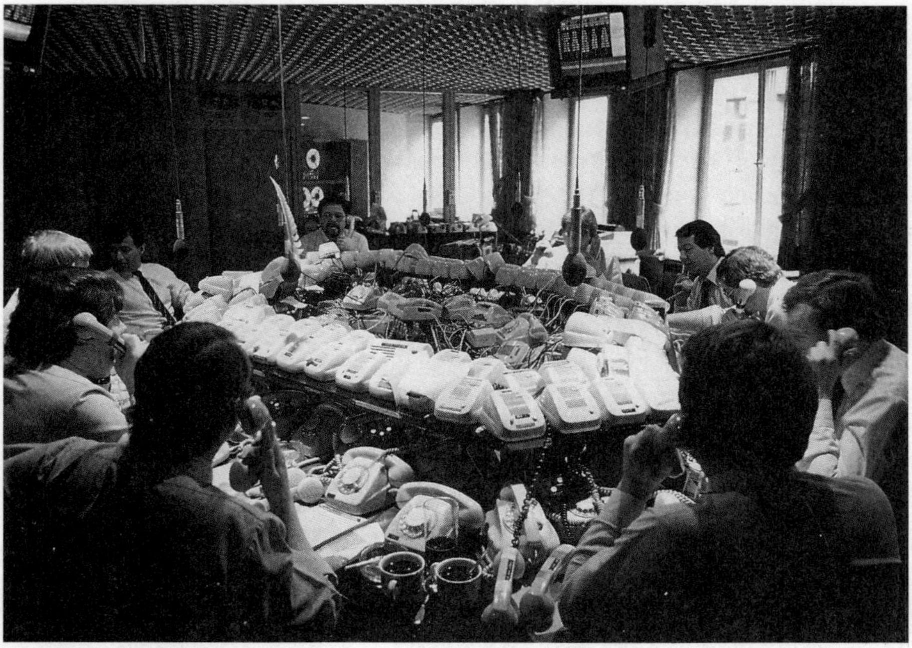

Freie Devisenmakler

digkeit und ein hohes Maß an Verantwortungsbewußtsein von den meist 20- bis 23jährigen Berufsanfängern erwartet. Zudem ist Flexibilität gefragt, denn Devisen werden nicht an einem geregelten Achtstundentag, sondern weltweit rund um die Uhr gehandelt. Die Tätigkeit eines Devisenhändlers reduziert sich dabei oft auf das bis zu siebenmal in einer Minute ins Telefon gesprochene „Von dir“ beim Kauf oder „An dich“ beim Verkauf. Bei größeren Abschlüssen ist allerdings die Zustimmung des Chefdevisenhändlers notwendig, der alle Gespräche mithören kann.
„Das non plus ultra an Streß“ ist nach Auskunft von Kennern der Dollar-Handel. „Wer das macht, ist abends wie aus der Dusche gezogen.“ Dies ist nicht weiter verwunderlich, kommt es doch bei dem telefonischen Hin- und Herschieben von Millionenbeträgen auf jeden Pfennig an. Bei einem Geschäft von 15 Millionen Dollar macht ein verschenkter Pfennig bereits einen Verlust von rund DM 75 000,– aus. Da kann man verstehen, daß viele Devisenhändler zu Hause kein Telefon mehr anrühren.

Das amtliche Dollarfixing in Frankfurt

„12/80 zu rund“ lautet eine erste Kursschätzung beim Dollarfixing an der Frankfurter Devisenbörse. Gemeint ist, bei DM 2,1280 besteht Dollar-Nachfrage, zu DM 2,1300 ist Angebot vorhanden.

Telefonstandleitungen verbinden die Devisenbörsen in Hamburg, Berlin, Düsseldorf und München mit den beiden amtlichen Devisenkursmaklern in Frankfurt. Hier wird federführend für alle deutschen Devisenbörsen vor allem der Dollar-Einheitskurs mit vier Stellen hinter dem Komma festgelegt. Die Devisenorders sind in den einzelnen Devisenbörsen schon vorsortiert und, soweit es möglich war, auch schon erledigt worden, wenn nämlich beispielsweise einem Fünf-Millionen-Dollar-Kaufauftrag ein passender Verkaufsauftrag in gleicher Höhe gegenüberstand. Nur das, was „überhängt", geht bei den Frankfurter Devisenmaklern in die Kursfindung ein. Dies führt an manchen Tagen immerhin zu einem Volumen von rund 100 Millionen Dollar. Die Festlegung des amtlichen Dollar-Einheitskurses erfolgt nach der Feststellung der Goldnotiz, aber noch vor der Kursfindung für die anderen 16 wichtigsten Währungen der Welt. Da sich immer wieder Interessenten aus dem In- und Ausland bei der Kursfindung einschalten, dauert allein das Dollarfixing manchmal bis zu 40 Minuten. Danach wird der Dollar allerdings noch rund um die Uhr von Devisenhändlern im Freiverkehr gehandelt.

Die Sprache der Börsianer

Warum wird an der Börse so viel geschrien? Weil dort brennende Streichhölzer so lange weitergereicht werden, bis sich der letzte daran die Hände verbrennt. Diese etwas respektlose Charakterisierung der Börse hat dennoch etwas Wahres an sich. Denn geschrien wird an der Börse tatsächlich. Allerdings nicht wegen brennender Hände, sondern wegen oft brennend heißer Kurse. An der Börse werden die Geschäfte also in erster Linie per Zuruf abgeschlossen. Die schriftliche Bestätigung folgt später.

Da Zeit unter Umständen Geld bedeutet, werden die Zurufe so kurz wie möglich formuliert. Da heißt es zum Beispiel: *„VW zwei zu drei."* Dieser Zuruf kann bedeuten, daß für die VW-Aktie beim Kurs von DM 502,– Nachfrage und zu DM 503,– Angebot besteht. Auch hört man: *„200 Anilin vier Brief",* womit ein Händler 200 Stück BASF-Aktien zum Kurs von DM 274,– je Stück anbietet. Brief bedeutet in der Börsensprache Angebot. Willigt der Makler in diese Offerte ein, so ruft er: *„200 Stück von dir."* Oder ein anderes Beispiel für die Kurzsprache der Börsianer: *„300 Röhren sieben Geld."* Das heißt, ein Kaufinteressent sucht 300 Mannesmann-Aktien zum Kurs von DM 187,- je Stück. Geld bedeutet Nachfrage. *„Acht Brief die 300 Stück",* ruft da ein anderer Händler. Darauf antwortet der Kaufinteressent: *„Halb Geld."* Dann schließlich der Verkäufer: *„Mit 'nem halb an dich."* Damit haben dann 300 Mannesmann-Aktien zum Kurs von DM 187,50 den Besitzer gewechselt. Weil es schnell gehen muß, nennen die Börsianer also meist nur die letzten Ziffern eines Kurses. Schließlich weiß jeder, welcher Kurs damit gemeint ist. Manchmal kommt es aber trotzdem vor, daß ein Händler fragt: *„Was steht denn davor?"*

Auch die Namen der Aktiengesellschaften werden oft auf eine Kurzform gebracht, schließlich geht *„Braune Hanne"* leichter von der Zunge als Braunschweig-Hannoversche Hypothekenbank-Aktie. Auch die sogenannten *„Kleinen Wanzen"* lassen sich verbal leichter handeln als Aktien der Kleinwanzlebener Saatzucht Aktiengesellschaft. Mit *„Waffen"* werden die Aktien der Industriewerke Karlsruhe abgekürzt. An der Börse wird auch nicht mit Frauen gehandelt, wie das Kürzel *„Eva"* nahelegen könnte. Es handelt sich hier lediglich um Papiere der Düsseldorfer Eisenbahn-Verkehrsmittel-Aktiengesellschaft für Transport und Lagerung. Manchmal allerdings können Börsianer auch richtig derb werden. Etwa dann, wenn sie im Firmennamen der in wirtschaftlichen Schwierigkeiten befindlichen Schiess-Aktiengesellschaft die Reihenfolge der Vokale ändern.
Nun ist die Sprache der Börsianer nicht nur kurz, sondern auch sehr bildhaft. Da gibt es beispielsweise das Schlagwort der *„Dienstmädchen-Hausse"*, womit gemeint ist, daß fast jeder etwas über die Börse zu wissen glaubt, und schlecht informierte Kleinanleger den Profis die Aktien zu Höchstkursen abkaufen. Oder können Sie sich vorstellen, was *„Bullen und Bären"* an der Börse zu suchen haben: die Bullen wirbeln mit ihren Hörnern die Kurse in die Höhe, während die Bären sie mit ihren Tatzen wieder herunterschlagen. Man spricht in diesem Zusammenhang auch von einer Bullen- oder Bärenfalle, womit

Börsentendenz	*Kursgewinne und -verluste*
Hausse	Sehr starke Kurssteigerungen um etwa 5 Prozent des Kurswertes, außerdem Bezeichnung für anhaltend starken Kursauftrieb (haussierend)
fest	Gewinne von etwa 2 bis 5 Prozent des Kurswertes
anziehend, fester	Gewinne bis zu etwa 2 Prozent des Kurswertes
freundlich	Ebenfalls kleine Kursgewinne bei zunehmender Kaufneigung
erholt	Kurse steigen wieder nach einem Rückgang
gehalten, behauptet	Trotz Angebotsdrucks nur kleine Verluste
lustlos	Die Käufer sind uninteressiert
abbröckelnd	Die Kurse gehen nach und nach geringfügig zurück
leichter, nachgebend	Verbreitete Einbußen bis zu etwa 1 Prozent
schwächer	Verluste bis zu etwa 2 Prozent
schwach	Einbußen von etwa 3 bis 5 Prozent des Kurswertes
Baisse	Starke Verluste von 5 Prozent des Kurswertes und mehr sowie Bezeichnung für anhaltenden Kursrückgang

kurzzeitige Kursveränderungen nach oben oder unten gemeint sind, ohne daß sich jedoch am generellen Börsentrend etwas ändert.
Überhaupt unterliegen auch die Börsentendenzen einer eigenen Sprachregelung. Da kann es schon einmal vorkommen, daß bei *„lustloser"* Börse die Kurse *„abbröckeln"*.
Das folgende Kapitel ist einer Baisse mit katastrophalen Auswirkungen gewidmet.

Der Börsenkrach vom 29. Oktober 1929

Börsenmakler sprangen aus den Fenstern ihrer Büros in der Wallstreet, Aktienkurse sackten von weit über 100 Dollar auf einstellige Dollarbeträge ab. Was war geschehen? In Amerika und auch Europa sprach man in den zwanziger Jahren unseres Jahrhunderts bereits von einem „ewigen Wohlstand", stieg doch das Volkseinkommen von 1921 bis 1929 Jahr für Jahr. Niemand konnte oder wollte sich mehr einen Konjunkturrückschlag vorstellen. Dementsprechend sorglos wurden auch die gesparten Gelder angelegt. Nicht wenige kauften Aktien, und wer nicht genug Geld gespart hatte, lieh sich bei seiner Bank den fehlenden Betrag. Die Banken nahmen dafür als Sicherheit die über Kredit gekauften Aktien in Gewahrsam. In den USA stiegen die Aktien-

Menschenauflauf vor der NYSE am 29. Oktober 1929

kurse innerhalb von sieben Jahren durchschnittlich um das Dreifache, und viele wollten an diesen Gewinnen teilhaben. Am Donnerstag, dem 24. Oktober 1929, häuften sich bei den Börsenmaklern in der Wallstreet die Aufträge zum Verkauf von Aktien. Bis heute ist noch nicht bekannt, warum Kaufaufträge an diesem Tag fast völlig fehlten. Die Aktienkurse fielen. Am nächsten Tag nahm die Zahl der Verkäufe weiter zu. Die Aktienkurse sanken so weit, daß bei vielen Aktionären die Kredite nicht mehr ausreichend durch die Depotbestände gedeckt waren. Die Banken forderten daher den umgehenden Verkauf der Wertpapiere, obwohl sie sich in den Tagen zuvor noch gegen die Verkaufswelle gestemmt hatten bzw. selbst die angebotenen Aktien aufkauften, um so größere Kursrückgänge zu verhindern. Am Montag, dem 28. Oktober 1929, überfluteten riesige Verkaufsaufträge die Börse, so daß die Kurse weiter sanken. Am darauffolgenden Dienstag, dem 29. Oktober 1929, erstickten die Börsen fast in einer Flut von Verkaufsaufträgen. Das Kartenhaus brach endgültig zusammen. Jeder wollte retten, was noch zu retten war, und verschlimmerte dadurch die Katastrophe. 16,5 Millionen Aktien wechselten an diesem Tag an der New Yorker Börse den Besitzer. Die Verluste aller Aktionäre wurden auf 15 Milliarden Dollar geschätzt. Broker, also Börsenhändler, die nicht auf eigene Rechnung spekulierten, machten in jenen Tagen ein Vermögen, während ihre Kunden bankrott gingen.
Der „Auslöser" der gesamten Börsenpanik, der 24. Oktober 1929, ging als „Black Thursday" in die Geschichte ein. Erst am folgenden Tag drang die Nachricht von den New Yorker Kursstürzen nach Europa durch und erschütterte dort ebenfalls die Börsen. Der 25. Oktober 1929 wurde so als „Schwarzer Freitag" bekannt.
Auch heutzutage gibt es selbsternannte Propheten, die schon seit Jahren im Zusammenhang mit der internationalen Verschuldung vor einem Börsenzusammenbruch warnen. Immer wieder wird daher von dieser Seite der Kauf von Gold empfohlen. Wenn auch diese Empfehlungen durchaus ihre Berechtigung haben, so sollte man dennoch nicht in die Panikmache einstimmen. 1929 waren die Aktienkurse auf Sand gebaut, das heißt vorwiegend durch nicht gesicherte Kredite gedeckt, wie es in diesem Ausmaß heutzutage nicht mehr möglich ist. Eine ähnliche Kettenreaktion wie 1929 scheint daher in unseren Tagen nicht vorstellbar, wenn auch in letzter Zeit verstärkt die Computerprogramme der Großanleger für rasante Kursbewegungen sorgen.
In Verbindung mit einer soliden Börsenbewertung der Unternehmenserträge haben wir also keinen Grund, mit Besorgnis in die Zukunft zu blicken. Falls es aber doch einmal zu einem größeren Börsenkrach kommt, sollten Sie rechtzeitig Versorgungswerte kaufen, denn diese werden auch nach einer Krise immer noch benötigt und daher im Kurs wieder steigen...

Die Info-Börse

„Ein Börsianer darf seine Papiere nie im Verhältnis zum Einkaufspreis, sondern muß sie zum Tagespreis einschätzen." Und genau da liegt das Problem, wenn wohl auch nicht für André Kostolany, von dem das Zitat stammt. Informationen kosten Zeit und Geld, und beides hat ein Kapitalanleger nicht unbedingt immer reichlich.

Um noch während der Börsenzeit die aktuellen Kurse zu bekommen, benötigen Sie entweder einen heißen Draht zu einer an der Börse zugelassenen Bank, einen Reuter-Bildschirm oder einen BTX-Anschluß (Bildschirmtext). Für Privatanleger ist von diesen drei Möglichkeiten sicher noch der BTX-Anschluß am günstigsten. BTX-Decoder und -Tastatur kosten zusammen in der Regel weniger als ein neuer Fernseher. Die Post verlangt eine einmalige Anschlußgebühr von DM 65,– und eine monatliche Grundgebühr von DM 8,–. Dazu kommen noch die Telefongebühren und die Gebühren der Anbieter. Alles in allem ergibt sich aber ein erschwinglicher Preis. Unter der Seitennummer ∗6 72 43# lassen sich von der Frankfurter Börse Kurse deutscher und ausländischer Aktien, von Optionsscheinen und Optionen abrufen. Da pro Seite eine Mindestgebühr von DM 0,10 verlangt wird, erweist sich dieses Programm leicht als Groschengrab. Sehr interessant für Börsianer oder solche, die es werden wollen, ist auch das Programm der BDW (Betriebsgesellschaft Datenverarbeitung für Wertpapiergeschäfte, Düsseldorf), Seitennummer ∗4 99 69 21#. Durch die Eingabe der Wertpapierkennummer oder des Börsenkürzels können zur Zeit maximal drei Papiere aus dem Datensatz herausgefiltert und in vergleichender Darstellung des Düsseldorfer Kurses mit denen der Berliner und Münchener Börse angezeigt werden. Die Landesbank Schleswig-Holstein bietet unter der Nummer ∗2 32 30# kostenlos die vor- und nachbörsliche Tendenz. Für Chartinteressierte dürfte das Programm von Horst Bokelmann interessant sein. Gegen eine Gebühr von DM 1,– pro Aktie sind unter der Nummer ∗2 01 13# über 150 aktuelle Charts abrufbar. Auch das Wirtschaftsmagazin „Capital" zeigt unter der Nummer ∗34 50 05# ein interessantes Informationsprogramm.

Für Informationen nach Börsenschluß bieten sich unter anderem die amtlichen Kursblätter der jeweiligen Wertpapierbörsen an. Die Kursblätter werden noch am Börsentag nachmittags gedruckt und verteilt. Sie finden dort umfassende Angaben über alle gehandelten Wertpapiere, selbstverständlich auch sämtliche Verlaufskurse des variablen Handels. Für Privatanleger haben diese Kursblätter nur einen Nachteil, sie sind nämlich recht teuer. Das Amtliche Kursblatt der Frankfurter Wertpapierbörse kostet beispielsweise inklusive Versandkosten und Mehrwertsteuer *monatlich* DM 145,–. Wem Informationen über Standardwerte ausreichen, der kann auch die Aushänge bei den Banken und Sparkassen studieren oder, wenn er gerade im Auto sitzt, Radio hören. Viele Sender unterrichten am frühen Nachmittag über Tenden-

Informationsquellen für Börsianer

zen und Kurse, RTL plus informiert ab 23.00 Uhr sogar über die amerikanischen Börsen.
Als Informationsquelle am nächsten Tag bieten sich natürlich auch die am Anfang dieses Kapitels abgebildeten Tageszeitungen an. Eigentlich unerläßlich ist das „Handelsblatt" für einen Jahresbezugspreis von DM 459,–. Viele schwören auch auf die „Frankfurter Allgemeine (FAZ)", die im Jahresabonnement DM 331,20 kostet. Aber auch das Kursblatt der „Welt" ist bei einem Jahresbezugspreis von DM 318,– durchaus zu empfehlen. Wer sein Geld in den USA vermehren möchte, benötigt unbedingt die Europa-Ausgabe von „The Wall Street Journal", die für jährlich DM 649,– zu bekommen ist. Sehr zu empfehlen ist auch die „Neue Zürcher Zeitung", die im Jahr DM 335,– kostet. Für Profis gehört die „Börsen-Zeitung" mit ihren detaillierten Informationen zur

Zum Wirtschaftsteil der Tageszeitungen

Grundsätzlich ist der Wirtschaftsteil einer Tageszeitung ähnlich strukturiert wie die Finanzzeitung des Handelsblatts. Dennoch gibt es erwähnenswerte Unterschiede. Die nachstehenden Angaben erleichtern eine erste Orientierung:

Die Frankfurter Allgemeine Zeitung (FAZ): In der oberen Hälfte der ersten Seite des Börsenteils ist der Börsenbericht vom Vortag zu finden. Dieser beginnt mit einer allgemeinen Übersicht über die Börsenlage, nennt dann spezielle Kursänderungen einzelner Werte sowie die Tendenz am Rentenmarkt und endet mit den Notierungen von jungen Aktien und von Bezugsrechten.
In den folgenden Spalten findet der interessierte Leser eine Fülle von Einzeldaten, u. a. die An- und Verkaufspreise für Edelmetalle und Münzen, den FAZ-Aktienindex, die Aktienumsätze ausgewählter Werte von verschiedenen Börsen, den Tendenzbericht für die New Yorker Börse sowie die Aktien-Indizes verschiedener ausländischer Börsen.
Der Kurszettel im eigentlichen Sinn beginnt mit amtlich gehandelten deutschen Aktien, die an der Frankfurter Wertpapierbörse variabel, daß heißt, fortlaufend notiert werden. Die Anordnung ist alphabetisch, jedoch sind, einer alten Tradition entsprechend, die Banken, Versicherungen und Verkehrsaktien, gesondert ausgewiesen. Es folgen dann die Einheitsnotierungen bzw. Kassakurse weiterer in Frankfurt amtlich gehandelter Werte. Die Preise bzw. Kurse für deutsche Aktien des geregelten Freiverkehrs, sowie

Pflichtlektüre. Allerdings ist sie mit DM 1 611,– jährlich auch nicht gerade billig. Darüber hinaus bieten sich natürlich noch die wöchentlich erscheinende „Wirtschaftswoche" zum Jahrespreis von DM 168,– ebenso an wie das Monatsmagazin „Capital" für DM 90,–. Übrigens, häufig reicht auch ein kurzer Anruf bei Ihrer Bank, um einen aktuellen Kurs zu erfahren.
Letztendlich muß jeder Anleger selbst die für ihn passende Lektüre herausfinden, denn wenn Sie alle in diesem Kapitel genannten Zeitungen und Zeitschriften abonnieren wollten, hätten Sie eine monatliche Last von immerhin rund DM 475,– zu tragen. In dieser imposanten Summe sind allerdings noch nicht einmal die ebenfalls nicht ganz billigen Börseninformationsdienste enthalten, denen ein späteres Kapitel gewidmet sein wird.

die sogenannten unnotierten Werte, gemeint ist hier der ungeregelte Freiverkehr, schließen sich an. Im Folgenden findet der Leser dann die Kurse von ausländischen, aber in Deutschland in DM gehandelten Aktien, sowie die Auslandskurse in der jeweiliegen Landeswährung.
Im separaten Rentenkurszettel auf der zweiten Seite des Börsenteils sind die Kursnotierungen festverzinslicher Werte erfaßt, neben allen amtlich gehandelten öffentlichen Anleihen von Bund, Bahn und Post auch Wandel- und Optionsanleihen sowie die entsprechenden Optionsscheine.
Desweiteren werden für den interessierten Leser noch Informationen zu Devisen, den Aktien- und Rentenoptionen, den internationalen Warenpreisen, sowie zu Investmentfonds bereitgehalten.

Die Welt: In der Welt werden unter der Bezeichnung „Inland" jeweils die Kassakurse aller amtlich gehandelten Aktien ausgewiesen. Die variablen Notierungen werden hier nicht mehr gesondert herausgestellt. Es erfolgt eine Trennung zwischen den Papieren des ungeregelten Freiverkehrs und sogenannten unnotierten Werten, womit die Redaktion der Welt besonders spekulative Aktien hervorheben möchte.

Die Süddeutsche Zeitung: Die Süddeutsche Zeitung unterscheidet bei den amtlichen Kursnotierungen der Bayerischen Börse zwischen Aktien, die variabel und solchen, die lediglich zum Kassakurs gehandelt werden. Letztere findet man unter der Rubrik „Aktien".
Die Werte des geregelten sowie des ungeregelten Freiverkehrs sind unter der Überschrift „Außerhalb amtlicher Notiz" zusammengefaßt.

Wer ein Telefon griffbereit hat, kann folgende Ansagedienste anwählen:

Hamburg	Hornblower	0 40/34 45 72 oder 0 40/34 45 89
	Bache Deutsche Bank	0 40/35 67/1 41 0 40/3 77/38 64
Düsseldorf	Bache	02 11/8 89 50
Frankfurt	Hornblower	0 69/71 48 14/3
	Bache	0 69/7 17 50
München	Deutsche Bank	0 89/23 39 01/2 42/2 43 (18 – 20 Uhr)
Deutsche Bundespost		11 68
In der Schweiz		
Basel	Post	00 41/6 11 66
Zürich	Post	00 41/11 66
In Österreich		
Wien	Post	00 43/2 22/15 12 und 15 13

Der Hornblower-Ansagedienst wird noch spät abends mit Informationen über die New Yorker Wallstreet besprochen. Bache unterrichtet über die amerikanischen (Waren-)Terminmärkte, während die Deutsche Bank über die Tendenzen an den heimischen Börsen berichtet.
Der Postansagedienst mit der Telefonnummer 11 68 beginnt morgens gegen 9 Uhr mit dem Börsenbericht aus New York und Toronto vom Vorabend. Ab etwa 11.00 Uhr folgt der deutsche Vorbörsenbericht, ab etwa 13.00 Uhr können Sie die Eröffnungskurse Ihrer Heimatbörse hören. Ab etwa 14.30 Uhr vernehmen Sie dann auch die Schlußkurse, die gegen 16.00 Uhr noch um die Nachbörse und die Investmentausgabepreise ergänzt werden. Abends können Sie sich noch einmal die Schlußkurse Ihrer Heimatbörse zusammen mit den Tendenzen der internationalen Börsen anhören.

Kauf und Verkauf einer Aktie

Nachdem Sie nun schon teilweise sehr detaillierte Kenntnisse über den Aktienmarkt vorweisen können, wollen wir uns in diesem Kapitel mit dem Kauf und hoffentlich erfolgreichen Verkauf von Aktien beschäftigen.
Grundsätzlich gilt: nur der sollte Aktien kaufen, der über ein gewisses Anlagekapital für längere Zeit frei disponieren kann. Das zur Verfügung stehende Kapital muß keineswegs eine hohe Summe sein, wichtiger ist die freie Verfügbarkeit. So kann man auch schon für DM 1 000,– Aktien kaufen. Unter dieser Markierung sollte die Kaufsumme allerdings nicht liegen, weil sonst die anteiligen Kosten zu hoch ausfallen würden. Auch empfiehlt sich eine weitgehende Streuung des Anlagekapitals, denn schließlich ist nicht alles Gold, was nach glänzender Aktie aussieht. Fast jeder Anleger wird gelegentlich sogenannte Schieflagen nicht vermeiden können, womit Wertpapiere gemeint sind, die sich nicht nach oben, sondern nach unten orientieren. Am Aktienmarkt spricht man in solch einem Fall auch von einer „Wurzelaktie".
Aufträge zum Kauf und Verkauf von Aktien nimmt jede Bank oder Sparkasse entgegen. Sie haben dafür allein an den deutschen Börsen eine Auswahl unter rund 450 Stammaktien deutscher Gesellschaften. Die Kreditinstitute berechnen für ihre Dienste eine Provision in Höhe von 1 Prozent des Kurswertes, mindestens aber DM 10,–, sowie noch einen Betrag von DM 1,– bis DM 3,– für Porto und sonstige Spesen. Der Makler erhält für seine Vermittlung die Courtage in Höhe von 0,8 Promille des Kurswertes, und auch der Finanzminister wird mit 0,25 Prozent beteiligt. In letzter Zeit zieht man verstärkt die Abschaffung der Börsenumsatzsteuer in Erwägung, um die internationale Wettbewerbsfähigkeit der deutschen Börsen zu verbessern. Zusammen betragen die Kosten für den Kauf und Verkauf von Aktien also etwa 2,66 Prozent vom Kurswert, das heißt, pro Transaktion 1,33 Prozent:

● Provision der Bank:	1 Prozent, mindestens DM 10,–
● Maklergebühr (Courtage):	0,8 Promille
● Börsenumsatzsteuer:	0,25 Prozent
Zusammen:	1,33 Prozent

Beim Kauf und Verkauf von Aktien im Freiverkehr erhöhen sich die Auslagen um DM 5,– bis DM 10,–.

Dazu die zwei Beispiele aus dem amtlichen Handel (Seite 90). Im ersten Fall wurden 12 Stück Herlitz-Aktien gekauft, im zweiten Fall 200 Stück japanische Toshiba-Aktien, die ebenfalls zur amtlichen Notierung zugelassen sind.

Wertpapierbezeichnung/Zinstermin		Wertpapier-Kenn-Nr.
HERLITZ AG AKTIEN		605 310
Nennwert/Stück	AUSF.-KURS	KURSWERT
ST/DM 12,00	157,00	1.884,00-
IHR AUFTRAG VOM 9.07.86	BOERSENUMSATZSTEUER	4,71-
	PROVISION	18,84-
	MAKLERGEBUEHR	1,51-
	FREMDE AUSLAGEN	1,00-

Wertpapierbezeichnung/Zinstermin		Wertpapier-Kenn-Nr.
TOSHIBA CORP. MITEIGENTUMSANTEILE DES AKV UEBER SHARES		862 141
Nennwert/Stück	AUSF.-KURS	KURSWERT
ST/DM 200,00	4,55	910,00-
	BOERSENUMSATZSTEUER	2,27-
	PROVISION	10,00-
	MAKLERGEBUEHR	0,73-
	FREMDE AUSLAGEN	1,00-

Es ist übrigens durchaus möglich, Aktien per Zeitungsanzeige zu handeln. Der Weg über die Börse ist dabei nicht zwingend vorgeschrieben, erleichtert aber die Durchführung beträchtlich. Auch ein privater Aktienkauf bzw. Verkauf ist allerdings börsenumsatzsteuerpflichtig.

Direktkäufe an ausländischen Börsen können Sie ebenfalls über Ihr heimisches Kreditinstitut abwickeln, allerdings unterliegen Auslandskäufe einer erhöhten Spesenbelastung von nicht selten 3 bis 5 Prozent des Kurswertes pro Transaktion. An der Spitze der Kostenprogression liegen dabei die Börsen in Australien, Großbritannien und Kanada.

Noch ein Wort zu Aktienkäufen auf Kredit. Diese lassen sich nur im Ausnahmefall rechtfertigen, nämlich dann, wenn sich an den Börsen ein markttechnisch einwandfreier Aufwärtstrend etabliert hat. Wer aber will das so genau wissen? Auf der anderen Seite läßt sich die Hebelwirkung möglicher Verluste genau ausrechnen:

Kredithebel

Depotwert DM 100 000
Beleihungsquote 70%

10% Kursrückgang → Verlust von ⅓ Eigenkapital

20% Kursrückgang → Verlust von ⅔ Eigenkapital

30% Kursrückgang → Verlust von 100% Eigenkapital

→ *Totalverlust des Eigenkapitals*

Wenn Sie ein Depot von DM 100 000,– mit 50 Prozent beliehen haben, sinkt Ihr Eigenkapital schon bei 10 Prozent Kursrückgang von DM 50 000,– auf DM 40 000,–, also um 20 Prozent. Ein Kursverlust von 15 Prozent drückt Ihr Eigenkapital schon um 30 Prozent. Noch extremer ist die Hebelwirkung bei noch höheren Beleihungen. Wer beispielsweise 70 Prozent seines Depots beliehen hat, verliert bei 10 Prozent Kursrückgang schon ⅓ seines Vermögens. Bei 20 Prozent Kursrückgang sind ⅔ Ihres Geldes weg und bei 30 Prozent Kursrückgang ist Ihr Eigenkapital aufgezehrt. Spätestens dann müssen Sie sich auf einen Verkauf Ihrer Aktien einstellen.

Ein Platz für Wertpapiere – das Depot

Kaum noch jemand verwahrt seine Aktien zu Hause. Warum auch, achtet doch die Bank auf alle Termine und unterrichtet den Aktionär rechtzeitig von Hauptversammlung, Dividendenzahlung, Kapitalerhöhung usw. Auf Wunsch können Sie sich selbstverständlich Ihre Wertpapiere gegen eine Gebühr von rund DM 30,– aushändigen lassen. Dies ist allerdings nicht in allen Fällen möglich, da besonders in den letzten Jahren Wertpapiere aus Kostengründen häufig nur in Form einer Globalurkunde ausgegeben wurden. Eine Globalurkunde verbrieft zwar einen gewissen Wertpapierbestand, allerdings sind die einzelnen Anteile meist nicht lieferbar. Die von der Bank dafür erhobenen Gebühren sind von Kreditinstitut zu Kreditinstitut höchst unterschiedlich, so daß sich auf jeden Fall ein Kostenvergleich lohnt.
Die Gebühr bei der Girosammelverwahrung schwankt je nach Aktie zwischen 1 bis 6 Promille. Die Banken unterscheiden nämlich zwischen gängigen und nicht gängigen Werten. Entscheidend für die Berechnung dieser Gebühren ist in aller Regel der Depotbestand am Jahresende. Wer also seine Wertpapiere rechtzeitig im Dezember verkauft, um sie dann im Januar wieder zurückzukaufen, muß möglicherweise nur eine Mindestgebühr pro Depot bezahlen.
Man unterscheidet drei Verwahrungsarten:

- die *Girosammelverwahrung,*
- die *Streifbandverwahrung* und
- die *Wertpapierrechnung* oder *Auslandsverwahrung.*

Bei der *Girosammelverwahrung* werden die einer Bank zur Aufbewahrung übergebenen Wertpapiere von dieser an eine Wertpapiersammelbank, den sogenannten Kassenverein, weitergegeben. Dieser wiederum erledigt alle entstehenden Verwaltungsarbeiten, wie zum Beispiel das Abtrennen und Einlösen der fälligen Dividendenscheine. Wenn dies auch heute unter Zuhilfenahme großer Maschinen geschieht, so erscheint das manuelle Abtrennen der fälligen Dividenden und Zinsscheine trotzdem vielen als nicht mehr zeitgemäß. Entscheidendes Merkmal der Girosammelverwahrung indes ist die Tatsache, daß der einzelne Depotkunde kein Eigentum an nummernmäßig

bezeichneten bestimmten einzelnen Stücken, sondern Bruchteilseigentum am Gesamtbestand der Wertpapiere derselben Gattung erwirbt.
Dagegen werden bei der *Streifbandverwahrung* die Wertpapiere separat verwahrt. Um die einzelne Aktie wird dabei ein Streifband gelegt, auf dem der Name des Besitzers vermerkt ist.
Für einen Kunden im Ausland gekaufte Wertpapiere werden im Regelfall auch dort aufbewahrt. Im Rahmen der sogenannten *Wertpapierrechnung* erhalten die Kunden dann eine entsprechende Gutschrift auf ihrem Depotkonto. Die Risiken, die sich aus Verwahrung und Verwaltung von Wertpapieren im Ausland ergeben können, werden dadurch auf den Kunden verlagert.

Das Limit – Selbstüberwindung oder Selbstbetrug?

Die Frage ist nicht ohne Selbstironie gestellt. Erfahrungsgemäß fällt es besonders schwer, gegen die allgemeine Börsentendenz zu kaufen, doch lassen sich gerade dabei die größten Gewinne erzielen. Mit einem rechtzeitig gelegten und in der Regel bis Monatsende gültigen Limit lassen sich derartige Entscheidungen erleichtern. Ebenso verhält es sich auch beim Verkaufslimit. Gerade in der größten Euphorie abzustoßen ist für keinen Anleger leicht, gerade auch dann, wenn das Wertpapier bereits im Kurs geklettert ist. Auch hier kann man sich im voraus ein bestimmtes Kursziel überlegen und dort ein Verkaufslimit legen, so daß automatisch beim Erreichen dieser Markierung verkauft wird. Die alte Börsenweisheit: „An Gewinnmitnahmen ist noch niemand arm geworden“, wird von manchen Börsianern ergänzt um „... aber reich wird man dadurch auch nicht.“
Ein durchaus verständlicher Selbstbetrug ist es allerdings, ein einmal gesetztes Limit ständig zu ändern und der jeweiligen Kurshöhe anzupassen. Für eine Auftragslimitierung verlangen die meisten Kreditinstitute einen Betrag zwischen DM 4,– und DM 10,–. Oft wird dieser aber nur dann in Rechnung gestellt, wenn der limitierte Auftrag bis Ultimo nicht ausgeführt werden konnte. Besonders bei den marktengen, also umsatzschwachen Werten, die immer wieder von Börsendiensten empfohlen werden, ist eine Limitierung unerläßlich. Wer sich hinterher ärgert, daß ein von ihm selbst limitierter Auftrag nicht ausgeführt werden konnte, hat das Limit mit Sicherheit an der falschen Stelle gelegt, denn offensichtlich war er ja doch bereit, zu einem anderen Kurs zu kaufen oder zu verkaufen.
Wann ist denn nun eigentlich eine Limitierung sinnvoller, beim Einkauf oder beim Verkauf?
Betrachten wir dazu einmal die Aktie der Vereins- und Westbank. Das geschätzte Kursziel dieser Aktie liegt bei DM 500,–. Bei einem jetzigen Kurs von DM 415,– wären das etwa 20,5 Prozent Zuwachs ohne Berücksichtigung von Spesen. Kommen Sie nun aber bei einem Limit von DM 382,– zum Zuge, was börsentechnisch durchaus im Rahmen des Möglichen liegt, eröffnet sich

Stand Sommer 1987

Gesamt-Programm

Essen und Trinken

Köstliche Suppen
für jede Tages- und Jahreszeit. (5122) Von E. Fuhrmann, 64 S., 38 Farbfotos, 2 Zeichnungen, Pappband. ●●

Was koche ich heute?
Neue Rezepte für Fix-Gerichte. (0608) Von A. Badelt-Vogt, 112 S., 16 Farbtafeln, kart. ●

Kochen für 1 Person
Rationell wirtschaften, abwechslungsreich und schmackhaft zubereiten. (0586) Von M. Nicolin, 136 S., 8 Farbtafeln, 23 Zeichnungen, kart. ●

Schnell und individuell
Die raffinierte Single-Küche
(4266) Von F. Faist, 160 S., 151 Farbfotos, Pappband. ●●●

Gesunde Kost aus dem Römertopf
(0442) Von J. Kramer, 128 S., 8 Farbtafeln, 13 Zeichnungen, kart. ●

Nudelgerichte
– lecker, locker, leicht zu kochen. (0466) Von C. Stephan, 80 S., 8 Farbtafeln, kart. ●

Lieblingsrezepte
Phantasievoll zubereitet und originell dekoriert. (4234) Hrsg. P. Diller, 160 S., 120 Farbfotos, 34 Zeichnungen, Pappband. ●●●

Die besten Eintöpfe und Aufläufe
Das Beste aus den Kochtöpfen der Welt (5079) Von A. und G. Eckert, 64 S., 50 Farbfotos, Pappband. ●●

FALKEN-FEINSCHMECKER
Herzhaftes für Leib und Seele
Eintöpfe
(0820) Von P. Klein, 48 S., 30 Farbfotos, Pappband. ●

Schnell und gut gekocht
Die tollsten Rezepte für den Schnellkochtopf. (0265) Von J. Ley, 96 S., 8 Farbtafeln, kart. ●

Kochen und backen im Heißluftherd
Vorteile, Gebrauchsanleitung, Rezepte. (0516) Von K. Kölner, 72 S., 8 Farbtafeln, kart. ●

Das neue Mikrowellen-Kochbuch
(0434) Von H. Neu, 64 S., 4 Farbtafeln, 16 s/w Zeichnungen, kart. ●

Ganz und gar mit Mikrowellen
(4094) Von T. Peters, 208 S., 24 Farbfotos, 12 Zeichnungen, kart. ●●●

FALKEN-FEINSCHMECKER
Schnell auf den Tisch gezaubert
Kochen mit Mikrowellen
(0818) Von A. Danner, 64 S., 52 Farbfotos, Pappband. ●

Marmeladen, Gelees und Konfitüren
Köstlich wie zu Omas Zeiten – einfach selbstgemacht. (0720) Von M. Gutta, 32 S., 23 Farbfotos, 1 Zeichnung, Pappband. ●

Einkochen
nach allen Regeln der Kunst. (0405) Von B. Müller, 128 S., 8 Farbtafeln, kart. ●

Einkochen, Einlegen, Einfrieren
(4055) Von B. Müller, 27 s/w.-Abb., kart. ●●

FALKEN-FEINSCHMECKER
Goldbraun und knusprig
Fritierte Leckerbissen
(0868) Von F. Faist, 64 S., 47 Farbfotos, Pappband. ●

Das neue Fritieren
geruchlos, schmackhaft und gesund. (0365) Von P. Kühne, 96 S., 8 Farbtafeln, kart. ●

FALKEN-FEINSCHMECKER
Die Krönung der feinen Küche
Saucen
(0817) Von G. Cavestri, 48 S., 40 Farbfotos, Pappband. ●

Wildgerichte
einfach bis raffiniert. (5115) Von M. Gutta, 64 S., 43 Farbfotos, Pappband. ●●

FALKEN-FEINSCHMECKER
Von Tatar und falschen Hasen
Hackfleisch
(0866) Von A. und G. Eckert, 64 S., 42 Farbfotos, Pappband. ●

Mehr Freude und Erfolg beim **Grillen**
(4141) Von A. Berliner, 160 S., 147 Farbfotos, 10 farbige Zeichnungen, Pappband. ●●●

Grillen
Fleisch · Fisch · Beilagen · Soßen. (5001) Von E. Fuhrmann, 64 S., 38 Farbfotos, Pappband. ●●

Chinesisch kochen
Schmackhafte Rezepte für die abwechslungsreiche Küche. (5011) Von A. und G. Eckert, 64 S., 57 Farbfotos, Pappband. ●●

Chinesisch kochen
mit dem Wok-Topf und dem Mongolen-Topf. (0557) Von C. Korn, 64 S., 8 Farbtafeln, kart. ●

Schlemmerreise durch die
Chinesische Küche
(4184) Von Kuo Huey Jen, 160 S., 117 Farbfotos, Pappband. ●●●

Nordische Küche
Speisen und Getränke von der Küste. (5082) Von J. Kürtz, 64 S., 44 Farbfotos, Pappband. ●●

Deutsche Küche
Schmackhafte Gerichte von der Nordsee bis zu den Alpen. (5025) Von E. Fuhrmann, 64 S., 52 Farbfotos, Pappband. ●●

Essen in Hessen
Spezialitäten zwischen Schwalm und Odenwald
(0837) Von R. Witt, 120 S., 10 s/w-Zeichnungen, Pappband. ●●

Französisch kochen
Eine kulinarische Reise durch Frankreich. (5016) Von M. Gutta, 64 S., 35 Farbfotos, Pappband. ●●

Französische Küche
(0685) Von M. Gutta, 96 S., 16 Farbtafeln, kart. ●

Französische Spezialitäten aus dem Backofen
Herzhafte Tartes und Quiches mit Fleisch, Fisch, Gemüse und Käse
(5146) Von P. Klein, 64 S., 43 Farbfotos, Pappband. ●●

FALKEN-FEINSCHMECKER
Aus lauter Lust und Liebe
Knoblauch
(0867) Von L. Reinirkens, 64 S., 45 Farbfotos, Pappband. ●

Kochen und würzen mit **Knoblauch**
(0725) Von A. und G. Eckert, 96 S., 8 Farbtafeln, kart. ●

Schlemmerreise durch die
Italienische Küche
(4172) Von V. Pifferi, 160 S., 109 Farbfotos, Pappband. ●●●

Pizza, Pasta und die feine italienische Küche
(4270) Von R. Rudatis, 120 S., 255 Farbfotos, Pappband. ●●

Italienische Küche
Ein kulinarischer Streifzug mit regionalen Spezialitäten. (5026) Von M. Gutta, 64 S., 35 Farbfotos, Pappband. ●●

Köstliche Pizzas, Toasts, Pasteten
Schmackhafte Gerichte schnell zubereitet. (5081) Von A. und G. Eckert, 64 S., 46 Farbfotos, Pappband. ●●

FALKEN-FEINSCHMECKER
Schlemmen wie bei Mamma Maria
Pizzas
(0815) Von F. Faist, 64 S., 62 Farbfotos, Pappband. ●

Köstliche Pilzgerichte
Tips und Rezepte für die häufigsten Pilzgattungen. (5133) Von V. Spicker-Noack, M. Knoop, 64 S., 52 Farbfotos, Pappband. ●●

Köstliche Fondues
mit Fleisch, Geflügel, Fisch, Käse, Gemüse und Süßem. (5006) Von E. Fuhrmann, 64 S., 50 Farbfotos, Pappband. ●●

Fondues
und fritierte Leckerbissen. (0471) Von S. Stein, 96 S., 8 Farbtafeln, kart. ●

Fondues · Raclettes · Flambiertes
(4081) Von R. Peiler und M.-L. Schult, 136 S., 15 Farbtafeln, 28 Zeichnungen, kart. ●●

Neue, raffinierte Rezepte mit dem Raclette-Grill
(0558) Von L. Helger, 56 S., 8 Farbtafeln, kart. ●

Die hier vorgestellten Bücher, Videokassetten und Software sind in folgende Preisgruppen unterteilt:

● Preisgruppe bis DM 10,–/S 79,–
●● Preisgruppe über DM 10,– bis DM 20,– S 80,– bis S 160,–
●●● Preisgruppe über DM 20,– bis DM 30,– S 161,– bis S 240,–
●●●● Preisgruppe über DM 30,– bis DM 50,– S 241,– bis S 400,–
●●●●● Preisgruppe über DM 50,–/S 401,–
*(unverbindliche Preisempfehlung)

FALKEN VERLAG

Rezepte rund um Raclette und Hobby-Rechaud
(0420) Von J. W. Hochscheid, 72 S., 8 Farbtafeln, kart. ●

Fondues und Raclettes
(4253) Von F. Faist, 160 S., 125 Farbfotos, Pappband. ●●●

Kochen und würzen mit
Paprika
(0792) Von A. und G. Eckert, 88 S., 8 Farbtafeln, kart. ●

Kleine Kalte Küche
für Alltag und Feste. (5097) Von A. und G. Eckert, 64 S., 45 Farbfotos, Pappband. ●●

Kalte Platten – Kalte Büfetts
rustikal bis raffiniert. (5015) Von M. Gutta, 64 S., 34 Farbfotos, Pappband. ●●

Kalte Happen und Partysnacks
Canapés, Sandwiches, Pastetchen, Salate und Suppen. (5029) Von D. Peters, 64 S., 44 Farbfotos, Pappband. ●●

Garnieren und Verzieren
(4236) Von R. Biller, 160 S., 329 Farbfotos, 57 Zeichnungen, Pappband. ●●●

Desserts
Puddings, Joghurts, Fruchtsalate, Eis, Gebäck, Getränke. (5020) Von M. Gutta, 64 S., 41 Farbfotos, Pappband. ●●

FALKEN-FEINSCHMECKER
Süße Geheimnisse eiskalt gelüftet
Eis und Sorbets
(0870) Von H. W. Liebheit, 48 S., 38 Farbfotos, Pappband. ●

Crêpes, Omeletts und Soufflés
Pikante und süße Spezialitäten. (5131) Von J. Rosenkranz, 64 S., 45 Farbfotos, Pappband. ●●

Kuchen und Torten
Die besten und beliebtesten Rezepte. (5067) Von M. Sauerborn, 64 S., 79 Farbfotos, Pappband. ●●

Tortenträume und Kuchenfantasien
Gebackene Köstlichkeiten originell dekoriert und verziert
(0823) Von F. Faist, 80 S., 150 Farbfotos, kart. ●●

Schönes Hobby Backen
Erprobte Rezepte mit modernen Backformen. (0451) Von E. Blome, 96 S., 8 Farbtafeln, kart. ●

Backen, was allen schmeckt
Kuchen, Torten, Gebäck und Brot. (4166) Von E. Blome, 556 S., 40 Farbtafeln, Pappband. ●●●

Meine Vollkornbackstube
Brot · Kuchen · Aufläufe. (0616) Von R. Raffelt, 96 S., 4 Farbtafeln, 12 Zeichnungen, kart. ●

FALKEN-FEINSCHMECKER
Mit Körnern, Zimt und Mandelkern
Vollkorngebäck
(0816) Von M. Bustorf-Hirsch, 48 S., 39 Farbfotos, Pappband. ●

Biologisch Backen
Neue Rezeptideen für Kuchen, Brote, Kleingebäck aus vollem Korn. (4174) Von M. Bustorf-Hirsch, 136 S., 15 Farbtafeln, 47 Zeichnungen, kart. ●●

Selbst Brotbacken
Über 50 erprobte Rezepte. (0370) Von J. Schiermann, 80 S., 6 Zeichnungen, 4 Farbtafeln, kart. ●

Mehr Freude und Erfolg beim
Brotbacken
(4148) Von A. und G. Eckert, 160 S., 177 Farbfotos, Pappband. ●●●

Brotspezialitäten
knusprig backen – herzhaft kochen. (5088) Von J. W. Hochscheid und L. Helger, 64 S., 48 Farbfotos, Pappband. ●●

Weihnachtsbäckerei
Köstliche Plätzchen, Stollen, Honigkuchen und Festtagstorten. (0682) Von M. Sauerborn, 32 S., 36 Farbfotos, Pappband. ●

Waffeln
süß und pikant. (0522) Von C. Stephan, 64 S., 8 Farbtafeln, kart. ●

Kochen für Diabetiker
Gesund und schmackhaft für die ganze Familie. (4132) Von M. Toeller, W. Schumacher, A. C. Groote, 224 S., 109 Farbfotos, 94 Zeichnungen, Pappband. ●●●

Neue Rezepte für Diabetiker-Diät
Vollwertig – abwechslungsreich – kalorienarm. (0418) Von M. Oehlrich, 120 S., 8 Farbtafeln, kart. ●

Wer schlank ist, lebt gesünder
Tips und Rezepte zum Schlankwerden und -bleiben. (0562) Von R. Mainer, 80 S., 8 Farbtafeln, kart. ●

SLIM
Der neue, individuelle Schlankheitsplan (4277) Von Prof. Dr. E. Menden, W. Aign, 120 S., 440 Farbfotos, Pappband. ●●●

Kalorien – Joule
Eiweiß · Fett · Kohlenhydrate tabellarisch nach gebräuchlichen Mengen. (0374) Von M. Bormio, 88 S., kart. ●

Alles mit Joghurt
tagfrisch selbstgemacht. Mit vielen Rezepten. (0382) Von G. Volz, 88 S., 8 Farbtafeln, kart. ●

Gesund leben – schlank werden mit der
Bio-Kur
(0657) Von S. Winter. 144 S., 4 Farbtafeln, kart. ●

FALKEN-FEINSCHMECKER
Raffiniert und gesund würzen
Kräuterküche
(0869) Von A. Görgens, 48 S.,43 Farbfotos, Pappband. ●

Miekes Kräuter- und Gewürzkochbuch
(0323) Von I. Persy und K. Mieke, 96 S., 8 Farbtafeln, kart. ●

Delikate Salate
für alle Gelegenheiten rund ums Jahr. (5002) Von E. Fuhrmann, 64 S., 50 Farbfotos, Pappband. ●●

Das köstliche knackige Schlemmervergnügen.
Salate
(4165) Von V. Müller. 160 S., 80 Farbfotos, Pappband. ●●●

111 köstliche Salate
Erprobte Rezepte mit Pfiff. (0222) Von C. Schönherr, 96 S., 8 Farbtafeln, 30 Zeichnungen, kart. ●

FALKEN-FEINSCHMECKER
Köstlich frisch auf den Tisch
Rohkostsalate
(0865) Von C. Adam, 48 S., 26 Farbfotos, Pappband. ●

Rohkost
Schmackhafte Gerichte für die gesunde Ernährung. (5044) Von I. Gabriel, 64 S., 53 Farbfotos, Pappband. ●●

Joghurt, Quark, Käse und Butter
Schmackhaftes aus Milch hausgemacht. (0739) Von M. Bustorf-Hirsch. 32 S., 59 Farbabb., Pappband. ●

Die abwechslungsreiche Vollwertküche
Vitaminreich und naturbelassen kochen und backen. (4229) Von M. Bustorf-Hirsch, K. Siegel, 280 S., 31 Farbtafeln, 78 Zeichungen, Pappband. ●●●●

Meine Vollkornküche
Herzhaftes von echtem Schrot und Korn (0858) Von S. Walz, 128 S., 8 Farbtafel, kart. ●

Alternativ essen
Die gesunde Sojaküche.
(0553) Von U. Kolster, 112 S., 8 Farbtafeln, kart. ●

Kochen mit Tofu
Die gesunde Alternative. (0894) Von U. Kolster, 80 S., 8 Farbtafeln, kart. ●

Das Reformhaus-Kochbuch
Gesunde Ernährung mit hochwertigen Naturprodukten. (4180) Von A. und G. Eckert, 160 S. 15 Farbtafeln, Pappband. ●●●

Gesund kochen mit Keimen und Sprossen
(0794) Von M. Bustorf-Hirsch, 104 S., 8 Farbtafeln, 13 s/w-Zeichnungen, kart. ●

Die feine Vegetarische Küche
(4235) Von F. Faist, 160 S., 191 Farbfotos, Pappband. ●●●

Biologische Ernährung
für eine natürliche und gesunde Lebensweise. (4125) Von G. Leibold, 136 S., 15 Farbtafeln, 47 Zeichnungen, kart. ●●

Gesunde Ernährung für mein Kind
(0776) Von M. Bustorf-Hirsch, 96 S., 8 Farbtafeln, 5 s/w Zeichnungen, kart. ●

Vitaminreich und naturbelassen
Biologisch Kochen
(4162) Von M. Bustorf-Hirsch und K. Siegel, 144 S., 15 Farbtafeln, 31 Zeichnungen, kart. ●●

Gesund kochen
wasserarm · fettfrei · aromatisch. (4060) Von M. Gutta, 240 S., 16 Farbtafeln, Pappband. ●●●

Kräuter- und Heilpflanzen-Kochbuch
für eine gesunde Lebensweise. (4066) Von P. Pervenche, 143 S., 15 Farbtafeln. kart. ●●

Pralinen und Konfekt
Kleine Köstlichkeiten selbstgemacht. (0731) Von H. Engelke, 32 S., 57 Farbfotos, Pappband. ●

FALKEN-FEINSCHMECKER
Zart schmelzende Versuchungen
Schokolade
(0819) Von J. Schroer, 48 S., 53 Farbfotos, Pappband. ●

Die hier vorgestellten Bücher, Videokassetten und Software sind in folgende Preisgruppen unterteilt:

● Preisgruppe bis DM 10,–/S 79,–
●● Preisgruppe über DM 10,– bis DM 20,– S 80,– bis S 160,–
●●● Preisgruppe über DM 20,– bis DM 30,– S 161,– bis S 240,–
●●●● Preisgruppe über DM 30,– bis DM 50,– S 241,– bis S 400,–
●●●●● Preisgruppe über DM 50,–/S 401,–
*(unverbindliche Preisempfehlung)

FALKEN VERLAG

Die Preise entsprechen dem Status beim Druck dieses

Köstlichkeiten für Gäste und Feste
Kalte Platten
(4200) Von I. Pfliegner, 160 S., 130 Farbfotos, Pappband. ●●●

Kochen für Gäste
Köstliche Menüs mit Liebe zubereitet. (5149) Von R. Wesseler, 64 S., 40 Farbfotos, Pappband. ●●

Das richtige Frühstück
Gesunde Vollwertkost vitaminreich und naturbelassen.
(0784) Von C. Kratzel und R. Böll, 32 S., 28 Farbfotos, Pappband. ●

Bocuse à la carte
Französisch kochen mit dem Meister. (4237) Von P. Bocuse, 88 S., 218 Farbfotos, Pappband. ●●

Kochschule mit Paul Bocuse
(6016/VHS, 6017/Video 2000, 6018/Beta), 60 Min. in Farbe. ●●●●●*

Natursammlers Kochbuch
Wildfrüchte und Gemüse, Pilze, Kräuter – finden und zubereiten. (4040) Von C. M. Kerler, 140 S., 12 Farbtafeln, kart. ●●

Cocktails
(4267) Von W. R. Hoffmann, W. Hubert, U. Lottring, 160 S., 164 Farbfotos, 1 s/w-Foto, Pappband. ●●●

Neue Cocktails und Drinks
mit und ohne Alkohol. (0517) Von S. Späth, 128 S., 4 Farbtafeln, kart., ●

Mixgetränke
mit und ohne Alkohol (5017) Von C. Arius, 64 S., 35 Farbfotos, Pappband. ●●

Cocktails und Mixereien
für häusliche Feste und Feiern. (0075) Von J. Walker, 96 S., 4 Farbtafeln, kart. ●

Die besten Punsche, Grogs und Bowlen
(0575) Von F. Dingden, 64 S., 2 Farbtafeln, kart. ●

Weine und Säfte, Liköre und Sekt
selbstgemacht. (0702) Von P. Arauner, 232 S., 76 Abb., kart. ●●

Mitbringsel aus meiner Küche
selbst gemacht und liebevoll verpackt. (0668) Von C. Schönherr, 32 S., 30 Farbfotos, Pappband. ●

Weinlexikon
Wissenswertes über die Weine der Welt. (4149) Von U. Keller, 228 S., 6 Farbtafeln, 395 s/w-Fotos, Pappband. ●●●

Heißgeliebter Tee
Sorten, Rezepte und Geschichten. (4114) Von C. Maronde, 153 S., 16 Farbtafeln, 93 Zeichnungen, Pappband. ●●●

Tee für Genießer.
Sorten · Riten · Rezepte. (0356) Von M. Nicolin, 64 S., 4 Farbtafeln, kart. ●

Tee
Herkunft · Mischungen · Rezepte. (0515) Von S. Ruske, 96 S., 4 Farbtafeln, 16 s/w Abbildungen, Pappband. ●

Kinder lernen spielend backen
(5110) Von M. Gutta, 64 S., 45 Farbfotos, Pappband. ●●

Kinder lernen spielend kochen
Lieblingsgerichte mit viel Spaß selbst zubereitet. (5096) Von M. Gutta, 64 S., 45 Farbfotos, Pappband. ●●

Komm, koch mit mir
Kunterbuntes Kochvergnügen für Kinder. (4285) Von S. und H. Theilig, Illustrationen von B. v. Hayek, 96 S., 48 Farbfotos, 350 Farb- und 1 s/w-Zeichnung, Pappband. ●●

Hobby

Aquarellmalerei
als Kunst und Hobby.
(4147) Von H. Haack und B. Wersche, 136 S., 62 Farbfotos, 119 Zeichnungen, gebunden ●●●●

Aquarellmalerei
Materialien · Techniken · Motive.
(5099) Von T. Hinz, 64 S., 79 Farbfotos, Pappband. ●●

Hobby Aquarellmalen
Landschaft und Stilleben
(0876) Von I. Schade, A. Brück, 80 S., 111 Farbabbildungen, kart. ●●

Videokassette
Hobby Aquarellmalen
Landschaft und Stilleben (6022/VHS) ca. 40 Min., in Farbe, ●●●●*

Aquarellmalerei leicht gelernt
Materialien · Techniken · Motive.
(0787) Von T. Hinz, R. Braun, B. Zeidler, 32 S., 38 Farbfotos, 1 Zeichnung, ●

Hobby Ölmalerei
Landschaft und Stilleben
(0875) Von H. Kämper, I. Becker, 80 S., 93 Farbabb., kart. ●●

Videokassette
Hobby Ölmalerei
Landschaft und Stilleben (6025/VHS) ca. 40 Min., in Farbe, ●●●●*

Falken-Handbuch
Zeichnen und Malen
(4167) Von B. Bagnall, 336 S., 1154 Farbabb., Pappband. ●●●●●

Naive Malerei
Materialien · Motive · Techniken
(5083) Von F. Krettek, 64 S., 76 Farbfotos, Pappband. ●●

Bauernmalerei
als Kunst und Hobby. (4057) Von A. Gast und H. Stegmüller, 128 S., 239 Farbfotos, 26 Riß-Zeichnungen, Pappband. ●●●●

Hobby Bauernmalerei
(0436) Von S. Ramos und J. Roszak, 80 S., 116 Farbfotos und 28 Motivvorlagen, kart. ●●

Bauernmalerei
Kreatives Hobby nach alter Volkskunst (5039) Von S. Ramos, 64 S., 85 Farbfotos, Pappband. ●●

Glasmalerei
als Kunst und Hobby. (4088) Von F. Krettek und S. Beeh-Lustenberger, 132 S., 182 Farbfotos, 38 Motivvorlagen, Pappband. ●●●●

Naive Hinterglasmalerei
Materialien · Techniken · Bildvorlagen (5145) Von F. Krettek, 64 S., 87 Farbfotos, 6 Zeichnungen, Pappband. ●●

Kalligraphie
Die Kunst des schönen Schreibens
(4263) Von C. Hartmann, 120 S., 44 Farbvorlagen, 29 s/w-Vorlagen, 2 s/w-Zeichnungen, 38 Farbfotos, Pappband. ●●●●

Seidenmalerei als Kunst und Hobby
(4264) Von S. Hahn, 136 S., 256 Farbfotos, 1 s/w-Foto, 34 Farbzeichnungen, Pappband. ●●●●

Kunstvolle Seidenmalerei
Mit zauberhaften Ideen zum Nachgestalten. (0783) Von I. Demharter, 32 S., 56 Farbfotos, Pappband. ●

Zauberhafte Seidenmalerei
Materialien · Techniken · Gestaltungsvorschläge. (0664) Von E. Dorn, 32 S., 62 Farbfotos, Pappband. ●

Hobby Seidenmalerei
(0611) Von R. Henge, 88 S., 106 Farbfotos, 28 Zeichnungen, kart. ●●

Hobby Stoffdruck und Stoffmalerei
(0555) Von A. Ursin, 80 S., 68 Farbfotos, 68 Zeichnungen, kart. ●●

Stoffmalerei und Stoffdruck
Materialien · Techniken · Ideen · Modelle (5074) Von H. Gehring, 64 S., 110 Farbfotos, Pappband. ●●

Batik
leicht gemacht. Materialien · Färbetechniken · Gestaltungsideen. (5112) Von A. Gast, 64 S., 105 Farbfotos, Pappband. ●●

Textilfärben
Färben so einfach wie Waschen. (0693) Von W. Siegrist, P. Schärli, 32 S., 47 Farbfotos, 3 Zeichnungen, Spiralbindung. ●

Kreatives Bilderweben
Materialien – Vorlagen – Motive
(0814) Von A. Schulte-Huxel, 32 S., 58 Farbfotos, 8 Zeichnungen, Pappband. ●

Flechten
mit Bast, Stroh und Peddigrohr. (5098) Von H. Hangleiter, 64 S., 47 Farbfotos, 76 Zeichnungen, Pappband. ●●

Makramee
Knüpfarbeiten leicht gemacht. (5075) Von B. Pröttel, 64 S., 95 Farbfotos, Pappband. ●●

Falken-Handbuch
Häkeln
ABC der Häkeltechniken und Häkelmuster in ausführlichen Schritt-für-Schritt-Bildfolgen.
(4194) Von H. Fuchs, M. Natter, 288 S., 597 Farbfotos, 476 farbige Zeichnungen. Pappband. ●●●●

Häkeln
Schritt für Schritt für Rechts- und Linkshänder. (5134) Von H. Klaus, 64 S., 120 Farbfotos, 144 Zeichnungen, Pappband. ●●

Klöppeln
Schritt für Schritt leicht gelernt. (0788) Von U. Seiffer, 32 S., 42 Farb-, 1 s/w-Foto, 25 Zeichnungen, mit Klöppelbriefen, Pappband. ●

Sticken
Schritt für Schritt für Rechts- und Linkshänder. (5135) Von U. Werner, 64 S., 196 Farbfotos, 96 Zeichnungen, Pappband. ●●

Die hier vorgestellten Bücher, Videokassetten und Software sind in folgende Preisgruppen unterteilt:

● Preisgruppe bis DM 10,–/S 79,–
●● Preisgruppe über DM 10,– bis DM 20,– S 80,– bis S 160,–
●●● Preisgruppe über DM 20,– bis DM 30,– S 161,– bis S 240,–
●●●● Preisgruppe über DM 30,– bis DM 50,– S 241,– bis S 400,–
●●●●● Preisgruppe über DM 50,–/S 401,–
*(unverbindliche Preisempfehlung)

FALKEN VERLAG

Monogrammstickerei
Mit Vorlagen für Initialen, Vignetten und Ornamente. (5148) Von H. Fuchs, 64 S., 50 Farbfotos, 50 Zeichnungen, Pappband. ●●

Falken-Handbuch
Stricken
ABC der Stricktechniken und Strickmuster in ausführlichen Schritt-für-Schritt-Bildfolgen. (4137) Von M. Natter, 312 S., 106 Farb- und 922 s/w-Fotos, 318 Zeichnungen, Pappband. ●●●●

Bestrickend schöne Ideen
Pullover, Westen, Ensembles, Jacken
(4178) Von R. Weber, 208 S., 220 Farbfotos, 358 Zeichnungen, Pappband. ●●●

Chic in Strick
Neue Pullover
Westen · Jacken · Kleider · Ensembles. (4224) Hrsg. R. Weber, 192 S., 25 Farbabb., Pappband. ●●●

Das moderne Standardwerk von der Expertin
Perfekt Stricken
Mit Sonderteil Häkeln
(4250) Von H. Jaacks, 256 S., 703 Farbfotos, 169 Farb- und 121 s/w-Zeichnungen, Pappband. ●●●

Videokassette Stricken
(6007/VHS, 6008/Video 2000, 6009/Beta). Von P. Krolikowski-Habicht, H. Jaacks, 51 Min., in Farbe. ●●●●*

Stricken
Schritt für Schritt für Rechts- und Linkshänder. (5142) Von S. Oelwein-Schefczik, 64 S., 148 Farbfotos, 173 Zeichnungen, Pappband. ●●

Die schönsten Handarbeiten zum Verschenken
(4225) Von B. Wenzelburger, 128 S., 156 Farbfotos, 70 2-farbige Zeichnungen, Pappband. ●●●●

Kuscheltiere stricken und häkeln
Arbeitsanleitungen und Modelle. (0734) Von B. Wehrle, 32 S., 60 Farbfotos, 28 Zeichnungen, Spiralbindung. ●

Hobby Patchwork und Quilten
(0768) Von B. Staub-Wachsmuth, 80 S., 108 Farbabb., 43 Zeichnungen, kart. ●●

Hobby Spitzencollagen
Bezaubernde Motive aus edlem Material. (0847) Von H. Westphal, 80 S., 186 Farbfotos, kart. ●●

Textiles Gestalten
Weben, Knüpfen, Batiken, Sticken, Objekte und Strukturen. (5123) Von J. Fricke, 136 S., 67 Farb- und 189 s/w-Fotos, 15 Zeichnungen, kart. ●●

Gestalten mit Glasperlen
fädeln · sticken · weben (0640) Von A. Köhler, 32 S., 55 Farbfotos, Spiralbindung. ●

Schmuck, Accessoires und Dekoratives
aus Fimo modelliert
(0873) Von A. Aurich, 32 S., 54 Farbfotos, Pappband. ●

Neue zauberhafte Salzteig-Ideen
(0719) Von I. Kiskalt, 80 S., 320 Farbfotos, 12 Zeichnungen, kart. ●●

Hobby Salzteig
(0662) Von I. Kiskalt, 80 S., 150 Farbfotos, 5 Zeichnungen, Schablonen, kart. ●●

Gestalten mit Salzteig
formen · bemalen · lackieren. (0613) Von W.-U. Cropp, 32 S., 56 Farbfotos, 17 Zeichnungen, Pappband. ●

Originell und dekorativ
Salzteig mit Naturmaterialien
(0833) Von A. und H. Wegener, 80 S., 166 Farbfotos, kart. ●●

Buntbemalte Kunstwerke aus Salzteig
Figuren, Landschaften und Wandbilder. (5141) Von G. Belli, 64 S., 165 Farbfotos, 1 Zeichnung, Pappband. ●●

Kreatives Gestalten mit Salzteig
Originelle Motive für Fortgeschrittene. (0769) Hrsg. I. Kiskalt, 80 S., 168 Farbfotos, kart. ●●

Videokassette Salzteig
(6010/VHS, 6011/Video 2000, (6012/Beta) Von I. Kiskalt, Dr. A. Teuchert, in Farbe, ca. 35 Min. ●●●●●*

Tiffany-Spiegel selbermachen
Materialien · Arbeitsanleitung · Vorlagen. (0761) Von R. Thomas, 32 S., 53 Farbfotos, Pappband. ●

Tiffany-Schmuck selbermachen
Materialien · Arbeitsanleitungen · Modelle (0871) Von B. Poludniak, H. W. Scheib, 32 S., 54 Farbfotos, 3 Zeichnungen, Pappband. ●

Tiffany-Lampen selbermachen
Arbeitsanleitung · Materialien · Modelle. (0684) Von I. Spliethoff, 32 S., 60 Farbfotos, Pappband. ●

Hobby Glaskunst in Tiffany-Technik
(0781) Von N. Köppel, 80 S., 194 Farbfotos, 6 s/w-Abb., kart., ●●

Origami –
Die Kunst des Papierfaltens. (0280) Von R. Harbin, 160 S., 633 Zeichnungen, kart. ●

Hobby Origami
Papierfalten für groß und klein. (0756) Von Z. Aytüre-Scheele, 88 S., über 800 Farbfotos, kart. ●●

Neue zauberhafte Origami-Ideen
Papierfalten für groß und klein. (0805) Von Z. Aytüre-Scheele, 80 S., 720 Farbfotos, kart. ●●

Weihnachtsbasteleien
(0667) Von M. Kühnle und S. Beck, 32 S., 56 Farbfotos, 6 Zeichnungen, Pappband. ●

Bastelspaß mit der Laubsäge
Mit Schnittmusterbogen für viele Modelle in Originalgröße. (0741) Von L. Giesche, M. Bausch, 32 S., 61 Farbfotos, 7 Zeichnungen, Schnittmusterbogen, Pappband. ●

Falken-Heimwerker-Praxis
Tapezieren
(0743) Von W. Nitschke, 112 S., 186 Farbfotos, 9 Zeichnungen, kart. ●●

Falken-Heimwerker-Praxis
Anstreichen und Lackieren
(0771) Von P. Müller, 120 S., 186 Farbfotos, 2 s/w Fotos, 3 Zeichnungen, kart. ●●

Falken-Heimwerker-Praxis
Fahrrad-Reparaturen
(0796) Von R. van der Plas, 112 S., 140 Farbfotos, 113 farbige Zeichnungen, kart. ●●

Falken-Handbuch
Heimwerken
Reparieren und Selbermachen in Haus und Wohnung – über 1100 Farbfotos. Praktische Tips vom Profi: Selbermachen, Reparieren, Renovieren, Kostensparen. (4117) Von Th. Pochert, 440 S., 1103 Farbfotos, 100 ein- und zweifarbige Abb., Pappband. ●●●●

Restaurieren von Möbeln
Stilkunde, Materialien, Techniken, Arbeitsanleitungen in Bildfolgen. (4120) Von E. Schnaus-Lorey, 152 S., 37 Farbfotos, 75 s/w Fotos, 352 Zeichnungen, Pappband. ●●●●

Möbel aufarbeiten, reparieren und pflegen
(0386) Von E. Schnaus-Lorey, 96 S., 28 Fotos, 101 Zeichnungen, kart., ●

Vogelhäuschen, Nistkästen, Vogeltränken mit Plänen und Anleitungen zum Selbstbau. (0695) Von J. Zech, 32 S., 42 Farbfotos, 5 Zeichnungen, Pappband. ●

Strohschmuck selbstgebastelt
Sterne, Figuren und andere Dekorationen (0740) Von E. Rombach, 32 S., 60 Farbfotos, 17 Zeichnungen, Pappband. ●

Das Herbarium
Pflanzen sammeln, bestimmen und pressen. (5113) Von I. Gabriel, 96 S., 140 Farbfotos, Pappband. ●●

Gestalten mit Naturmaterialien
Zweige, Kerne, Federn, Muscheln und anderes. (5128) Von I. Krohn, 64 S., 101 Farbfotos, 11 farbige Zeichnungen, Pappband. ●●

Blütenbilder aus Blumen und Blätter
Phantasievolle Naturcollagen. (0872) Von G. Schamp, 32 S., 57 Farbfotos, 1 Zeichnung, Pappband. ●

Dauergestecke
mit Zweigen, Trocken- und Schnittblumen. (5121) Von G. Vocke, 64 S., 57 Farbfotos, Pappband. ●●

Ikebana
Einführung in die japanische Kunst des Blumensteckens. (0548) Von G. Vocke, 152 S., 47 Farbfotos, kart. ●●

Blumengestecke im Ikebanastil
(5041) Von G. Vocke, 64 S., 37 Farbfotos, viele Zeichnungen, Pappband. ●●

Hobby Trockenblumen
Gewürzsträuße, Gestecke, Kränze, Buketts. (0643) Von R. Strobel-Schulze, 88 S., 170 Farbfotos, kart. ●●

Hobby Gewürzsträuße
und zauberhafte Gebinde nach Salzburger Art. (0726) Von A. Ott, 80 S., 101 Farbfotos, 51 farbige Zeichnungen, kart. ●●

Trockenblumen und Gewürzsträuße
(5084) Von G. Vocke, 64 S., 63 Farbfotos, Pappband. ●●

Arbeiten mit Ton
Töpfern mit und ohne Scheibe. (5048) Von J. Fricke, 128 S., 15 Farbtafeln, 166 s/w-Fotos, kart. ●●

Töpfern
als Kunst und Hobby. (4073) Von J. Fricke, 132 S., 37 Farbfotos, 222 s/w-Fotos, Pappband. ●●●●

Die hier vorgestellten Bücher, Videokassetten und Software sind in folgende Preisgruppen unterteilt:

● Preisgruppe bis DM 10,–/S 79,–
●● Preisgruppe über DM 10,– bis DM 20,– S 80,– bis S 160,–
●●● Preisgruppe über DM 20,– bis DM 30,– S 161,– bis S 240,–
●●●● Preisgruppe über DM 30,– bis DM 50,– S 241,– bis S 400,–
●●●●● Preisgruppe über DM 50,–/S 401,–
*(unverbindliche Preisempfehlung)

FALKEN VERLAG

Die Preise entsprechen dem Status beim Druck dieses

Schöne Sachen modellieren
Originelles aus Cernit – ideenreich gestaltet. (0762) Von G. Thelen, 32 S., 105 Farbfotos, Pappband. ●

Porzellanpuppen
Zauberhafte alte Puppen selbst nachbilden. (5138) Von C. A. und D. Stanton, 64 S., 58 Farbfotos, 22 Zeichnungen, Pappband. ●●

Zauberhafte alte Puppen
Sammeln · Restaurieren · Nachbilden (4255) Von C. A. Stanton, J. Jacobs, 120 S., 157 Farbfotos, 24 Zeichnungen, Pappband. ●●●●

Marionetten
entwerfen · gestalten · führen (5118) Von A. Krause und A. Bayer, 64 S., 83 Farbfotos, 2 s/w-Fotos, 40 Zeichnungen, Pappband. ●●

Stoffpuppen
Liebenswerte Modelle selbermachen. (5150) Von I. Wolff, 56 S., 115 Farbfotos, 15 Zeichnungen, mit Schnittmusterbogen, Pappband. ●●

Hobby Puppen
Bezaubernde Modelle selbst gestalten. (0742) Von B. Wenzelburger, 88 S., 163 Farbfotos, 41 Zeichnungen, 11 Schnittmuster, kart. ●●

Puppen und Figuren aus Kunstporzellan
gießen, bemalen und gestalten. (0735) Von G. Baumgarten, 32 S., 86 Farbfotos, Pappband. ●

Selbstgestrickte Puppen
Materialien und Arbeitsanleitungen. (0638) Von B. Wehrle, 32 S., 23 Farbfotos, 24 Zeichnungen, Pappband. ●

Dekorative Rupfenpuppen
Arbeitsanleitungen und Gestaltungsvorschläge. (0733) Von B. Wenzelburger, 32 S., 57 Farbfotos, 14 Zeichnungen, Spiralbindung. ●

Phantasiepuppen stricken und häkeln
Märchenhafte Modelle mit Arbeitsanleitungen. (0813) Von B. Wehrle, 32 S., 26 Farbfotos, 30 einfarbige und 16 dreifarbige Zeichnungen, Pappband. ●

Schritt für Schritt zum Scherenschnitt
Materialien · Techniken · Gestaltungsvorschläge. (0732) Von H. Klingmüller, 32 S., 38 Farbfotos, 34 Vorlagen, Pappband. ●

Garagentore selbst bemalt
Techniken und Motive. (0786) Von H. u. Y. Nadolny, 32 S., 24 Farbfotos, 12 s/w-Zeichnungen, Pappband. ●

Alle Jahre wieder...
Advent und Weihnachten
Basteln – Backen – Schmücken – Singen – Vorlesen – Feiern
(4260) Von H. und Y. Nadolny, 256 S., 105 Farbfotos, 130 Zeichnungen, Pappband. ●●●

Freizeit

Aktfotografie
Interpretationen zu einem unerschöpflichen Thema.
Gestaltung · Technik · Spezialeffekte. (0737) Von H. Wedewardt, 88 S., 144 Farb- und 6 s/w-Fotos, 6 Zeichnungen, kart. ●●

Videokassette Aktfotografie
Laufzeit ca. 60 Min. In Farbe. (6001/VHS, 6002/Video 2000, 6003/Beta) ●●●●●*

So macht man bessere Fotos
Das meistverkaufte Fotobuch der Welt. (0614) Von M. L. Taylor, 192 S., 457 Farbfotos, 15 Abb., kart. ●●

Falken-Handbuch **Trickfilmen**
Flach-, Sach- und Zeichentrickfilme – von der Idee zur Ausführung. (4131) Von H.-D. Wilden, 144 S., über 430 überwiegend farbige Abb., Pappband. ●●●●

Schmalfilmen
Ausrüstung · Aufnahmepraxis · Schnitt Ton. (0342) Von U. Ney, 108 S., 4 Farbtafeln, 25 s/w-Fotos, kart. ●

Schmalfilme selbst vertonen
(0593) Von U. Ney, 96 S., 57 s/w-Fotos, 14 Zeichnungen, kart. ●

Fotografie – Das Schöne als Ziel
Zur Ästhetik und Psychologie der visuellen Wahrnehmung. (4122) Von E. Stark, 208 S., 252 Farbfotos, 63 Zeichnungen, Ganzleinen. ●●●●●

Videografieren
Filmen mit Video 8
Technik – Bildgestaltung – Schnitt – Vertonnung. (0843) Von M. Wild und K. Möller, 120 S., 101 Farbfotos, 22 s/w-Fotos, 52 Zeichnungen, kart. ●●

Videokassette
Videografieren
Filmen mit Video 8
Technik – Bildgestaltung – Schnitt – Vertonung. (6031) VHS, (6033) Beta, (6034) Sony 8 mm, von M. Wild, 60 Min., in Farbe. ●●●●●*

Ferngelenkte Motorflugmodelle
bauen und fliegen. (0400) Von W. Thies, 184 S., mit Zeichnungen und Detailplänen, kart. ●●

Flugmodelle
bauen und einfliegen. (0361) Von W. Thies und W. Rolf, 160 S., 63 Abb., 7 Faltpläne, kart. ●●

Kleine Welt auf Rädern
Das faszinierende Spiel mit **Modelleisenbahnen** (4175) Von F. Eisen, 256 S., 72 Farb- und 180 s/w-Fotos, 25 Zeichnungen, Pappband. ●●●

Modelleisenbahnen im Freien
Mit Volldampf durch den Garten. (4245) Von F. Eisen, 96 S., 115 Farb-, 4 s/w-Fotos, 5 Zeichnungen, Pappband. ●●●

Videokassette
Die Modelleisenbahn
Anlagenbau in Modultechnik.
Neue kreative Gestaltung.
Neue raffinierte Techniken.
(6028) VHS, (6029) Video 2000, (6030) Beta, von J. Grahn, 30 Min., in Farbe. ●●●●*

Raketen auf Rädern
Autos und Motorräder an der Schallgrenze (4220) Von H. G. Isenberg, 96 S., 112 Farbfotos, 21 s/w-Fotos, Pappband. ●●●

Die rasantesten Rallyes der Welt
(4213) Von H. G. Isenberg und D. Maxeiner, 96 S., 116 Farbfotos, Pappband. ●●●

Trucks
Giganten der Landstraßen in aller Welt. (4222) Von H. G. Isenberg, 96 S., 131 Farbfotos, Pappband. ●●●

Die Super-Trucks der Welt
(4257) Von H. G. Isenberg, 194 S., 205 Farbfotos, 87 s/w-Fotos, 7 Farbzeichnungen, 4 Ausklapptafeln, Pappband. ●●●●

Ferngelenkte Elektromodelle
bauen und fliegen. (0700) Von W. Thies, 144 S., 52 s/w-Fotos, 50 Zeichnungen, kart. ●●

Schiffsmodelle
selber bauen. (0500) Von D. und R. Lochner, 200 S., 93 Zeichnungen, 2 Faltpläne, kart. ●●

Dampflokomotiven
(4204) Von W. Jopp, 96 S., 134 Farbfotos, Pappband. ●●●

Ferngelenkte Segelflugmodelle
bauen und fliegen. (0446) Von W. Thies, 176 S., 22 s/w-Fotos, 115 Zeichnungen, kart. ●●

Die schnellsten Motorräder der Welt
(4206) Von H. G. Isenberg und D. Maxeiner, 96 S., 100 Farbfotos, Pappband. ●●●

Motorrad-Hits
Chopper, Tribikes, Heiße Öfen. (4221) Von H. G. Isenberg, 96 S., 119 Farbfotos, Pappband. ●●●

Die Super-Motorräder der Welt
(4193) Von H. G. Isenberg, 192 S., 170 Farb- und 100 s/w-Fotos, 8 Zeichnungen, Pappband. ●●●●

Motorrad-Faszination
Heiße Öfen, von denen jeder träumt. (4223) Von H. G. Isenberg, 96 S., 103 Farb- und 20 s/w-Fotos, Pappband. ●●●

Münzen
Ein Brevier für Sammler. (0353) Von E. Dehnke, 128 S., 4 Farbtafeln, 17 s/w-Abb., kart. ●●

Astronomie als Hobby
Sternbilder und Planeten erkennen und benennen. (0572) Von D. Block, 176 S., 16 Farbtafeln, 49 s/w-Fotos, 93 Zeichnungen, kart. ●●

Astronomie im Bild
Unser Sternenhimmel rund ums Jahr
(0849) Von Dr. E. Übelacker, 88 S., 48 Farbfotos, 1 s/w-Foto, 68 Farbzeichnungen, kart. ●●

Gitarre spielen
Ein Grundkurs für den Selbstunterricht. (0534) Von A. Roßmann, 96 S., 1 Schallfolie, 150 Zeichnungen, kart. ●●●

Falken-Handbuch **Zaubern**
Über 400 verblüffende Tricks. (4063) Von F. Stutz, 368 S., 1200 Zeichnungen, Pappband. ●●●●

Zaubertricks für jedermann
(0282) Von J. Merlin, 176 S., 113 Abb., kart. ●●

Die hier vorgestellten Bücher, Videokassetten und Software sind in folgende Preisgruppen unterteilt:

● Preisgruppe bis DM 10,–/S 79,–
●● Preisgruppe über DM 10,– bis DM 20,– S 80,– bis S 160,–
●●● Preisgruppe über DM 20,– bis DM 30,– S 161,– bis S 240,–
●●●● Preisgruppe über DM 30,– bis DM 50,– S 241,– bis S 400,–
●●●●● Preisgruppe über DM 50,–/S 401,–
*(unverbindliche Preisempfehlung)

FALKEN VERLAG

Zaubern
einfach – aber verblüffend. (2018) Von D. Buoch. 84 S., 41 Zeichnungen, kart. ●

Magische Zaubereien
(0672) Von W. Widenmann, 64 S., 31 Zeichnungen, kart. ●

Mit vollem Genuß
Pfeife rauchen
Alles über Tabaksorten, Pfeifen und Zubehör. (4227) Von H. Behrens, H. Frickert, 168 S., 127 Farbfotos, 18 Zeichnungen, Pappband. ●●●●

Mineralien, Steine und Fossilien
Grundkenntnisse für Hobby-Sammler. (0437) Von D. Stobbe, 96 S., 16 Farbtafeln, 14 s/w-Fotos, 10 Zeichnungen, kart. ●

Freizeit mit dem Mikroskop
(0291) Von M. Deckart, 132 S., 8 Farbtafeln, 64 s/w Abb., 2 Zeichnungen, kart. ●

Briefmarken
sammeln für Anfänger. (0481) Von D. Stein, 120 S., 4 Farbtafeln, 98 s/w-Abb., kart. ●

Wir lernen tanzen
Standard- und lateinamerikanische Tänze. (0200) Von E. Fern, 168 S., 118 s/w-Fotos, 47 Zeichnungen, kart. ●

Tanzstunde
Das Welttanzprogramm · Party-Tanzstunde. (5018) Von G. Hädrich, 172 S., 443 s/w-Fotos, 140 Zeichnungen, Pappband. ●●

So tanzt man Rock'n'Roll
Grundschritte · Figuren · Akrobatik. (0573) Von W. Steuer und G. Marz, 224 S., 303 Abb., kart. ●●

Tanzen überall
Discofox, Rock'n'Roll, Blues, Langsamer Walzer, Cha-Cha-Cha zum Selberlernen. (0760) Von H. M. Pritzer, 112 S., 128 Farbfotos, kart. ●●

Videokassette **Tanzen überall**
Discofox, Rock'n'Roll, Blues. (6004/VHS, 6005/Video 2000, 6006/Beta) Von H. M. Pritzer, G. Steinheimer, in Farbe, ca. 45 Min. ●●●●●*

Schwarzwald-Romantik
Vom Zauber einer deutschen Landschaft. (4232) Hrsg. A. Rolf, 184 S., 273 Farbfotos, Pappband. ●●●

Sport

Judo
Grundlagen des Stand- und Bodenkampfes. (4013) Von W. Hofmann, 244 S., 589 Fotos, Pappband. ●●●

Neue Lehrmethoden der Judo-Praxis
(0424) Von P. Herrmann, 223 S., 475 Abb., kart. ●●

Judo
Grundlagen – Methodik. (0305) Von M. Ohgo, 208 S., 1025 Fotos, kart. ●●

Fußwürfe
für Judo, Karate und Selbstverteidigung. (0439) Von H. Nishioka, 96 S., 260 Abb., kart. ●

Karate für alle
Karate-Selbstverteidigung in Bildern. (0314) Von A. Pflüger, 112 S., 356 s/w-Fotos, kart. ●

Karate für Frauen und Mädchen
Sport und Selbstverteidigung. (0425) Von A. Pflüger, 168 S., 259 s/w-Fotos, kart. ●●

Nakayamas Karate perfekt 1
Einführung. (0487) Von M. Nakayama, 136 S., 605 s/w-Fotos, kart. ●●

Nakayamas Karate perfekt 2
Grundtechniken. (0512) Von M. Nakayama, 136 S., 354 s/w-Fotos, 53 Zeichnungen, kart. ●●

Nakayamas Karate perfekt 3
Kumite 1: Kampfübungen. (0538) Von M. Nakayama, 128 S., 424 s/w-Fotos, kart. ●●

Nakayamas Karate perfekt 4
Kumite 2: Kampfübungen. (0547) Von M. Nakayama, 128 S., 394 s/w-Fotos, kart. ●●

Nakayamas Karate perfekt 5
Kata 1: Heian, Tekki. (0571) Von M. Nakayama, 144 S., 1229 s/w-Fotos, kart. ●●

Nakayamas Karate perfekt 6
Kata 2: Bassai-Dai, Kanku-Dai. (0600) Von M. Nakayama, 144 S., 1300 s/w-Fotos, 107 Zeichnungen, kart. ●●

Nakayamas Karate perfekt 7
Kata 3: Jitte, Hangetsu, Empi. (0618) Von M. Nakayama, 144 S., 1988 s/w-Fotos, 105 Zeichnungen, kart. ●●

Nakayamas Karate perfekt 8
Gankaku, Jion. (0650) Von M. Nakayama, 144 S., 1174 s/w-Fotos, 99 Zeichungen, kart. ●●

Kontakt-Karate
Ausrüstung · Technik · Training. (0396) Von A. Pflüger, 112 S., 238 s/w-Fotos, kart. ●●

Karate-Do
Das Handbuch des modernen Karate. (4028) Von A. Pflüger, 360 S., 1159 Abb., Pappband. ●●●●

Bo-Karate
Kukishin-Ryu – die Techniken des Stockkampfes. ((0447) Von G. Stiebler, 176 S., 424 s/w-Fotos, 38 Zeichnungen, kart. ●●

Karate I
Einführung · Grundtechniken. (0227) Von A. Pflüger, 148 S., 195 s/w-Fotos, 120 Zeichnungen, kart. ●

Karate II
Kombinationstechniken · Katas. (0239) Von A. Pflüger, 176 S., 452 s/w-Fotos und Zeichnungen, kart. ●

Karate Kata 1
Heian 1-5, Tekki 1, Bassai Dai. (0683) Von W.-D. Wichmann, 164 S., 703 s/w-Fotos, kart. ●●

Karate Kata 2
Jion, Empi, Kanku-Dai, Hangetsu. (0723) Von W.-D. Wichmann, 140 S., 661 s/w Fotos, 4 Zeichnungen, kart. ●●

25 Shotokan-Katas
Auf einen Blick: Karate-Katas für Prüfungen und Wettkämpfe (0859) Von A. Pflüger, 88 S., 185 s/w-Abbildungen, 26 ganzseitige Tafeln mit über 1.600 Einzelschritten, kart. ●●

Ninja 1
Die Lehre der Schattenkämpfer. (0758) Von S. K. Hayes, 144 S., 137 s/w-Fotos, kart. ●●

Ninja 2
Die Wege zum Shoshin (0763) Von S. K. Hayes, 160 S., 309 s/w-Fotos, kart. ●●

Ninja 3
Der Pfad des Togakure-Kämpfers. (0764) Von S. K. Hayes, 144 S., 197 s/w-Fotos, 2 Zeichnungen, kart. ●●

Ninja 4
Das Vermächtnis der Schattenkämpfer. (0807) Von S. K. Hayes, 196 S., 466 s/w-Fotos, kart. ●●

Der König des Kung-Fu
Bruce Lee
Sein Leben und Kampf. (0392) Von seiner Frau Linda. 136 S., 104 s/w-Fotos, kart. ●●

Bruce Lees Kampfstil 1
Grundtechniken. (0473) Von B. Lee und M. Uyehara, 109 S., 220 Abb., kart. ●

Bruce Lees Kampfstil 2
Selbstverteidigungs-Techniken. (0486) Von B. Lee und M. Uyehara, 128 S., 310 Abb., kart. ●

Bruce Lees Kampfstil 3
Trainingslehre. (0503) Von B. Lee und M. Uyehara, 112 S., 246 Abb., kart. ●

Bruce Lees Kampfstil 4
Kampftechniken. (0523) Von B. Lee und M. Uyehara, 104 S., 211 Abb., kart. ●

Bruce Lees Jeet Kune Do
(0440) Von B. Lee, 192 S., mit 105 eigenhändigen Zeichnungen von B. Lee, kart. ●●

Ju-Jutsu 1
Grundtechniken – Moderne Selbstverteidigung. (0276) Von W. Heim und F. J. Gresch, 160 S., 460 s/w-Fotos, 8 Zeichnungen, kart. ●

Ju-Jutsu 2
für Fortgeschrittene und Meister. (0378) Von W. Heim und F. J. Gresch, 164 S., 798 s/w-Fotos, kart. ●●

Ju-Jutsu 3
Spezial-, Gegen- und Weiterführungs-Techniken. (0485) Von W. Heim und F. J. Gresch, 214 S., über 600 s/w-Fotos, kart. ●●

Ju-Jutsu als Wettkampf
(0826) Von G. Kulot, 168 S., 418 s/w-Fotos, 2 Zeichnungen, kart. ●●

Nunchaku
Waffe · Sport · Selbstverteidigung. (0373) Von A. Pflüger, 144 S., 247 Abb., kart. ●●

Shuriken · Tonfa · Sai
Stockfechten und andere bewaffnete Kampfsportarten aus Fernost. (0397) Von A. Schulz, 96 S., 253 s/w-Fotos, kart. ●●

Die hier vorgestellten Bücher, Videokassetten und Software sind in folgende Preisgruppen unterteilt:

● Preisgruppe bis DM 10.–/S 79.–
●● Preisgruppe über DM 10.– bis DM 20.– S 80.– bis S 160.–
●●● Preisgruppe über DM 20.– bis DM 30.– S 161.– bis S 240.–
●●●● Preisgruppe über DM 30.– bis DM 50.– S 241.– bis S 400.–
●●●●● Preisgruppe über DM 50.–/S 401.–
*(unverbindliche Preisempfehlung)

FALKEN VERLAG

Die Preise entsprechen dem Status beim Druck dieses

Illustriertes Handbuch des Taekwondo
Koreanische Kampfkunst und Selbstverteidigung. (4053) Von K. Gil, 248 S., 1026 Abb., Pappband. ●●●

Taekwon-Do
Koreanischer Kampfsport. (0347) Von K. Gil, 152 S., 408 Abb., kart. ●●

Aikido
Lehren und Techniken des harmonischen Weges. (0537) Von R. Brand, 280 S., 697 Abb., kart. ●●

Kung-Fu und Tai-Chi
Grundlagen und Bewegungsabläufe. (0367) Von B. Tegner, 182 S., 370 s/w-Fotos, kart. ●●

Kung-Fu
Theorie und Praxis klassischer und moderner Stile. (0376) Von M. Pabst, 160 S., 330 Abb., kart. ●●

Shaolin-Kempo – Kung-Fu
Chinesisches Karate im Drachenstil. (0395) Von R. Czerni und K. Konrad. 246 S., 723 Abb., kart. ●●

Hap Ki Do
Grundlagen und Techniken koreanischer Selbstverteidigung. (0379) Von Kim Sou Bong, 112 S., 153 Abb., kart. ●●

Dynamische Tritte
Grundlagen für den Zweikampf. (0438) Von C. Lee, 96 S., 398 s/w-Fotos, 10 Zeichnungen, kart. ●

Kickboxen
Fitneßtraining und Wettkampfsport. (0795) Von G. Lemmens, 96 S., 208 s/w-Fotos, 23 Zeichnungen, kart. ●●

Selbstverteidigung
Abwehrtechniken für Sie und Ihn (0853) Von E. Deser, 96 S., 259 s/w-Fotos, kart. ●

Muskeltraining mit Hanteln
Leistungssteigerung für Sport und Fitness. (0676) Von H. Schulz, 108 S., 92 s/w-Fotos, 2 Zeichnungen, kart. ●

Leistungsfähiger durch Krafttraining
Eine Anleitung für Fitness-Sportler, Trainer und Athleten (0617) Von W. Kieser, 100 S., 20 s/w-Fotos, 62 Zeichnungen, kart. ●

Die Faszination athletischer Körper
Bodybuilding
mit Weltmeister Ralf Möller (4281) Von R. Möller, 128 S., 169 Farbfotos, 14 s/w-Fotos, 1 Farbzeichnung, Pappband. ●●●●

Bodybuilding
Anleitung zum Muskel- und Konditionstraining für sie und ihn. (0604) Von R. Smolana. 160 S., 171 s/w-Fotos, kart. ●

Hanteltraining zu Hause
(0800) Von W. Kieser, 80 S., 71 s/w-Fotos, 4 Zeichnungen, kart. ●

Fit und gesund
Körpertraining und Bodybuilding zu Hause. (0782) Von H. Schulz, 80 S., 100 Farbfotos, 3 Zeichnungen, kart. ●●

Videokassette:
Fit und gesund
VHS (6013), Video 2000 (6014), Beta (6015), Laufzeit 30 Minuten, in Farbe. ●●●●*

Bodybuilding für Frauen
Wege zu Ihrer Idealfigur (0661) Von H. Schulz, 108 S., 84 s/w-Fotos, 4 Zeichnungen, kart. ●●

Isometrisches Training
Übungen für Muskelkraft und Entspannung. (0529) Von L. M. Kirsch, 140 S., 162 s/w-Fotos, kart. ●

Spaß am Laufen
Jogging für die Gesundheit. (0470) Von W. Sonntag, 140 S., 41 s/w-Fotos, 1 Zeichnung, kart. ●

Mein bester Freund, der Fußball
(5107) Von D. Brüggemann und D. Albrecht, 144 S., 171 Abb., kart. ●●

Fußball
Training und Wettkampf. (0448) Von H. Obermann und P. Walz, 166 S., 92 s/w-Fotos, 15 Zeichnungen, 29 Diagramme, kart. ●●

Handball
Technik · Taktik · Regeln. (0426) Von F. und P. Hattig, 128 S., 91 s/w-Fotos, 121 Zeichnungen, kart. ●●

Volleyball
Technik · Taktik · Regeln. (0351) Von H. Huhle, 104 S., 330 Abb., kart. ●

Basketball
Technik und Übungen für Schule und Verein. (0279) Von C. Kyriasoglou, 116 S., mit 252 Übungen zur Basketballtechnik, 186 s/w-Fotos und 164 Zeichnungen, kart. ●●

Hockey
Technische und taktische Grundlagen. (0398) Von H. Wein, 152 S., 60 s/w-Fotos, 30 Zeichnungen, kart. ●●

Eishockey
Lauf- und Stocktechnik, Körperspiel, Taktik, Ausrüstung und Regeln, (0414) Von J. Čapla, 264 S., 548 s/w-Fotos, 163 Zeichnungen, kart. ●●

Badminton
Technik · Taktik · Training. (0699) Von K. Fuchs, L. Sologub, 168 S., 51 Abb., kart., ●●

Golf
Ausrüstung · Technik · Regeln. (0343) Von J. C. Jessop, übersetzt von H. Biemer, mit einem Vorwort von H. Krings, Präsident des Deutschen Golf-Verbandes, 160 S., 65 Abb., Anhang Golfregeln des DGV, kart. ●●

Pool-Billard
(0484) Herausgegeben vom Deutschen Pool-Billard-Bund, von M. Bach und K.-W. Kühn, 88 S., mit über 80 Abb., kart. ●

Sportschießen
für jedermann. (0502) Von A. Kovacic, 124 S., 116 s/w-Fotos, kart. ●●

Fechten
Florett · Degen · Säbel. (0449) Von E. Beck, 88 S., 219 Fotos und Zeichnungen, kart. ●●

Fibel für Kegelfreunde
Sport- und Freizeitkegeln · Bowling. (0191) Von G. Bocsai, 72 S., 62 Abb., kart. ●

Beliebte und neue Kegelspiele
(0271) Von G. Bocsai, 92 S., 62 Abb., kart. ●

111 spannende Kegelspiele
(2031) Von H. Regulski, 88 S., 53 Zeichnungen, kart., ●

Ski-Gymnastik
Fit für Piste und Loipe. (0450) Von H. Pilss-Samek, 104 S., 67 s/w-Fotos, 20 Zeichnungen, kart. ●

Die neue Skischule
Ausrüstung · Technik · Trickskilauf · Gymnastik. (0369) Von C. und R. Kerler, 128 S., 100 Abb., kart. ●

Skilanglauf, Skiwandern
Ausrüstung · Techniken · Skigymnastik. (5129) Von T. Reiter und R. Kerler, 80 S., 8 Farbtafeln, 85 Zeichnungen und s/w-Fotos, kart. ●●

Alpiner Skisport
Ausrüstung · Techniken · Skigymnastik (5130) Von K. Meßmann, 128 S., 8 Farbtafeln, 93 s/w-Fotos, 45 Zeichnungen, kart. ●●

Die neue Tennis-Praxis
Der individuelle Weg zu erfolgreichem Spiel. (4097) Von R. Schönborn, 240 S., 202 Farbzeichnungen, 31 s/w-Abb., Pappband. ●●●●

Erfolgreiche Tennis-Taktik
(4086) Von R. Ford Greene, übersetzt von M. R. Fischer, 182 S., 87 Abb., kart. ●●

Moderne Tennistechnik
(4187) Von G. Lam, 192 S., 339 s/w-Fotos, 91 Zeichnungen, kart. ●●●

Tennis kompakt
Der erfolgreiche Weg zu Spiel, Satz und Sieg. (5116) Von W. Taferner, 128 S., 82 s/w-Fotos, 67 Zeichnungen, kart. ●●

Tennis
Technik · Taktik · Regeln. (0375) Von H. Elschenbroich, 112 S., 81 Abb., kart. ●

Tischtennis-Technik
Der individuelle Weg zu erfolgreichem Spiel. (0775) Von M. Perger, 144 S., 296 Abb. kart. ●●

Squash
Ausrüstung · Technik · Regeln. (0539) Von D. von Horn und H.-D. Stünitz, 96 S., 55 s/w-Fotos, 25 Zeichnungen, kart. ●

Sporttauchen
Theorie und Praxis des Gerätetauchens. (0647) Von S. Müßig, 144 S., 8 Farbtafeln, 35 s/w-Fotos, 89 Zeichnungen, kart., ●●

Windsurfing
Lehrbuch für Grundschein und Praxis. (5028) Von C. Schmidt, 64 S., 60 Farbfotos, Pappband. ●●

Segeln
Der neue Grundschein – Vorstufe zum A-Schein – Mit Prüfungsfragen. (5147) Von C. Schmidt, 80 S., 8 Farbtafeln, 18 Farbfotos, 82 Zeichnungen, kart., ●●

Sportfischen
Fische – Geräte – Technik. (0324) Von H. Oppel, 144 S., 49 s/w-Fotos, 8 Farbtafeln, kart. ●

Falken-Handbuch
Angeln
in Binnengewässern und im Meer. (4090) Von H. Oppel, 344 S., 24 Farbtafeln, 66 s/w-Fotos, 151 Zeichnungen, gebunden. ●●●●

Die hier vorgestellten Bücher, Videokassetten und Software sind in folgende Preisgruppen unterteilt:

● Preisgruppe bis DM 10,–/S 79,–
●● Preisgruppe über DM 10,– bis DM 20,– S 80,– bis S 160,–
●●● Preisgruppe über DM 20,– bis DM 30,– S 161,– bis S 240,–
●●●● Preisgruppe über DM 30,– bis DM 50,– S 241,– bis S 400,–
●●●●● Preisgruppe über DM 50,–/S 401,–
*(unverbindliche Preisempfehlung)

FALKEN VERLAG

Angeln
Kleine Fibel für den Sportfischer. (0198) Von E. Bondick, 96 S., 116 Abb., kart. ●

Einführung in das Schachspiel
(0104) Von W. Wollenschläger und K. Colditz, 92 S., 116 Diagramme, kart. ●

Schach mit dem Computer
(0747) Von D. Frickenschmidt, 140 S., 112 Diagramme, 29 s/w-Fotos, 5 Zeichnungen, kart. ●●

Spielend Schach lernen
(2002) Von T. Schuster, 128 S., kart. ●

Kinder- und Jugendschach
Offizielles Lehrbuch des Deutschen Schachbundes zur Erringung der Bauern-, Turm- und Königsdiplome. (0561) Von B. J. Withuis und H. Pfleger, 144 S., 220 Zeichnungen u. Diagramme, kart. ●●

Neue Schacheröffnungen
(0478) Von T. Schuster, 108 S., 100 Diagramme, kart. ●

Schach für Fortgeschrittene
Taktik und Probleme des Schachspiels. (0219) Von R. Teschner, 96 S., 85 Diagramme, kart. ●

Taktische Schachendspiele
(0752) Von J. Nunn, 200 S., 151 Diagramme, kart. ●●

Schach-WM '85 Karpow – Kasparow.
Mit ausführlichen Kommentaren zu allen Partien. (0785) Von H. Pfleger, O. Borik, M. Kipp-Thomas, 128 S., zahlreiche Abb. und Diagramme, kart. ●●

Die Schach-Revanche
Kasparow/Karpow 1986. (0831) Von O. Borik, H. Pfleger, M. Kipp-Thomas, 144 S., 19 s/w-Fotos, 72 Diagramme, kart. ●●

Schachstrategie
Ein Intensivkurs mit Übungen und ausführlichen Lösungen. (0584) Von A. Koblenz, dt. Bearb. von K. Colditz, 212 S., 240 Diagramme, kart. ●●

Falken-Handbuch **Schach**
(4051) Von T. Schuster, 360 S., über 340 Diagramme, gebunden. ●●●●

Die besten Partien deutscher Schachgroßmeister
(4121) Von H. Pfleger, 192 S., 29 s/w-Fotos, 89 Diagramme, Pappband. ●●●

Turnier der Schachgroßmeister '83
Karpow · Hort · Browne · Miles Chandler · Garcia · Rogers · Kindermann. (0718) Von H. Pfleger, E. Kurz, 176 S., 29 s/w-Fotos, 71 Diagramme, kart. ●●

Lehr-, Übungs- und Testbuch der Schachkombinationen
(0649) Von K. Colditz, 184 S., 227 Diagramme, kart. ●●

Offizielles Lehrbuch des Deutschen Schachbundes
Das systematische Schachtraining
Trainingsmethoden, Strategien und Kombinationen. (0857) Von Sergiu Samarian, 152 S., 159 Diagramme, 1 Zeichnung, kart. ●●

Zug um Zug
Schach für jedermann 1
Offizielles Lehrbuch des Deutschen Schachbundes zur Erringung des Bauerndiploms. (0648) Von H. Pfleger und E. Kurz, 80 S., 24 s/w-Fotos, 8 Zeichnungen, 60 Diagramme, kart. ●

Zug um Zug
Schach für jedermann 2
Offizielles Lehrbuch des Deutschen Schachbundes zur Erringung des Turmdiploms. (0659) Von H. Pfleger und E. Kurz, 132 S., 8 s/w-Fotos, 14 Zeichnungen, 78 Diagramme, kart. ●

Zug um Zug
Schach für jedermann 3
Offizielles Lehrbuch des Deutschen Schachbundes zur Erringung des Königdiploms. (0728) Von H. Pfleger, G. Treppner, 128 S., 4 s/w-Fotos, 84 Diagramme, 10 Zeichnungen, kart. ●

Schachtraining mit den Großmeistern
(0670) Von H. Bouwmeester, 128 S., 90 Diagramme, kart. ●●

Schach als Kampf
Meine Spiele und mein Weg. (0729) Von G. Kasparow, 144 S., 95 Diagramme, 9 s/w-Fotos, kart. ●●

Helmut Pflegers
Schachkabinett
Amüsante Aufgaben – überraschende Lösungen. (0877) Von H. Pfleger, 160 S., 118 Diagramme, kart. ●●

Spiele, Denksport, Unterhaltung

Kartenspiele
(2001) Von C. D. Grupp, 144 S., kart. ●

Neues Buch der siebzehn und vier Kartenspiele
(0095) Von K. Lichtwitz, 96 S., kart. ●

Alles über Pokern
Regeln und Tricks. (2024) Von C. D. Grupp, 120 S., 29 Kartenbilder, kart. ●

Rommé und Canasta
in allen Variationen. (2025) Von C. D. Grupp, 124 S., 24 Zeichnungen, kart. ●

Schafkopf, Doppelkopf, Binokel, Cego, Gaigel, Jaß, Tarock und andere „Lokalspiele".
(2015) Von C. D. Grupp, 152 S., kart. ●●

Spielend Skat lernen
unter freundlicher Mitarbeit des Deutschen Skatverbandes. (2005) Von Th. Krüger, 156 S., 181 s/w-Fotos, 22 Zeichnungen, kart. ●

Das Skatspiel
Eine Fibel für Anfänger. (0206) Von K. Lehnhoff, überarb. von P. A. Höfges, 96 S., kart. ●

Black Jack
Regeln und Strategien des Kasinospiels. (2032) Von K. Kelbratowski, 88 S., kart. ●

Falken-Handbuch **Patiencen**
Die 111 interessantesten Auslagen. (4151) Von U. v. Lyncker, 216 S., 108 Abbildungen, Pappband. ●●●

Patiencen
in Wort und Bild. (2003) Von I. Wolter, 136 S., kart. ●

Falken-Handbuch **Bridge**
Von den Grundregeln zum Turnierspiel. (4092) Von W. Voigt und K. Ritz, 276 S., 792 Zeichnungen, gebunden. ●●●●

Spielend Bridge lernen
(2012) Von J. Weiss, 108 S., 58 Zeichnungen, kart. ●

Spieltechnik im Bridge
(2004) Von V. Mollo und N. Gardener, deutsche Adaption von D. Schröder, 216 S., kart. ●●

Besser Bridge spielen
Reiztechnik, Spielverlauf und Gegenspiel. (2026) Von J. Weiss, 144 S., 60 Diagramme, kart. ●●

Herausforderung im Bridge
200 Aufgaben mit Lösungen. (2033) Von V. Mollo, 152 S., kart. ●●

Kartentricks
(2010) Von T. A. Rosee, 80 S., 13 Zeichnungen, kart. ●

Mah-Jongg
Das chinesische Glücks-, Kombinations- und Gesellschaftsspiel. (2030) Von U. Eschenbach, 80 S., 30 s/w-Fotos, 5 Zeichnungen, kart. ●

Neue Kartentricks
(2027) Von K. Pankow, 104 S., 20 Abb., kart. ●

Backgammon
für Anfänger und Könner. (2008) Von G. W. Fink und G. Fuchs, 116 S., 41 Abb., kart. ●

Würfelspiele
für jung und alt. (2007) Von F. Pruss, 112 S., 21 s/w-Zeichnungen, kart. ●

Gesellschaftsspiele
für drinnen und draußen. (2006) Von H. Görz, 128 S., kart. ●

Spiele für Party und Familie
(2014) Von Rudi Carrell, 160 S., 50 Abb., kart. ●

Das japanische Brettspiel Go
(2020) Von W. Dörholt, 104 S., 182 Diagramme, kart. ●

Roulette richtig gespielt
Systemspiele, die Vermögen brachten. (0121) Von M. Jung, 96 S., zahlreiche Tabellen, kart. ●

Spielend Roulette lernen
(2034) Von E. P. Caspar, 152 S., 1 s/w-Foto, 45 Zeichnungen, kart. ●●

Denksport und Schnickschnack
für Tüftler und fixe Köpfe. (0362) Von J. Barto, 100 S., 45 Abb., kart. ●

Rätselspiele, Quiz- und Scherzfragen
für gesellige Stunden. (0577) Von K.-H. Schneider, 168 S., über 100 Zeichnungen, Pappband. ●●

Knobeleien und Denksport
(2019) Von K. Rechberger, 142 S., 105 Zeichnungen, kart. ●

Das Geheimnis der magischen Ringe
Alles über das Puzzle vom Würfel-Erfinder. Die schönsten Figuren. (0878) Von Dr. Ch. Bandelow, 96 S., 198 Zeichnungen, 8 Cartoons, kart. ●

Die hier vorgestellten Bücher, Videokassetten und Software sind in folgende Preisgruppen unterteilt:

● Preisgruppe bis DM 10,–/S 79,–
●● Preisgruppe über DM 10,– bis DM 20,– S 80,– bis S 160,–
●●● Preisgruppe über DM 20,– bis DM 30,– S 161,– bis S 240,–
●●●● Preisgruppe über DM 30,– bis DM 50,– S 241,– bis S 400,–
●●●●● Preisgruppe über DM 50,–/S 401,–
*(unverbindliche Preisempfehlung)

FALKEN VERLAG

Die Preise entsprechen dem Status beim Druck dieses

Quiz
Mehr als 1500 ernste und heitere Fragen aus allen Gebieten. (0129) Von R. Sautter und W. Pröve, 92 S., 9 Zeichnungen, kart. ●

500 Rätsel selberraten
(0681) Von E. Krüger, 272 S., kart. ●

365 Schwedenrätsel
(4173) Von Günther Borutta, 336 S., kart. ●●

501 Rätsel selberraten
(0711) Von E. Krüger, 272 S., kart. ●

Riesen-Kreuzwort-Rätsel-Lexikon
über 250.000 Begriffe. (4197) Von H. Schiefelbein, 1024 S., Pappband. ●●●

Das Super-Kreuzwort-Rätsel-Lexikon
Über 150.000 Begriffe. (4279) Von H. Schiefelbein, 688 S., Pappband. ●●

Das große farbige Kinderlexikon
(4195) Von U. Kopp, 320 S., 493 Farbabb., 17 s/w-Fotos, Pappband. ●●●

Das große farbige
Bastelbuch für Kinder
(4254) Von U. Barff, I. Burkhardt, J. Maier, 224 S., 157 Farbfotos, 430 Farb- und 69 s/w-Zeichnungen, Pappband. ●●●

Punkt, Punkt, Komma, Strich
Zeichenstunden für Kinder. (0564) Von H. Witzig, 144 S., über 250 Zeichnungen, kart. ●

Einmal grad und einmal krumm
Zeichenstunden für Kinder. (0599) Von H. Witzig, 144 S., 363 Abb., kart. ●

Kinderspiele
die Spaß machen. (2009) Von H. Müller-Stein, 112 S., 28 Abb., kart. ●

Spiele für Kleinkinder
(2011) Von D. Kellermann, 80 S., 23 Abb., kart. ●

Spiel und Spaß am Krankenbett
für Kinder und die ganze Familie. (2035) Von H. Bücken, 104 S., 97 Zeichnungen, kart. ●

Kasperletheater
Spieltexte und Spielanleitungen · Basteltips für Theater und Puppen. (0641) Von U. Lietz, 136 S., 4 Farbtafeln, 12 s/w-Fotos, 39 Zeichnungen, kart. ●

Tri-tra-trullalla
Neue Texte mit Spielanleitungen fürs Kasperletheater. (0681) Von U. Lietz, 96 S., 18 s/w-Zeichnungen, kart. ●

Kindergeburtstag
Vorbereitung, Spiel und Spaß. (0287) Von Dr. I. Obrig, 104 S., 40 Abb., 11 Zeichnungen, 9 Lieder mit Noten, kart. ●

Kindergeburtstage die keiner vergißt
Planung, Gestaltung, Spielvorschläge. (0698) Von G. und G. Zimmermann, 102 S., 80 Vignetten, kart. ●

Kinderfeste
daheim und in Gruppen. (4033) Von G. Blechner, 240 S., 320 Abb., kart. ●●

Scherzfragen, Drudel und Blödeleien
gesammelt von Kindern. (0506) Hrsg. von W. Pröve, 112 S., 57 Zeichnungen, kart. ●

Komm mit ins Land der Lieder
Das große Buch der Kinder-, Volks- und Chorlieder. (4261) Hrsg. von H. Rauhe, 176 S., 146 Farbzeichnungen, Pappband. ●●●

Die schönsten Wander- und Fahrtenlieder
(0462) Hrsg. von F. R. Miller, empfohlen vom Deutschen Sängerbund, 80 S., mit Noten und Zeichnungen, kart. ●

Die schönsten Volkslieder
(0432) Hrsg. von D. Walther, 128 S., mit Noten und Zeichnungen, kart. ●

Neue Spiele für Ihre Party
(2022) Von G. Blechner, 120 S., 54 Zeichnungen, kart. ●

Lustige Tanzspiele und Scherztänze
für Parties und Feste. (0165) Von E. Bäulke, 80 S., 53 Abb., kart. ●

Straßenfeste, Flohmärkte und Basare
Praktische Tips für Organisation und Durchführung. (0592) Von H. Schuster, 96 S., 52 Fotos, 17 Zeichnungen, kart. ●●

Humor

Heitere Vorträge und witzige Reden
Lachen, Witz und gute Laune. (0149) Von E. Müller, 104 S., 44 Abb., kart. ●

Tolle Sketche
mit zündenden Pointen – zum Nachspielen. (0656) Von E. Cohrs, 112 S., kart. ●

Vergnügliche Sketche
(0476) Von H. Pillau, 96 S., mit 7 Zeichnungen, kart. ●

Heitere Vorträge
(0528) Von E. Müller, 128 S., 14 Zeichnungen, kart. ●

Die große Lachparade
Neue Texte für heitere Vorträge und Ansagen. (0188) Von E. Müller, 80 S., kart. ●

So feiert man Feste fröhlicher
Heitere Vorträge und Gedichte. (0098) Von Dr. Allos, 96 S., 15 Abb., kart. ●

Lustige Vorträge für fröhliche Feiern
(0284) Von K. Lehnhoff, 96 S., kart. ●

Vergnügliches Vortragsbuch
(0091) Von J. Plaut, 192 S., kart. ●

Locker vom Hocker
Witzige Sketche zum Nachspielen. (4262) Von W. Giller, 144 S., 41 Zeichnungen, Pappband. ●●

Fidele Sketche und heitere Vorträge
Humor zum Nachspielen. (0157) Von H. Ehnle, 96 S., kart. ●

Sketche und spielbare Witze
für bunte Abende und andere Feste. (0445) Von H. Friedrich, 120 S., 7 Zeichnungen, kart. ●

Sketsche
Kurzspiele zu amüsanter Unterhaltung. (0247) Von M. Gering, 132 S., 16 Abb., kart., ●

Witzige Sketche zum Nachspielen
(0511) Von D. Hallervorden, 160 S., kart. ●●

Gereimte Vorträge
für Bühne und Bütt. (0567) Von G. Wagner, 96 S., kart. ●

Damen in der Bütt
Scherze, Büttenreden, Sketsche. (0354) Von T. Müller, 136 S., kart. ●

Narren in der Bütt
Leckerbissen aus dem rheinischen Karneval. (0216) Zusammengestellt von T. Lücker, 112 S., kart. ●

Rings um den Karneval
Karnevalsscherze und Büttenreden. (0130) Von Dr. Allos, 136 S., kart. ●

Helau und Alaaf 1
Närrisches aus der Bütt. (0304) Von E. Müller, 112 S., kart. ●

Helau und Alaaf 2
Neue Büttenreden. (0477) Von E. Luft, 104 S., kart. ●

Helau und Alaaf 3
Neue Reden für die Bütt. (0832) Von H. Fauser, 144 S., 13 Zeichnungen, kart. ●

Humor und Stimmung
Ein heiteres Vortragsbuch. (0460) Von G. Wagner, 112 S., kart. ●

Humor und gute Laune
Ein heiteres Vortragsbuch. (0635) Von G. Wagner, 112 S., 5 Zeichnungen, kart. ●

Das große Buch der Witze
(0384) Von E. Holz, 320 S., 36 Zeichnungen, Pappband. ●●

Da lacht das Publikum
Neue lustige Vorträge für viele Gelegenheiten. (0716) Von H. Schmalenbach, 104 S., kart. ●

Witzig, witzig
(0507) Von E. Müller, 128 S., 16 Zeichnungen, kart. ●

Die besten Witze und Cartoons des Jahres 1
(0454) Hrsg. von K. Hartmann, 288 S., 125 Zeichnungen, geb. ●●

Die besten Witze und Cartoons des Jahres 2
(0488) Hrsg. von K. Hartmann, 288 S., 148 Zeichnungen, geb. ●●

Die besten Witze und Cartoons des Jahres 4
(0579) Hrsg. von K. Hartmann, 288 S., 140 Zeichnungen, Pappband. ●●

Die besten Witze und Cartoons des Jahres 5
(0642) Hrsg. von K. Hartmann, 288 S., 88 Zeichnungen, Pappband. ●●

Das Superbuch der Witze
(4146) Von B. Bornheim, 504 S., 54 Cartoons, Pappband. ●●

Die hier vorgestellten Bücher, Videokassetten und Software sind in folgende Preisgruppen unterteilt:

● Preisgruppe bis DM 10,–/S 79,–
●● Preisgruppe über DM 10,– bis DM 20,– S 80,– bis S 160,–
●●● Preisgruppe über DM 20,– bis DM 30,– S 161,– bis S 240,–
●●●● Preisgruppe über DM 30,– bis DM 50,– S 241,– bis S 400,–
●●●●● Preisgruppe über DM 50,–/S 401,–
*(unverbindliche Preisempfehlung)

FALKEN VERLAG

Witze
Lachen am laufenden Band (4241) Von J. Burkert, D. Kroppach, 400 S., 41 Zeichnungen, Pappband. ●●

Die besten Beamtenwitze
(0574) Hrsg. von W. Pröve, 112 S., 59 Cartoons, kart. ●

Die besten Kalauer
(0705) Von K. Frank, 112 S., 12 Zeichnungen, kart., ●

Robert Lembkes Witzauslese
(0325) Von Robert Lembke, 160 S., 10 Zeichnungen von E. Köhler, Pappband. ●●

Fred Metzlers Witze mit Pfiff
(0368) Von F. Metzler, 120 S., kart. ●

O frivol ist mir am Abend
Pikante Witze von Fred Metzler. (0388) Von F. Metzler, 128 S., mit Karikaturen, kart. ●

Herrenwitze
(0589) Von G. Wilhelm, 112 S., 31 Zeichnungen, kart. ●

Witze am laufenden Band
(0461) Von F. Asmussen, 118 S., kart. ●

Horror zum Totlachen
Gruselwitze
(0536) Von F. Lautenschläger, 96 S., 44 Zeichnungen, kart. ●

Die besten Ostfriesenwitze
(0495) Hrsg. von O. Freese, 112 S., 17 Zeichnungen, kart. ●

Die Kleidermotte ernährt sich von nichts, sie frißt nur Löcher
Stilblüten, Sprüche und Widersprüche aus Schule, Zeitung, Rundfunk und Fernsehen. (0738) Von P. Haas, D. Kroppach, 112 S., zahlr. Abb., kart. ●

Olympische Witze
Sportlerwitze in Wort und Bild. (0505) Von W. Willnat, 112 S., 126 Zeichnungen, kart. ●

Ich lach mich kaputt! Die besten Kinderwitze
(0545) Von E. Hannemann, 128 S., 15 Zeichnungen, kart. ●

Lach mit!
Witze für Kinder, gesammelt von Kindern. (0468) Hrsg. von W. Pröve, 128 S., 17 Zeichnungen, kart. ●

Die besten Kinderwitze
(0757) Von K. Rank, 120 S., 28 Zeichnungen, kart. ●

Lustige Sketche für Jungen und Mädchen
Kurze Theaterstücke für Jungen und Mädchen. (0669) Von U. Lietz und U. Lange, 104 S., kart. ●

Spielbare Witze für Kinder
(0824) Von H. Schmalenbach, 128 S., 30 Zeichnungen, kart. ●

Natur

Falken-Handbuch
Umweltschutz
Das Öko-Testbuch zur Eigeninitiative. (4160) Von M. Häfner, 352 S., 411 Farbf., 152 Farbzeichnungen, Pappband. ●●●●

Pilze
erkennen und benennen. (0380) Von J. Raithelhuber, 136 S., 110 Farbfotos, kart. ●●

Falken-Handbuch **Pilze**
Mit über 250 Farbfotos und Rezepten. (4061) Von M. Knoop, 276 S., 250 Farbfotos, Pappband. ●●●●

Das Gartenjahr
Arbeitsplan für den Hobbygärtner. (4075) Von G. Bambach, 152 S., 16 Farbtafeln, 141 Abb., kart. ●●

Gartenteiche und Wasserspiele
planen, anlegen und pflegen. (4083) Von H. R. Sikora, 160 S., 31 Farb- und 31 s/w-Fotos, 73 Zeichnungen, Pappband. ●●●

Wasser im Garten
Von der Vogeltränke zum Naturteich – Natürliche Lebensräume selbst gestalten. (4230) Von H. Hendel, 240 S., 247 Farbfotos, 68 Farbzeichungen, Pappband. ●●●●●

Mein kleiner Gartenteich
planen – anlegen – pflegen (0851) Von I. Polaschek, 144 S., 85 Farbfotos, 10 Farbzeichnungen, kart. ●●

Gärtnern
(5004) Von I. Manz, 64 S., 38 Farbfotos, Pappband. ●●

Gärtner Gustavs Gartenkalender
Arbeitspläne · Pflanzenporträts · Gartenlexikon. (4155) Von G. Schoser, 120 S., 146 Farbfotos, 13 Tabellen, 203 farbige Zeichnungen, Pappband. ●●●

Ziersträucher und -bäume im Garten
(5071) Von I. Manz, 64 S., 91 Farbfotos, Pappband. ●●

Das Blumenjahr
Arbeitsplan für drinnen und draußen. (4142) Von G. Vocke, 136 S., 15 Farbtafeln, kart. ●●

Der richtige Schnitt von Obst- und Ziergehölzen, Rosen und Hecken
(0619) Von E. Zettl, 88 S., 8 Farbtafeln, 39 Zeichnungen, 21 s/w-Fotos, kart. ●

Blumenpracht im Garten
(5014) Von I. Manz, 64 S., 93 Farbfotos, Pappband. ●●

Blütenpracht in Haus und Garten
(4145) Von M. Haberer, u. a., 352 S., 1012 Farbfotos, Pappband. ●●●●

Sag's mit Blumen
Pflege und Arrangieren von Schnittblumen. (5103) Von P. Möhring, 64 S., 68 Farbfotos, 2 s/w-Abb., Pappband. ●●

Grabgestaltung
Bepflanzung und Pflege zu jeder Jahreszeit. (5120) Von N. Uhl, 64 S., 77 Farbfotos, 2 Zeichnungen, Pappband. ●●

Wintergärten
Das Erlebnis, mit der Natur zu wohnen. Planen, Bauen und Gestalten. (4256) Von LOG, ID, 136 S., 130 Farbfotos, 107 Zeichnungen, Pappband. ●●●●

Häuser in lebendigem Grün
Fassaden und Dächer mit Pflanzen gestalten. (0846) Von U. Mehl, K. Werk, 88 S., 116 Farbfotos, 4 Farb- und 17 s/w-Zeichnungen, kart. ●●

Leben im Naturgarten
Der Biogärtner und seine gesunde Umwelt. (4124) Von N. Jorek, 128 S., 68 s/w-Fotos, kart. ●●

So wird mein Garten zum Biogarten
Alles über die Umstellung auf naturgemäßen Anbau. (0706) Von I. Gabriel, 128 S., 73 Farbfotos, 54 Farbzeichnungen, kart. ●●

Gesunde Pflanzen im Biogarten
Biologische Maßnahmen bei Schädlingsbefall und Pflanzenkrankheiten. (0707) Von I. Gabriel, 128 S., 126 Farbfotos, 12 Farbzeichnungen, kart. ●●

Kosmische Einflüsse auf unsere Gartenpflanzen
Sterne beeinflussen Wachstum und Gesundheit der Pflanzen (0708) Von I. Gabriel, 112 S., 57 Farbfotos, 43 Farbzeichnungen, kart. ●●

Der Biogarten unter Glas und Folie
Ganzjährig erfolgreich ernten. (0722) Von I. Gabriel, 128 S., 62 Farbfotos, 45 Farbzeichnungen, kart. ●●

Obst und Beeren im Biogarten
Gesunde und schmackhafte Früchte durch natürlichen Anbau. (0780) Von I. Gabriel, 128 S., 38 Farbfotos, 71 Farbzeichungen, kart. ●●

Neuanlage eines Biogartens
Planung, Bodenvorbeitung, Gestaltung. (0721) Von I. Gabriel, 128 S., 73 Farbfotos, 39 Zeichnungen, kart. ●●

Der biologische Zier- und Wohngarten
Planen, Vorbereiten, Bepflanzen und Pflegen. (0748) Von I. Gabriel, 128 S., 72 Farbfotos, 46 Farbzeichnungen, kart. ●●

Gemüse im Biogarten
Gesunde Ernte durch naturgemäßen Anbau (0830) Von I. Gabriel, 128 S., 26 Farbfotos, 86 Farbzeichnungen, kart. ●●

Erfolgreich gärtnern
durch naturgemäßen Anbau (4252) Von I. Gabriel, 416 S., 176 Farbfotos, 212 Farbzeichnungen, Pappband. ●●

Das Bio-Gartenjahr
Arbeitsplan für naturgemäßes Gärtnern. (4169) Von N. Jorek, 128 S., 8 Farbtafeln, 70 s/w-Abb. kart. ●●

Selbstversorgung aus dem eigenen Anbau
Reichen Erntesegen verwerten und haltbar machen. (4182) Von M. Bustorf-Hirsch, M. Hirsch, 216 S., 270 Zeichnungen, Pappband. ●●●

Mischkultur im Nutzgarten
Mit Jahreskalender und Anbauplänen. (0651) Von H. Oppel, 112 S., 8 Farbtafeln, 23 s/w-Fotos, 29 Zeichnungen, kart. ●

Erfolgreich gärtnern mit
Frühbeet und Folien
(0828) Von Dr. Gustav Schoser, 88 S., 8 Farbtafeln, 46 s/w-Fotos, kart. ●

Erfolgstips für den Gemüsegarten
Mit naturgemäßem Anbau zu höherem Ertrag. (0674) Von F. Mühl, 80 S., 30 s/w-Fotos, 4 Zeichnungen, kart. ●

Die hier vorgestellten Bücher, Videokassetten und Software sind in folgende Preisgruppen unterteilt:

● Preisgruppe bis DM 10,–/S 79,–
●● Preisgruppe über DM 10,– bis DM 20,– S 80,– bis S 160,–
●●● Preisgruppe über DM 20,– bis DM 30,– S 161,– bis S 240,–
●●●● Preisgruppe über DM 30,– bis DM 50,– S 241,– bis S 400,–
●●●●● Preisgruppe über DM 50,–/S 401,–
*(unverbindliche Preisempfehlung)

FALKEN VERLAG

Die Preise entsprechen dem Status beim Druck dieses

Erfolgstips für den Obstgarten
Gesunde Früchte durch richtige Sortenwahl und Pflege. (0827) Von F. Mühl, 184 S., 16 Farbtafeln, 33 Zeichnungen, kart. ●●

Gemüse, Kräuter, Obst aus dem Balkongarten
– Erfolgreich ernten auf kleinstem Raum. (0694) Von S. Stein, 32 S., 34 Farbfotos, 6 Zeichnungen, Spiralbindung, kart. ●

Keime, Sprossen, Küchenkräuter
am Fenster ziehen – rund ums Jahr. (0658) Von F. und H. Jantzen, 32 S., 55 Farbfotos, Pappband. ●

Balkons in Blütenpracht
zu allen Jahreszeiten. (5047) Von N. Uhl, 64 S., 80 Farbfotos, Pappband. ●●

Kübelpflanzen
für Balkon, Terrasse und Dachgarten. (5132) Von M. Haberer, 64 S., 70 Farbfotos, Pappband. ●●

Kletterpflanzen
Rankende Begrünung für Fassade, Balkon und Garten. (5140) Von M. Haberer, 64 S., 70 Farbabb., 2 Zeichnungen, Pappband. ●●

Mein Kräutergarten rund ums Jahr
Täglich schnittfrisch und gesund würzen. (4192) Von Prof. Dr. G. Lysek, 136 S., 15 Farbtafeln, 91 Zeichnungen, kart. ●●

Blühende Zimmerpflanzen
94 Arten mit Pflegeanleitungen. (5010) Von R. Blaich, 64 S., 107 Farbfotos, Pappband. ●●

Prof. Stelzers grüne Sprechstunde
Gesunde Zimmerpflanzen
Krankheiten erkennen und behandeln · Mit neuem Diagnosesystem. (4274) Von Prof. Dr. G. Stelzer, 192 S., 410 Farbfotos, 10 s/w-Zeichnungen, Pappband. ●●●

Videokassette
Pflanzenjournal
Blumen- und Pflanzenpflege im Jahreslauf. (6036/VHS) ca. 30 Min., in Farbe. ●●●●*

Blütenpracht in Grolit 2000
Der neue, mühelose Weg zu farbenprächtigen Zimmerpflanzen. (5127) Von G. Vocke, 64 S., 50 Farbfotos, Pappband. ●●

Ziergräser
Über 100 Arten erfolgreich kultivieren. (0829) Von H. Jantra, 104 S., 73 Farbfotos, 6 Farbzeichnungen, kart. ●●

Bonsai
Japanische Miniaturbäume und Miniaturlandschaften. Anzucht, Gestaltung und Pflege. (4091) Von B. Lesniewicz, 160 S., 106 Farbfotos, 46 s/w-Fotos, 115 Zeichnungen, gebunden. ●●●●●

Zimmerbäume, Palmen und andere Blattpflanzen
Standort, Pflege, Vermehrung, Schädlinge. (5111) Von G. Schoser, 96 S., 98 Farbfotos, 7 Zeichnungen, Pappband. ●●

Biologisch zimmergärtnern
Zier- und Nutzpflanzen natürlich pflegen. (4144) Von N. Jorek, 152 S., 15 Farbtafeln, 120 s/w-Fotos, Pappband. ●●

Hydrokultur
Pflanzen ohne Erde – mühelos gepflegt. (4080) Von H.-A. Rotter, 120 S., 82 Abb., Pappband. ●●

Zimmerpflanzen in Hydrokultur
Leitfaden für problemlose Blumenpflege. (0660) Von H.-A. Rotter, 32 S., 76 Farbfotos, 8 farbige Zeichnungen, Pappband. ●

Sukkulenten
Mittagsblumen, Lebende Steine, Wolfsmilchgewächse u. a. (5070) Von W. Hoffmann, 64 S., 82 Farbfotos, Pappband. ●●

Kakteen und andere Sukkulenten
300 Arten mit über 500 Farbfotos. (4116) Von G. Andersohn, 316 S., 520 Farbfotos, 193 Zeichnungen, Pappband. ●●●●

Fibel für Kakteenfreunde
(0199) Von H. Herold, 102 S., 23 Farbfotos, 37 s/w-Abb., kart. ●

Kakteen
Herkunft, Anzucht, Pflege, Arten. (5021) Von W. Hoffmann, 64 S., 70 Farbfotos, Pappband. ●●

Faszinierende Formen und Farben
Kakteen
(4211) Von K. und F. Schild, 96 S., 127 Farbfotos, Pappband. ●●●

Falken-Handbuch **Orchideen**
Lebensraum, Kultur, Anzucht und Pflege. (4231) Von G. Schoser, 144 S., 121 Farbfotos, 28 Farbzeichnungen, Pappband. ●●●

Falken-Handbuch **Katzen**
(4158) Von B. Gerber, 176 S., 294 Farb- und 88 s/w-Fotos, Pappband. ●●●●

DIE TIERSPRECHSTUNDE
Junge Katzen
(0862) Von Dr. med. vet. E. M. Bartenschlager, 72 S., 40 Farbfotos, 4 Farbzeichnungen, kart. ●

Katzen
Rassen · Haltung · Pflege. (4216) Von B. Eilert-Overbeck, 96 S., 82 Farbfotos, Pappband. ●●●

Das neue Katzenbuch
Rassen – Aufzucht – Pflege. (0427) Von B. Eilert-Overbeck, 136 S., 14 Farbfotos, 26 s/w-Fotos, kart. ●

Katzenkrankheiten
Erkennung und Behandlung. Steuerung des Sexualverhaltens. (0652) Von Dr. med. vet. R. Spangenberg, 176 S., 64 s/w-Fotos, 4 Zeichnungen, kart. ●

Falken-Handbuch **Hunde**
(4118) Von H. Bielfeld, 176 S., 222 Farb- und 73 s/w-Abb., Pappband. ●●●●

Hunde
Rassen · Erziehung · Haltung. (4209) Von H. Bielfeld, 96 S., 101 Farbfotos, Pappband. ●●●

Das neue Hundebuch
Rassen · Aufzucht · Pflege. (0009) Von W. Busack, überarbeitet von Dr. med. vet. A. H. Hacker und H. Bielfeld, 112 S., 8 Farbtafeln, 27 s/w-Fotos, 6 Zeichnungen, kart. ●

Falken-Handbuch
Der Deutsche Schäferhund
(4077) Von U. Förster, 228 S., 160 Abb., Pappband. ●●●

Der Deutsche Schäferhund
Aufzucht, Pflege und Ausbildung. (0073) Von A. Hacker, 104 S., 56 Abb., kart. ●

Dackel, Teckel, Dachshund
Aufzucht · Pflege · Ausbildung. (0508) Von M. Wein-Gysae, 112 S., 4 Farbtafeln, 43 s/w-Fotos, 2 Zeichnungen, kart. ●

Hundeausbildung
Verhalten – Gehorsam – Abrichtung. (0346) Von Prof. Dr. R. Menzel, 96 S., 18 Fotos, kart. ●

Grundausbildung für Gebrauchshunde
Schäferhund, Boxer, Rottweiler, Dobermann, Riesenschnauzer, Airedaleterrier, Hovawart und Bouvier. (0801) Von M. Schmidt und W. Koch, 104 S., 8 Farbtafeln, 51 s/w-Fotos, 5 s/w-Zeichnungen, kart. ●

Hundekrankheiten
Erkennung und Behandlung, Steuerung des Sexualverhaltens. (0570) Von Dr. med. vet. R. Spangenberg, 128 S., 68 s/w-Fotos, 10 Zeichnungen, kart. ●

Falken-Handbuch **Pferde**
(4186) Von H. Werner, 176 S., 196 Farb- und 50 s/w-Fotos, 100 Zeichnungen, Pappband. ●●●●

Ponys
Rassen, Haltung, Reiten. (4205) Von S. Braun, 96 S., 84 Farbfotos, Pappband. ●●●

Wellensittiche
Arten · Haltung · Pflege · Sprechunterricht · Zucht. (5136) Von H. Bielfeld, 64 S., 59 Farbfotos, Pappband. ●●

Papageien und Sittiche
Arten · Pflege · Sprechunterricht. (0591) Von H. Bielfeld, 112 S., 8 Farbtafeln, kart. ●

Geflügelhaltung als Hobby
(0749) Von M. Baumeister, H. Meyer, 184 S., 8 Farbtafeln, 47 s/w-Fotos, 15 Zeichnungen, kart. ●●

DIE TIERSPRECHSTUNDE
Alles über Igel in Natur und Garten
(0810) Von Dr. med. vet. E. M. Bartenschlager, 68 S., 51 Farbfotos, kart. ●

DIE TIERSPRECHSTUNDE
Alles über Meerschweinchen
(0809) Von Dr. med. vet. E. M. Bartenschlager, 72 S., 43 Farbfotos, 11 Farbzeichnungen, kart. ●

DIE TIERSPRECHSTUNDE
Tiere im Wassergarten
(0808) Von Dr. med. vet. E. M. Bartenschlager, 96 S., 82 Farbfotos, 7 Zeichnungen, kart. ●

Das Süßwasser-Aquarium
Einrichtung · Pflege · Fische · Pflanzen. (0153) Von H. J. Mayland, 152 S., 16 Farbtafeln, 43 s/w-Zeichnungen, kart. ●●

Falken-Handbuch
Süßwasser-Aquarium
(4191) Von H. J. Mayland, 288 S., 564 Farbfotos, 75 Zeichnungen, Pappband. ●●●●

Die hier vorgestellten Bücher, Videokassetten und Software sind in folgende Preisgruppen unterteilt:

● Preisgruppe bis DM 10,– /S 79,–
●● Preisgruppe über DM 10,– bis DM 20,– S 80,– bis S 160,–
●●● Preisgruppe über DM 20,– bis DM 30,– S 161,– bis S 240,–
●●●● Preisgruppe über DM 30,– bis DM 50,– S 241,– bis S 400,–
●●●●● Preisgruppe über DM 50,– /S 401,–
*(unverbindliche Preisempfehlung)

Cichliden
Pflege, Herkunft und Nachzucht der wichtigsten Buntbarscharten. (5144) Von Jo in't Veen, 96 S., 163 Farbfotos, Pappband. ●●

Gesundheit

Die Frau als Hausärztin
Der unentbehrliche Ratgeber für die Gesundheit. (4072) Von Dr. med. A. Fischer-Dückelmann, 808 S., 14 Farbtafeln, 146 s/w-Fotos, 203 Zeichnungen, Pappband. ●●●

Heiltees und Kräuter für die Gesundheit
(4123) Von G. Leibold, 136 S., 15 Farbtafeln, 16 Zeichnungen, kart. ●●

Falken-Handbuch **Heilkräuter**
Modernes Lexikon der Pflanzen und Anwendungen (4076) Von G. Leibold, 392 S., 183 Farbfotos, 22 Zeichnungen, geb. ●●●●

Die farbige Kräuterfibel
Heil- und Gewürzpflanzen. (0245) Von I. Gabriel, 196 S., 49 farbige und 97 s/w-Abb., kart. ●●

Falken-Handbuch **Bio-Medizin**
Alles über die moderne Naturheilpraxis. (4136) Von G. Leibold, 552 S., 38 Farbfotos, 232 s/w-Abb., Pappband. ●●●●

Enzyme
Vitalstoffe für die Gesundheit. (0677) Von G. Leibold, 96 S., kart. ●

Heilfasten
(0713) Von G. Leibold, 108 S., kart. ●

Besser leben durch Fasten
(0841) Von G. Leibold, 100 S., kart. ●

Krebsangst und Krebs behandeln
Mit einem Vorwort von Prof. Dr. med. Friedrich Douwes. (0839) Von G. Leibold, 104 S., kart. ●

Allergien behandeln und lindern
Mit einem Vorwort von Prof. Dr. med. Axel Stemmann. (0840) Von G. Leibold, 104 S., 4 Zeichnungen, kart. ●

Rheuma behandeln und lindern
Mit einem Vorwort von Dr. med. Max-Otto-Bruker (0836) Von G. Leibold, 104 S., kart. ●

Die echte Schroth-Kur
(0797) Von Dr. med. R. Schroth, 88 S., 2 s/w-Fotos, kart. ●

Streß bewältigen durch Entspannung
(0834) Von Dr. med. Chr. Schenk, 88 S., 29 Zeichnungen, kart. ●

Gesundheit und Spannkraft durch Yoga
(0321) Von L. Frank und U. Ebbers, 112 S., 50 s/w-Fotos, kart. ●

Yoga für jeden
(0341) Von K. Zebroff, 156 S., 135 Abb., Spiralbindung. ●●●

Yoga für Schwangere
Der Weg zur sanften Geburt. (0777) Von V. Bolesta-Hahn, 108 S., 76 zweifarbige Abb. kart. ●●

Yoga gegen Haltungsschäden und Rückenschmerzen
(0394) Von A. Raab, 104 S., 215 Abb., kart. ●

Hypnose und Autosuggestion
Methoden – Heilwirkungen – praktische Beispiele. (0483) Von G. Leibold, 116 S., kart. ●

Gesund durch Gedankenenergie
Heilung im gemeinsamen Kraftfeld (6035) Nur VHS, 45 Min., in Farbe ●●●●●*

Autogenes Training
Anwendung · Heilwirkungen · Methoden. (0541) Von R. Faller, 128 S., 3 Zeichnungen, kart. ●

Die fernöstliche Fingerdrucktherapie Shiatsu
Anleitungen zur Selbsthilfe – Heilwirkungen. (0615) Von G. Leibold, 196 S., 180 Abb., kart. ●●

Eigenbehandlung durch Akupressur
Heilwirkungen – Energielehre – Meridiane. (0417) Von G. Leibold, 152 S., 78 Abb., kart. ●

Chinesische Naturheilverfahren
Selbstbehandlung mit bewährten Methoden der physikalischen Therapie. Atemtherapie · Heilgymnastik · Selbstmassage · Vorbeugen · Behandeln · Entspannen. (4247) Von F. Tjoeng Lie, 160 S., 292 zweifarbige Zeichnungen, Pappband. ●●●

Chinesisches Schattenboxen
Tai-Ji-Quan
für geistige und körperliche Harmonie (0850) Von F. T. Lie, 120 S., 221 s/w-Fotos, 9 s/w-Zeichnungen, Beilage: 1 s/w-Poster mit zahlreichen Abbildungen, kart. ●●

Bauch, Taille und Hüfte gezielt formen durch **Aktiv-Yoga**
(0709) Von K. Zebroff, 112 S., 102 Farbfotos, Spiralbindung. ●●

10 Minuten täglich Tele-Gymnastik
(5102) Von B. Manz und K. Biermann, 128 S., 381 Abb., kart. ●●

Gesund und fit durch Gymnastik
(0366) Von H. Pilss-Samek, 132 S., 150 Abb., kart. ●

Stretching
Mit Dehnungsgymnastik zu Entspannung, Geschmeidigkeit und Wohlbefinden. (0717) Von H. Schulz, 80 S., 90 s/w-Fotos, kart. ●

Gesund und leistungsfähig durch **Konditionsübungen, Fitneßtraining, Wirbelsäulengymnastik**
(0844) Von R. Milser, K. Grafe, 104 S., 99 Farbfotos, 12 Farbzeichnungen, 5 s/w-Zeichnungen kart. ●●

Gesundheit durch altbewährte Kräuterrezepte und Hausmittel aus der **Natur-Apotheke**
(4156) Von G. Leibold, 236 S., 8 Farbtafeln, 100 Zeichnungen, kart.. ●●

Diät bei Krankheiten des Magens und Zwölffingerdarms
Rezeptteil von B. Zöllner. (3201) Von Prof. Dr. med. H. Kaess, 96 S., 4 Farbtafeln, kart. ●●

Diät bei Herzkrankheiten und Bluthochdruck
Salzarme (natriumarme) Kost. Rezeptteil von B. Zöllner. (3202) Von Prof. Dr. med. H. Rottka, 92 S., 4 Farbtafeln, kart. ●●

Diät bei Erkrankungen der Nieren, Harnwege und bei Dialysebehandlung
Völlig überarbeitete Neuauflage, durchgehend farbig bebildert. Rezeptteil von B. Zöllner. (3203) Von Prof. Dr. med. Dr. h. c. H. J. Sarre und Prof. Dr. med. R. Kluthe, 96 S., 33 Farbfotos, 1 s/w-Zeichnung, kart. ●●

Richtige Ernährung wenn man älter wird
Völlig überarbeitete Neuauflage, durchgehend farbig bebildert. Rezeptteil von B. Zöllner. (3204) Von Priv.-Doz. Dr. med. H.-J. Pusch und Dr. med. W. Koch, ca. 100 S., ca. 50 Farbfotos, kart. ●●
(erscheint September '87)

Diät bei Gicht und Harnsäuresteinen
Rezeptteil von B. Zöllner. (3205) Von Prof. Dr. med. N. Zöllner, 80 S., 4 Farbtafeln, kart. ●●

Diät bei Zuckerkrankheit
Rezeptteil von B. Zöllner. (3206) Von Prof. Dr. med. P. Dieterle, 80 S., 4 Farbtafeln, kart. ●●

Diät bei Krankheiten der Gallenblase, Leber und Bauchspeicheldrüse
Rezeptteil von B. Zöllner. (3207) Von Prof. Dr. med. H. Kasper, 88 S., 4 Farbtafeln, kart. ●●

Diät bei Störungen des Fettstoffwechsels und zur Vorbeugung der Arteriosklerose
Rezeptteil von B. Zöllner. (3208) Von Prof. Dr. med. G. Wolfram und Dr. med. O. Adam, 104 S., 4 Farbtafeln, kart. ●●

Diät bei Übergewicht
Völlig überarbeitete Neuauflage, durchgehend farbig bebildert. Rezeptteil von B. Zöllner. (3209) Von Priv.-Doz. Dr. med. Ch. Keller, ca. 100 S., ca. 50 Farbfotos, kart. ●●
(erscheint Dezember '87)

Diät bei Darmkrankheiten
Durchfall – Divertikulose, Reizdarm und Darmträgheit – einheimische Sprue (Zöliakie) – Disaccharidasemangel – Dünndarmresektion – Dumping Syndrom. Rezeptteil von B. Zöllner. (3211) Von Prof. Dr. med. G. Strohmeyer, 88 S., 4 Farbtafeln, kart. ●●

Ballaststoffreiche Kost bei Funktionsstörungen des Darms
Rezeptteil von B. Zöllner. (3212) Von Prof. Dr. med. H. Kasper, ca. 100 S., ca. 50 Farbfotos, kart. ●●
(erscheint Oktober '87)

Bildatlas des menschlichen Körpers
(4177) Von G. Pogliani, V. Vannini, 112 S., 402 Farbabb., 28 s/w-Fotos, Pappband. ●●●

Fußmassage
Reflexzonentherapie am Fuß (0714) Von G. Leibold, 96 S., 38 Zeichnungen, kart. ●

Rheuma und Gicht
Krankheitsbilder, Behandlung, Therapieverfahren, Selbstbehandlung, richtige Lebensführung und Ernährung. (0712) Von Dr. J. Höder, J. Bandick, 104 S., kart. ●

Die hier vorgestellten Bücher, Videokassetten und Software sind in folgende Preisgruppen unterteilt:

● Preisgruppe bis DM 10,–/S 79,–
●● Preisgruppe über DM 10,– bis DM 20,– S 80,– bis S 160,–
●●● Preisgruppe über DM 20,– bis DM 30,– S 161,– bis S 240,–
●●●● Preisgruppe über DM 30,– bis DM 50,– S 241,– bis S 400,–
●●●●● Preisgruppe über DM 50,–/S 401,–
*(unverbindliche Preisempfehlung)

FALKEN VERLAG

Die Preise entsprechen dem Status beim Druck dieses

Krampfadern
Ursachen, Vorbeugung, Selbstbehandlung, Therapieverfahren. (0727) Von Dr. med. K. Steffens, 96 S., 38 Abb., kart. ●

Gallenleiden
Krankheitsbilder, Behandlung, Therapieverfahren, Selbstbehandlung, Richtige Lebensführung und Ernährung. (0673) Von Dr. med. K. Steffens, 104 S., 34 Zeichnungen, kart. ●

Asthma
Pseudokrupp, Bronchitis und Lungenemphysem. (0778) Von Prof. Dr. med. W. Schmidt, 120 S., 56 Zeichnungen, kart. ●

Fastenkuren
Wege zur gesunden Lebensführung. Rezepte und Tips für die Nachfastenzeit. Kurzfasten · Saftfastenkuren · Fastenschalttage · Heilfasten
(4248) Von Ha. A. Mehler, H. Keppler, 144 S., 16 s/w-Fotos, 9 Zeichnungen, Pappband. ●●●

Aus dem Schatz der Naturmedizin
Heilkräuterkuren
(4268) Von Dr. med. E. Rauch, Dr. rer. nat. P. Kruletz, 144 S., 49 Zeichnungen, kart. ●●

Vitamine und Ballaststoffe
So ermittle ich meinen täglichen Bedarf (0746) Von Prof. Dr. M. Wagner, I. Bongartz, 96 S., 6 Farbabb., zahlreiche Tabellen, kart. ●

Darmleiden
Krankheitsbilder, Behandlung, Selbstbehandlung, Richtige Lebensführung und Ernährung. (0798) Von Dr. med. K. Steffens, 112 S., 46 Zeichnungen, kart. ●

Massage
(0750) Von B. Rumpler, K. Schutt, 112 S., 116 zweifarbige Zeichnungen, kart. ●●

Ratgeber Aids
Entstehung, Ansteckung, Krankheitsbilder, Heilungschancen, Schutzmaßnahmen. (0803) Von B. Baartman, Vorwort von Dr. med. H. Jäger, 112 S., 8 Farbtafeln, 4 Grafiken, kart. ●●

Wenn Kinder krank werden
Medizinischer Ratgeber für Eltern. (4240) Von Dr. med. I. J. Chasnoff, B. Nees-Delaval, 232 S., 163 Zeichnungen, Pappband. ●●●

Ratgeber Lebenshilfe

Umgangsformen heute
Die Empfehlungen des Fachausschusses für Umgangsformen. (4015) 282 S., 160 s/w-Fotos, 25 Zeichnungen, Pappband. ●●●

Der gute Ton
Ein moderner Knigge. (0063) Von I. Wolter, 168 S., 38 Zeichnungen, 53 s/w-Fotos, kart. ●

Haushaltstips von A bis Z
(0759) Von A. Eder, 80 S., 30 Zeichnungen, kart. ●

Wir heiraten
Ratgeber zur Vorbereitung und Festgestaltung der Verlobung und Hochzeit. (4188) Von C. Poensgen, 216 S., 8 s/w-Fotos, 30 s/w-Zeichnungen, 8 Farbtafeln, Pappband. ●●

Der schön gedeckte Tisch
Vom einfachen Gedeck bis zur Festtafel stimmungsvoll und perfekt arrangiert (4246) Von H. Tapper, 112 S., 206 Farbabbildungen, 21 s/w-Abbildungen, Pappband. ●●●

Familienforschung · Ahnentafel · Wappenkunde
Wege zur eigenen Familienchronik. (0744) Von P. Bahn, 128 S., 8 Farbtafeln, 30 Abbildungen, kart. ●●

Die Kunst der freien Rede
Ein Intensivkurs mit vielen Übungen, Beispielen und Lösungen. (4189) Von G. Hirsch, 232 S., 11 Zeichnungen, Pappband. ●●●

Reden zur Taufe, Kommunion und Konfirmation
(0751) Von G. Georg, 96 S., kart. ●

Der richtige Brief zu jedem Anlaß
Das moderne Handbuch mit 400 Musterbriefen. (4179) Von H. Kirst, 376 S., Pappband. ●●●

Von der Verlobung zur Goldenen Hochzeit
(0393) Von E. Ruge, 120 S., kart. ●

Reden zur Hochzeit
Musteransprachen für Hochzeitstage. (0654) Von G. Georg, 112 S., kart. ●

Glückwünsche, Toasts und Festreden zur Hochzeit.
(0264) Von I. Wolter, 128 S., 18 Zeichnungen, kart. ●

Hochzeits- und Bierzeitungen
Muster, Tips und Anregungen. (0288) Von H.-J. Winkler, mit vielen Text- und Gestaltungsanregungen, 116 S., 15 Abb., 1 Musterzeitung, kart. ●

Kindergedichte zur Grünen, Silbernen und Goldenen Hochzeit
(0318) Von H.-J. Winkler, 104 S., 20 Abb., kart. ●

Kindergedichte für Familienfeste
(0860) Von B. H. Bull, 96 S., 20 Zeichnungen, kart. ●

Die Silberhochzeit
Vorbereitung · Einladung · Geschenkvorschläge · Dekoration · Festablauf · Menüs · Reden · Glückwünsche. (0542) Von K. F. Merkle, 120 S., 41 Zeichnungen, kart. ●

Großes Buch der Glückwünsche
(0255) Hrsg. von O. Fuhrmann, 240 S., 77 Zeichnungen und viele Gestaltungsvorschläge, kart. ●

Neue Glückwunschfibel
für Groß und Klein. (0156) Von R. Christian-Hildebrandt, 96 S., kart. ●

Glückwunschverse für Kinder
(0277) Von B. Ulrici, 80 S., kart. ●

Die Redekunst
Rhetorik · Rednererfolg (0076) Von K. Wolter, überarbeitet von Dr. W. Tappe, 80 S., kart. ●

Reden und Ansprachen
für jeden Anlaß. (4009) Hrsg. von F. Sicker, 454 S., gebunden. ●●●●

Reden zum Jubiläum
Musteransprachen für viele Gelegenheiten (0595) Von G. Georg, 112 S., kart. ●

Reden zum Ruhestand
Musteransprachen zum Abschluß des Berufslebens (0790) Von G. Georg, 104 S., kart. ●

Reden und Sprüche zu Grundsteinlegung, Richtfest und Einzug
(0598) Von A. Bruder, G. Georg, 96 S., kart. ●

Reden zu Familienfesten
Musteransprachen für viele Gelegenheiten. (0675) Von G. Georg, 108 S., kart. ●

Reden zum Geburtstag
Musteransprachen für familiäre und offizielle Anlässe. (0773) Von G. Georg, 104 S., kart. ●

Festreden und Vereinsreden
Ansprachen für festliche Gelegenheiten. (0069) Von K. Lehnhoff, E. Ruge, 88 S., kart. ●

Reden im Verein
Musteransprachen für viele Gelegenheiten. (0703) Von G. Georg, 112 S., kart., ●

Trinksprüche
Fest- und Damenreden in Reimen. (0791) Von L. Metzner, 88 S., 14 s/w-Zeichnungen, kart. ●

Trinksprüche, Richtsprüche, Gästebuchverse
(0224) Von D. Kellermann, 80 S., kart. ●

Ins Gästebuch geschrieben
(0576) Von K. H. Trabeck, 96 S., 24 Zeichnungen, kart. ●

Poesiealbumverse
Heiteres und Besinnliches. (0578) Von A. Göttling, 112 S., 20 Zeichnungen, Pappband. ●●

Verse fürs Poesiealbum
(0241) Von I. Wolter, 96 S., 20 Abb., kart. ●

Rosen, Tulpen, Nelken . . .
Beliebte Verse fürs Poesiealbum
(0431) Von W. Pröve, 96 S., 11 Faksimile-Abb., kart. ●

Der Verseschmied
Kleiner Leitfaden für Hobbydichter. Mit Reimlexikon. (0597) Von T. Parisius, 96 S., 28 Zeichnungen, kart. ●

Moderne Korrespondenz
Handbuch für erfolgreiche Briefe. (4014) Von H. Kirst und W. Manekeller, 544 S., Pappband. ●●●●
DM 39,–/S 319.–

Der neue Briefsteller
Musterbriefe für alle Gelegenheiten. (0060) Von I. Wolter-Rosendorf, 112 S., kart. ●

Geschäftliche Briefe
des Privatmanns, Handwerkers, Kaufmanns. (0041) Von A. Römer, 120 S., kart. ●

Behördenkorrespondenz
Musterbriefe – Anträge – Einsprüche. (0412) Von E. Ruge, 120 S., kart. ●

Musterbriefe
für alle Gelegenheiten. (0231) Hrsg. von O. Fuhrmann, 240 S., kart. ●

Die hier vorgestellten Bücher, Videokassetten und Software sind in folgende Preisgruppen unterteilt:

● Preisgruppe bis DM 10,–/S 79,–
●● Preisgruppe über DM 10,– bis DM 20,– S 80,– bis S 160,–
●●● Preisgruppe über DM 20,– bis DM 30,– S 161,– bis S 240,–
●●●● Preisgruppe über DM 30,– bis DM 50,– S 241,– bis S 400,–
●●●●● Preisgruppe über DM 50,–/S 401,–
*(unverbindliche Preisempfehlung)

FALKEN VERLAG

Privatbriefe
Muster für alle Gelegenheiten. (0114) Von I. Wolter-Rosendorf, 132 S., kart. ●

Briefe zu Geburt und Taufe
Glückwünsche und Danksagungen. (0802) Von H. Beitz, 96 S., 12 Zeichnungen, kart. ●

Briefe zum Geburtstag
Glückwünsche und Danksagungen (0822) Von H. Beitz, 104 S., 22 Zeichnungen, kart. ●

Briefe zur Hochzeit
Glückwünsche und Danksagungen (0852) Von R. Röngen, 96 S., 1 Zeichnung, 39 Vignetten, kart. ●

Erfolgstips für den Schriftverkehr
Briefwechsel leicht gemacht durch einfachen Stil und klaren Ausdruck (0678) Von U. Schoenwald, 120 S., kart. ●

Worte und Briefe der Anteilnahme
(0464) Von E. Ruge, 128 S., mit vielen Abb., kart. ●

Reden in Trauerfällen
Musteransprachen für Beerdigungen und Trauerfeiern (0736) Von G. Georg, 104 S., kart. ●

Lebenslauf und Bewerbung
Beispiele für Inhalt, Form und Aufbau. (0428) Von H. Friedrich, 112 S., kart. ●

Erfolgreiche Bewerbungsbriefe und Bewerbungsformen.
(0138) Von W. Manekeller, 88 S., kart. ●

Die erfolgreiche Bewerbung
Bewerbung und Vorstellung. (0173) Von W. Manekeller, 156 S., kart. ●

Die Bewerbung
Der moderne Ratgeber für Bewerbungsbriefe, Lebenslauf und Vorstellungsgespräche. (4138) Von W. Manekeller, 264 S., Pappband. ●●

Vorstellungsgespräche
sicher und erfolgreich führen. (0636) Von H. Friedrich, 144 S., kart. ●

Keine Angst vor Einstellungstests
Ein Ratgeber für Bewerber. (0793) Von Ch. Titze, 120 S., 67 Zeichnungen, kart. ●

Die ersten Tage am neuen Arbeitsplatz
Ratschläge für den richtigen Umgang mit Kollegen und Vorgesetzten (0855) Von H. Friedrich, 104 S., kart. ●

Zeugnisse im Beruf
richtig schreiben, richtig verstehen. (0544) Von H. Friedrich, 112 S., kart. ●

In Anerkennung Ihrer . . . ,
Lob und Würdigung in Briefen und Reden.
(0535) Von H. Friedrich, 136 S., kart. ●

Erfolgreiche Kaufmannspraxis
Wirtschaftliche Grundlagen, Geld, Kreditwesen, Steuern, Betriebsführung, Recht, EDV. (4046) Von W. Göhler, H. Gölz, M. Heibel, Dr. D. Machenheimer, 544 S., gebunden. ●●●●

Wege zum Börsenerfolg
Aktien · Anleihen · Optionen (4275) Von H. Krause, 252 S., 4 s/w-Fotos, 86 Zeichnungen, Pappband. ●●●

Mietrecht
Leitfaden für Mieter und Vermieter. (0479) Von J. Beuthner, 196 S., kart. ●●

Familienrecht
Ehe – Scheidung – Unterhalt. (4190) Von T. Drewes, R. Hollender, 368 S., Pappband. ●●●

Erziehungsgeld, Mutterschutz, Erziehungsurlaub
Alles über das neue Recht für Eltern. Mit den Gesetzestexten. (0835) Von J. Grönert, 144 S., kart. ●●

Scheidung und Unterhalt
nach dem neuen Eherecht. Mit dem Unterhaltsänderungsgesetz 1986. (0403) Von Rechtsanwalt H. T. Drewes, 112 S., mit Kosten- und Unterhaltstabellen, kart. ●

Präzise Ratschläge für
Ihre optimale Rente
Vorbereitung · Berechnungsgrundlagen · Gesetzesänderungen · Individuelle Redenbeispiele. (0806) Von K. Möcks, 96 S., 24 Formulare, 1 Graphik, kart. ●

Testament und Erbschaft
Erbfolge, Rechte und Pflichten der Erben, Erbschafts- und Schenkungssteuer, Mustertestamente. (4139) Von T. Drewes, R. Hollender, 304 S., Pappband. ●●●

Erbrecht und Testament
Mit Erläuterungen des Erbschaftssteuergesetzes von 1974. (0046) Von Dr. jur. H. Wandrey, 124 S., kart. ●

Endlich 18 und nun?
Rechte und Pflichten mit der Volljährigkeit. (0646) Von R. Rathgeber, 224 S., 27 Zeichnungen, kart. ●●

Was heißt hier minderjährig?
(0765) Von R. Rathgeber, C. Rummel, 148 S., 50 Fotos, 25 Zeichnungen, kart. ●●

Erfolgreiche Bewerbung um einen Ausbildungsplatz
(0715) Von H. Friedrich, 136 S., kart. ●

Elternsache Grundschule
(0692) Hrsg. von K. Meynersen, 324 S., kart. ●●●

Sexualberatung
(0402) Von Dr. M. Röhl, 168 S., 8 Farbtafeln, 17 Zeichnungen, Pappband. ●●

Die Kunst des Stillens
nach neuesten Erkenntnissen (0701) Von Prof. Dr. med. E. Schmidt/ S. Brunn, 112 S., 20 Fotos und Zeichnungen, kart. ●

Wenn Sie ein Kind bekommen
(4003) Von U. Klamroth, Dr. med. H. Oster, 240 S., 86 s/w-Fotos, 30 Zeichnungen, kart. ●●●

Vorbereitung auf die Geburt
Schwangerschaftsgymnastik, Atmung, Rückbildungsgymnastik. (0251) Von S. Buchholz, 112 S., 98 s/w-Fotos, kart. ●

Wie soll es heißen?
(0211) Von D. Köhr, 136 S., kart. ●

Das Babybuch
Pflege · Ernährung · Entwicklung. (0531) Von A. Burkert, 128 S., 16 Farbtafeln, 38 s/w-Fotos, 30 Zeichnungen, kart. ●●

Wenn der Mensch zum Vater wird
Ein heiter-besinnlicher Ratgeber. (4259) Von D. Zimmer, 160 S., 20 Zeichnungen, Pappband. ●●

Die neue Lebenshilfe **Biorhythmik**
Höhen und Tiefen der persönlichen Lebenskurven vorausberechnen und danach handeln. (0458) Von W. A. Appel, 157 S., 63 Zeichnungen, Pappband. ●●

Vom Urkrümel zum Atompilz
Evolution – Ursache und Ausweg aus der Krise. (4181) Von J. Voigt, 188 S., 20 Farb- und 70 s/w-Fotos, 32 Zeichnungen, kart. ●●

Neues Denken – alte Geister
New Age unter der Lupe. (4278) Von G. Myrell, Dr. W. Schmandt, J. Voigt, 176 S., 54 Farbfotos, 3 Zeichnungen, kart. ●●

Dinosaurier
und andere Tiere der Urzeit. (4219) Von G. Alschner, 96 S., 81 Farbzeichnungen, 4 Fotos, Pappband. ●●●

Der Sklave Calvisius
Alltag in einer römischen Provinz 150 n. Chr. (4058) Von A. Ammermann, T. Röhrig, G. Schmidt, 120 S., 99 Farbabb., 47 s/w-Abb., Pappband. ●●

ZDF · ORF · DRS
Kompaß Jugend-Lexikon
(4096) Von R. Kerler, J. Blum, 336 S., 766 Farbfotos, 39 s/w-Abb., Pappband. ●●●●

Psycho-Tests
– Erkennen Sich sich selbst. (0710) Von B. M. Nash, R. B. Monchick, 304 S., 81 Zeichnungen, kart. ●●

Falken-Handbuch **Astrologie**
Charakterkunde · Schicksal · Liebe und Beruf · Berechnung und Deutung von Horoskopen · Aszendenttabelle. (4068) Von B. A. Mertz, 342 S., mit 60 erläuternden Grafiken, gebunden. ●●●

Die Magie der Zahlen
So nutzen Sie die Geheimnisse der Numerologie für Ihr persönliches Glück mit dem völlig neuen Planetennumeroskop (4242) Von B. A. Mertz, 224 S., 36 Abbildungen, Pappband. ●●●

Selbst Wahrsagen mit Karten
Die Zukunft in Liebe, Beruf und Finanzen. (0404) Von R. Koch, 112 S., 252 Abb., Pappband. ●●

Weissagen, Hellsehen, Kartenlegen . . .
Wie jeder die geheimen Kräfte ergründen und für sich nutzen kann. (4153) Von G. Haddenbach, 192 S., 40 Zeichnungen, Pappband. ●●

Frauenträume, Männerträume
und ihre Bedeutung. (4198) Von G. Senger, 272 S., mit Traumlexikon, Pappband. ●●●

Wie Sie im Schlaf das Leben meistern
Schöpferisch träumen
Der Klartraum als Lebenshilfe. (4258) Von Prof. Dr. P. Tholey, K. Utecht, 256 S., 1 s/w-Foto, 20 Zeichnungen, Pappband. ●●●

Wahrsagen mit Tarot-Karten
(0482) Von E. J. Nigg, 112 S., 4 Farbtafeln, 52 s/w-Abb., Pappband. ●●

Aztekenhoroskop
Deutung von Liebe und Schicksal nach dem Aztekenkalender. (0543) Von C.-M. und R. Kerler, 160 S., 20 Zeichnungen, Pappband. ●

Die hier vorgestellten Bücher, Videokassetten und Software sind in folgende Preisgruppen unterteilt:

● Preisgruppe bis DM 10,–/S 79,–
●● Preisgruppe über DM 10,– bis DM 20,– S 80,– bis S 160,–
●●● Preisgruppe über DM 20,– bis DM 30,– S 161,– bis S 240,–
●●●● Preisgruppe über DM 30,– bis DM 50,– S 241,– bis S 400,–
●●●●● Preisgruppe über DM 50,–/S 401,–
*(unverbindliche Preisempfehlung)

FALKEN VERLAG

Die Preise entsprechen dem Status beim Druck dieses

Was sagt uns das Horoskop?
Praktische Einführung in die Astrologie. (0655) Von B. A. Mertz, 176 S., 25 Zeichnungen, kart. ●

Das Super-Horoskop
Der neue Weg zur Deutung von Charaker, Liebe und Schicksal nach chinesischer und abendländischer Astrologie. (0465) Von G. Haddenbach, 175 S., kart. ●

Liebeshoroskop für die 12 Sternzeichen
Alles über Chancen, Beziehungen, Erotik, Zärtlichkeit, Leidenschaft. (0587) Von G. Haddenbach, 144 S., 11 Zeichnungen, kart. ●

Die 12 Sternzeichen
Charakter, Liebe und Schicksal. (0385) Von G. Haddenbach, 160 S., Pappband. ●●

Die 12 Tierzeichen im chinesischen Horoskop
(0423) Von G. Haddenbach, 128 S., Pappband. ●

Sternstunden
für Liebe, Glück und Geld, Berufserfolg und Gesundheit. Das ganz persönliche Mitbringsel für Widder (0621), Stier (0622), Zwillinge (0623), Krebs (0624), Löwe (0625), Jungfrau (0626), Waage (0627), Skorpion (0628), Schütze (0629), Steinbock (0630), Wassermann (0631), Fische (0632) Von L. Cancer, 62 S., durchgehend farbig, Zeichnungen, Pappband. ●

So deutet man Träume
Die Bildersprache des Unbewußten. (0444) Von G. Haddenbach, 160 S., Pappband. ●

Die Famillie im Horoskop
Glück und Harmonie gemeinsam erleben – Probleme und Gegensätze verstehen und tolerieren. (4161) Von B. A. Mertz, 296 S., 40 Zeichnungen, kart. ●●

Erkennen Sie Psyche und Charakter durch **Handdeutung**
(4176) Von B. A. Mertz, 252 S., 9 s/w-Fotos, 160 Zeichnungen, Pappband. ●●●●

Falken-Handbuch **Kartenlegen**
Wahrsagen mit Tarot-, Skat-, Lenormand- und Zigeunerblättern. (4226) Von B. A. Mertz, 288 S., 38 Farb- und 108 s/w-Abb. Pappband. ●●●●

I Ging der Liebe
Das altchinesische Orakel für Partnerschaft und Ehe. (4244) Von G. Damian-Knight, 320 S., 64 s/w-Zeichnungen, Pappband. ●●●

Bauernregeln, Bauernweisheiten, Bauernsprüche
(4243) Von G. Haddenbach, 192 S., 62 Farbabb. 9 s/w-Fotos, 144 s/w-Zeichnungen, Pappband. ●●●

Neue Medien

Programm und Publikum
Der ständige Versuch einer Annäherung. Beiträge und Reden über das öffentlich-rechtliche Fernsehen.
(0874) Von A. Schardt, 167 S., kart. ●●

Computer Grundwissen
Eine Einführung in Funktion und Einsatzmöglichkeiten. (4302) Von W. Bauer, 176 Seiten, 193 Farb- und 12 s/w-Fotos, 37 Computergrafiken, kart., ●●●
(4301) Pappband, ●●●●

Einführung in die Programmiersprache BASIC. (4303) Von S. Curran und R. Curnow, 192 S., 92 Zeichnungen, kart. ●●

Lernen mit dem Computer. (4304) Von S. Curran und R. Curnow, 144 S., 34 Zeichnungen, Spiralbindung. ●●

Computerspiele, Grafik und Musik
(4305) Von S. Curran und R. Curnow, 147 S., 46 Zeichnungen, Spiralbindung. ●●

dBase III
Einführung für Einsteiger und Nachschlagewerk für Profis. (4310) Von J. Brehm, G. A. Karl, 211 S., 23 Abb., kart. ●●●●●

Das Medienpaket
Buch und Programmdiskette „dBase III“ zusammen (4312) ●●●●●

Garantiert BASIC lernen mit dem C 128
Mit kompletter Kurs-Diskette (4321) Von A. Görgens, 288 S., 4 s/w-Fotos, 83 Zeichnungen, kart. ●●●●

Grundwissen Informationsverarbeitung
(4314) Von H. Schiro, 312 S., 59 s/w-Fotos, 133 s/w-Zeichnungen, Pappband. ●●●●●

Heimcomputer-Bastelkiste
Messen, Steuern, Regeln mit C 64-, Apple II-, MSX-, TANDY-, MC-, Atari- und Sinclair-Computern. (4309) Von G. A. Karl, 256 S., 160 Zeichnungen, kart. ●●●●

WORDSTAR 2000
Textverarbeitung für Einsteiger und Profis Mit erprobten Anwendungen aus der Praxis. (4317) Von D. Nasser, 200 S., 9 s/w-Fotos, 3 Zeichnungen, kart. ●●●●●

Drucker und Plotter
Text und Grafik für Ihren Computer. (4315) Von K.-H. Koch, 192 S., 12 Farbtafeln, 5 s/w-Fotos, kart. ●●●●

Computergrafik
Von den Grundlagen bis zum perfekten 3 D-Programm
(4319) Von A. Brück, 296 S., 20 Farbtafeln, 180 s/w-Grafiken, 50 s/w- Zeichnungen, 83 Listings, Pappband. ●●●●●

Textverarbeitung mit Home- und Personal-Computern
Systeme – Vergleiche – Anwendungen. (4316) Von A. Görgens, 128 S., 49 s/w-Fotos, kart. ●●●

Die tägliche PC-Praxis
Anwendungshilfen, Programme und Erweiterungen für MS-DOS-Computer (4322) Von A. Görgens, 224 S., 25 Abbildungen, kart. ●●●●

The Grammar Master
Englische Grammatik üben und beherrschen. (7002) Von Data Beutner. Diskette für den C 64, C 128 (im 64er Modus) ●●●●*

Maschinenschreiben
In 10 Tagen spielend gelernt. Von Unterrichtsmedien Hoppius. (7008) Diskette für den C 64 und C 128 PC ●●●●*
(Best.-Nr. Ariolasoft: 72631)
(7009) für IBM + kompatible, ●●●●●*
(Best.-Nr. Ariolasoft: 78631)
(7010) für Schneider CPC 464, 664, 6128, ●●●●●*
(Best.-Nr. Ariolasoft: 74631)

Lernhilfen

Deutsch – Ihre neue Sprache.
Grundbuch (0327) Von H.-J. Demetz und J. M. Puente, 204 S., mit über 200 Abb., kart. ●●

Maschinenschreiben für Kinder
(0274) Von H. Kaus, 48 S., farbige Abb., kart. ●

So lernt man leicht und schnell **Maschinenschreiben**
Lehrbuch für Selbstunterricht und Kurse. (0568) Von J. W. Wagner, 112 S., 31 s/w-Fotos, 36 Zeichnungen, kart. ●●

Maschinenschreiben durch Selbstunterricht
(0170) Von A. Fonfara, 84 S., kart. ●

Stenografie leicht gelernt
im Kursus oder Selbstunterricht. (0266) Von H. Kaus, 64 S., kart. ●

Buchführung
leicht gefaßt. Ein Leitfaden für Handwerker und Gewerbetreibende. (0127) Von R. Pohl, 104 S., kart. ●

Buchführung leicht gemacht
Ein methodischer Grundkurs für den Selbstunterricht. (4238) Von D. Machenheimer, R. Kersten, 252 S., Pappband. ●●●

Schülerlexikon der Mathematik
Formeln, Übungen und Begriffserklärungen für die Klassen 5–10. (0430) Von R. Müller, 176 S., 96 Zeichnungen, kart. ●

Mathematik verständlich
Zahlenbereiche Mengenlehre, Algebra, Geometrie, Wahrscheinlichkeitsrechnung, Kaufmännisches Rechnen. (4135) Von R. Müller, 652 S., 10 s/w- und 109 Farbfotos, 802 farbige und 79 s/w-Zeichnungen, über 2500 Beispiele und Übungen mit Lösungen, Pappband. ●●●●●

Mathematische Formeln für Schule und Beruf
Mit Beispielen und Erklärungen. (0499) Von R. Müller, 156 S., 210 Zeichnungen, kart. ●

Rechnen aufgefrischt
für Schule und Beruf. (0100) Von H. Rausch, 144 S., kart. ●

Mehr Erfolg in der Schule **Der Deutschaufsatz**
Übungen und Beispiele für die Klassen 5 – 10. (4271) Von K. Schreiner, 240 S., 4 s/w-Fotos, 51 Zeichnungen, Pappband. ●●●

Die hier vorgestellten Bücher, Videokassetten und Software sind in folgende Preisgruppen unterteilt:

● Preisgruppe bis DM 10,–/S 79,–
●● Preisgruppe über DM 10,– bis DM 20,– S 80,– bis S 160,–
●●● Preisgruppe über DM 20,– bis DM 30,– S 161,– bis S 240,–
●●●● Preisgruppe über DM 30,– bis DM 50,– S 241,– bis S 400,–
●●●●● Preisgruppe über DM 50,–/S 401,–
*(unverbindliche Preisempfehlung)

FALKEN VERLAG

Mehr Erfolg in Schule und Beruf
Besseres Deutsch
Mit Übungen und Beispielen für Rechtschreibung, Diktate, Zeichensetzung, Aufsätze, Grammatik, Literaturbetrachtung, Stil, Briefe, Fremdwörter, Reden. (4115) Von K. Schreiner, 444 S., 7 s/w-Fotos, 27 Zeichnungen, Pappband. ●●●

Richtiges Deutsch
Rechtschreibung · Zeichensetzung · Grammatik · Stilkunde. (0551) Von K. Schreiner, 128 S., 7 Zeichnungen, kart. ●

Diktate besser schreiben
Übungen zur Rechtschreibung für die Klassen 4–8. (0469) Von K. Schreiner, 152 S., 31 Zeichnungen, kart. ●

Aufsätze besser schreiben
Förderkurs für die Klassen 4–10. (0429) Von K. Schreiner, 144 S., 4 s/w-Fotos, 27 Zeichnungen, kart. ●

Deutsche Grammatik
Ein Lern- und Übungsbuch. (0704) Von K. Schreiner, 112 S., kart. ●

Besseres Englisch
Grammatik und Übungen für die Klassen 5 bis 10. (0745) Von E. Henrichs, 144 S., ●●

Richtige Zeichensetzung
durch neue, vereinfachte Regeln. Erläuterungen der Zweifelsfragen anhand vieler Beispiele. (0774) Von Prof. Dr. Ch. Stetter, 160 S., kart. ●

Das Deutschbuch
Ein Sprachprogramm für Ausländer, Erwachsene und Jugendliche.
Autorenteam: J. M. Puente, H.-J. Demetz, S. Sargut, M. Spohner.

Grundbuch Jugendliche
(4915) Von Puente, Demetz, Sargut, Spohner, Hirschberger, Kersten, von Stolzenwaldt, 256 S., durchgehend zweifarbig, kart. ●●

Grundbuch Erwachsene
(4901) Von Puente, Demetz, Sargut, Spohner, 292 S., durchgehend zweifarbig, kart. ●●●

Arbeitsheft
zu Grundbuch Erwachsene und Jugendliche. (4903) Von Puente, Demetz, Sargut, Spohner, 160 S., durchgehend zweifarbig, kart. ●●

Aufbaukurs
(4902) Von Puente, Sargut, Spohner, 232 S., durchgehend zweifarbig, kart. ●●●

Lehrerhandbuch Grundbuch Erwachsene (4904) 144 S., kart. ●●

Lehrerhandbuch Grundbuch Jugendliche (4929) 120 S., kart. ●●

Lehrerhandbuch Aufbaukurs
(4930) 64 S., kart. ●

Glossare Erwachsene:
Türkisch (4906) 100 S., kart. ●
Englisch (4912) 100 S., kart. ●
Französisch (4911) 104 S., kart. ●
Spanisch (4909) 98 S., kart. ●
Italienisch (4908) 100 S., kart. ●
Serbokroatisch (4914) 100 S., kart. ●
Griechisch (4907) 102 S., kart. ●
Portugiesisch (4910) 100 S., kart. ●
Polnisch (4913) 102 S., kart. ●
Arabisch (4905) 100 S., kart. ●

Glossare Jugendliche:
Türkisch (4927) 104 S., kart. ●
Italienisch (4932) 104 S., kart. ●
Spanisch (4933) 104 S., kart. ●
Serbokroatisch (4934) 104 S., kart. ●
Griechisch (4936) 112 S., kart. ●

Tonband Grundbuch Erwachsene
(4916) Ø 18 cm. ●●●●●

Tonband Grundbuch Jugendliche
(4917) Ø 18 cm. ●●●●●

Tonband Aufbaukurs
(4918) Ø 18 cm. ●●●●●

Tonband Arbeitsheft
(4919) Ø 18 cm. ●●●●●

Kassetten Grundbuch Erwachsene
(4920) 2 Stück à 90 Min. Laufzeit. ●●●●

Kassetten Grundbuch Jugendliche
(4921) 2 Stück à 90 Min. Laufzeit. ●●●●

Kassetten Aufbaukurs (4922) 2 Stück à 90 Min. Laufzeit. ●●●●

Kassette Arbeitsheft Grundbuch
(4923) 60 Min. Laufzeit. ●●

Overheadfolien Grundbuch Erwachsene (4924) 60 Stück ●●●●●

Overheadfolien Grundbuch Jugendliche (4925) 59 Stück. ●●●●●

Overheadfolien Aufbaukurs
(4931) 54 Stück. ●●●●●

Diapositive Grundbuch Erwachsene
(4926) 300 Stück. ●●●●●

Bildkarten zum Grundbuch Jugendliche und Erwachsene. (4928) 200 Stück. ●●●●●

Die hier vorgestellten Bücher, Videokassetten und Software sind in folgende Preisgruppen unterteilt:

● Preisgruppe bis DM 10,–/S 79,–
●● Preisgruppe über DM 10,– bis DM 20,– S 80,– bis S 160,–
●●● Preisgruppe über DM 20,– bis DM 30,– S 161,– bis S 240,–
●●●● Preisgruppe über DM 30,– bis DM 50,– S 241,– bis S 400,–
●●●●● Preisgruppe über DM 50,–/S 401,–
*(unverbindliche Preisempfehlung)

Bestellschein

Erfüllungsort und Gerichtsstand für Vollkaufleute ist der jeweilige Sitz der Lieferfirma. Für alle übrigen Kunden gilt dieser Gerichtsstand für das Mahnverfahren. Falls durch besondere Umstände Preisänderungen notwendig werden, erfolgt Auftragserledigung zu dem bei der Lieferung gültigen Preis. Ich bestelle hiermit aus dem Falken-Verlag GmbH, Postfach 1120, D-6272 Niedernhausen/Ts., durch die Buchhandlung:

Ex. ____________________

Ex. ____________________

Ex. ____________________

Ex. ____________________

Name: ____________________

Straße: ____________________ Ort: ____________________

Datum: ____________________ Unterschrift: ____________________

 Für die Schweiz: sFr.-Preise gemäß Preisauszeichnung in der Buchhandlung

FALKEN VERLAG

Ihnen bei gleichem Kursziel ein Potential von 30,9 Prozent. Dies ergibt einen um *50 Prozent* höheren Kapitalertrag, obwohl der Kaufkurs sich nur um rund *8 Prozent* verringert hat. Das Kauflimit ist also in aller Regel für den späteren Börsenerfolg von größerer Bedeutung als das Verkaufslimit.

In diesem Zusammenhang sei auch erwähnt, daß es die so oft zitierte *Stop-Loss-Order* an den deutschen Börsen leider nicht gibt. Die vor allem in den USA gebräuchliche Stop-Loss-Order dient in erster Linie der Risikoabsicherung. Schon beim Kauf einer Aktie setzt man für den Fall eines Kursrückgangs eine Stop-Loss-Marke, bei deren Erreichen das Wertpapier automatisch verkauft wird. Würden Sie eine derartige Technik mit dem bei uns üblichen Verkaufslimit versuchen, so würde Ihr Papier sofort wieder verkauft werden. Ein Verkaufslimit an den deutschen Börsen bedeutet: „Ich will bei meinem Verkauf mindestens DM x erzielen", und genau dies würden Sie ja in unserem Beispiel sofort erreichen.

Häufig sind auch sogenannte *Treppenlimits* äußerst sinnvoll. Durch die stufenweise Limitierung bei verschiedenen Kursen versucht man einen insgesamt günstigeren Durchschnittspreis zu erreichen. Entwickelt sich ein Engagement in der falschen Richtung, so läßt sich der ursprüngliche Einstandskurs auch durch gezielte Zukäufe auf ein günstigeres Niveau ermäßigen.

Wen jedoch Zweifel an der Richtigkeit seiner Kaufentscheidung plagen, der sollte es mit André Kostolany halten, der einmal sagte: „Hat man eine schlaflose Nacht wegen eines Börsenengagements, soll man es sofort lösen."

Das Tafelgeschäft

Wertpapiere kaufen *ohne* schriftliche Registrierung – diese legale Möglichkeit bieten Banken und Sparkassen im Rahmen des sogenannten Tafelgeschäftes. Obwohl Tafelgeschäfte nur mit Kunden abgewickelt werden dürfen, die bei dem betreffenden Kreditinstitut über kein Konto verfügen, werden in der täglichen Praxis selten einem Stammkunden seine Wünsche verwehrt. Die Bank nimmt lediglich an Hand des Personalausweises eine Legitimationsprüfung vor. Der nummernmäßig erfaßte Geschäftsabschluß erhält dann den Vermerk „Kunde hat sich legitimiert" oder oft auch „Kunde ist persönlich bekannt". Selbstverständlich ist man bei allen Kreditinstituten der Ansicht, daß diese Geschäfte nicht etwa aus Gründen der Steuerhinterziehung abgeschlossen werden. Man möchte vielmehr denjenigen Kunden entgegenkommen, die entweder Depotgebühren sparen oder aber „etwas in der Hand haben" wollen. Trotzdem ist man auf Seiten der Finanzämter „erfreut über jede Mark, die aus diesen Geschäften versteuert wird", lassen sich doch die Erträge aus Tafelgeschäften praktisch kaum nachweisen, denn auch beim Einreichen der jährlichen Zinsscheine werden keine Namen registriert.

Anleihen des Bundes und der Länder sowie der Bahn, der Post, der Lastenausgleichsbank und anderer öffentlicher Emittenten werden deswegen

schon seit 1972 nicht mehr als effektive Stücke ausgedruckt, sondern nur noch in Form von sogenannten Wertrechtsanleihen gehandelt. Nur die Hansestadt Hamburg machte Mitte der siebziger Jahre einmal eine Ausnahme: eine ihrer Anleihen war ausdrücklich in effektiven Stücken angekündigt worden.
Anders verhält es sich dagegen mit Pfandbriefen, Kommunalobligationen, Industrieanleihen und DM-Auslandsanleihen. Hier werden noch Urkunden ausgedruckt, und die Käufer stören sich selten an den meist unter dem aktuellen Marktniveau liegenden Renditen, suchen sie doch Wertpapiere gegen Bargeld.

Modell Norwegen – nachahmenswert?
Das Mißtrauen war groß, als die Bundesrepublik Deutschland Mitte 1972 damit begann, Anleihen von Bund, Ländern, Bahn und Post nicht mehr in effektiven Stücken auszudrucken, sondern die Besitzer von Staatsanleihen auf Wunsch ins Bundesschuldenbuch einzutragen. Mancher Börsianer befürchtete die totale Überwachung des Wertpapierbesitzes durch den Finanzminister. Diese Befürchtungen waren jedoch grundlos, denn nach wie vor kann das Finanzamt nicht von sich aus Rückfrage bei der Bundesschuldenverwaltung nehmen, um säumige Steuerzahler zu überführen.
Genau dies ist jetzt jedoch in Norwegen mit der Einrichtung einer staatlichen Wertpapierzentrale erreicht worden. Damit die norwegische Steuerbehörde jederzeit über genaue Daten verfügen kann, werden im Rahmen einer gigantischen Umtauschaktion Wertpapiere zurückgenommen und in der neu eingerichteten Wertpapierzentrale registriert. Die bisher ausgedruckten Wertpapierurkunden verlieren dabei ihre Gültigkeit. Die folgende Abbildung verdeutlicht am Beispiel der Elkem-Aktien-Gesellschaft die Bemühungen der Norweger um einen papierlosen Wertpapiermarkt (siehe Seite 95).

Erst beim Abfassen der Einkommenssteuer-Erklärung kommt man dahinter, wieviel Geld man sparen würde, wenn man gar keines hätte.
Fernandel

ELKEM A/S

Oslo, Norwegen

Mitteilung an die Miteigentümer des Inhaber-Sammelzertifikats Einführung eines neuen Registrierungssystems in Norwegen

Diese Mitteilung nimmt Bezug auf die am 2. April 1986 im Handelsblatt und im Bundesanzeiger veröffentlichte Einladungsbekanntmachung zur Hauptversammlung der Elkem a/s vom 22. April 1986, in der u.a. über die Registrierung der Namensaktien der Gesellschaft im Securities Register Beschluß gefaßt werden sollte.

Die Gesellschaft teilt nunmehr mit, daß auf der Grundlage des Securities Registration Act vom 14. Juni 1985, der Beschlußfassung durch die Hauptversammlung und einer entsprechenden Satzungsänderung der Gesellschaft die Aktien der Elkem a/s mit Wirkung vom 25. August 1986 im Rahmen des stückelosen Giroverkehrs im Securities Register registriert werden. Die Aktionäre erhalten bei einer hierzu berechtigten Depotbank Gutschrift über die von ihnen gehaltenen Aktien. Die bisher ausgegebenen Aktienzertifikate verlieren ihre Rechtsgültigkeit , neue Aktienzertifikate werden nicht mehr ausgegeben.

Die Zertifikatsbedingungen des Inhaber-Sammelzertifikats über Namensaktien der Elkem a/s, für das der Deutsche Auslandskassenverein Aktiengesellschaft (AKV), Frankfurt am Main, als Deckung Namensaktien in einem bei der Den norske Creditbank, Oslo, geführten Sonderdepot hält, werden, soweit erforderlich, dem neuen Registrierungssystem angepaßt. Der Deckungsbestand für das Inhaber-Sammelzertifikat wird durch die Eintragung des AKV als Aktionär im Securities Register ersetzt. Die Den norske Creditbank bleibt wie bisher Depotbank.

Für die Miteigentümer des Inhaber-Sammelzertifikats wirkt sich die Einbeziehung der Elkem-Aktien in das neue Registrierungssystem dahingehend aus, daß vom 25. August 1986 an eine Auslieferung von effektiven, auf den Namen eingetragenen Aktienurkunden der Elkem a/s nicht mehr möglich ist. Der Miteigentümer kann stattdessen die Eintragung der seinem Miteigentumsanteil entsprechenden Stückzahl von Namensaktien der Elkem a/s in das Securities Register verlangen; hierbei hat er sich einer Depotbank zu bedienen.

Die Notierung der Elkem-Aktien an der Frankfurter Wertpapierbörse erfolgt weiterhin in Miteigentumsanteilen am Inhaber-Sammelzertifikat des AKV.

Frankfurt/Main, im August 1986

Im Auftrag der Elkem a/s

COMMERZBANK

AKTIENGESELLSCHAFT

Zum Aktionär und Börsianer: Schritt für Schritt
Hier nun eine kurze Zusammenfassung der Kenntnisse, die beim Kauf und Verkauf von Aktien unentbehrlich sind:

Was ist eine Aktie? Eine Urkunde, die den Inhaber mit dem aufgedruckten Nennwert am Vermögen einer Aktiengesellschaft beteiligt und bestimmte Rechte für den Aktionär verbrieft.

Wieviel Geld benötigt man für den Kauf von Aktien? Grundsätzlich gilt: Das in Aktien investierte Geld muß für einen längeren Zeitraum frei verfügbar sein, um Verkäufe aus Geldmangel möglichst zu vermeiden. Der Mindestanlagebetrag für Käufe im Inland sollte ca. DM 1 000,– betragen, da sonst die Spesenbelastung zu hoch wird. Mindestanlagebetrag für Käufe im Ausland: ca. DM 3 000,–.

Aktien auf Kredit kaufen? Ist nur im Ausnahmefall sinnvoll, denn wer beispielsweise sein Depot zu 50 Prozent beleiht, verliert bei einem Kursrückgang von 15 Prozent bereits 30 Prozent seines Eigenkapitals.

Wo kann man Aktien kaufen und verkaufen? An der Börse, allerdings nur unter Einschaltung eines Kreditinstitutes. Speziell amerikanische Optionen und Wertpapiere kann man über einen Broker (Wertpapierhändler) wie zum Beispiel Bache Securities oder Hornblower Fischer ordern. Auch private Transaktionen ohne Einschaltung der Börse sind möglich, aber dann trotzdem börsenumsatzsteuerpflichtig.

Wie wird das Kreditinstitut beauftragt? Schriftlich oder üblicherweise auch telefonisch, wenn der Auftraggeber persönlich bekannt ist. Kleinere Aufträge unter 50 Stück müssen bis ca. 10.00 Uhr bei der Bank oder Sparkasse eintreffen. Aufträge über 50 Stück können jederzeit vor oder zusätzlich während der Börsenzeit (11.30–13.30 Uhr) erteilt werden. Die Aufträge können im Kurs limitiert, das heißt begrenzt, oder aber durch den Zusatz „billigst" bzw. „bestens" zum jeweiligen Tageskurs ausgeführt werden. Limitierte Aufträge gelten in der Regel bis zum Monatsende. Aufträge für Neuemissionen können während der festgelegten Zeichnungsfrist, möglicherweise auch schon eher, erteilt werden.

Kosten und Steuern: Beim Kauf und Verkauf von Aktien an deutschen Börsen sind jeweils 1 Prozent für das beauftragte Kreditinstitut, 2,5 Promille Börsenumsatzsteuer, sowie 0,8 Promille Maklercourtage, insgesamt also 1,33 Prozent vom Kurswert zu zahlen. Dazu kommen je nach Kredit-

institut und Börsensegment weitere Kosten zwischen DM 1,– und DM 15,–. Auslandstransaktionen unterliegen demgegenüber einer erhöhten Belastung von ca. 2 bis 5 Prozent des Kurswertes pro Auftrag.
Kursgewinne sind steuerfrei, sofern die Aktien länger als ein halbes Jahr gehalten werden. Andernfalls gilt eine Freigrenze von DM 1000,–.
Aktionäre, die *nicht* zur Einkommenssteuer veranlagt werden, deren zu versteuerndes Jahreseinkommen also weniger als DM 24.000,–/DM 48.000,– beträgt und deren Nebeneinkünfte nach Abzug des Sparer-Freibetrages (DM 300,–/DM 600,–) sowie der Werbungskostenpauschale (DM 100,–/DM 200,–) den Betrag von DM 800,– nicht übersteigen, erhalten die Dividende einschließlich des Körperschaftssteuerguthabens von 56,25 Prozent vollständig ausbezahlt.
Aktionäre, die zur Einkommenssteuer veranlagt werden, erhalten die Dividende abzüglich 25 Prozent Kapitalertragssteuer und ohne Steuerguthaben von 56,25 Prozent ausbezahlt. Beide Beträge werden bei der Einkommenssteuer-Veranlagung auf den steuerpflichtigen Gesamtbetrag von Dividende und Steuerguthaben angerechnet und gegebenenfalls ganz oder teilweise erstattet.

Wo werden Aktien aufbewahrt? Zweckmäßigerweise im Depot bei einem Kreditinstitut, das dann die Verwaltung der Wertpapiere übernimmt. Üblich ist die Girosammelverwahrung oder die Streifbandverwahrung. Selbstverständlich können Aktien auch zu Hause aufbewahrt werden. Allerdings muß der Aktionär dann die Verwaltung selber übernehmen.

Wann kann man Aktien verkaufen? Prinzipiell jederzeit zu dem dann gültigen Börsenkurs. Bei Gewinnmitnahmen die Spekulationsfrist von 6 Monaten beachten. Grundsätzlich gilt: Gewinne möglichst laufenlassen, Verluste aber begrenzen.

Wie investiert man möglichst risikoarm? Sinnvoll ist generell eine weitgehende Streuung des Anlagekapitals, um das Risiko zu begrenzen. Marktenge Wertpapiere mit geringen Umsätzen sollte man meiden. Möglichst antizyklisch handeln, also in wirtschaftlich schlechten Zeiten kaufen und in Boomphasen Gewinne realisieren.

Informationsquellen: Telefonansagedienste, BTX, amtliche Kursblätter, Börseninformationsdienste, Tageszeitungen, *Handelsblatt*, *Wall Street Journal* für amerikanische Werte, Wirtschaftsmagazine wie zum Beispiel *Capital* oder *Wirtschaftswoche* sowie Mitteilungen und Auskünfte von Banken und Sparkassen.

Wenn Aktien Junge bekommen – Kapitalerhöhung gegen Bareinzahlung

Wenn eine Aktiengesellschaft infolge Geschäftsausweitung oder zur Finanzierung bestimmter Investitionen neues Eigenkapital benötigt, besteht die Möglichkeit, das Grundkapital aufzustocken, das heißt neue Aktien gegen Bareinzahlung auszugeben. Dafür ist ein mit einer Dreiviertelmehrheit gefaßter Beschluß der Hauptversammlung notwendig.

Da der Wert des Grundkapitals den akkumulierten Nennwerten aller Aktien entspricht, diese aber den Aktionären fast immer zu einem über dem Nennwert liegenden Ausgabekurs angeboten werden, kommt der Differenzbetrag der Aktiengesellschaft ebenfalls zugute. Nach § 9 des Aktiengesetzes müssen neue Aktien aber in jedem Fall *mindestens* zum Nennbetrag ausgegeben werden. Den bisherigen Aktionären wird dabei ein gesetzliches Bezugsrecht eingeräumt. Altaktionäre haben also in einem bestimmten Verhältnis zur Zahl ihrer alten Anteile ein Vorkaufsrecht, weil infolge einer Kapitalerhöhung das alte Grundkapital „verwässert" wird, das heißt, der gesamte Börsenwert einer Aktiengesellschaft verteilt sich nach einer Kapitalerhöhung auf eine größere Anzahl Aktien mit einem geringeren Durchschnittswert. Dazu ein Beispiel:

Eine Aktiengesellschaft erhöht das Grundkapital um 10 Millionen DM auf jetzt 50 Millionen DM. Dies entspricht einem Verhältnis von 4 : 1. Der Börsenkurs der alten Aktien beträgt DM 200,–, der Ausgabekurs der jungen Aktien DM 100,–. Das Bezugsangebot für die Aktionäre lautet daher auf 4 : 1 zu DM 100,–. Damit ergibt sich für die betreffende Aktiengesellschaft folgende Börsenbewertung:

- Vor der Kapitalerhöhung verteilen sich

  800 000 Aktien $\left(\frac{\text{Grundkapital}}{\text{Nennwert}}\right)$ auf

  160 Millionen DM Börsenwert

  40 Millionen DM Grundkapital x 4
  (Nennwert DM 50,–/Kurswert DM 200,–)

- Dazu kommen durch die Kapitalerhöhung um

  200 000 Aktien $\left(\frac{\text{Grundkapitalerhöhung}}{\text{Nennwert}}\right)$

  20 Millionen DM Börsenwert
  10 Millionen DM Grundkapital x 2
  (Nennwert DM 50,–/Ausgabekurs DM 100,–)

- Nach Durchführung der Kapitalerhöhung
  verteilen sich nun
  1 000 000 Aktien (800 000 + 200 000) auf
  180 Millionen DM Börsenwert
  (160 Millionen + 20 Millionen DM)

Vor der Kapitalerhöhung verteilten sich also 800 000 Aktien auf einen Börsenwert von 160 Mio DM, was einem Kurs pro Aktie von DM 200,– entsprach. *Nach* der Kapitalerhöhung verteilen sich nun aber 1 000 000 Aktien auf einen Börsenwert von 180 Mio DM, was einen neuen durchschnittlichen Börsenkurs von DM 180,– ergibt.
Der rechnerische Verlust für die bisherigen Aktionäre beträgt also pro Aktie *DM 20,–* (DM 200,– – DM 180,–). Genau dieser Betrag entspricht nun auch dem rechnerischen Wert des gesetzlichen Bezugsrechts pro Aktie. Das gesetzliche Bezugsrecht ist also kein Geschenk, sondern stellt lediglich einen notwendigen Wertausgleich dar.
Auf den gleichen Betrag kommen Sie übrigens auch, wenn Sie wie folgt rechnen:

4 alte Aktien à DM 200,–	kosten zusammen DM 800,–
1 junge Aktie	kostet DM 100,–
5 Aktien	kosten zusammen DM 900,–

Auch diese Rechnung ergibt einen Durchschnittskurs pro Aktie von
DM 180,– $\left(\frac{\text{DM 900,–}}{\text{5 Stück}}\right)$.
Der rechnerische Bezugsrechtswert pro Aktie ergibt sich dann aus der Differenz zwischen dem bisherigen Börsenkurs der Aktie und dem errechneten Durchschnittskurs:
DM 200,– – DM 180,– = *DM 20,–*.

Der Altaktionär hat also die Wahl, die jungen Aktien zu beziehen und damit auch seine zukünftigen Dividendeneinnahmen zu vermehren, oder aber er verkauft seine Bezugsrechte, deren Anzahl jeweils seinem Bestand an alten Aktien entspricht. Auf diese Weise wird ein Verlust des Altaktionärs vermieden, entspricht doch der Verkaufserlös in etwa der Wertminderung seiner alten Aktien.
Selbstverständlich gibt es für Bezugsrechtsberechnungen auch Formeln. Die folgende ist immer *vor* Beginn der Bezugsrechtsnotierung anzuwenden:

Rechnerisches Bezugsrecht I

$$= \frac{\text{Kurs der alten Aktie} - \text{Kurs der jungen Aktie}}{\text{Bezugsverhältnis} + 1}$$

Bezogen auf unser Beispiel ergibt sich mit Hilfe dieser Formel folgende Rechnung:

- Kurs der alten Aktie: DM 200,–
- Kurs der jungen Aktie: DM 100,–
- Bezugsverhältnis: 4 : 1
- rechnerisches Bezugsrecht:

$$= \frac{\text{DM } 200,\text{–} - \text{DM } 100,\text{–}}{4/1 + 1} = \frac{\text{DM } 100,\text{–}}{5} = \underline{\text{DM } 20,\text{–}}$$

Die zweite Formel hat nur *nach* Beginn des Bezugsrechtshandels Gültigkeit, wenn nämlich die alte Aktie bereits *ohne* Anspruch auf den Bezug der jungen Aktien gehandelt wird:

Rechnerisches Bezugsrecht II

$$= \frac{\text{Kurs der alten Aktie} - \text{Kurs der jungen Aktie}}{\text{Bezugsverhältnis}}$$

In jedem Fall stellt das rechnerische Bezugsrecht nur eine Orientierungsgröße dar, denn es wird an der Börse als selbständiger Wert für acht bis fünfzehn Tage gehandelt. Angebot und Nachfrage bestimmen dabei letztendlich den Preis. Am ersten Tag des Bezugsrechtshandels wird die bisher an der Börse notierte alte Aktie mit dem Zusatz ex Bezugsrecht (exB) gehandelt, das heißt, wer jetzt diese Aktie kauft, hat keinen Anspruch mehr auf den Bezug der jungen Aktien.
Dieser Vorgang wird auch mit Bezugsrechtsabschlag bezeichnet, denn die alten Aktien unterliegen ja, wie wir bereits gesehen haben, ab diesem Tag einer Wertminderung in Höhe des Bezugsrechts. Da die Makler aber auch an diesem Tag den Kurs der alten Aktie natürlich durch Gegenüberstellung von Angebot und Nachfrage ermitteln, wird dieser selten genau um den rechnerischen Bezugsrechtswert fallen, sondern kann in Ausnahmefällen sogar gegenüber dem Vortagskurs steigen. Die Erfahrungen der letzten Zeit belegen, daß der Bezugsrechtsabschlag gemeinhin schnell wieder eingeholt wird. Dies liegt daran, daß in erster Linie expandierende und innovationsstarke Unternehmen ihr Grundkapital erhöhen, und Aktien von derartigen Gesellschaften sind natürlich auch besonders begehrt.
Sehen wir uns nun einmal das Bezugsangebot der Vereins- und Westbank an (siehe Abbildung Seite 101).
Das Bezugsangebot lautet: 6 : 1 zu DM 200,–.
Bei einem Börsenkurs von beispielsweise DM 440,– ergibt sich daher folgende Rechnung:

- 6 alte Aktien à DM 440,– kosten zusammen DM 2 640,–
- 1 junge Aktie kostet DM 200,–
- 7 Aktien kosten zusammen DM 2 840,–

Dies ergibt pro Aktie einen Mischkurs von DM 405,71. Der rechnerische Bezugsrechtswert beträgt dann
DM 440,– – DM 405,71 = DM 34,29.
Während des Bezugsrechtshandels an der Börse wird der tatsächliche Bezugsrechtswert allerdings täglich in Abhängigkeit von dem aktuellen Börsenkurs der Altaktie auf Grund von Angebot und Nachfrage ermittelt.
Außerdem sei noch darauf hingewiesen, daß wir bei unserer Musterrechnung den Dividendennachteil der jungen Aktien (die ja erst ab 1. Januar 1986

VEREINS-UND WESTBANK

Wertpapier-Kenn-Nr.: 811 700

Bezugsangebot

Aufgrund der Ermächtigung in § 5 Abs. 3 der Satzung (genehmigtes Kapital gemäß §§ 202 ff. AktG) haben wir mit Zustimmung des Aufsichtsrats beschlossen, das Grundkapital unserer Bank von DM 134 300 000,– um DM 22 700 000,– auf DM 157 000 000,– durch Ausgabe von Stück 454 000 neuen Inhaberaktien im Nennbetrag von je DM 50,– mit Gewinnberechtigung ab 1. Januar 1986 zum Ausgabepreis von DM 200,– je DM 50,– Aktien-Nennbetrag zu erhöhen. Für einen Teilbetrag in Höhe von nom. DM 316 650,– wurde das gesetzliche Bezugsrecht der Aktionäre ausgeschlossen, um diese Aktien zur Aufrundung des Grundkapitals zu verwerten.

Die neuen Aktien sind von Kreditinstituten mit der Verpflichtung übernommen worden, sie den Aktionären im Verhältnis 6 : 1 zum Ausgabepreis von DM 200,– je DM 50,– Aktien-Nennbetrag zum Bezug anzubieten; der Spitzenbetrag von DM 316 650,– ist nach unserer Weisung zu verwerten.

Nachdem die Durchführung der Kapitalerhöhung in das Handelsregister eingetragen worden ist, bitten wir unsere Aktionäre, ihr Bezugsrecht in der Zeit (Ausschlußfrist)

vom 6. bis 21. März 1986 einschließlich

bei der VEREINS- UND WESTBANK oder einer der nachstehend aufgeführten Banken auszuüben:

Baden-Württembergische Bank AG,
Bank für Handel und Industrie AG,
Bankhaus Neelmeyer AG,
Bayerische Hypotheken- und Wechsel-Bank AG,
Bayerische Vereinsbank AG,
Berliner Bank AG,
Berliner Commerzbank AG,
Berliner Handels- und Frankfurter Bank,
Commerzbank AG,
CSFB-Effectenbank AG,
Deutsche Bank AG,
Deutsche Bank Berlin AG,
Conrad Hinrich Donner,
Dresdner Bank AG,
Handelsbank in Lübeck AG,
Metallbank GmbH,
B. Metzler seel. Sohn & Co.,
J. H. Stein,
M. M. Warburg-Brinckmann, Wirtz & Co.,
Westfalenbank AG.

Als Bezugsrechtsausweise dienen die Gewinnanteilscheine Nr. 15 zu unseren alten Aktien. Es kann auf je sechs alte Aktien im Nennbetrag von DM 50,– eine neue Aktie im Nennbetrag von DM 50,– zum Ausgabepreis von DM 200,– je DM 50,– Aktien-Nennbetrag börsenumsatzsteuerfrei bezogen werden. Der Bezugspreis ist spätestens am 21. März 1986 zu entrichten.

Die Bezugsrechte werden in der Zeit vom 6. bis 19. März 1986 einschließlich an den Wertpapierbörsen zu Hamburg, Berlin, Bremen, Düsseldorf, Frankfurt/Main, Hannover und München gehandelt und amtlich notiert. Die Bezugsstellen sind bereit, den börsenmäßigen An- und Verkauf von Bezugsrechten nach Möglichkeit zu vermitteln. Vom Beginn der Bezugsfrist an werden die alten Aktien ausschließlich Bezugsrecht gehandelt.

Für den Bezug wird die übliche Bankenprovision berechnet, es sei denn, daß das Bezugsrecht unter Einreichung des Gewinnanteilscheins Nr. 15 während der üblichen Geschäftsstunden am Schalter einer Bezugsstelle ausgeübt wird und ein weiterer Schriftwechsel damit nicht verbunden ist.

Die neuen Aktien sind in einer Globalurkunde verbrieft, die bei der Norddeutscher Kassenverein AG, Hamburg, hinterlegt worden ist. Die Bezieher erhalten über ihre neuen Aktien eine Gutschrift auf Sammeldepotkonto. Auf Wunsch stehen ab 17. April 1986 Einzelurkunden zur Verfügung.

Die Zulassung der neuen Aktien zum Handel und zur amtlichen Notierung an den Wertpapierbörsen zu Hamburg, Berlin, Bremen, Düsseldorf, Frankfurt/Main, Hannover und München wird beantragt. Es ist vorgesehen, die neuen Aktien ab 17. April 1986 in die Notierung der alten Aktien einzubeziehen. Bis zu diesem Termin werden die neuen Aktien ab 24. März 1986 im geregelten Freiverkehr an der Wertpapierbörse zu Hamburg notiert werden.

Die neuen Aktien, die mit Gewinnanteilscheinen Nr. 17 bis 20 und Erneuerungsschein ausgestattet sind, erhalten bis zum 17. April 1986 die Wertpapier-Kenn-Nr. 811 701.

Hamburg, im Februar 1986

DER VORSTAND

VEREINS-UND WESTBANK

dividendenberechtigt waren), nicht berücksichtigt haben. Der Bezugspreis der jungen Aktien würde sich nämlich dadurch rechnerisch um eben diesen Betrag erhöhen und der Wert des Bezugsrechts dadurch geringfügig sinken. Der Bezugsrechtshandel an der Börse ermöglicht es dem Aktionär, seinen Bestand an Bezugsrechten (pro Aktie ein Bezugsrecht)

1. zu erhöhen,
   - um auf eine ausführbare Anzahl zu kommen (z. B. Besitz von vier Bezugsrechten, Bezugsverhältnis 6 : 1, Zukauf von zwei Bezugsrechten),
   - um seinen Bestand an jungen Aktien und damit seine Beteiligung an der Aktiengesellschaft aufzustocken;
2. zu reduzieren,
   - um auf eine ausführbare Anzahl zu kommen,
   - um seine Aufwendungen zum Bezug der jungen Aktien zu ermäßigen;
3. aufzulösen, also über die Börse zu verkaufen.

Ebenso können auch solche Anleger, die bisher noch keine Aktien der betreffenden Gesellschaft besaßen, über den Kauf von Bezugsrechten junge Aktien erwerben.
Am Beispiel der Vereins- und Westbank ist noch interessant, daß das gesetzliche Bezugsrecht der Aktionäre für einen Teilbetrag ausdrücklich ausgeschlossen wurde, um diesen für die oben beschriebenen Bestandsangleichungen der Aktionäre zu verwenden. Denn nicht immer ist der Markt für Bezugsrechte ausgeglichen, das heißt, nicht immer lassen sich alle Aufträge von Aktionären, die aus den obengenannten Gründen entweder die Zahl ihrer Bezugsrechte erhöhen oder aber reduzieren wollen, vollständig ausführen. Sind die jungen Aktien sehr begehrt, kann das dazu führen, daß mangels Angebots überhaupt kein Börsenhandel in den Bezugsrechten möglich ist. Um dies zu verhindern, hält in unserem Beispiel die Vereins- und Westbank einen Teilbetrag von DM 316 650,– zurück, um die darauf entfallenden 6 333 neuen Aktien $\left(\frac{\text{DM } 316\,650,\text{–}}{\text{DM } 50,\text{–}}\right)$
für die Aufrechterhaltung eines Bezugsrechtshandels zu benutzen. Im Bezugsrecht 6 : 1 sind diese Aktien daher auch nicht enthalten, da sie ja von Anfang an von der Zuteilung ausgenommen waren.
Darüber hinaus wird heute bei fast jeder Kapitalerhöhung das dem Altaktionär zustehende Bezugsrecht aus praktischen Erwägungen heraus *formell* ausgeschlossen. Gleichzeitig übernimmt dann aber ein Bankenkonsortium komplett alle neuen Aktien und verpflichtet sich, diese den alten Aktionären zum Bezug anzubieten. Diese Verfahrensweise ist allgemein üblich, weil die formale Durchführung der Kapitalerhöhung bedeuten würde, daß alle Altaktionäre von der betreffenden Gesellschaft angeschrieben und zur Zeichnung der jungen Aktien aufgefordert werden müßten. Erst nach Abschluß dieses

VOLKSWAGEN
Aktiengesellschaft
Wolfsburg

– Wertpapier-Kenn-Nummer 766 400 –

Bezugsangebot

Aufgrund der in § 4 Abs. 4 der Satzung eingeräumten Ermächtigung hat der Vorstand mit Zustimmung des Aufsichtsrats beschlossen, das Grundkapital von 1.200.000.000 DM um 300.000.000 DM auf 1.500.000.000 DM durch Ausgabe von neuen, auf den Inhaber lautenden Vorzugsaktien ohne Stimmrecht im Nennbetrag von je 50 DM zu erhöhen. Die Vorzugsaktien sind mit einer nachzahlbaren Vorzugsdividende von 4% jährlich sowie einer Mehrdividende von 2% jährlich ausgestattet. Die neuen Vorzugsaktien sind für das Geschäftsjahr 1986 voll dividendenberechtigt.

Von einem Bankenkonsortium unter gemeinsamer Führung der Deutschen Bank AG, der Dresdner Bank AG und der Commerzbank AG werden den Aktionären die neuen Aktien im Verhältnis 4:1 zum Bezugspreis von 350 DM je Aktie im Nennbetrag von 50 DM zum Bezug angeboten.

Nachdem das Grundkapital mit Eintragung der Durchführung der Kapitalerhöhung in das Handelsregister erhöht worden ist, bitten wir unsere Aktionäre, ihr Bezugsrecht zur Vermeidung des Ausschlusses in der Zeit

vom 19. September bis 3. Oktober 1986 einschließlich

gegen Einreichung des Gewinnanteilscheins Nr. 24 der alten Aktien bei einer Bezugsstelle während der üblichen Schalterstunden auszuüben. Bezugsstellen sind die nachstehend genannten Kreditinstitute:

Deutsche Bank AG
Deutsche Bank Berlin AG
Dresdner Bank AG
Bank für Handel und Industrie AG
Commerzbank AG
Berliner Commerzbank AG
Bank für Gemeinwirtschaft AG
Bayerische Hypotheken- und Wechsel-Bank AG
Bayerische Landesbank Girozentrale
Bayerische Vereinsbank AG
Joh. Berenberg, Gossler & Co.
Berliner Bank AG
Berliner Handels- und Frankfurter Bank
DG Bank Deutsche Genossenschaftsbank
Deutsche Girozentrale
– Deutsche Kommunalbank –
Hessische Landesbank – Girozentrale –
Merck, Finck & Co.
Norddeutsche Landesbank Girozentrale
Sal. Oppenheim jr. & Cie.
Trinkaus & Burkhardt KGaA
Vereins- und Westbank AG
M. M. Warburg-Brinckmann, Wirtz & Co.
Westdeutsche Landesbank Girozentrale
Westfalenbank AG
Commerz-Credit-Bank AG Europartner
Deutsche Bank Saar AG

Auf je 4 alte Aktien im Nennbetrag von je 50 DM kann jeweils 1 neue Vorzugsaktie im Nennbetrag von 50 DM zum Bezugspreis von 350 DM börsenumsatzsteuerfrei bezogen werden. Der Bezugspreis ist bei der Bezugsanmeldung, spätestens am 3. Oktober 1986, zu entrichten.

Die Bezugsrechte werden vom 19. September bis 1. Oktober 1986 einschließlich an den Wertpapierbörsen zu Hannover, Berlin, Bremen, Düsseldorf, Frankfurt am Main, Hamburg, München und Stuttgart gehandelt und amtlich notiert. Die Bezugsstellen sind bereit, den börsenmäßigen An- und Verkauf von Bezugsrechten (Wertpapier-Kenn-Nummer 766 408) nach Möglichkeit zu vermitteln. Vom Beginn der Bezugsfrist an werden die alten Aktien „ex Bezugsrecht" notiert.

Für den Bezug wird die übliche Bankenprovision berechnet, es sei denn, daß der Bezug unter Einreichung der obengenannten Bezugsrechtsausweise durch den Bezieher während der üblichen Geschäftsstunden am Schalter einer Bezugsstelle vorgenommen wird und ein Schriftwechsel damit nicht verbunden ist.

Die neuen Vorzugsaktien sind in einer Globalurkunde verbrieft, die beim zuständigen Kassenverein hinterlegt ist. Die Bezieher erhalten eine Gutschrift auf Girosammeldepotkonto. Die Auslieferung von Aktien kann bis zum Vorliegen der gedruckten Urkunden nicht verlangt werden; der Stückedruck ist eingeleitet. Die neuen Aktien erhalten die Wertpapier-Kenn-Nummer 766 403. Sie sind mit Gewinnanteilscheinen Nr. 1 bis 20 und Erneuerungsschein ausgestattet.

Die neuen Vorzugsaktien sind zum Handel und zur amtlichen Notierung an allen deutschen Wertpapierbörsen zugelassen. Außerdem ist die Zulassung der neuen Aktien an den Wertpapierbörsen in Amsterdam, Antwerpen, Basel, Brüssel, Genf, Luxemburg, Wien und Zürich vorgesehen.

Wolfsburg, im September 1986
Der Vorstand

bei manchmal Hunderttausenden von Aktionären sehr mühseligen Verfahrens kann der entsprechende Eintrag ins Handelsregister vorgenommen werden. Die Übernahme der gesamten jungen Aktien hat außerdem für die Aktiengesellschaft den großen Vorteil, daß sie sofort über das benötigte Kapital verfügen kann, weil das Plazierungsrisiko der jungen Aktien ausschließlich beim übernehmenden Kreditinstitut oder Bankenkonsortium liegt. Eine Ausnahme von diesem allgemein praktizierten Verfahren stellte die Kapitalerhöhung der Berliner Lehmann-Werke Aktiengesellschaft Ende 1985 dar. Diese Gesellschaft hat alle mit der Kapitalerhöhung verbundenen Formalitäten wie den Versand der Zeichnungsscheine an die Aktionäre sowie die Buchung und Vorlage der Zeichnungsscheine beim Handelsregister selbst vorgenommen. Der Bezugsrechtshandel erstreckte sich dabei über einen Zeitraum von vier Wochen, um den längeren Bearbeitungszeiten Rechnung zu tragen.
Die jungen Aktien werden nach Beendigung des Bezugsrechtshandels noch so lange von den alten Aktien getrennt gehandelt, bis beide Aktien die gleichen Rechte, also in erster Linie eine identische Dividendenberechtigung, aufweisen. Auch hier möchte ich noch einmal auf die Kapitalerhöhung der Vereins- und Westbank verweisen. Da in diesem Fall die neuen Inhaberaktien erst ab dem 1. Januar 1986 dividendenberechtigt sind, die Hauptversammlung mit anschließender Auszahlung der Dividende aber bereits am 16. April 1986 in Kiel stattfand, können die neuen Aktien, wie auch im Bezugsangebot vermerkt, ab dem 17. April 1986 in die Notierung der alten Aktien einbezogen werden.
Ein weiteres Beispiel ist das heftig diskutierte Angebot der Volkswagen Aktiengesellschaft vom September 1986 zum Bezug von Vorzugsaktien ohne Stimmrecht im Verhältnis 4:1 zu DM 350,– (siehe Abbildung Seite 103), wobei es um eine Erhöhung des Grundkapitals um 300 Mio. DM ging.

Der Kassakurs der VW-Aktie am 30. 9. 1986 betrug DM 481,90, am 1. 10. 1986 waren es DM 496,50. Bei einem Bezugsangebot von 4 : 1 zu DM 350,– ergibt sich durch Einsetzen in die Formel „Rechnerisches Bezugsrecht II" der rechnerische Wert des Bezugsrechts am 30. 9. 1986:

- $$\frac{\text{DM } 481{,}90 - \text{DM } 350{,}-}{4/1} \quad \frac{\text{DM } 131{,}90}{4} = \underline{\underline{\text{DM } 32{,}98}}$$

Einen Tag später errechnete sich das Bezugsrecht wie folgt:

- $$\frac{\text{DM } 496{,}50 - \text{DM } 350{,}-}{4/1} \quad \frac{\text{DM } 146{,}50}{4} = \underline{\underline{\text{DM } 36{,}63}}$$

An der Börse jedoch wurde der Wert des Bezugsrechts an beiden Tagen von unserer obenstehenden Rechnung abweichend ermittelt:

Bezugsrecht-Handel

	01.10.	30.09.
Colonia	5,00b	4,80b
Magdeb.Feuer	190,00b	180,00b
VW	25,00b	22,50b
Zanders	8,00b	7,00b

Ganz offensichtlich war auf dem Bezugsrechtsmarkt mehr Angebot als Nachfrage vorhanden, denn die Börsenbewertung der Bezugsrechte liegt um einiges unter der rechnerischen Parität, obwohl wir in unserer Musterrechnung den Dividendenvorteil von DM 1,– (2 Prozent vom Nennwert) gegenüber den Stammaktien nicht berücksichtigt haben. Damit eröffnet sich jedoch für Käufer der jungen Aktie eine Chance. Am 1. 10. 1986 beispielsweise kosteten vier Bezugsrechte zusammen DM 100,–. Addiert man dazu den Bezugspreis von DM 350,–, so bekommt man eine junge VW-Vorzugsaktie für DM 450,–, während die alte VW-Stammaktie an diesem Tag DM 496,50 kostete. Dies entspricht einem Preisvorteil von immerhin DM 46,65. Für denjenigen, der lediglich an der Vorzugsdividende und weniger an dem Stimmrecht interessiert ist, ergibt sich also eine reizvolle Kaufgelegenheit. Andererseits sollte man nicht übersehen, daß Vorzugsaktien im Schnitt meist etwa 10 Prozent unter den Stammaktien notieren, was diesen Preisvorteil wieder wettmachen würde. Ein Bezug der jungen VW-Vorzüge ist jedoch trotzdem von Vorteil, erhält der Aktionär doch letztendlich durch die Vorzugsdividende einen höheren Ertrag.

Heftige Aufregung verursachte unter Börsianern das Commerzbank-Bezugsrecht 15 : 2 zu DM 300,– vom Februar 1986. Zeitweilig sank nämlich der Wert der alten Aktien unter die Schwelle von DM 300,–, so daß das verunglückte Bezugsrecht für jeden deutlich wurde: Die neuen Aktien aus der Kapitalerhöhung kosteten wesentlich mehr als die alten Aktien, denn zusätzlich hatten die alten Papiere auch noch einen Dividendenvorteil von DM 8,–. Der hohe Ausgabekurs für die jungen Commerzbank-Aktien hatte zur Folge, daß das rechnerische Bezugsrecht meist nur ein paar Pfennige betrug. Gerade das aber rief die Spekulanten auf den Plan, die bereits am ersten Tag große Mengen von Bezugsrechten aufkauften, hofften sie doch, diese noch innerhalb des Bezugszeitraumes wieder mit Gewinn verkaufen zu können. Ein solches Ansinnen war verständlich, schließlich hätte zum Beispiel ein Kursanstieg der alten Commerzbank-Aktie von DM 308,50 auf lediglich DM 309,– genügt, um das rechnerische Bezugsrecht von DM 0,06 auf DM 0,12, also um 100 Prozent, steigen zu lassen. Da sich aber sehr viele Spekulanten eine derartige Chance ausgerechnet und darüber hinaus ihre Aufträge teilweise nicht limitiert hatten, wurde das Bezugsrecht am ersten Tag an der Börse noch mit

DM 1,50 ermittelt, obwohl es rein rechnerisch bereits ohne Wert war. Anstatt nun die erhofften Supergewinne zu kassieren, wurden die Bezugsrechtsspekulanten mit einem kontinuierlich fallenden Bezugsrecht konfrontiert. Schon am zweiten Tag fiel das Bezugsrecht auf DM 0,90 und notierte dann – über DM 0,60 – bei zuletzt nur noch DM 0,10. Selbst diese Notierung war aber noch völlig überhöht, stand doch die Commerzbank-Aktie an diesem Tag bereits auf DM 293,–. Schließlich waren alle froh, daß das Spießrutenlaufen der „Bezüge" überstanden war. Das Commerzbank-Bezugsrecht wurde also in doppelter Weise ein Desaster: einerseits für das Renommee der Bank selbst, andererseits aber auch für die kurzfristig disponierenden Bezugsrechtsspekulanten. Selbstverständlich hätten diese ihre erhofften Profite im Falle der Realisation auch als Spekulationsgewinne versteuern müssen, obwohl ansonsten der Bezugsrechtshandel nicht der Einkommenssteuer unterliegt.
Besser, weil ehrlicher, ist da schon das Bezugsangebot der Schweizerischen Aluminium Aktiengesellschaft von April/Mai 1986. Die nämlich verkündete im Rahmen ihres Bezugsangebotes für neue Inhaberaktien zu 875 Schweizer Franken: „Die Bezugsrechte aus den Inhaberaktien werden *nicht* an der Frankfurter Wertpapierbörse notiert werden. Der derzeitige Kurs der Inhaberaktie liegt *wesentlich unter* dem Bezugspreis von 875 Schweizer Franken, so daß sich für das Bezugsrecht kein rechnerischer Wert ergibt." Immerhin eine klare Stellungnahme. Da verwundert es schon eher, daß ein Bankenkonsortium auch in diesem Fall bereits im voraus alle 417 273 neuen Inhaberaktien fest übernommen hat, um sie den Alusuisse-Aktionären im Verhältnis 3 : 1 anzubieten. Es stellt sich nur die Frage, wer dieses Bezugsangebot wahrgenommen hat, war doch die alte Aktie an der Börse um über 100 Schweizer Franken günstiger zu haben.
Anders verhält es sich dagegen mit den Kapitalerhöhungen der Siemens Aktiengesellschaft. Nach der Philosophie des Hauses sind Bezugsrechte ein Mittel, den Aktionären auch indirekt höhere Ausschüttungen zukommen zu lassen. Siemens-Aktionäre haben daher auch konsequent seit 1955 bereits 16mal ein Bezugsrecht erhalten.
Wenn Versicherungen ihr Grundkapital erhöhen, kann es auch schon einmal zu Bezugsrechten im Wert von mehreren hundert DM kommen. Die Kapitalerhöhung der Münchener Rückversicherungsgesellschaft 9 : 2 zu DM 175,– vom April 1986 ergab für die Aktionäre ein Bezugsrecht im Wert von über DM 500,– und unterschied sich damit wohltuend von den in letzter Zeit häufiger praktizierten Pfennig-Bezugsrechten. Da die Kapitalerhöhung im Nominalverhältnis 4,5 : 1 stattfand, wurden anläßlich der Notierung des Bezugsrechts nach „Art des Hauses" sogar halbe Bezugsrechte gehandelt.
Wenn eine Kapitalerhöhung nicht sofort durchgeführt werden soll, besteht aktienrechtlich die Möglichkeit, daß die Hauptversammlung nur ein soge-

nanntes *genehmigtes* Kapital festsetzt. Damit wird dem Vorstand ermöglicht, die Kapitalerhöhung zu einem Zeitpunkt durchzuführen, der ihm günstig erscheint. Der Nennbetrag des genehmigten Kapitals darf allerdings die Hälfte des bisherigen Grundkapitals nicht übersteigen. Wie Sie aus den Bezugsangeboten der Vereins- und Westbank und der Volkswagen-Werke ersehen können, hat der Vorstand in beiden Fällen von der sogenannten Ermächtigung Gebrauch gemacht, das heißt, er hat unter Ausnutzung des genehmigten Kapitals und mit der dazu notwendigen Zustimmung des Aufsichtsrats die Bedingungen für die Ausgabe von neuen Aktien festgesetzt.

Die „operation blanche"

Junge Aktien beziehen, ohne zusätzlich Geldmittel in Anspruch zu nehmen – darin liegt das Geheimnis der „operation blanche". Sie erreichen dies, indem Sie so viele Bezugsrechte abstoßen, daß Sie aus dem Erlös die Ihnen auf den Restbesitz zustehenden jungen Aktien finanzieren können.
Eine einfache Rechnung kann so aussehen:
Sie besitzen 20 alte Aktien.
Das Bezugsangebot lautet: 5 : 1 zu DM 175,–. Der rechnerische Wert des Bezugsrechts beträgt: DM 12,–. Sie verkaufen 15 Bezugsrechte und erlösen dabei DM 180,–. Von diesem Geld können Sie dann die eine, Ihnen auf Ihrem Restbesitz von 5 Aktien zustehende junge Aktie für DM 175,– beziehen.
Bei der „operation blanche" geht der relative Anteil eines Aktionärs an seinem Unternehmen also zurück, da er einen Teil seiner ihm zustehenden Bezugsrechte verkauft hat.

Discount am letzten Tag – der Kauf von Bezugsrechten

Wer Bezugsrechte kaufen bzw. zukaufen möchte, sollte dieses am letzten Tag des Börsenhandels tun. Am letzten Notierungstag nämlich werden alle Bezugsrechte, für die den Kreditinstituten keine besondere Order vorliegt, von diesen bestens verkauft. Der Kurs wird daher an diesem letzten Handelstag wegen des großen Angebots in der Regel relativ niedrig ausfallen – eine gute Chance für die Käufer.
Manchmal klappt es auch mit der Umkehrung: wer Bezugsrechte verkaufen möchte, weil er keine neuen Mittel für die jungen Aktien aufbringen will, der sollte dies an den ersten Handelstagen tun. Letztendlich gehört jedoch beim Bezugsrechtshandel wie überall im Wertpapiergeschäft auch eine gehörige Portion Glück dazu, ist das Bezugsrecht doch entscheidend vom aktuellen Kurs der Altaktie abhängig. Und wer kann den schon vorherbestimmen?

Die Prospekthaftung

Vor der Zulassung eines Wertpapiers zum Börsenhandel, also auch bei einer Kapitalerhöhung, ist meist ein Prospekt zu veröffentlichen, der für die Beurteilung des neu einzuführenden Wertpapiers wesentliche Angaben enthält. Sind Angaben, die für die Beurteilung des Papiers erheblich sind, unrichtig oder infolge der Fortlassung wesentlicher Tatsachen unvollständig, so haften diejenigen, von denen der Erlaß des Prospektes ausgeht.
Ein immer noch aktueller Fall im Zusammenhang mit der oben beschriebenen Prospekthaftung ist die 1979 in Konkurs gegangene Beton- und Monierbau Aktiengesellschaft. Auf Grund einer Entscheidung des Bundesgerichtshofs bekommen diejenigen Aktionäre, die nach der Prospektveröffentlichung vom 7. November 1978 bis zur Einstellung der Kursnotierung am 28. März 1979 junge Aktien aus der Kapitalerhöhung erworben hatten, den Kaufpreis von der Westdeutschen Landesbank zuzüglich Spesen und Zinsen erstattet.
Der Westdeutschen Landesbank wurde dabei vorgeworfen, die Konkursreife des Unternehmens zum Zeitpunkt der Kapitalerhöhung gekannt zu haben bzw. gekannt haben zu müssen. Die rechtsverbindliche Entscheidung darüber ließ aber immerhin rund vier Jahre auf sich warten.

Die Stirnwand des renovierten Berliner Börsensaales zierten zwei große Gemälde. Das linke zeigte eine bekleidete, das rechte eine unbekleidete Halbgöttin, Tizians himmlischer und irdischer Liebe nachempfunden. Carl Fürstenberg, nach dem Sinn der Figuren gefragt: „Links die verschleierte Bilanz, rechts die nackte Pleite."

Kapitalerhöhung aus Gesellschaftsmitteln – Gratisaktien, die kein Geschenk sind

Das Kapital einer Aktiengesellschaft kann nicht nur durch Bareinzahlung erhöht werden, sondern auch aus Gesellschaftsmitteln. In diesem Fall werden offene Rücklagen in das Grund- bzw. Aktienkapital umgebucht. Auch dazu bedarf es einer Dreiviertelmehrheit auf der Hauptversammlung. Das gesetzliche Bezugsrecht wird nicht ausgeschlossen, sondern die Altaktionäre erhalten im Verhältnis ihres Anteils am Grundkapital entsprechend neue Aktien zugeteilt, ohne dafür etwas bezahlen zu müssen. Erfolgt die Berichtigung nicht im Verhältnis 1 : 1, so entstehen Teilrechte, die wiederum selbständig handelbar sind.
Die bei Kapitalerhöhungen aus Gesellschaftsmitteln benutzte Bezeichnung Gratisaktie ist zumindest irreführend, denn es wird hier lediglich eine bilanztechnische Umbuchung vorgenommen, ohne daß sich am Vermögen der Aktiengesellschaft das Geringste ändert. Daher ist auch der Begriff Berichtigungsaktie wesentlich zutreffender, denn das Vermögen der Gesellschaft verteilt sich jetzt auf eine größere Anzahl von Aktien, so daß die einzelne Aktie logischerweise im Wert sinken muß. Die Berichtigungsaktie gleicht diesen Wertverlust wieder aus. Dennoch sind Berichtigungsaktien sehr begehrt, erhöhen sie doch in aller Regel das Dividendeneinkommen der Aktionäre, vorausgesetzt, der bisherige Dividendensatz wird von der Gesellschaft nicht oder nicht entsprechend dem Berichtigungsverhältnis geändert.
Die Berechnung des Bezugsrechts auf Berichtigungsaktien ist im übrigen mit der Berechnung eines normalen Bezugsrechts weitgehend identisch, jedoch wird als Kurs der neuen Aktien hier jeweils Null eingesetzt. Am ersten Tag des Bezugszeitraumes werden die bisherigen Aktien mit dem Zusatz ex Berichtigungsaktie (exBA), das heißt ohne Anspruch auf den Bezug der Berichtigungsaktien, gehandelt. Auch hier ermäßigt sich der Kurs in etwa um den Wert des rechnerischen Bezugsrechts.
Die wohl bekannteste Kapitalerhöhung aus Gesellschaftsmitteln der letzten Zeit wurde von der Daimler-Benz-Aktiengesellschaft im Juli 1986 vorgenommen (siehe Abbildung Seite 110).
Bei einem Aktienkurs von DM 1 500,– für die DM 50,– Aktie beläuft sich der rechnerische Wert des Bezugs- oder besser Teilrechts auf stolze DM 187,50.
Einer Aktiengesellschaft bietet die Kapitalberichtigung die Möglichkeit, das Grundkapital in ein ausgewogenes Verhältnis zum gesamten Geschäftsvolumen und insbesondere zu den offenen Rücklagen zu bringen. Darüber hinaus können durch die Ausgabe von Berichtigungsaktien die Aktien der Gesell-

DAIMLER-BENZ AG Wertpapier-Kenn-Nr. 550 000

Aufforderung zur Entgegennahme der Berichtigungsaktien

Die ordentliche Hauptversammlung vom 2. Juli 1986 hat u. a. die Erhöhung des Grundkapitals von DM 1.698.694.200,– um DM 242.670.600,– auf DM 1.941.364.800,– aus Gesellschaftsmitteln durch Umwandlung von Rücklagen in Grundkapital nach den Vorschriften der §§ 207 ff. AktG beschlossen. Ausgegeben werden DM 242.396.100,– neue, auf den Inhaber lautende Stammaktien in Nennbeträgen zu DM 1.000,– und DM 50,– und DM 274.500,– neue, auf den Namen lautende Vorzugsaktien in Nennbeträgen zu DM 1.000,– und DM 100,–. Die Berichtigungsaktien sind für das Geschäftsjahr 1986 voll dividendenberechtigt.
Nachdem der Beschluß über die Kapitalerhöhung aus Gesellschaftsmitteln in das Handelsregister eingetragen worden ist, bitten wir unsere Stammaktionäre zur Entgegennahme der Berichtigungsaktien den als Berechtigungsnachweis dienenden Gewinnanteilschein Nr. 49 ihrer alten Aktien

vom 18. Juli 1986 an

bei einer Niederlassung der nachstehend genannten Banken in Stuttgart, Berlin, Bremen, Düsseldorf, Frankfurt am Main, Hamburg, Hannover, München und Saarbrücken einzureichen:

Deutsche Bank AG
Deutsche Bank Berlin AG
Bank für Handel und Industrie AG
Berliner Commerzbank AG
Commerzbank AG
Dresdner Bank AG
Commerz-Credit-Bank AG Europartner
Deutsche Bank Saar AG
Württembergische Kommunale Landesbank Girozentrale.

Den Stammaktionären stehen aufgrund ihres Besitzes an alten Stammaktien im Verhältnis 7:1 Berichtigungsaktien zu, so daß auf je 7 alte Stammaktien im Nennbetrag von je DM 50,– eine Berichtigungsaktie (Stammaktie) im Nennbetrag von DM 50,– entfällt. Die Berichtigungsaktien sind mit Gewinnanteilschein Nr. 50 und einem Erneuerungsschein ausgestattet; sie erhalten die gleiche Wertpapier-Kenn-Nummer 550 000 wie die alten Stammaktien.

Aktionäre, deren Stammaktien bei einer Bank verwahrt werden, haben wegen der Zuteilung von Berichtigungsaktien nichts zu veranlassen. Soweit jedoch auf ihren Bestand Teilrechte entfallen, werden die Aktionäre gebeten, ihrer Depotbank wegen einer Auf- oder Abrundung auf volle Aktienrechte einen entsprechenden Auftrag zu erteilen. Die Ausgabestellen sind bereit, den An- und Verkauf von Teilrechten nach Möglichkeit zu vermitteln.

Die kraft Gesetzes zum Handel und zur amtlichen Notierung zugelassenen Berichtigungsaktien sind

ab 18. Juli 1986

an allen deutschen Wertpapierbörsen gleich den alten Stammaktien lieferbar. Vom gleichen Tage an versteht sich die Notierung der alten Stammaktien »ex Berichtigungsaktien«.

Soweit die Berichtigungsaktien nicht innerhalb eines Jahres seit der Veröffentlichung dieser Bekanntmachung im Bundesanzeiger abgeholt und eventuell noch vorhandene Teilrechte bis dahin nicht reguliert werden, sind wir nach den gesetzlichen Vorschriften berechtigt und verpflichtet, nach dreimaliger Ankündigung und nach Ablauf eines Jahres seit der dritten Ankündigung die nicht abgeholten Aktien sowie die auf noch nicht regulierte Teilrechte entfallenden Aktien für Rechnung der Beteiligten zum amtlichen Börsenkurs durch Vermittlung eines Kursmaklers zu verkaufen.

Die Berichtigungsaktien werden den Aktionären kostenfrei zur Verfügung gestellt. Die bei der Ausgabe der neuen Aktien anfallende übliche Kundenprovision wird von uns übernommen. Die Depotbanken werden gebeten, sich wegen der Erstattung der Kundenprovision mit einer der obengenannten Ausgabestellen bei der Einreichung der Berechtigungsnachweise in Verbindung zu setzen.

Stuttgart, im Juli 1986

Der Vorstand

schaft optisch verbilligt werden, weil sich bei einem Ausgabeverhältnis von 1:1 der Börsenkurs rechnerisch um die Hälfte ermäßigt. Dieses Verfahren wird auch als Aktien- bzw. Stocksplit (Stock = amerikanische Bezeichnung für Aktie) bezeichnet. Die Gesellschaft erreicht damit, daß ihre Aktien auch für den Kleinanleger attraktiver werden. Es ist eine alte Börsenregel, daß optisch niedrige Kurse sich prozentual stärker verändern als die optisch „schweren" Titel. Betrachten Sie nun einmal die Ankündigung eines Stocksplits im Verhältnis 1:1 am Beispiel der amerikanischen American Brands Inc. (siehe Abbildung Seite 112).
Nach Eintragung des erhöhten Grundkapitals in das Handelsregister hat die Aktiengesellschaft, wie auch im Fall Daimler-Benz geschehen, unverzüglich ihre Aktionäre aufzufordern, die neuen Aktien entgegenzunehmen. Nach Ablauf eines Jahres seit Bekanntmachung hat die Gesellschaft den Verkauf der nicht abgeholten Aktien anzudrohen. Diese Androhung ist dreimal zu

Thuringia Versicherungs-Aktiengesellschaft

München

— Wertpapier-Kenn-Nr. 844 600 —

Erste Androhung des Verkaufs nicht abgeholter Berichtigungsaktien aus der Kapitalberichtigung 1983

Durch Bekanntmachung im Bundesanzeiger Nr. 154 vom 19. August 1984 haben wir die Aktionäre unserer Gesellschaft aufgefordert, die aus der Umwandlung eines Teils der freien Rücklagen in Grundkapital gemäß §§ 207 ff. AktG hervorgegangenen DM 6 000 000,— vinkulierten Namensaktien entgegenzunehmen.

Die bisher noch nicht abgeholten Berichtigungsaktien bitten wir

bis zum 8. Januar 1986,

dem Tag des Ablaufs der gesetzlich vorgeschriebenen Frist, bei den Ausgabestellen, die in der erwähnten Bekanntmachung im Bundesanzeiger genannt sind, gegen Einreichung des Gewinnanteilscheins Nr. 6 der alten Aktien entgegenzunehmen.

Soweit noch Teilrechte vorhanden sind, ist es geboten, diese Teilrechte seitens der Berechtigten bis zum endgültigen Fristablauf durch Zu- oder Verkauf auf durch 50 teilbare Nennbeträge auf- oder abzurunden.

Die bis zum 8. Januar 1986 nicht abgeholten vinkulierten Namensaktien aus der Kapitalberichtigung 1983 werden wir zusammen mit den Teilrechten, die nicht in einer Hand vereinigt sind und deren Berechtigte sich auch nicht zur Ausübung der Rechte zusammengeschlossen haben, anschließend an der Börse verkaufen und den Erlös zu Gunsten der Berechtigten hinterlegen.

München, im November 1984

DER VORSTAND

wiederholen. Danach sind dann die nicht abgeholten Aktien für Rechnung der beteiligten Aktionäre zu verkaufen, der Erlös ist gerichtlich zu hinterlegen. Betrachten Sie dazu bitte auch die Abbildung auf dieser Seite.

Gelegentlich werden Berichtigungsaktien auch als Ersatz für eine nicht gezahlte Dividende ausgegeben. Ein Beispiel dafür ist die Joh. Friedrich Behrens Aktiengesellschaft, ein Hersteller von Druckluft-Nagelapparaten. Bei dieser Gesellschaft bestanden 1985 noch steuerliche Verlustvorträge, die es ratsam erscheinen ließen, die erwirtschafteten Erträge besser steuerfrei zu thesaurieren, das heißt, den erzielten Gewinn im Unternehmen zu belassen, anstatt 36 Prozent Körperschaftssteuer auf den Ausschüttungsbetrag abzuführen. Als Ausgleich für den Verzicht auf eine Ausschüttung wurde den Aktionären die Ausgabe von Berichtigungsaktien vorgeschlagen.

AMERICAN BRANDS, INC.

New York, N.Y., USA

Der Board of Directors der American Brands Inc. hat am 26. August 1986 einen Stocksplit im Verhältnis 1:1 beschlossen. Aufgrund dieses Beschlusses werden den am 10. September 1986 (Stichtag) im Aktionärsregister der Gesellschaft eingetragenen Aktionären auf

jede von ihnen gehaltene Aktie eine weitere Aktie

aus dem autorisierten aber noch nicht ausgegebenen Kapital zugeteilt.

Der Versand der zusätzlichen Zertifikate über Stammaktien im Nennbetrag von je US-$ 3,125 mit erstmaliger Dividendenberechtigung für das vierte Quartal 1986 ist für den 30. September 1986 vorgesehen.

Entsprechend der Handhabung an der New York Stock Exchange werden die Aktien der American Brands Inc. an den Wertpapierbörsen zu Frankfurt am Main und Düsseldorf ab 1. Oktober 1986 ex Zusatzaktien gehandelt und amtlich notiert.

Nach Eingang im Sonderdepot des Deutschen Auslandskassenvereins AG (AKV), Frankfurt am Main, werden die Zusatzaktien den zuteilungsberechtigten Miteigentümern an einem entsprechenden Inhaber-Sammelzertifikat des AKV durch die Depotbanken gutgeschrieben.

Die Ausgabe der Zusatzaktien auf die an deutschen Wertpapierbörsen lieferbaren Zertifikate ist für Aktionäre kostenfrei.

Frankfurt am Main, im September 1986

Im Auftrag der American Brands Inc.

Deutsche Bank

Aktiengesellschaft

Aktionäre sind dumm und frech. Dumm, weil sie ihr Geld anderen Leuten ohne ausreichende Kontrolle anvertrauen; frech, weil sie Dividende fordern, also für ihre Dummheit auch noch belohnt werden wollen.

Carl Fürstenberg

Die Kapitalherabsetzung

Hat eine Aktiengesellschaft infolge Mißwirtschaft oder schlechter Auftragslage einen Bilanzverlust auszuweisen, so wird so lange keine Dividende ausgeschüttet, bis der Verlustposten ausgeglichen und wieder ein Überschuß der Aktiva über die Passiva in der Bilanz ausgewiesen ist (vergleiche dazu auch Kapitel „Aktien und Aktionäre, Nennwert und Bilanz"). Um den Verlustausgleich, der mitunter Jahre dauern kann, abzukürzen, ist es möglich, das Grund- bzw. Aktienkapital so weit herabzusetzen, bis auf der Aktivseite der Verlust zahlenmäßig ausgeglichen ist. Es handelt sich hierbei lediglich um eine buchtechnische Operation, das Eigenkapital verringert sich dabei um den Betrag des ausgewiesenen Verlustes. Die Aktien sind zur Abstempelung oder zum Umtausch gegen neue, beispielsweise im Nennwert geänderte Aktien einzureichen. Zur Einreichung der Aktien werden die Aktionäre insgesamt dreimal aufgefordert (siehe Abbildung Seite 114).
Nach der dritten Aufforderung werden die alten Aktien endgültig für kraftlos erklärt. Die neuen Wertpapiere oder deren Verkaufserlöse werden dann unter Verzicht auf das Recht zur Rücknahme gerichtlich hinterlegt (siehe Abbildung Seite 115).
Von der ziffernmäßigen Herabsetzung des Grundkapitals zum Verlustausgleich ist die tatsächliche Herabsetzung zu unterscheiden, bei der ein Teil des Grundkapitals an die Aktionäre zurückgezahlt wird, weil die Gesellschaft das bisherige Grundkapital nicht mehr nutzbringend verwenden kann. Das zieht natürlich auch eine Verringerung der Ausschüttungsbelastung für das Unternehmen nach sich, denn meist wird ja auf eine verringerte Anzahl Aktien auch eine insgesamt reduzierte Dividende ausbezahlt. 1983 fand beispielsweise eine solche Kapitalrückzahlung in Höhe von 10 Millionen DM bei der Dierig Aktiengesellschaft statt.

Fürstenberg, in der Berliner Börse nach den Toiletten gefragt: „Hier gibt es keine Toiletten. Hier besch... einer den anderen."

Adt Aktiengesellschaft

Frankfurt am Main

— Wertpapier-Kenn-Nr. 500 900 —

Dritte Aufforderung zur Einreichung der Aktien gemäß §§ 73 und 226 AktG

Die ordentliche Hauptversammlung unserer Gesellschaft vom 16. Dezember 1985 hat u. a. beschlossen, das Grundkapital von DM 25 000 000,— auf DM 5 000 000,— zur Deckung von Verlusten in vereinfachter Form gemäß §§ 229 ff AktG im Verhältnis 5:1 herabzusetzen.

Der Beschluß über die Kapitalherabsetzung ist am 23. Dezember 1985 in das Handelsregister beim Amtsgericht Frankfurt am Main eingetragen worden. Er sieht vor, daß der Nennbetrag der Aktien von DM 1 000,— im Verhältnis 5:1 auf einen Nennbetrag von DM 200,— herabgesetzt wird. Soweit die Aktien Nennbeträge von DM 100,— und DM 50,— haben, werden die Aktien im Verhältnis 5:1 zusammengelegt. Dementsprechend werden für je 5 Aktien im Nennbetrag von je DM 100,— zwei Aktien im Nennbetrag von je DM 50,— und für 5 Aktien im Nennbetrag von je DM 50,— wird eine Aktie im Nennbetrag von DM 50,— ausgegeben. Anstelle der durch Herabsetzung des Nennbetrages entstehenden Aktien zu DM 200,— werden jeweils 4 Aktien im Nennbetrag von je DM 50,— ausgegeben.

Wir fordern deshalb unsere Aktionäre auf, ihre alten Aktien in Nennbeträgen von DM 1 000,—, DM 100,— und DM 50,— jeweils mit Gewinnanteilscheinen Nr. 29 bis 40 und Erneuerungsschein in der Zeit

vom 10. Januar bis 10. April 1986

bei einer Umtauschstelle während der üblichen Schalterstunden zum Umtausch in neue Aktien einzureichen. Umtauschstellen sind die Niederlassungen der nachstehend genannten Banken in Frankfurt am Main und Düsseldorf:

Deutsche Bank AG
Dresdner Bank AG
Westdeutsche Landesbank Girozentrale

Es entfallen auf jeweils eine Aktie zu DM 1 000,— vier Aktien zu je DM 50,—. Auf Aktien zu je DM 100,— und DM 50,— entfallen Aktienspitzen über je DM 20,— (Stück 0,4 Aktien) und DM 10,— (Stück 0,2 Aktien).

Soweit bei dem Zusammenlegungsverhältnis von 5:1 ein Umtausch in darstellbare Aktienbeträge nicht möglich ist, sind Aktienspitzen hinzuzukaufen oder zu verkaufen. Die genannten Umtauschstellen werden nach Möglichkeit den Spitzenausgleich vermitteln. Sofern die Aktien von einem Kreditinstitut verwahrt werden, veranlaßt dieses den Umtausch. Der Umtausch ist für die Aktionäre kostenfrei. Für Spitzenregulierungen werden die üblichen Gebühren berechnet.

Die neu auszugebenden Aktien tragen das Ausstellungsdatum „im Dezember 1985" und stehen in Einzelurkunden über 1 Aktie (DM 50,—) und Sammelurkunden über 20 Aktien zu je DM 50,— (DM 1 000,—) zur Verfügung; sie sind mit Gewinnanteilscheinen Nr. 1 bis 20 und Erneuerungsschein ausgestattet. Die Aktien erhalten die Wertpapier-Kenn-Nummer 500 909.

Aktien, die nicht bis zum 10. April 1986 einschließlich eingereicht worden sind, werden wie folgt behandelt:

Aktien im Nennbetrag von DM 1 000,— werden gemäß § 73 AktG für kraftlos erklärt werden. Anstelle der für kraftlos erklärten Aktien zu DM 1 000,— werden Aktien ausgegeben, die den Berechtigten ausgehändigt oder für deren Rechnung beim zuständigen Amtsgericht hinterlegt werden. Die für die Kraftloserklärung gemäß § 73 AktG erforderliche gerichtliche Genehmigung ist erteilt.

Aktien in Nennbeträgen von DM 100,— und DM 50,— werden gemäß § 226 AktG für kraftlos erklärt werden. Die anstelle der für kraftlos erklärten Aktien zu DM 100,— und DM 50,— auszugebenden Aktien werden wir für Rechnung der Beteiligten verkaufen. Der Erlös wird den Beteiligten anteilig ausgezahlt oder für deren Rechnung beim zuständigen Amtsgericht hinterlegt.

Frankfurt am Main, im März 1986

Adt Aktiengesellschaft
Der Vorstand

Adt Aktiengesellschaft
Frankfurt am Main

Kraftloserklärung von Aktienurkunden gemäß §§ 73 und 226 AktG

Die ordentliche Hauptversammlung unserer Gesellschaft vom 16. Dezember 1985 hat u. a. die Herabsetzung des Grundkapitals von DM 25 000 000,— auf DM 5 000 000,— beschlossen. Das Grundkapital wurde in vereinfachter Form gemäß § 229 ff AktG im Verhältnis 5:1 herabgesetzt bzw. zusammengelegt. Durch dreimalige Veröffentlichung im Bundesanzeiger Nr. 1 vom 3. 1. 1986, Nr. 23 vom 4. 2. 1986 und Nr. 45 vom 6. 3. 1986 haben wir die Aktionäre unserer Gesellschaft unter Androhung der Kraftloserklärung aufgefordert, ihre alten Aktien bis spätestens 10. April 1986 zum Umtausch in neue Aktien einzureichen.

Von den alten Aktien sind die nachstehend aufgeführten Stammaktien — Wertpapier-Kenn-Nummer 500 900 — bisher nicht zum Umtausch eingereicht worden.

15 Aktien im Nennbetrag von DM 1 000,—
Nr.: 1373—1376, 1539, 1544—1546, 2357, 2358, 5890—5894.

62 Aktien im Nennbetrag von DM 100,—
Nr.: 810—812, 815—817, 1071—1075, 1096—1106, 1133—1134, 1162—1163, 6636—6637, 6639—6644, 6647, 6655—6658, 6669—6676, 8713—8716, 8778—8779, 8826—8829, 8834—8838.

123 Aktien im Nennbetrag von DM 50,—
Nr.: 1—8, 14—16, 19—20, 27—31, 1503—1504, 1506, 1508—1509, 1511—1512, 1519—1523, 1525—1528, 1530, 1532, 1535, 1538—1539, 1541—1545, 1547—1551, 1554—1557, 1559, 1563—1565, 1569—1570, 1572—1573, 1575—1577, 1583—1588, 1590—1593, 1643—1664, 7002, 7004, 7007, 7029, 7077, 7100, 10 001, 10 003—10 004, 13 687—13 697, 13 861—13 864, 13 911—13 913.

Diese Aktien werden hiermit für kraftlos erklärt.

Die anstelle der für kraftlos erklärten Aktien in Nennbeträgen von DM 1 000,— auszugebenden neuen Aktien werden gemäß § 73 Abs. 3 AktG für die Berechtigten beim Amtsgericht Frankfurt unter Verzicht auf das Recht zur Rücknahme hinterlegt.

Die nach § 73 AktG erforderliche Genehmigung hat das zuständige Amtsgericht Frankfurt am Main am 24. Dezember 1985 erteilt.

Die anstelle der für kraftlos erklärten Aktien in Nennbeträgen von DM 100,— und DM 50,— auszugebenden neuen Aktien werden gemäß § 226 Abs. 3 AktG verkauft. Der Erlös wird für die Berechtigten beim Amtsgericht Frankfurt unter Verzicht auf das Recht zur Rücknahme hinterlegt.

Frankfurt, Im September 1986 **Der Vorstand**

Der Kapitalschnitt

Der Begriff Kapitalschnitt ist eine relativ junge Prägung. Sie finden ihn häufig in Zeitungen und Zeitschriften, aber so gut wie nie in einem Börsenlexikon. Unter der Bezeichnung Kapitalschnitt werden zwei getrennte Vorgänge erfaßt, die in Abhängigkeit voneinander zur Sanierung eines Unternehmens durchgeführt werden. Wie wir bereits gesehen haben, ist es im Fall eines Bilanzverlustes möglich, das Grundkapital so weit herabzusetzen, bis auf der Aktivseite der Verlust zahlenmäßig ausgeglichen ist. In der Regel ist diese bilanztechnische Maßnahme allein jedoch nicht ausreichend, weil das Unternehmen doch meist dringend neue Geldmittel benötigt, um seine Geschäfte fortzuführen. Oft wird daher eine Kapitalherabsetzung mit einer anschließenden Kapitalerhöhung zur Aufstockung des Eigenkapitals verbunden.
Unter Kapitalschnitt versteht man also eine Herabsetzung des Grundkapitals zum Verlustausgleich, verbunden mit einer anschließenden Kapitalerhöhung, um das Unternehmen wieder wettbewerbsfähig zu machen. Die Kapitalerhöhung wird durch die vorhergehende Kapitalherabsetzung überhaupt erst ermöglicht, denn infolge der eingetretenen Verluste werden die alten Aktien wahrscheinlich weit unter dem Nennwert notieren. Da aber die neuen Aktien gemäß § 9 des Aktiengesetzes mindestens zum Nennwert ausgegeben werden müssen, ist es erforderlich, durch die Kapitalherabsetzung den Verlust buchungstechnisch zu beseitigen. Das Eigenkapital verringert sich dabei um den Betrag des ausgewiesenen Verlustes, die alten Aktien werden in einem bestimmten Verhältnis abgestempelt oder zusammengelegt, so daß die Altaktionäre einen Verlust erleiden. Allerdings bewirkt diese Maßnahme auch einen Kursanstieg der noch verbleibenden Aktien, da ja der entstandene Bilanzverlust ausgeglichen worden ist. Damit steigt auch die Chance der jungen Aktien aus der Kapitalerhöhung, mindestens zum Nennwert Interessenten zu finden.
Ein Musterbeispiel für einen Kapitalschnitt in jüngster Vergangenheit stellt die Schiess Aktiengesellschaft aus Düsseldorf dar (siehe Abbildung Seite 117). Bei dem vor mehr als 100 Jahren gegründeten Werkzeug- und Maschinenbauer Schiess Aktiengesellschaft war ein Betriebsverlust in Höhe von rund 25 Millionen DM entstanden. Auf einer außerordentlichen Hauptversammlung stimmten die Aktionäre mit einer Dreiviertelmehrheit dem Sanierungskonzept zu. So wurde das Grundkapital von 18 Millionen DM auf 6 Millionen DM herabgesetzt und dann wieder auf 10 Millionen DM aufgestockt. Die jungen Aktien wurden von dem Großaktionär Lentjes zum Preis von DM 200,– übernommen. Insgesamt flossen der Gesellschaft dadurch 16 Millionen DM an neuen Mitteln zu. Die Banken stimmten einem Forderungsverzicht von 12 Millionen DM zu, und die Allianz Aktiengesellschaft gab 25 Prozent des Grundkapitals an den Anlagenbauer Lentjes zum symbolischen Preis von

SCHIESS

Aktiengesellschaft Düsseldorf

— Wertpapier-Kenn-Nummer 730 000 —

Wir laden hiermit die Aktionäre unserer Gesellschaft zu der

am Montag, dem 21. April 1986, 15.00 Uhr

in Düsseldorf-Oberkassel, Hansaallee 289, in den Räumen der Gesellschaft stattfindenden

außerordentlichen Hauptversammlung

ein.

TAGESORDNUNG

1. Anzeige gemäß § 92 Abs. 1 AktG, daß ein Verlust in Höhe von mehr als der Hälfte des Grundkapitals besteht. Bericht des Vorstands über die wirtschaftliche Situation der Gesellschaft, über das vorzuschlagende Sanierungskonzept und dessen Realisierung.
2. Beschlußfassung über die Herabsetzung und gleichzeitige Erhöhung des Grundkapitals.

   Aufsichtsrat und Vorstand schlagen vor, folgenden Beschluß zu fassen:

   a) Das Grundkapital von DM 18 000 000,— wird, in vereinfachter Form zur Deckung von Verlusten (§§ 229 AktG) rückwirkend zum 31. 12. 1985 (§ 234 Abs. 1 AktG) im Verhältnis 3:1 um DM 12 000 000,— auf DM 6 000 000,— herabgesetzt, und zwar durch:

   aa) Herabsetzung des Nennbetrages der Aktien im Nennwert von DM 600,— auf DM 200,—;

   bb) Herabsetzung des Nennbetrages der Aktien im Nennwert von DM 200,— auf DM 50,—; zusätzlich gewährt jede Aktie über DM 200,— ein Teilrecht über DM $16\frac{2}{3}$;

   cc) Zusammenlegung von je drei Aktien im Nennbetrag von DM 50,— zu einer Aktie im Nennbetrag von DM 50,—.

   Die Wirksamkeit dieses Beschlusses ist bedingt durch die Beschlußfassung zu Punkt 2 b der Tagesordnung gemäß den Vorschlägen der Verwaltung.

   b) Das auf DM 6 000 000,— herabgesetzte Grundkapital wird rückwirkend zum 31. 12. 1985 (§ 235 Abs. 1 AktG) gegen Bareinlagen um DM 4 000 000,— auf DM 10 000 000,— durch Ausgabe neuer auf den Inhaber lautender Aktien im Nennbetrag von DM 50,— erhöht; mit voller Gewinnanteilberechtigung für das Geschäftsjahr 1986. Das Bezugsrecht der Aktionäre ist ausgeschlossen.

   Die Beschlußfassung ist bedingt durch die Beschlußfassung zu Punkt 2 a der Tagesordnung gemäß den Vorschlägen der Verwaltung.

   Die 80 000 neuen Aktien werden von der Lentjes-Gruppe in 4000 Düsseldorf-Oberkassel, Hansaallee 305, zum Preis von DM 200,— (= 400 %) gezeichnet werden. Interessierte Aktionäre erhalten die Möglichkeit, neue Aktien im Verhältnis 3:2 bezogen auf das herabgesetzte Grundkapital — ebenfalls zum Preis von DM 200,— (= 400 %) zu erwerben, soweit die Aktienmehrheit bei der Firma Lentjes erhalten bleibt.

   Der Vorstand wird ermächtigt, die Einzelheiten der Durchführung der Kapitalherabsetzung und der Kapitalerhöhung festzusetzen.

Matth. Hohner Aktiengesellschaft

Trossingen

— Wertpapier-Kenn-Nummer 607 900 —

Wir laden hiermit unsere Aktionäre ein zu der am Dienstag, dem 30. Dezember 1986, um 11 30 Uhr im Hohner-Musikstudio in Trossingen, Achauerstraße 1, stattfindenden **außerordentlichen Hauptversammlung**

Tagesordnung

1. Anzeige gemäß § 92 Abs. 1 AktG, daß ein Verlust in Höhe von mehr als der Hälfte des Grundkapitals besteht. Bericht des Vorstands über die wirtschaftliche Situation der Gesellschaft, über das Sanierungskonzept und dessen Realisierung.

2. Beschlußfassung über die Herabsetzung und gleichzeitige Erhöhung des Grundkapitals. Vorstand und Aufsichtsrat schlagen vor, folgenden Beschluß zu fassen:

a) Kapitalherabsetzung:

Das Grundkapital von DM 14 000 000,- wird in vereinfachter Form zum Ausgleich der Wertminderungen und zur Deckung von Verlusten (§§ 229 ff. AktG) im Verhältnis 2:1 um DM 7 000 000,- auf DM 7 000 000,- herabgesetzt, und zwar durch:

— Herabsetzung des Nennbetrags der Aktien im Nennwert von DM 1 000,- auf DM 500,-
— Herabsetzung des Nennbetrags der Aktien im Nennwert von DM 100,- auf DM 50,-

b) Kapitalerhöhung:

Das auf DM 7 000 000,- herabgesetzte Grundkapital wird unter Ausschluß des gesetzlichen Bezugsrechts der Aktionäre gegen Bareinlagen um DM 7 000 000,- auf DM 14 000 000,- erhöht durch Ausgabe von 140 000 neuen auf den Inhaber lautenden Aktien im Nennbetrag von je DM 50,-. Die neuen Aktien sind ab 1. Januar 1987 gewinnberechtigt.

Die neuen Aktien werden von der Deutschen Bank AG Filiale Stuttgart, Stuttgart, zum Ausgabepreis von DM 71,- je Aktie im Nennbetrag von DM 50,- übernommen.

Der Vorstand wird ermächtigt, über weitere Einzelheiten der Durchführung der Kapitalherabsetzung und der Kapitalerhöhung zu entscheiden.

c) Änderung der Satzung:

— § 4 Absatz 1 der Satzung erhält folgende Neufassung:
„Das Grundkapital der Gesellschaft beträgt DM 14 000 000,- (in Worten: Deutsche Mark Vierzehn Millionen). Das Grundkapital ist eingeteilt in
13 700 Aktien im Nennbetrag von DM 500,-
143 000 Aktien im Nennbetrag von DM 50,-."

— § 13 Absatz 1 der Satzung erhält folgende Neufassung:
„Je Fünfzig DM Nennbetrag der Aktien gewähren eine Stimme."

Zur Teilnahme an der Hauptversammlung und zur Ausübung des Stimmrechts sind diejenigen Aktionäre berechtigt, die gemäß § 12 der Satzung ihre Aktien spätestens am 19. Dezember 1986 bei der Gesellschaft, bei einem deutschen Notar, bei einer zur Entgegennahme der Aktien befugten Wertpapiersammelbank oder bei den weiteren Hinterlegungsstellen in

Stuttgart:

Deutsche Bank AG

Schaffhausen:

Schweizerischer Bankverein

während der bei diesen Stellen üblichen Geschäftsstunden bis zu Beendigung der Hauptversammlung hinterlegen und die Ausstellung einer Stimmkarte beantragen. Die Hinterlegung ist auch dann ordnungsgemäß erfolgt, wenn Aktien mit Zustimmung einer Hinterlegungsstelle für diese bei anderen Banken bis zur Beendigung der Hauptversammlung im Sperrdepot gehalten werden.

Im Falle der Hinterlegung der Aktien bei einem deutschen Notar oder einer Wertpapiersammelbank ist die hierüber erteilte Bescheinigung spätestens am 22. Dezember 1986 bei der Gesellschaft einzureichen.

Trossingen, im November 1986 **Der Vorstand**

DM 1,– ab. Nachdem bereits 1970 ein Kapitalschnitt vorgenommen worden war, hofft man mit diesem vorerst letzten Kapitalschnitt einer endgültigen Sanierung des Unternehmens einen Schritt näher gekommen zu sein.
Im November 1986 gab auch die Matth. Hohner Aktiengesellschaft einen Kapitalschnitt bekannt. Die Verwaltung des Unternehmens plante dafür eine Kapitalherabsetzung im Verhältnis 2 : 1, so daß sich der bisherige Aktienbesitz eines Aktionärs halbieren würde. Danach sollte das Grundkapital wieder in Höhe des Herabsetzungsbetrages durch die Ausgabe von jungen Aktien zum Preis von DM 71,– aufgestockt werden, die von der Deutschen Bank Aktiengesellschaft, Filiale Stuttgart, unter Ausschluß des gesetzlichen Bezugsrechts der Altaktionäre übernommen werden sollte (siehe Abbildung Seite 118).

Der Viehhändler David Drew ließ an seine Herde Salz verfüttern und die Tiere unmittelbar vor dem Markt, auf dem sie nach Lebendgewicht verkauft wurden, saufen. Drew wurde einer der erfolgreichsten Wall-Street-Spekulanten und soll zur Prägung des Begriffes „Verwässerte Aktien“ angeregt haben.

Neuemissionen – ohne Glück keine Chance

Viele haben sie begehrt, jedoch nur wenige kamen zum Zuge. Gemeint ist die Neuemission der Puma-Aktie. Unter Neuemission versteht man die Ausgabe von Aktien einer Aktiengesellschaft, die bisher noch nicht an der Börse vertreten war. Am Beispiel der imageträchtigen Puma-Aktie läßt sich die Hektik mancher Anleger nachvollziehen, die in der Hoffnung schneller Gewinne bedenkenlos fast jeden Kurs akzeptieren. Das Interessante dabei ist die Tatsache, daß eine derartige Taktik sogar funktioniert, vorausgesetzt, es beteiligen sich genügend Anleger daran. Bei der „Boris-Becker-Aktie" Puma führte dies schnell zu einem Kurs von DM 500,-, nachdem die 280 000 stimmrechtslosen Vorzugsaktien am 25. Juli 1986 für DM 310,- ausgegeben worden waren. Damit war die Aktie bereits gut bezahlt, wäre sie es nicht, hätte man sicher den Ausgabekurs gleich auf DM 500,- erhöht. Doch nun traten die Spekulanten auf den Plan, die den Börsenkurs der Aktie bis auf DM 1 505,- (!) am 14. August 1986 hochjagten. Dies entspricht einer Kurssteigerung von 385 Prozent in rund 20 Tagen. Unterstützt wurden diese Kurssprünge noch vom Berufshandel, der schon bei DM 800,- in Erwartung niedrigerer Kurse Puma-Aktien leerverkauft hatte. Bedauerlicherweise stieg die Aktie jedoch entgegen aller Voraussagen, so daß die Kulisse sich zu überhöhten Kursen zwangsweise eindecken mußte, was natürlich den Kurs noch weiter in die Höhe trieb.
Jedoch nicht alle Neuemissionen entwickeln sich in dem gleichen Tempo wie die Puma-Aktie. Es gab sogar nicht wenige, die bereits kurz nach ihrem Gang an die Börse Konkurs oder Vergleich anmelden mußten. Man denke dabei an die ehemals schlagzeilenträchtigen Neuemissionen der Jahre 1983 und 1984, wie Kerkerbachbahn, Tewidata, Treuwo, BCT Computer und GFC Aktiengesellschaft für Computersysteme, die im Frühjahr 1986 nach einem mißlungenen Kapitalschnitt Konkursantrag stellen mußte.
Überhaupt ist die Bundesrepublik, was die Zahl der Neuemissionen betrifft, einem eher unbedeutenden Börsen-Entwicklungsland vergleichbar. Lediglich 63 Neuemissionen im Zeitraum 1983–1986 stehen rund 400 in Großbritannien und sogar 1 300 in den USA gegenüber.
Oftmals sind die Neuemissionen mehrfach überzeichnet, so daß meist das Losglück über eine Zuteilung entscheiden muß. Gerade dann allerdings, wenn viele Kleinanleger bei der Zeichnung zum Zuge kamen, blieben die erhofften Kurssteigerungen oft deutlich hinter den Erwartungen zurück. Meist war nämlich bei den größeren Neuemissionen das Verhältnis von Angebot und Nachfrage wesentlich ausgewogener, so daß sich gravierende Kurssteigerungen von vornherein ausschlossen. Die bisher größte deutsche Neuemission war die Plazierung von 7 Millionen Aktien der ehemals Flick eigenen

Feldmühle Nobel Aktiengesellschaft im Nominalwert von 350 Millionen DM im April 1986. Die Notiz schwankt seitdem um den Emissionskurs von DM 285,-, von größeren Kursgewinnen kann auch hier keine Rede sein.
Auch das Börsendebüt der Felten und Guilleaume Aktiengesellschaft sorgte bereits am ersten Handelstag für Aufregung. Während an der Frankfurter Börse der Kurs mit DM 195,- ermittelt wurde, errechneten die Düsseldorfer Makler nur einen von DM 165,-. Offensichtlich hat in diesem Fall das Arbitragesystem der Banken und Makler versagt.
Leider gibt es kein Patentrezept, das die erfolgreiche Teilnahme an einer Zeichnung garantiert. Grundsätzlich empfehlen sich auf jeden Fall mehrere Depots bei verschiedenen Kreditinstituten, wobei die häufig als Konsortialführer fungierenden Banken wie Deutsche Bank, Dresdner Bank, Commerz-

Ferdinand Hoffstätter Aktiengesellschaft

Königswinterer Straße 242—252
5300 Bonn 3
Telefon (02 28) 46 00 48 — Telex: 886558

Aktien-Neuemission — Verkaufsangebot

Wir greifen eine wiederholt geäußerte Empfehlung von Zeichnern auf und weisen nochmals darauf hin, daß neben Kreditinstituten auch der Vorstand direkt Zeichnungen entgegennimmt. Da kein Bankenkonsortium vorgezeichnet hat — wegen des Umfangs — ist eine breite Streuung auf jeden Fall gewährleistet. Dies bedingt voraussichtlich die Ausnutzung der Zeichnungsfrist.

Emissionsdatenzusammenfassung:

Emissionskurs:	DM	200,— (400%)
Ergebnis/Aktie 1985 nach DVFA (mit Steuergutschrift)	DM	5,95
Ergebnis Aktie 1987 nach DVFA (E)	DM	27,—
Dividende Vorzugsaktie 1987 (E)	DM	18,—
Dividende Stammaktie 1987 (E)	DM	17,—
Kurs/Gewinnverhältnis 1987 (E)		7,4
Dividendenrendite für Vorzugsaktien 1987 (E) inkl. Steuergutschrift		14,06%
Dividendenrendite für Stammaktien 1987 (E) inkl. Steuergutschrift		13,26%
Grundkapital	DM	2,000 Mio.
davon Stammkapital	DM	1,000 Mio.
davon Vorzugsaktien	DM	1,000 Mio.
davon zur Zeichnung angeboten, Stämme	DM	0,490 Mio.
Vorzüge	DM	1,000 Mio.
Anteil des Eigenkapitals an der Bilanzsumme nach der Emission		über 50 Prozent

(E) = Erwartung

bank oder auch BHF-Bank zu bevorzugen sind. Letztendlich allerdings bleibt einem Kleinanleger nur die Möglichkeit, auf das Losglück zu hoffen.
Aber es geht auch anders. Während normalerweise bei einer Emission ein Bankenkonsortium vorab die Aktien übernimmt und das Plazierungsverfahren durchführt, man spricht dann von einer Fremdemission, gibt es gelegentlich Aktiengesellschaften, die diese Formalitäten selber übernehmen oder möglicherweise übernehmen müssen, weil sich kein börsenbegleitendes Kreditinstitut findet. Ein Beispiel für eine sogenannte Selbstemission ist die Ferdinand Hoffstätter Aktiengesellschaft, die sich auf die Herstellung von Orden spezialisiert hat (siehe Abbildung Seite 121).
Die Tatsache, daß der Hersteller von Orden aller Art kein börsenbegleitendes Kreditinstitut gefunden hat, stimmt nachdenklich. Rätselhaft bleibt auch der *geplante* Gewinnsprung des Ergebnisses pro Aktie von DM 5,95 auf DM 27,- 1987, wobei unter „DVFA" lediglich ein Hinweis auf die Methode der Deutschen Vereinigung für Finanzanalyse und Anlagenberatung zur Ermittlung des bereinigten Jahresüberschusses zu verstehen ist, einer Methode, die zu einer mit anderen Unternehmen vergleichbaren Zahl führt, keinesfalls aber einen Gewinn und noch weniger eine Gewinnerhöhung garantieren kann. Daher muß die Frage erlaubt sein: „Werden 1987 so viel mehr Orden benötigt oder ließ sich der Vorstand bei seinen Gewinnprognosen von den eigenen Orden blenden?"
Welche Gründe bewegen nun ein Unternehmen dazu, an die Börse zu gehen? In erster Linie wird eine Stärkung des Eigenkapitals angestrebt. Viele Familienunternehmer wollen dabei das Nützliche mit dem Angenehmen verbinden, das heißt, sie wollen ihr Kapital durch eine Börseneinführung erhöhen, andererseits aber auch weiterhin ihren Einfluß im Unternehmen behalten. Ein geradezu ideales Mittel dazu sind die stimmrechtslosen Vorzugsaktien, die bis zu 50 Prozent des Grundkapitals einer Aktiengesellschaft ausmachen dürfen. Es ist dann immer noch möglich, bis zu 25 Prozent des verbleibenden Stammkapitals als gewöhnliche Stammaktien über die Börse zu placieren, ohne daß Entscheidungen der Familie verhindert werden können, besitzt diese doch immer noch 75 Prozent aller Stimmrechte. Somit können bis zu *62,5 Prozent des Grundkapitals* über die Börse placiert werden, ohne daß neue Aktionäre in die Unternehmenspolitik hineinregieren können.
Bei der Festlegung des Emissionskurses orientiert man sich soweit möglich an den Werten branchenverwandter Unternehmen. Die endgültige Festsetzung des Ausgabepreises für die jungen Aktien wird jedoch oft mit einer Gratwanderung verglichen, ist doch das an die Börse strebende Unternehmen an einem möglichst hohen Kurs interessiert, während auf der anderen Seite die Kaufneigung von Kapitalanlegern mit steigenden Kursen abnimmt.
Die Kosten für eine Emission sind sehr unterschiedlich, liegen aber meist bei sechs bis neun Prozent des emittierten Betrages. Allein die Druckkosten pro

Aktie für Mantel und Bogen belaufen sich je nach Stückzahl auf einen Betrag zwischen DM 1,50 bis DM 2,–.
Grundsätzlich sollte man jede Neuemission eingehend prüfen und auch das Kleingedruckte lesen. Da fällt es dann schon einmal auf, daß ein Unternehmen interessanterweise auf den Niederländischen Antillen ins Handelsregister eingetragen ist oder ein anderes großzügigerweise das Beteiligungskapital zurückzahlen will, wenn dem Aktionär bis zum Jahr 2004 nicht mindestens 1000 Prozent Gewinn zugeflossen sind...
Die Zeichner von Neuemissionen finden also ein reiches Betätigungsfeld, zumal es nun bald neben einer Rolls-Royce- und Harley-Davidson-Aktie möglicherweise auch eine Beteiligung an einem Freudenhaus in Nevada geben wird. Allerdings wird bisher über den Ablauf der Hauptversammlung sowie über die Art der Dividende nur wüst spekuliert.

John Kennedy zu einem Börsenmakler: „Wenn ich nicht Präsident wäre, würde ich Wertpapiere kaufen!"
Der Makler erwiderte: „Wenn Sie nicht Präsident wären, würde ich das auch tun!"

Börsen im Überblick

Auch wenn an den deutschen Börsen in Frankfurt, Düsseldorf, München, Hamburg, Berlin, Bremen, Hannover und Stuttgart „nichts mehr läuft", irgendwo in der Welt gibt es fast immer eine Börse, wo die Aktien noch steigen. Betrachten Sie zunächst jedoch einmal die nachfolgende Abbildung, wobei unter Marktkapitalisierung jeweils die Multiplikation der Aktienkurse mit der Anzahl der Aktien zu verstehen ist:

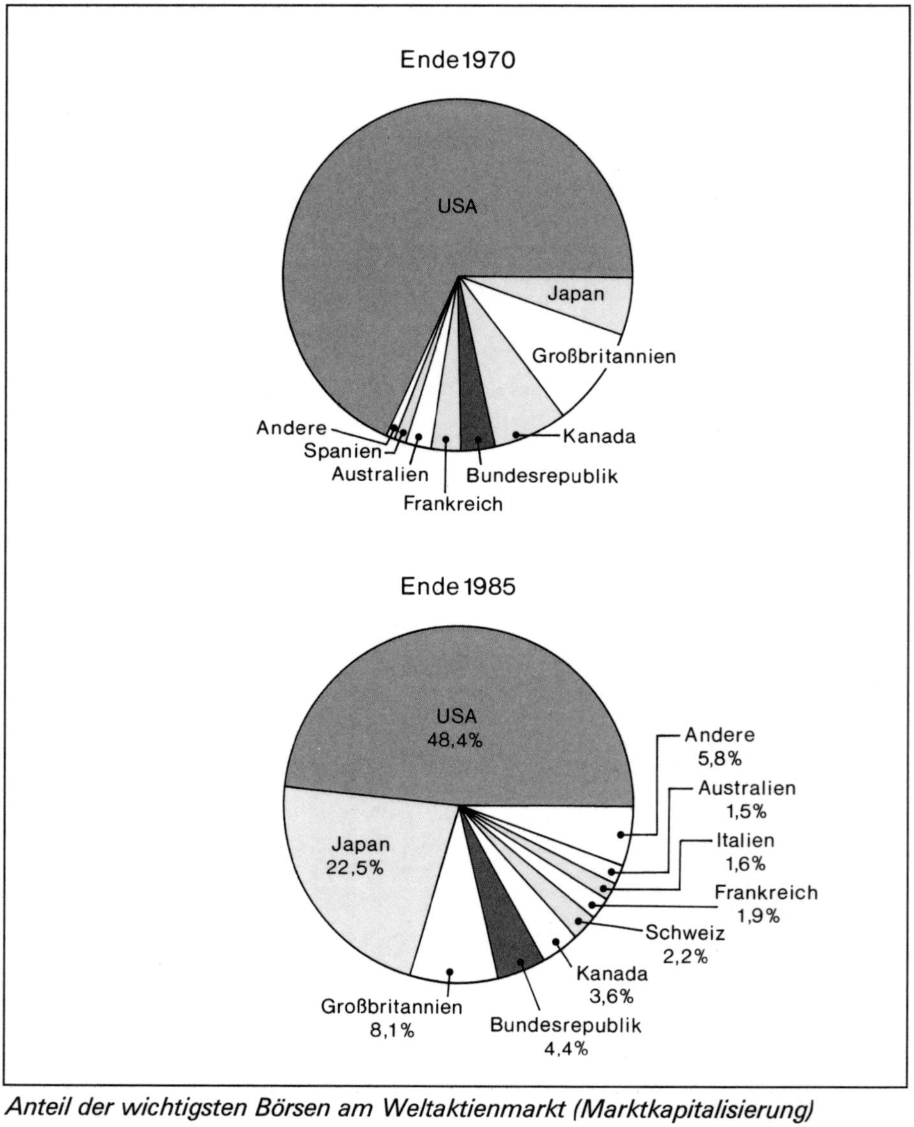

Anteil der wichtigsten Börsen am Weltaktienmarkt (Marktkapitalisierung)

Die USA stellen also auch weiterhin mit großem Abstand den weltgrößten Aktienmarkt, obwohl die Japaner seit 1970 ihren heimischen Börsenhandel mit Riesenschritten vergrößern. Auch die Bundesrepublik Deutschland hat deutlich Fortschritte gemacht.

Spekulation rund um die Uhr – die Börsenzeiten

Wenn die deutschen Börsen um 13.30 Uhr ihre Tore schließen, geht ein international operierender Börsianer noch lange nicht nach Hause. Bis 14.30 Uhr verfolgt er noch kurz über Bildschirm den Wertpapierhandel in Paris, danach lassen sich noch bis 16.30 Uhr Transaktionen an der Londoner und Amsterdamer Börse abwickeln. Mit knurrendem Magen widmet er sich im Anschluß daran den Börsen in den USA und Kanada. Die Kommunikationskanäle über den Atlantik laufen dabei heiß, denn erst ab 22.00 Uhr, wenn die New Yorker Börsen schließen, hat er Zeit, sich einen kleinen Imbiß und eine kurze Schlafpause zu gönnen. Diese jedoch gestaltet sich sehr unruhig, haben doch noch die Börsen in San Francisco und Los Angeles geöffnet.
Um 1.00 Uhr bereits klingelt der Wecker und erinnert an den Börsenbeginn in Japan und Australien. Ab 4.00 Uhr morgens wird es etwas ruhiger, denn nun muß er sich nur noch auf die japanische Börse konzentrieren. Lediglich an manchen Tagen schafft er es, mit glasigen Augen auch noch die Kurse in Hongkong und Singapur wahrzunehmen. Wenn die japanische Börse um 7.00 Uhr schließt, kann unser Börsianer noch kurz frühstücken und einen ersten Blick in die Tageszeitungen werfen, denn bereits um 10.00 Uhr beginnen nun auch die Schweizer und Italiener mit dem Aktienhandel. Um 11.30 Uhr schließlich erreicht er mit schlurfenden Schritten die Frankfurter Börse, wo er alsbald vor Erschöpfung zusammenbricht...

Die Börsenumsätze

Die nachstehende Tabelle ermöglicht Ihnen einen Umsatzvergleich der wichtigsten internationalen Wertpapierbörsen. Bitte beachten Sie aber, daß nur die Umsätze der Börsen von New York, Tokio, Paris, Frankfurt, Toronto, Johannesburg, Sydney, Mailand und Brüssel untereinander vergleichbar sind, da hier die Geschäfte lediglich auf der Verkäuferseite, also nur einmal, erfaßt werden. Ein Vergleich mit den Börsen in London, Zürich und Amsterdam ist dagegen nicht möglich, da hier die Geschäfte auf der Käufer- und Verkäuferseite, also doppelt erfaßt werden und darüber hinaus, wie auch in Wien, außerbörsliche Geschäfte einbezogen sind. Für die Börse in Hongkong liegen keine näheren Daten zur Umsatzermittlung vor.

***Wertpapierumsätze** (in Mrd DM)*

Börse	*1984*	*1985*
New York	2456,7	2411,0
Tokio	1327,7	1833,9
Paris	162,9	295,8
Frankfurt	121,5	218,8
Toronto	63,6	77,7
Johannesburg	47,8	55,1
Sydney	47,7	54,9
Mailand	18,4	46,5
Brüssel	13,9	15,0
London	1332,9	1383,5
Zürich	374,3	536,4
Amsterdam	135,9	181,8
Wien	4,1	7,0
Hongkong	7,9	9,7

Die internationalen Aktienindizes

Die durchschnittlichen Kursentwicklungen von mehreren Aktien zusammen lassen sich an Hand von Börsenindizes darstellen und verfolgen. An den deutschen Börsen ist der Index der Frankfurter Allgemeinen Zeitung, der FAZ-Aktienindex, einer der bekanntesten. Dieser ist aufgeteilt in 15 Branchenindizes und einen Gesamtindex, der 100 deutsche Aktien repräsentiert. Am 31. 12. 1958 wurde der Index auf 100 gesetzt. Der VWD-Index basiert auf den 25 umsatzstärksten Werten der Düsseldorfer und Frankfurter Börse, die jedes Jahr neu bestimmt werden. Der Commerzbank-Index wiederum enthält in seinem Gesamtindex 60 marktbreite Standardwerte. Basisstichtag ist hier der 31. 12. 1953.

Das wohl bekannteste Börsenbarometer der Welt ist der amerikanische Dow-Jones-Index für 30 Industriewerte. Er ist benannt nach seinem Erfinder,

Charles Henry Dow, Mitinhaber der im Jahr 1882 gegründeten Dow Jones Company, die unter anderem auch heute noch das Wall Street Journal herausgibt. Charles Henry Dow wählte damals elf wichtige Aktien aus, addierte ihre Werte und teilte die Summe durch elf. Der erste Dow-Jones-Index war damit bestimmt. Auch heute noch ist der Dow-Jones lediglich kurswertgewichtet, das heißt, unabhängig von der gesamten Börsenbewertung eines Unternehmens ist ausschließlich der Kurswert einer einzelnen Aktie für die Errechnung des Indexes maßgebend.
Trotzdem wird man auch in Zukunft nicht auf den Dow-Jones verzichten, da die folgenden 30 Industriewerte immerhin rund 25 Prozent der gesamten, aus über 2 000 Aktiengesellschaften bestehenden Kapitalisierung der New Yorker Börse repräsentieren.

Dow-Jones-Index für 30 Industriewerte
Stand September 1987

Allied Signal	General Electric	Coca-Cola
Aluminium Co.	General Motors	Philip Morris
American Can	Goodyear	Procter & Gamble
American Express	Boeing	Sears Roebuck
American T & T	IBM	Texaco
Bethlehem Steel	International Paper	Union Carbide
Chevron	McDonalds	United Technologies
DuPont	Merck	USX Corp
Eastman Kodak	Minnesota Mining	Westinghouse Electric
Exxon	Navistar Int.	Woolworth

Den größten Kursverlust erlebte der Dow-Jones-Index für 30 Industriewerte am 28. 10. 1929 mit einem Index-Rückgang von 12,8 Prozent und einem Minus von 38 Punkten. Damals stand der Dow-Jones bei 260. Auch der Tagesverlust von fast 87 Punkten am 11. 9. 1986 konnte diesen Rekord nicht gefährden, betrug der Rückgang doch „nur" 4,6 Prozent.
Als Gegenpol zum „Dow" wurden inzwischen eine ganze Reihe anderer Indizes kreiert, die zum Beispiel wie der Standard-&-Poor's-500-Index nach der Börsenkapitalisierung (Kurs mal Anzahl der umlaufenden Aktien) gewichtet sind (siehe Abbildung Seite 128).
Ab Januar 1987 gibt es einen Weltaktienindex auf der Basis von 2 000 Aktien aus 24 Ländern. Der Index wird von der Financial Times zusammen mit der amerikanischen Investmentbank Goldman Sachs & Co. und der Börsenmaklerfirma Wood Mackenzie jeweils nach Börsenschluß ermittelt.

Werte im Aktienindex
Gewichtung einzelner Titel im meistgehandelten Standard & Poor's-100-Index (in Prozent)

Aktie	Prozent	Aktie	Prozent
Aluminium Co. of America	0,51	Humana	0,53
American Electric Power	0,63	IBM	11,94
American Express	1,27	International Flavors	0,21
American Hospital Supply	0,60	International Minerals	0,18
American Telephone & Telegraph	10,81	International Paper	0,50
AMP	0,51	International Telephone & Telegraph	0,86
Atlantic Richfield	2,15	Johnson & Johnson	1,94
Avon Products	0,41	K-Mart	0,58
Bank America	0,62	Litton Industries	0,43
Baxter Travenol Labs	0,71	McDonald's	0,75
Bethlehem Steel	0,18	Merck	1,30
Black & Decker	0,16	Merrill Lynch	0,48
Boeing	0,68	Minnesota Mining & Mfg.	1,84
Boise Cascade	0,22	Mobil	2,14
Bristol-Myers	0,93	Monsanto	0,64
Brunswick	0,06	National Semiconductor	0,11
Burlington Northern	0,41	NCR	0,47
Burroughs	0,36	Norfolk Southern	0,37
Champion International	0,27	Northern Telecom Ltd.	0,51
Cigna	0,69	Northwest Airlines	0,21
Citicorp	0,85	Northwest Industries	0,15
Coca-Cola	1,47	Owens-Illinois	0,16
Colgate-Palmolive	0,33	PepsiCo.	0,69
Commonwealth Edison	0,72	Polaroid	0,16
Computer Sciences	0,05	Ralston Purina	0,37
Control Data	0,29	Raytheon	0,78
Datapoint	0,08	RCA	0,35
Delta Air Lines	0,37	Revlon	0,22
Digital Equipment	1,14	R. J. Reynolds	1,11
Disney Productions	0,44	Rockwell International	0,67
Dow Chemical	1,04	Safeway Stores	0,25
Du Pont	1,76	Schlumberger	2,82
Eastman Kodak	2,90	Sears, Roebuck	2,20
Esmark	0,18	Skyline	0,06
Exxon	5,33	Sperry	0,31
Fluor	0,32	Squibb	0,47
Ford Motor	0,87	Standard Oil (Indiana)	2,42
General Dynamics	0,37	Storage Technology	0,15
General Electric	4,48	Superior Oil	0,76
General Foods	0,41	Tandy	1,09
General Motors	3,99	Tektronix	0,23
Great Western Financial	0,16	Teledyne	0,56
Gulf & Western	0,26	Texas Instruments	0,66
Halliburton	0,87	UAL	0,20
Harris	0,24	United Technologies	0,64
Hewlett-Packard	1,89	Upjohn	0,29
Holiday Inns	0,28	Warner Communications	0,44
Homestake Mining	0,20	Weyerhaeuser	0,95
Honeywell	0,40	Williams	0,11
Hughes Tool	0,25	Xerox	0,66

Standard Poor's-100-Index

Börsenplatz	*Index*	*Stand Mitte 1982*	*Höchststand 1986*	*Stand am 20. Juni 1986*	*Veränderung seit Höchststand (%)*	*Trendprognose**
Amsterdam	ANP CBS General	85	292,30	290,60	– 0,6	→↑
Brüssel	All Belgian Stocks	1300	3700,16	3620,63	– 2,1	→
Frankfurt	FAZ	220	753,88	649,72	–13,8	→
Hongkong	Hang Seng	1000	1865,65	1781,04	– 4,5	→↑
London	Financial Times 30	550	1425,90	1338,20	– 6,2	→↓
Madrid	Allgemein	45**	194,77	181,66	– 6,7	→↓
Mailand	BCI (früher: 24-Ore-Index)	130	908,20	653,84	–28,0	↓
New York	Dow Jones	800	1885,90	1879,54	– 0,3	→↓
Paris	CAC General	94	411,30	340,80	–17,1	↓
Sydney	All Ordinary	450	1247	1214,70	– 2,6	→
Singapur	Straits Times	550	762,41	762,41	0	→↑
Stockholm	J + P Industrie	600	2451,76	2448	– 0,2	→
Tokio	Nikkei Dow Jones	7000	17403,13	17403,13	0	→
Toronto	TSE 300 Composite	1400	3129,11	3059,13	– 2,2	→↓
Wien	Creditanstalt	47	130,69	116,45	–10,9	→↓
Zürich	Schweiz. Bankverein	260	673,40	639,10	– 5,1	→↑

* ↑ Aufwärtstrend → Seitwärtstrend ↓ Abwärtstrend
**Jährliche Neubasierung

Die wichtigsten internationalen Aktienindizes

Aktienkurse ausländischer Börsen

New York	20.8.86 A	19.8.86
Abbott Labor	50.50	50.75
AMD	16.25	16.00
Aetna Life	62.37	62.12
Ain Grp.	20.12	20.00
Alcan	-	30.00
Alco Std.	40.37	40.37
Allegheny Pw.	51.75	51.75
Allied Signal Inc	41.37	41.12
Allied Stores	50.62	50.37
Allis Chalmers	3.50	3.37
Alcoa	36.50	36.50
AMR	53.25	53.37
Am. Medical Intl.	15.12	15.12
Amax Inc.	12.12	11.87
Amdahl	17.75	17.87
Amerada Hess	19.25	19.25
Ameritech	145.00	143.50

	20.8.86 A	19.8.86
Dominion Res.	51.00	51.00
Dow Chemical	-	53.75
Dow Jones	34.75	34.75
Dravo Corp.	14.00	14.12
Dresser Industries	16.75	16.75
Duke Power	50.62	50.62
Dun + Bradstr.	112.87	112.62
DuPont	79.00	79.50
Eastern Airlines	8.87	8.87
Eastman Kodak	56.62	56.37
Eaton Corp.	69.25	69.25
Emerson Elec.	84.75	85.00
Emhart Corp	34.37	34.37
Exxon Corp.	65.12	65.00
Fed. Dept. Stores	81.62	81.62
Fed. Express	-	56.75
Fedders	9.00	9.12

	20.8.86 A	19.8.86
Medtronic Inc.	87.25	87.50
Melville	64.12	64.12
Merck	115.25	115.50
Merrill Lynch	36.50	36.25
Middle Sth. Util.	14.62	14.50
Minnesota Min.	109.25	109.37
Mobil Corp.	34.25	34.25
Monsanto	71.00	71.00
Morgan J.P.	93.12	93.12
Motorola	39.50	39.25
NCR	53.62	53.62
Nat. Distillers	35.00	34.75
Nat. Semiconductor	9.12	9.12
Navistar	7.37	7.37
Newmont Min.	50.25	50.50
Norfolk Southn.	79.75	79.50
NWA	46.75	46.87

	20.8.86 A	19.8.86
West Pt. Pepperell	52.50	52.75
Western Union	3.75	3.75
Westinghouse	57.75	57.75
Weyerhaeuser	34.87	34.75
Whittaker	32.75	32.75
Williams Cos	19.00	19.00
Winn-Dixie	51.25	51.25
Woolworth	42.50	42.62
Wrigley	49.75	49.62
Xerox	55.87	56.00
Zenith	25.25	25.25

Toronto	20.8.86 A	19.8.86
Aberford Res.	-	4.75
Abitibi-Price	-	23.00
Agnico Eagle	26.00	25.87
Alcan Alu	41.75	41.75
Algoma Steel	-	12.75

Tokio	20.8.86	19.8.86
Ajinomoto	1940.00	1930.00
Asahi Glass	1290.00	1280.00
Alps Electric	1650.00	1710.00
Banyu Pharma	1000.00	1040.00
Bank of Tokyo	968.00	967.00
Calpis Food	876.00	870.00
Canon	900.00	900.00
Chujitsuya	950.00	968.00
DaiNipp. Print	1950.00	1950.00
Daishinpan	1270.00	1280.00
Daiwa House	1690.00	1690.00

Sydney	20.8.86	19.8.86
Ampol Expl.	200.00	205.00
ANZ	492.00	496.00
Austr. Oil Gas	150.00	-
Bell Group	990.00	1020.00
Bell Resources	470.00	-
Bougainville Copper	265.00	282.00
Broken Hill Pr.	800.00	800.00
Charter Towers	-	-
CRA fr. Conz. Rio	600.00	606.00
CSR	275.00	280.00
Elders	485.00	486.00

London	20.8.86 S	19.8.86
Allied Lyons	333.00	330.00
Anglo American[1])	1093.75	1112.50
Barclays	487.00	489.00
Bass	743.00	745.00
BAT Industries	416.00	408.00
Beecham Group	393.00	400.00
BICC	268.00	268.00
BOC Intern.	326.00	326.00
Boots	219.00	221.00
Bowater	315.00	323.00
British Aerospace	501.00	490.00

USA

Die New York Stock Exchange (NYSE) ist die größte Börse der Welt und gilt international als Leitbörse. Obwohl es in den USA insgesamt acht Wertpapierbörsen gibt, konzentrieren sich rund 80 Prozent aller amerikanischen Umsätze auf die NYSE. Sie wird wie alle anderen amerikanischen Börsen in Form einer Aktiengesellschaft betrieben. Die Mitglieder dieser Gesellschaft sind ausschließlich Broker, also Börsenhändler, die ihre Mitgliedschaft durch den Kauf eines in der Gesamtzahl begrenzten Börsensitzes erwerben. Ein solcher Sitz kostet je nach Börsenlage rund 350 000 Dollar, und sein Preis ist gleichzeitig ein Gradmesser für die weitere Entwicklung der Börse.
Die zweitgrößte New Yorker Börse ist die American Stock Exchange (AMEX). Während an der NYSE vorwiegend große und bekannte Unternehmen notiert werden, sind an der AMEX meist kleinere Gesellschaften vertreten.
Banken haben zu den Börsen keinen Zutritt. Der Glass-Steagall-Act aus dem Jahr 1933 trennt das Wertpapiergeschäft (Investment Banking) vom Einlagen- und Kreditgeschäft (Commercial Banking). In letzter Zeit werden daher

New York Stock Exchange – die größte Börse der Welt

American Stock Exchange (AMEX)

die Investmentbanken bzw. Brokerfirmen von den Banken verstärkt aufgekauft, um so einen Zugang zur Börse zu bekommen. Die amerikanischen Börsen unterstehen der Aufsicht und Kontrolle der staatlich eingesetzten Wertpapier- und Börsenkommission Securities and Exchange Commission (SEC). Da am Big Board weit über 2 000 Aktien notiert werden, ist das Kurstableau des Wall Street Journals entsprechend umfangreich (Seite 132).
Auch in dieser Kurstabelle finden Sie die Höchst-Tiefst-Kurse der letzten 52 Wochen, den Höchst- und Tiefstkurs des Börsentages, den Schlußkurs sowie die wertmäßige Veränderung zum Vortag. Zusätzlich können Sie aus dieser Kurstabelle noch die Umsatztätigkeit, das an späterer Stelle noch erklärte Kursgewinnverhältnis und die letzte Dividendenzahlung entnehmen. Dividenden werden übrigens in den USA meist vierteljährlich ausgezahlt.
Für unsere deutschen Verhältnisse völlig ungewohnt sind jedoch teilweise die extrem niedrigen Kursnotierungen, die noch dazu nicht im metrischen System, sondern als Bruchzahl angegeben werden. Im Extremfall wird eine Aktie sogar mit $^{15}/_{128}$ Dollar notiert, wie Sie dem folgenden Auszug aus dem Kursblatt des Wall Street Journals entnehmen können (Seite 133).
Übrigens, „Heard on the Street" ist die meistgelesene Kolumne im Wall Street Journal. Sie liefert Hintergrundinformationen über das amerikanische Börsengeschehen, und gar nicht so selten wurden durch die große Leserschaft mit dieser Kolumne schon Aktienkurse beeinflußt.

NYSE COMPOSITE TRANSACTIONS

Monday, September 22, 1986
4:30 p.m. New York Time

Quotations include trades on the Midwest, Pacific, Philadelphia, Boston and Cincinnati stock exchanges and reported by the National Association of Securities Dealers and Instinet.

52 Weeks High	52 Weeks Low	Stock	Div.	Yld %	P-E Ratio	Sales 100s	High	Low	Close	Net Chg.
		— A—A —								
26½	13¾	AAR s	.44	2.0	17	96	22⅛	21½	22	+ ¾
30	21¾	ADT	.92	3.9	...	45	24⅛	23⅞	23⅞	...
33	11½	AFG s	.08i	.3	15	163	28⅜	27⅜	28⅛	+ ⅝
25⅜	13¾	AGS		...	12	4	17⅜	17	17⅜	+ ½
15	9⅞	AMCA		...	256	3	10⅜	10¼	10¼	− ⅛
60⅝	37½	AMR		...	14	2985	57⅛	56	56⅝	...
27½	23¼	ANR pf	2.67	10.3	...	4	25⅞	25⅞	25⅞	...
24	19¼	ANR pf	2.12	9.1	...	112	23½	23¼	23¼	+ ¼
12½	9	APL		...	6	46	11½	11½	11½	...
16¾	10	ARX	.71t	6.5	10	216	11⅜	10⅞	11	− ⅝
41½	28¾	ASA	2.00a	4.9	...	1205	41½	40⅞	41⅛	− ¼
18⅜	9¾	AVX		3.1	...	339	10⅝	10⅛	10¼	+ ⅛
32	22⅝	AZP	2.72	9.3	8	1282	29⅜	29	29⅛	+ ¼
55	26⅜	AbtLb s	.84	1.9	20	3502	44⅞	41⅞	44¼	+ 2¼
32	19⅝	AccoWd	.56	2.2	17	57	25⅞	25¾	25⅞	...
14⅞	9	AcmeC	.40	4.0	...	106	10	9¾	10	...
9¼	6¼	AcmeE	.32b	4.7	14	17	7	6¾	6¾	...
22⅜	17	AdaEx	1.90e	9.5	...	53	20⅛	19⅞	20	+ ¼
33⅜	16⅞	AdmMl	.40	1.7	11	24	23⅞	23¾	23¾	− ¼
20⅜	12⅞	AdvSys	.83t	5.9	13	51	14⅜	14	14	− ¼
32⅞	14⅛	AMD		...	...	2783	17⅛	16⅞	17	− ⅛
12⅝	5⅝	Adobe n		...	...	9	6⅞	6⅞	6⅞	...
18⅜	13¾	Adob pf	1.84	11.9	...	26	15½	15½	15½	...
20¼	15¼	Adob pf	2.40	13.0	...	10	18½	18½	18½	+ ⅛
18⅜	7⅝	Advest	.12a	1.0	9	373	12½	12⅛	12½	+ ⅜
66¼	43⅛	AetnLf	2.64	4.6	10	3492	57⅞	56¾	57⅞	+ 1⅛
28¾	9⅞	Ahmns s	.46	2.1	7	4738	22¼	20¾	22¼	+ 1⅛
5¾	2⅝	Aileen		...	50	78	3½	3⅜	3½	...
41⅝	26	AirPrd s	.80	2.3	64	2072	35⅜	34	35¼	+ 1⅛
27¾	16	AirbFrt	.60	3.1	16	86	19⅜	19	19⅛	− ⅛
2	⅜	AlMoan	1.60c	...	...	42	15/32	13/32	7/16	...
10¾	7⅝	AlaP dpf	.87	8.8	...	38	10	9⅞	9⅞	...
22¾	14¼	AlskAir	.16	.8	21	1810	19½	18⅞	19½	+ ⅜
25	10¼	Albrto s	.21	1.4	15	51	15⅝	15¼	15¼	− ⅛
23¼	13½	AlbCulA	.21	1.5	14	13	15	14¼	14¼	− ½
49½	27	Albtsns	.84	1.9	15	195	43⅝	42	43⅝	+ 1
34⅝	22¾	Alcan	.80	2.5	...	1932	32½	32⅛	32½	+ ¼
46¾	32	AlcoStd	1.24	3.2	17	45	38⅜	37¾	38¼	+ ⅜
42⅜	27	AlexAlx	1.00	2.8	...	842	36⅛	35¾	35⅞	+ ⅜
47½	23¾	Alexdr		...	33	597	47¼	43¼	46¾	+ 3½
114	77⅛	AllgCp	1.54t	1.5	15	21	103	102⅜	103	− ½
29	25⅝	AlgCp pf	2.86	10.3	...	15	27⅞	27¾	27¾	− ¼
28¾	11⅜	Algint	.35j	1.8	...	501	19⅞	18⅞	19¼	− ¾
19¾	9½	Algin pf	1.64j	...	...	12	13	12¾	12⅞	− ⅜
95½	39	Algl pfC	8.44j	...	...	34	60⅝	60	60	− 1
53⅞	28½	AllgPw	2.92	6.4	11	465	46	45½	45¾	+ ¼
27¼	16½	AllenG s	.56	3.0	17	40	18½	18⅜	18½	+ ⅛
28⅞	23½	Allen pf	1.75	7.0	...	16	24⅞	24½	24⅞	+ ⅜
45½	16½	AlldPd		...	23	658	32⅞	31⅞	32⅝	− ⅛
49½	36¾	AldSgn n	1.80b	4.4	...	6146	41⅜	40¼	41¼	+ ⅞
114⅜	101½	AldS pfD	12.00	11.7	...	27	103	102½	102½	...
62	25⅛	AldStr s	1.16	2.0	18	11100	58⅞	57¾	58¾	+ ⅝
10⅛	5¼	AlldSup		...	...	120	7	6¾	7	+ ¼
6¾	2¾	AllisCh		...	...	344	3⅛	2⅞	2⅞	...
40¾	25½	AlisC pf		...	...	7	25¼	d25¼	25¼	− ¼
44⅛	27	ALLTL	1.96	5.3	11	223	37⅛	36½	37	+ ½
46⅜	31½	Alcoa	1.20	3.1	...	3696	38⅞	38½	38¾	...
16⅜	10½	Amax		...	...	1578	15⅛	14⅞	15⅛	+ ¼
36	27½	Amax pf	3.00	8.8	...	5	35¼	34¼	34¼	− ¾
32¼	16½	AmHes	.27i	...	...	2751	19⅞	19⅜	19⅞	+ ½
1⅞	⅝	AmAgr		...	...	325	¾	11/16	11/16	...
35	22	ABakr		...	14	53	31	30¾	31	+ ¼
105	53¼	ABrand	4.05	4.9	11	1523	83¼	81¾	82	− ⅝
52½	26⅝	ABrnd wi		...	...	15	42	41¼	41⅝	− ⅜
34⅜	28⅛	ABrd pf	2.75	8.3	...	26	33⅛	33	33	+ ¼
101	54⅞	ABrd pf	2.67	3.2	...	1	83½	83½	83½	− 7
29	20⅞	ABldM	.90	3.8	17	19	24½	24	24	− ½
36⅞	25⅜	ABusPr	.76	2.8	14	65	27¾	27¼	27¼	− ⅛
91⅞	50¾	AmCan	2.90	3.5	13	2786	83⅜	79½	83¼	+ 3⅝
78¾	44⅞	ACan pf	3.00	4.2	...	69	72⅛	71	72	+ 3
119½	110½	ACan pf	13.75	11.9	...	4	115⅞	115¼	115⅞	+ ⅜
25⅜	19⅞	ACapBd	2.20	9.4	...	88	23½	23⅛	23½	+ ⅜
33¼	25¾	ACapCv	2.73e	8.7	...	11	31¾	31¼	31¼	− ¼
24¼	14⅝	ACMR n	.15e	.9	11	370	16½	15⅞	16½	+ ½
7⅞	3⅝	ACentC		...	...	6	3⅞	3⅞	3⅞	...
89⅞	48⅝	ACyan	1.90	2.5	24	1885	76⅜	75⅛	76	+ ⅝
31½	20¼	AEIPw	2.26	8.2	11	2688	27¾	26¾	27⅝	+ ⅝
70⅛	40⅝	AmExp	1.36	2.3	11	4090	58	54⅞	58	+ ⅝
37⅜	17	AFaml s	.40	1.4	17	792	29⅞	28⅞	29	− ⅛
46¾	27¼	AGnCp	1.12	2.8	11	1697	39⅝	39¼	39½	...
24	10¼	AGnl wt		...	...	97	18	17⅝	17⅝	− ⅞
25¾	8½	Bormns	.15e	.7	9	33	23	22⅝	23	+ ⅜
55¾	36⅝	BosEd	3.44	6.9	11	368	50	49	50	+ ½
28	18¼	BosEd wi		...	...	11	25	25	25	...
100½	79½	BosE pf	8.88	8.9	...	z310	100½	99¼	99¼	− ¾
13	10¾	BosE pr	1.17	9.2	...	33	12¾	12⅝	12¾	...
16⅝	13¼	BosE pr	1.46	9.2	...	10	15⅞	15⅞	15⅞	+ ¼
33⅛	21	Bowatr	.72	2.5	15	556	28½	27⅞	28⅜	+ ⅜
40¼	25¾	BrigSt	1.60	4.8	14	126	33	32¼	33	+ ¾
88½	53⅝	BristM	2.20	3.1	18	4608	71	70	71	+ ⅞
43	29⅞	BritPt	2.48e	6.3	8	1353	39¾	39½	39⅝	+ ⅛
44	27¼	BritTel	1.34e	4.8	15	175	27⅞	27⅝	27⅞	...
12⅛	7½	Brock n		...	...	146	8	7¾	7⅞	+ ⅛
44⅞	24	Brckwy	1.32	3.3	12	84	39½	38½	39½	+ 1¼
28⅞	19¼	BkyUG s	1.62	6.0	14	235	27⅜	27	27⅛	...
30½	19¾	BwnSh	.40	1.9	10	31	21	20⅝	21	+ ⅜
43⅜	29¼	BrwnGp	1.44	4.5	13	129	32⅛	32	32⅛	− ¼
44⅞	24	BrwnF s	.64	1.7	21	2036	38⅜	37½	37½	− ⅝
39⅜	17½	Brnsw s	.56	1.9	12	507	29	28⅜	28⅞	− ⅛
39⅞	26	BrshWl	.56	2.0	25	170	28½	28⅛	28½	+ ½
27¾	17½	Bundy	.80	3.3	9	22	24½	24⅛	24½	+ ¼
23⅜	18⅛	BunkrH	2.16	9.6	...	17	22¾	22½	22½	− ⅛
24⅜	17¾	BKInv n	.63e	3.2	...	59	20	19¾	20	+ ⅛
26½	14⅞	BurlnCt		...	11	60	16½	16⅛	16½	+ ½
40¼	26⅛	Burlind	1.64	4.8	24	318	34	33½	33⅞	...
82⅜	46½	BrlNth	1.60	2.8	8	3422	58	56⅞	57½	− ⅜
8⅞	6⅞	BrlNo pf	.55	6.6	...	2	8⅜	8⅜	8⅜	− ⅛
51¾	48⅛	BrlN pf	4.68e	9.6	...	5	48⅞	48⅞	48⅞	+ ⅛
15⅛	9⅜	Burndy		...	...	42	13⅜	13	13¼	+ ½
75½	52	Burrgh	2.60	3.7	14	4427	71¼	70	70¼	+ ¼
50⅛	49⅜	Burgh pf	3.75	7.6	...	5415	49¾	49½	49⅝	...
19¼	11	Butlrin	.52	3.2	33	160	16⅜	16⅛	16⅜	+ ¼
		— C—C —								
31⅞	18¼	CBI In	.60	2.3	14	340	26⅜	25½	26	+ ¼
151½	107⅛	CBS	3.00	2.4	37	917	125⅞	124⅛	125¼	− ⅛
5½	4	CCX		...	...	69	4¾	4⅝	4¾	+ ¼
77¼	52⅜	CIGNA	2.60	4.7	...	1847	55½	55	55¼	+ ⅜
37⅞	28⅞	CIG pf	2.75	8.6	...	60	32	31⅝	32	+ ⅛
64	49	CIG pf	4.10	7.6	...	124	54⅜	54¼	54¼	− ⅛
3⅜	1	vjCLC		...	...	1	2	2	2	...
75	48	CNA Fn		...	9	293	54⅝	52⅝	54⅜	− ½
13⅛	10⅝	CNAI	1.24	9.9	...	27	12½	12⅜	12½	...
30½	16¼	CNW		...	...	301	20½	19⅞	20⅛	− ⅛
32¼	23	CNW pf	2.12	8.4	...	376	25⅜	25	25⅜	+ ⅛
74	44¼	CPC Int	2.20	3.7	19	709	60¼	59¼	60¼	+ 2
39½	22⅞	CP Ntl	1.50	4.1	12	100	36⅝	36	36⅝	+ ½
24⅝	19¾	CRIIM	2.68e	11.3	12	x138	23⅞	23¼	23¾	+ ½
21	18¾	CRI II n	.43e	2.2	...	152	19¾	19⅛	19¾	+ ¼
17⅞	13	CRSS	.34	2.3	13	15	14¾	14¼	14¾	+ ⅜
37½	23⅝	CSX	1.16	4.2	...	1734	28⅛	27⅝	27⅞	− ¼
44¾	27½	CTS	1.05e	3.4	...	61	31⅜	30¾	30¾	− ½
9¾	6⅞	C 3 Inc		...	68	26	9	8¾	8⅞	...
32	20½	Cabot	.92	3.1	...	929	29½	28½	29½	+ 1⅛
22⅞	13½	Caesar		...	12	198	16¾	16⅝	16¾	+ ¼
42	16¾	CalFed	.60	1.8	5	1548	33	31⅛	32⅞	+ 1½
13¼	10	CalRE	1.28	11.3	14	85	11⅜	11	11⅜	+ ⅛
24⅝	13½	Callhn	.25b	1.3	...	173	20⅜	19½	19¾	...
38½	25	Calmat	.68	1.8	13	322	37¾	35¾	37⅝	+ 1⅝
8¼	4¾	Calton n		...	...	2009	5½	4¾	5½	+ ¾
14½	9⅛	Camrnl	.04	.4	61	42	9¾	9¾	9¾	+ ¼
24⅝	14⅛	CRLk g	.40	...	...	2043	22	21⅜	21⅝	− ⅜
2⅝	¾	CmpR g	.16t	...	...	482	1¼	1⅛	1⅛	− ⅛
68½	36	CamSp	-1.32	2.3	16	917	57	54¾	56⅜	+ ⅛
14⅝	10	CdPac s	.48	...	...	x1710	11½	11⅜	11½	+ ⅛
45½	19¼	CanonG		...	8	994	26¾	24½	26¼	+ 1¾
272	183¼	CapCits	.20	.1	26	181	256½	252½	256½	+ 2½
38¾	20⅛	CapHld	.82	2.6	8	513	32	30⅞	32	+ ½
11¾	8⅜	Carlng g	.48	...	...	13	9⅛	9	9	− ⅛
39⅜	27¼	Carlisle	1.10	3.7	14	12	30⅜	30	30⅛	+ ⅜
40	21⅛	CaroFt	.44	1.2	14	421	36	35⅛	36	+ ¾
42¾	25⅛	CarPw	2.68	7.0	10	1717	38⅜	37¾	38⅛	+ ⅛
30⅞	24¼	CarP pf	2.67	9.2	...	12	29	28⅜	29	+ ⅝
38	28½	CarTec	2.10	5.9	33	50	35⅞	35⅛	35⅞	+ ⅝
11	6½	Carrol	.10	1.0	...	186	10½	10⅛	10⅜	+ ⅛
40¼	17¾	CarPir s	.70	1.8	28	262	38	37⅞	38	+ ⅜
38½	24½	CartHw	1.22	3.5	28	157	34⅝	34	34⅝	+ ⅜
86⅛	32¾	CartWl	.80	1.2	17	99	66⅜	65¾	66	+ ½
20	14¾	CascNG	1.28	7.3	15	11	17⅞	17½	17½	− ¼
18⅝	11¾	CastlCk		...	20	285	17¾	17¼	17⅜	− ⅜
19⅞	14	CstlC pf	.90	4.9	...	95	18¾	18½	18½	− ¼
55⅜	34⅜	Caterp	.50	1.1	10	2119	45⅛	44⅜	45⅛	+ ⅝
41⅛	23⅞	Ceco	.80	2.0	15	160	40⅝	40⅜	40½	...
236	120½	Celans	5.20	2.5	12	178	207½	205½	206½	+ ⅝
65⅛	40⅞	Centel	2.44	4.2	12	481	59	58	58¾	+ 1
27¾	22⅛	CentE n	2.56	10.4	8	1117	24⅞	24	24½	+ ½
38½	21¼	Centex	.25	.7	14	1011	36⅞	36	36¾	− ⅜
37½	23⅞	CenSoW	2.14	6.4	9	853	33⅜	32⅝	33⅜	+ ¾
39⅞	24	CenHud	2.96	8.1	7	147	36⅞	36¼	36½	...
30¼	17⅜	CnIIPS	1.68	6.3	13	230	27	26¼	26⅝	+ ⅜
38	23¾	CnLaEl	2.08	6.1	10	11	34	33¾	34	+ ¼
38¼	32¾	CLaEl pf	4.18	12.2	...	14	34⅜	34⅛	34⅛	− ⅜
20	12⅜	CeMPw	1.40	8.0	219	152	17⅝	17⅛	17½	+ ¼
29¼	19⅛	CVtPS	1.90	7.3	8	48	26½	26	26⅛	− ¼
8¼	4⅛	CentrDt		...	36	1985	7⅜	7	7⅛	...

Zusätzlich zu den rund 2 300 an der NYSE notierten Aktien gibt es in den USA einen riesigen Wertpapierhandel im Freiverkehr, auch Over-the-counter-market genannt. Hier werden rund 11 000 Aktien vorwiegend telefonisch gehandelt. Die Kurse solcher Aktien druckt man traditionell auf rosa Papier, weil diese Farbe angeblich für die Augen am angenehmsten ist und damit möglicherweise zu Käufen stimulieren kann.

Ab 1987 wird Amerika zur größten Steueroase der Welt. Aus bisher 15 persönlichen Steuergruppen werden dann zwei. Der jetzt noch gültigen maxima-

Monday, August 25, 1986
4:00 p.m. New York Time

Quotations include trades on the Midwest, Pacific, Philadelphia, Boston and Cincinnati stock exchanges and reported by the National Association of Securities Dealers and Instinet.

52 Weeks High	Low	Stock	Div.	Yld %	P-E Ratio	Sales 100s	High	Low	Close	Net Chg.
		—A—A—								
26½	13¾	AAR s	.44	1.9	18	1008	23⅜	22½	23¼	+ 1¼
30	21¾	ADT	.92	3.8	...	x137	24⅜	23⅞	24¼	+ ¼
33	11½	AFG s	.08i	.3	17	112	30⅜	30¼	30⅜	+ ⅛
25⅜	13¾	AGS		...	13	11	19	18½	18½	− ¾
15	9⅞	AMCA		...	259	1	10⅜	10⅜	10⅜	− ⅛
60⅝	37½	AMR		...	14	4649	57⅛	55¼	56⅛	+ ⅞
27½	23¼	ANR pf	2.67	10.5	...	7	25½	25½	25½	...
12½	8½	APL		...	6	12	11⅝	11½	11½	...
16¾	10	ARX	.71t	6.1	11	39	11¾	11⅝	11⅝	...
40⅞	28¾	ASA	2.00a	6.1	...	614	33¼	32⅛	33	+ ¾
18⅜	9¾	AVX		2.8	...	109	11⅝	11⅜	11⅝	+ ⅜
32	22⅝	AZP	2.72	8.7	9	1205	31¼	31	31⅛	...
55	26⅜	AbtLb s	.84	1.7	22	2526	49¾	48¾	48¾	− 1
32	19⅝	AccoWd	.56	2.1	18	120	27¼	27	27⅛	− ⅛
14⅞	9	AcmeC	.40	4.0	...	56	10¼	9⅞	10⅛	− ⅛
9¼	7	AcmeE	.32b	4.3	16	1	7⅜	7⅜	7⅜	+ ⅛
21¾	17	AdaEx	1.90e	8.7	...	73	21¾	21½	21¾	...
33⅜	16	AdmMl	.40	1.3	13	61	30	29½	30	+ ⅛
20⅜	11⅞	AdvSys	.83t	5.1	15	143	16¼	15⅜	16¼	+ ¾
32⅞	14⅛	AMD		...	...	6529	19	18½	18⅞	+ ¾
12⅝	5⅝	Adobe n		...	...	29	7	6⅞	6⅞	− ⅛
18⅜	13¾	Adob pf	1.84	12.5	...	6	14¾	14¾	14¾	− ¼
20¼	15¼	Adob pf	2.40	13.2	...	25	18⅛	18	18⅛	...
18⅜	7⅜	Advest	.12a	.8	11	x163	14½	14¼	14¼	...
66¼	42¼	AetnLf	2.64	4.3	10	2754	62⅜	61⅝	61⅞	− ⅜
28¾	9¾	Ahmns s	.46	1.8	8	1961	26	25	25	− 1¼
5¾	2½	Aileen		...	85	41	4¼	4⅛	4¼	...
41⅝	25¾	AirPrd s	.80	2.4	60	1216	33¼	32⅜	32⅞	− ⅜
27¾	16	AirbFrt	.60	3.1	16	116	20	19	19⅛	− ⅞
→ 2⅛	⅜	AlMoan	1.60c	...	...	62	15/32	13/32	13/32	− 1/32
29	25⅝	AlaP pf	2.12e	7.9	...	370	26⅞	26⅞	26⅞	+ ⅛
10¾	7⅝	AlaP dpf	.87	8.4	...	22	10⅜	10¼	10⅜	+ ⅛
113¼	63½	Anneu pf	3.60	3.3	...	3	109½	109	109	− ½
13	7⅞	Anixtr s	.16	1.6	17	201	10	9⅞	10	...
19⅛	10¾	Anthem	.04	.3	32	60	14¼	14¼	14¼	...
14⅜	10⅛	Anthny s	.44	4.0	13	8	11	11	11	− ⅛
13⅜	7⅝	Apache	.28	3.2	438	263	9	8¾	8¾	− ¼
→ 1⅝	5/128	ApchP wt		...	...	557	9/64	15/128	⅛	+ 1/128
19⅝	10½	ApcP un	1.40	12.2	...	475	11½	11⅜	11½	...

len Steuerbelastung von rund 50 Prozent folgen dann zwei Steuersätze von 15 und 27 Prozent. Die amerikanischen Steuersätze haben sich damit gegenüber den deutschen Steuersätzen mehr als halbiert. Die generelle Körperschaftssteuer für Unternehmen sinkt von 46 Prozent auf 33 Prozent. Dafür fallen eine ganze Reihe von bisherigen Vergünstigungen dem Rotstift zum Opfer. Für rund 80 Prozent aller Unternehmen resultiert daraus trotzdem eine Steuerentlastung, für etwa 20 Prozent wird es zu erhöhten Kosten führen.
Für die Abwicklung von Direktkäufen in den USA empfiehlt sich entweder die heimische Bank oder aber ein deutscher Repräsentant eines amerikanischen Brokers, wie zum Beispiel Bache Securities. Man sollte jedoch bei allen Gesprächen mit Brokern bedenken, daß die Kundenberater der Brokerhäuser im Gegensatz zu den Anlageberatern bei den deutschen Banken und Sparkassen kein Festgehalt beziehen, sondern in der Regel nur dann Geld verdienen, wenn sie mit den Kunden zu einem Abschluß gelangen.

Japan

„Die zynischste, spekulativste und manipulierbarste Börse der Welt", schrieb die angesehene Far Eastern Economic Review in einer Titelgeschichte über die Börse in Tokio. Keine andere bedeutende Börse kann auf einen ähnlich kontinuierlichen und kräftigen Kursaufschwung zurückblicken. Wer sich 1965 die richtigen Aktien zulegte, hat sein Kapital bis heute um das 60fache vermehrt – etwa dreimal mehr, als Amerikaner, Briten und Bundesdeutsche an ihren heimischen Börsen schafften. Wegen der im internationalen Vergleich sehr hohen Börsenkurse sank die Dividendenrendite auf unter 0,75 Prozent.
Die Tokioer Börse, die auch samstags geöffnet hat, ist in zwei Sektionen aufgeteilt, wobei die zweite Sektion in etwa dem deutschen geregelten Freiverkehr entspricht. Japanische Aktien sind grundsätzlich Namenspapiere und haben meist einen Nennwert von nur 50 Yen. Parallel zu den Aktien erlebten in der letzten Zeit auch Investmentfonds mit so eindrucksvollen Bezeichnungen wie „Reich", „As" oder „Traum 21" eine Boomphase.

Schweiz

In der Schweiz arbeiten die Kreditinstitute wie auch in der Bundesrepublik Deutschland nach dem Universalbankensystem. Schweizer Banken besitzen darüber hinaus im internationalen Vergleich die höchste Eigenkapitalquote.
Die Aktie besitzt in der Schweiz eine wesentlich größere Bedeutung als in der Bundesrepublik, gibt es doch insgesamt 125 000 Aktiengesellschaften gegenüber nur rund 2 100 deutschen Aktiengesellschaften. Allerdings ist jede zweite Gesellschaft in der Schweiz nur mit dem Mindestgrundkapital von 50 000 Schweizer Franken ausgestattet. Die 15 wichtigsten Werte der Schweiz repräsentieren bereits rund 80 Prozent der gesamten Börsenkapita-

lisierung. Die Namensaktie ist in der Schweiz weit verbreitet, allerdings nicht für Ausländer zugänglich. Daher notieren die entsprechenden Inhaberaktien oft um bis zu 50 Prozent höher. Einen Ausweg bietet sich für Ausländer durch Kauf von Namensaktien am Terminmarkt.
Ab 1. Oktober 1986 wurde in der Schweiz die Umsatzsteuer auf Gold abgeschafft.

Italien

Die Mailänder Börse gilt als der „heißeste" Börsenplatz Europas. Oft trifft hier eine massive Nachfrage auf einen engen Markt mit der Folge, daß die Kurse explodieren. Über Pfingsten 1986 beispielsweise verbrachten Hunderte von Kleinanlegern die Nacht in Schlafsäcken oder auf Klappstühlen vor den Bankschaltern der Innenstadt, um am Montag früh Aktien der an der Börse neu eingeführten Versicherungsgesellschaft Unipol zu kaufen. Börsenhändler kommentierten den kollektiven Ansturm auf Aktien mit den Worten: „Kompletter Wahnsinn." Sogar die kommunistische Parteizeitung „Unita" publiziert inzwischen Aktienkurse und gibt Anlagetips. Nachdem die Aktienkurse bereits 1985 um über 100 Prozent zugelegt hatten, wurde bereits im Mai 1986 die nächste Verdopplung erreicht. Die Aktien der Unipol-Versicherung beispielsweise stiegen innerhalb von vier Monaten von 5 000 auf 29 000 Lire. Als Reaktion auf diese gewaltigen Kurssteigerungen kommt es dann aber auch gelegentlich zu Kursrückgängen von bis zu 15 Prozent während einer Börsensitzung.
Für ausländische Anleger sei noch folgendes besonders erwähnt: Analog zur deutschen Vorzugsaktie ohne Stimmrecht gibt es in Italien die sogenannte Sparaktie.
Bei Direktkäufen in Mailand wird die Maklercourtage in der Regel mit dem Kurs verrechnet, das heißt, ein Käufer erhält zum Beispiel einen Kaufkurs, der etwas über dem ermittelten Börsenkurs liegt. Weiterhin gilt für alle Transaktionen der Zeitraum um den 17./18. eines Monats als Abrechnungstermin. Wer vorher kauft, kann mit seiner Abrechnung noch am Monatsende rechnen, wer später kauft, wird erst beim nächsten Abrechnungstermin berücksichtigt, bekommt also seine Abrechnung erst am Ende des Folgemonats. Für den Verkauf gilt Entsprechendes.

Spanien

Wer direkt in Madrid Aktien kaufen möchte, sollte zweierlei beachten. Zum einen weisen oft nur etwa 10 bis 20 Prozent aller in Madrid gehandelten Aktien einen Umsatz mit einem Bezahlt-Kurs auf, viel häufiger gibt es dagegen Tax-Kurse. Daher ist jeder Auftrag unbedingt zu limitieren, um unliebsame Überraschungen zu vermeiden.

Als zweites sei daran erinnert, daß in Spanien die Aktienkurse noch in Prozent vom Nennwert notiert werden. Dazu ein Beispiel.

Banco Hispaño Americano:
Nennwert: 500 Peseten
Kurs : 490%

100% = 500 Peseten
490% = x Peseten

$$x = \frac{500 \times 490}{100} = 2450 \text{ Peseten}$$

Umrechnung in DM:

100 Peseten = DM 1,52
2450 Peseten = DM x

$$x = \frac{1{,}52 \times 2450}{100} = \text{DM } 37{,}24$$

Ein Kurs von 490 Prozent entspricht hier also einem Betrag von DM 37,24.

Finnland

Lediglich eine Indexsteigerung von 5 Prozent erreichte die Börse von Helsinki 1985. Damit sich dies in Zukunft ändert, setzt man in Finnland jetzt verstärkt auf die ausländischen Kapitalanleger. Dazu dient sowohl die geplante Aufstockung des Ausländeranteils an finnischen Aktien von gegenwärtig 20 Prozent auf voraussichtlich 40 Prozent als auch die für Ausländer neu geschaffene Möglichkeit, Bankaktien zu erwerben. Für die finnischen Aktionäre bleibt die Regelung bestehen, daß kein Aktionär mehr als 80 Prozent aller Stimmrechte einer Gesellschaft auf sich vereinigen darf und jeder Aktientypus auf mindestens 700 Aktionäre verteilt werden muß.
Die Börse von Helsinki ist im Gegensatz zu den meisten anderen Börsen der Welt, auf deren Parkett Angebot und Nachfrage durch lautes Rufen kundgetan wird, eine „schweigsame" Börse. Die einzelnen Wertpapiere werden der Reihe nach aufgerufen, und die Börsenmakler bekunden ihr Kauf- oder Verkaufsinteresse unter Zuhilfenahme eines Schaltpultes, wodurch ihr Gebot oder Angebot auf einer elektrischen Anzeigetafel erscheint. Kommt es zu einem Abschluß, so gibt der Makler die Umsatzhöhe bekannt. Der Börsenvorsitzende bestätigt den Abschluß und verliest laut und deutlich die Namen der beiden Geschäftspartner sowie die weiteren Details des abgeschlossenen Geschäfts . . .

Börsenstrategien oder – was wann kaufen?

Eigentlich müßte es doch so einfach sein: man kauft, wenn die Kurse niedrig sind, und verkauft, wenn die Kurse gestiegen sind. Wenn man dann noch die alte Börsenweisheit befolgt, wonach Verluste zu begrenzen, Gewinne aber anzuhäufen sind, kann ja eigentlich nichts mehr schiefgehen. Und doch, man sollte eine Tatsache nicht aus den Augen verlieren. Da es in bezug auf die durchschnittliche Rendite am Aktienmarkt zu jedem Gewinner auch einen Verlierer gibt, sollte man sich bei Kauf- oder Verkaufsentscheidungen nicht einer Mehrheitsmeinung anschließen, sondern eher auf die eigene Entscheidungsfähigkeit vertrauen, denn auch das hat sich in den letzten Jahren gezeigt: Die breite Masse liegt meist falsch, wenn es um die Einschätzung eines künftigen Börsentrends geht. Soweit es die eigene Willenskraft zuläßt, sollte man daher immer antizyklisch handeln. Es ist oft falsch, Wertpapiere dann zu kaufen, wenn die Wirtschaftslage gut ist, und zu verkaufen, wenn die Krisenmeldungen überhand nehmen. Der weitsichtige Börsianer denkt weiter. Er weiß: Die Börse ist ein klassischer *„Antizipationsmechanismus"*, wo in den Kursen von heute bereits die Realität von morgen sichtbar wird. Er kauft daher eine Aktie zu Zeiten der Wirtschaftsflaute und realisiert bereits in Boomphasen seine Gewinne. Interessanterweise läßt sich feststellen, daß in den letzten Jahren die Umsätze immer dann besonders stark angestiegen sind, wenn sich die Börse auf einem Gipfelpunkt befand. Es sind dann nämlich regelmäßig noch zahlreiche Kleinanleger an der Börse eingestiegen, während die Profis aber bereits schon wieder Kasse machen und ihre Papiere abstoßen.

Lassen Sie sich auch nicht von obskuren Empfehlungen in marktenge Papiere treiben. Bei der als Spekulationsobjekt heißbegehrten „Bremer Straßenbahn" werden beispielsweise nur 10 Prozent aller Aktien über die Börse gehandelt, nämlich lediglich 308 Stück. Man kann sich leicht vorstellen, welche Auswirkungen hier eine massive Kauf- oder Verkaufsempfehlung haben kann.

Auch sind die Wirkungen von Käufen ausländischer Anleger an deutschen Börsen nicht zu unterschätzen. Keine andere bedeutende Börse in der Welt hat einen derartig hohen Ausländeranteil wie der deutsche Wertpapiermarkt. Immerhin befinden sich rund 24 Prozent aller deutschen Aktien in Auslandsbesitz, während es in Japan nur 7 Prozent und in den USA, Kanada und Großbritannien jeweils nur 3 bis 5 Prozent sind (vergleiche dazu auch das Kapitel: „Aktien und Aktionäre: Struktur des Aktienbesitzes"). So hält der Ayatollah Khomeini eine vom Schah übernommene 25,01prozentige Krupp-Beteiligung. Schon 1974 übernahmen die Kuwaiter aus Quandt-Besitz 14 Prozent von Daimler-Benz, die damals noch pro Aktie unter DM 300,– kosteten.

Eine aufwertungsträchtige Deutsche Mark verstärkt noch die Aktivitäten von Ausländern. Ein längerfristig fallender Dollar bringt also durchaus Bewegung in die deutsche Börsenlandschaft, bekommt doch ein Ausländer auf Grund der Wechselkursschwankungen für den Verkauf seiner deutschen Wertpapiere dann mehr Dollar zurück, als er ursprünglich einmal eingesetzt hat, unabhängig von eventuellen Kursgewinnen seiner Wertpapiere.
Eine oftmals lukrative Möglichkeit besteht darin, Aktien eines Unternehmens zu kaufen, das kurz vor dem Konkursantrag steht. Die tiefen Kurse reflektieren bereits die bedrohliche wirtschaftliche Lage der Firma. Wenn nun allerdings der Konkurs ausbleibt, wird der Aktienkurs in die Höhe schnellen.
Seit September 1986 gibt es zudem auch in China wieder eine Wertpapierbörse, die erste seit der Revolution im Jahre 1949. Bisher sind es allerdings erst sechs Firmen, darunter zwei Fahrradwerke, die eine Zulassung zur Börse in Shanghai erhalten haben. Die Pekinger Volkszeitung hatte die Wiedereröffnung der Börse jubelnd begrüßt und dabei sogar behauptet, die Ausgabe von Aktien entspräche „genau" den Ansichten von Karl Marx über Volkseigentum an der Industrie.
Für ganz ausgebuffte Spekulanten bieten sich übrigens noch einige Kuriositäten an den deutschen Börsen an: dazu gehören die sogenannten Restquoten der drei Großbanken, die IG-Farben-Liquidationsscheine sowie die Riebeck'schen Montanwerke in Liquidation. Allen gemeinsam ist die Tatsache, daß sie noch auf Reichsmarkbeträge lauten, wenn auch die Notierung an den deutschen Börsen natürlich in DM erfolgt.
Nach dem Zweiten Weltkrieg wurden die drei Großbanken von den Alliierten entflochten und Nachfolgeinstitute gegründet. Jeder Altbankaktionär erhielt auf Reichsmark lautende, neugedruckte Aktien der heutigen Großbanken in Höhe seines bisherigen Besitzes – eben die sogenannten Restquoten. Diese Aktien verkörpern seither lediglich den Anspruch auf das restliche Vermögen der Altbanken. Dieses aber liegt vorwiegend in Ost-Berlin, im Gebiet der heutigen DDR und in den ehemaligen deutschen Ostgebieten. Als schließlich die Hoffnung auf eine baldige Wiedervereinigung begraben werden mußte, sackten die Kurse der Restquoten bis auf DM 1,– ab.
Von den Großbankrestquoten wird nur noch die Commerzbank-Restquote gehandelt. Der Kurs liegt zur Zeit bei rund DM 16,–. Für die beiden anderen Restquotenwerte ist der Handel zur Zeit ausgesetzt. Möglicherweise droht dieses Schicksal nun auch den Commerzbank-Resten bald.
Seit Jahren schon versucht ein Teil der Restquoten-Aktionäre, seine Ansprüche gegenüber den heutigen Großbanken geltend zu machen, bisher allerdings ohne Erfolg.
Die IG Farbenindustrie Aktiengesellschaft war einmal der größte Chemiemulti der Welt, aus dem die drei Nachfolgegesellschaften BASF, Bayer und Hoechst entstanden sind. Die IG Farbenindustrie Aktiengesellschaft in Ab-

Deutsche-Bank-Aktie über 1000 Reichsmark vom September 1952

wicklung (Liquidation) ist durch einen Interessenvertrag aus dem Jahr 1926 mit den Riebeck'schen Montanwerken verbunden. Der eine Aktionärskreis streitet zur Zeit mit dem jeweils anderen um eine Abfindung. Es empfiehlt sich daher immer nur der Kauf entweder des einen oder des anderen Wertes. Wer beide zugleich besitzt, steht in einem Interessenkonflikt mit sich selber.
Wer nun noch wissen möchte, welche Voraussetzungen er als erfolgreicher Börsianer benötigt, sollte sich an dem nachfolgenden Witz orientieren: Der Erfinder der Relativitätstheorie, Albert Einstein, kommt in den Himmel und muß sein Zimmer mit drei Personen teilen. Aus Sorge, sich mit seinen neuen Zimmergenossen zu langweilen, fragt er den ersten nach seinem Intelligenzquotienten. Er hat 180 und ist damit ein idealer Gesprächspartner in Sachen Atomwissenschaft. Der zweite hat nur einen Intelligenzquotienten von 120, doch Einstein freut sich, mit ihm kann er Diskussionen über Politik und bildende Künste führen. Der dritte bedauert: sein Intelligenzquotient beträgt nur mickrige 60. „Ausgezeichnet", lächelt Einstein. „Sie sind mein idealer Gesprächspartner für den Zins- und Börsentrend."

Insiderrichtlinien

Als Insider werden Personen bezeichnet, die eigentlich am ehesten wissen müssen, welche Aktien man kaufen sollte, da sie sozusagen an der Quelle sitzen. Als Insider gelten nämlich Personen, die auf Grund ihrer beruflichen Stellung Informationen über Aktiengesellschaften, die den Börsenkurs beeinflussen könnten, früher als die Öffentlichkeit erfahren. Insider sind also in erster Linie Aufsichtsrat, Vorstand, leitende Angestellte und Großaktionäre (ab 25 Prozent) von Aktiengesellschaften und Banken. Aus solchen Insiderinformationen läßt sich oft eine Menge Kapital schlagen, wie der Fall des früheren AEG-Aufsichtsratsvorsitzenden Kuhn nur ansatzweise zeigt. Herr Kuhn hat durch die Kurssprünge der AEG-Aktie auf Grund der Übernahmeofferte des Daimler-Benz-Konzerns rund DM 16 000,- verdient. Dieser Betrag ist inzwischen übrigens von Herrn Kuhn unter Hinweis auf seine Bank, die diesen Aktienkauf selbsttätig vorgenommen hat, zur Verfügung gestellt worden. Immerhin wurde jedoch von der Insiderkommission, die sich aus Vertretern von Kreditinstituten und Unternehmen sowie möglichst zwei im Handelsrecht erfahrenen Richtern zusammensetzt, ein leichter Verstoß gegen die Insiderregeln festgestellt. Das Insider-Richtlinienwerk hat jedoch keine gesetzliche Grundlage, und nur diejenigen Insider können für Verstöße gegen die Richtlinien herangezogen werden, die vorher freiwillig das Regelwerk anerkannt und unterschrieben haben. Bislang fehlen freilich noch die Unterschriften von rund 100 börsennotierten Aktiengesellschaften, darunter Namen wie Bremer Straßenbahn, Hamburger Hochbahn, Holsten-Brauerei, Stollwerk und Hoffmann's Stärkefabriken.

Durchaus bemerkenswert sind übrigens die Ermittlungen der Prüfungskommission im Falle der in Konkurs gegangenen Beton- und Monierbau Aktiengesellschaft ausgefallen. Hausbank und Großaktionär war nämlich die Westdeutsche Landesbank. In der Hauptversammlung des Baukonzerns vom 26. August 1977 hatte die Bank immerhin 20,5 Prozent des Aktienkapitals als ihren Eigenbesitz angemeldet, beim Aktionärstreffen am 4. Mai 1978, ein Jahr vor dem Konkurs, aber nur noch 4,3 Prozent. Der Differenzbestand an Aktien ist ganz offensichtlich noch rechtzeitig verkauft worden. Die Insiderkommission konnte jedoch in diesem Fall keinen Verstoß gegen die Insiderrichtlinien feststellen.

In den USA geht die Börsenaufsichtsbehörde (Securities and Exchange Commission, SEC) bei einem Verdacht auf Insiderverstöße wesentlich energischer vor als etwa in der Bundesrepublik Deutschland. Allerdings kann sich die SEC dabei auch auf die amerikanischen Wertpapiergesetze stützen.

Erst vor kurzem hat die SEC Anklage gegen einen ehemaligen Redakteur des angesehenen Wall Street Journal erhoben, R. Forster Winans, der in erster Linie für die Börsenkolumne „Heard on the Street" verantwortlich war. Ihm und vier weiteren Beschuldigten wird vorgeworfen, sich durch die Weiter-

gabe von Informationen vor der Veröffentlichung in der Zeitung bereichert zu haben. Die SEC beschuldigt Winans, auf diese Weise 31 000 Dollar kassiert zu haben. Die anderen vier Personen sollen mit den Tips 900 000 Dollar an der Börse verdient haben.
Allerdings ist auch die SEC oft auf Indizienbeweise angewiesen. Eine dann meist praktizierte Lösung besteht darin, daß sich die Beschuldigten zwar als nicht schuldig bekennen, aber trotzdem den erzielten Gewinn zurückzahlen. Bei dem bisher wohl größten bekanntgewordenen Fall von Insiderhandel ist die amerikanische Aufsichtsbehörde auf illegale Gewinne in einer Größenordnung von mehr als 50 Millionen Dollar gestoßen. Wallstreets Großspekulant Ivan F. Boesky, eine der legendärsten und schillerndsten Figuren in der amerikanischen Börsenszene, ist des Handels von Wertpapieren auf der Basis von nichtöffentlichen Informationen überführt und zur Zahlung des Rekordbetrages von 100 Millionen Dollar verurteilt worden. Zusätzlich wird er nach einer Frist von 18 Monaten, die ihm bleibt, um seine Geschäfte noch ordnungsgemäß abzuwickeln, auf Lebenszeit vom amerikanischen Wertpapierhandel ausgeschlossen.
Boesky, der 1966 als Broker in Wallstreet begann, spezialisierte sich schnell auf die sogenannte Risikoarbitrage, womit die Großspekulation mit Aktien von Unternehmen, die übernommen werden sollen, bezeichnet wird. Er verfügte dabei über eine „Spekulationskasse" von fast 1 Milliarde Dollar und offensichtlich auch über die entsprechenden vertraulichen Informationen. Der Sohn russischer Emigranten stolperte schließlich über ein Geheimabkommen mit dem Investmentbanker Dennis Levine, dem er eine Gewinnbeteiligung von 5 Prozent für „heiße" Tips zusicherte. Dennis Levine, der u. a. selber mit illegalen Geschäften über eine Schweizer Bank auf den Bahamas rund 12 Millionen Dollar verdiente und inzwischen verhaftet wurde, hat von der versprochenen Gewinnbeteiligung nicht einen einzigen Dollar erhalten.
Die vorerst letzte Initiative der SEC besteht in einer Gesetzesvorlage, die vorsieht, daß jeder, der sich im amerikanischen Wertpapiergeschäft engagiert, automatisch darauf verzichtet, seine Identität, seine Bankkonten in Übersee und seine Wertpapiertransaktionen geheimzuhalten. Rückt der „gläserne" Kapitalanleger also unaufhaltsam näher?

> An der Börse werden keine Wertpapiere, sondern Meinungen gehandelt...
> *Börsenweisheit*

Die Börseninformationsdienste – stets optimistisch

„Die Börse, das sind zuerst einmal wir . . ., den Rest können Sie mehr oder weniger getrost vergessen."
Wer diese Titelzeile einer ganzseitigen Anzeige in der FAZ für einen Werbeslogan einer deutschen Wertpapierbörse hält, liegt falsch. Weiter führt da schon die Titelzeile einer ebenfalls ganzseitigen Anzeige im Handelsblatt: *„Die Börse, die bewegen zunächst einmal wir . . ., denn unsere Hintergrundinformationen geben Woche für Woche den Ton an!"* Den Ton gibt in diesem Fall Europas größtes Börsenjournal an, der *Effecten-Spiegel*, mit einer Auflage von über 100 000 Exemplaren.
Die Qualität von Börseninformationsdiensten und Anlegerzeitungen bemißt sich einerseits an den Anlageerfolgen und andererseits auch an den Verkaufsempfehlungen und deutlich gemachten Schieflagen.
An Anlageerfolgen mangelte es in der Vergangenheit eigentlich keinem Börsenbrief. Diese Tatsache ist allerdings insofern zu relativieren, als bereits ein zufälliges Auswählen von Aktien aus dem deutschen Kurszettel seit Herbst 1982 durchschnittliche Anlageerfolge von rund 300 Prozent ergeben hätte, da der für eine größere Anzahl von Aktien repräsentative Index in den letzten Jahren eben um diesen Wert gestiegen ist. Inzwischen jedoch sind die Zeiten für fast „automatische" Anlageerfolge vorbei. Viele Börsenbriefe und Anlegerzeitungen reagieren auf diese Entwicklung durch ein Ausweichen in die engen Märkte kleinerer Kassawerte. Wo nur relativ wenig Aktien pro Tag den Besitzer wechseln, können massive Kaufempfehlungen wahre Kursexplosionen hervorrufen, wie das nachfolgende Beispiel zeigt.
Der Chemiespezialwert Cassella, dessen bescheidenes Grundkapital in Höhe von 34,1 Millionen DM sich zu 75,6 Prozent im Besitz der Hoechst Aktiengesellschaft befindet, war schon des öfteren Gegenstand spekulativer Kaufempfehlungen. Am Montag, dem 13. Januar 1986, geschah mit dem Cassella-Kurs plötzlich folgendes:
Cassella, bis zu diesem Tag ein eher träger Wert mit Kursen zwischen DM 460,– und DM 690,– seit 2. 1. 1985, stieg plötzlich in Frankfurt um DM 50,– auf *DM 700,–* bezahlt. Zwei Tage später, am 15. Januar 1986, schoß der Kurs in Frankfurt bereits um DM 150,– auf *DM 850,–* in die Höhe. Da es sich hierbei allerdings um einen Taxkurs handelt, kamen also zu DM 850,– keine Umsätze zustande. Am Donnerstag, dem 16. Januar 1986, ging es mit dem Kursreigen munter weiter. Der Cassella-Kurs explodierte um weitere DM 200,– auf *DM 1050,–* rep.G. (siehe Abbildungen Seite 144 und 145).
Auch zu diesem Kurs bestand vorwiegend Nachfrage. Die mit DM 1 050,– und darüber limitierten sowie alle unlimitierten Kaufaufträge konnten nur in

Verschiedene Börseninformationsdienste

Fortlaufende Notierungen 13.1.86

Höchst- und Niedrigstkurse seit 2.1.1985

Name	Div.		Anfang	Verlauf	Schluß	Kasse	+/−	H/N
Adca	3	F	178.50 b	78.5 77.2	178.00 b	177.20 b	+1.2	179/ 122
		D				180.00 b	+5	183/ 122
Adlerwerke	9	F	-		-	330.00 b	±0	349/ 290
		D	305.00 G		305.00 G	305.00 G	±0	349/ 290
AGIV	10	F	354.00 b	54.0 54.0	354.00 b	354.00 b	-2	386/ 272
		D	358.00 b	60.0 58.0	357.00 G	360.00 b	+3	387/ 272
AKZO (Holl.)		F	138.00 b	38.0 37.0	137.50 b	138.00 b	±0	140/ 87
		D	137.50 b	38.0 37.5	138.00 b	138.00 b	-0.5	140/ 87
Alcan (Kan)		F	73.40 b	73.4 72.2	73.00 b	72.20 b	+0.4	102/ 61
Alg. Bk. Ned. (Holl.)		F	517.00 b	22.0 17.0	522.00 b	522.00 b	-13	545/ 291
		D	523.00 b	23.0 23.0	523.00 b	523.00 b	-7	543/ 324
AEG	0	F	299.00 b	07.0 99.0	306.00 b	309.00 b	±0	309/ 100
		D	303.70 b	11.8 00.0	310.00 b	308.30 b	+0.3	308/ 100
Allianz Hold	11	F	2450.00 b	55.0 50.0	2525.00 b	2525.00 b	+25	2525/ 868
		D	2530.00 b	55.0 80.0	2550.00 G	2520.00 b	-30	2550/ 868
All.Nippon Air.(Jap.)		F	9.60 b	9.6 9.6	9.60 b	9.69 b	+0.1	9/ 5
Altana	10	F	415.00 b	20.0 10.0	410.00 b	420.00 b	-13	459/ 339
		D	410.00 b	10.0 10.0	410.00 G	412.00 b	-13	462/ 339
Alu. Co. Am. (USA)		F	97.00 b	97.0 96.0	96.00 b	97.00 b	+1.5	128/ 83
Am. Brands (USA)		F	-		-	156.00 G	-1	237/ 135
		D	156.00 G		156.00 G	156.00 G	+1	237/ 142
AMAX Inc. (USA)		F	34.90 b	34.9 34.5	34.90 b	34.50 bG	±0	62/ 28
Am. Cyanamid (USA)		F	-		-	135.00 G	-1	184/ 129
Am. Express (USA)		F	128.00 b	28.0 28.0	128.00 b	128.00 b	-1.5	149/ 109
		D	126.50 b	26.5 26.5	127.00 G	127.50 b	-0.2	149/ 107
Am. Rot. Bk. (Holl.)		F	99.50 b	99.5 99.0	99.50 b	99.50 b	-2.5	105/ 58
		D	100.00 b	00.0 00.0	100.00 b	100.00 b	-2	105/ 58
Anzag	0	F	178.00 b	83.0 78.0	183.00 b	183.00 b	+5	183/ 125
AAC (S.Afr.)		F	31.50 b	31.5 31.5	31.50 b	31.50 b	+0.5	45/ 21
Arbed (Lux)		F	122.10 b	22.1 22.1	122.10 b	122.10 b	+0.1	160/ 75
Asahi Chem. (Jap.)		F	9.50 b	9.5 9.5	9.50 b	9.50 b	±0	13/ 8
Asics (Jap.)		F	-		-	5.10 G	+0.1	5/ 4
ASKO								1460/ 740
dgl. VA								1255/ 560
Badenwerk								180/ 123
								180/ 123
Bco. de Bilb. (S								38/ 27
Bco de Sant. (S								31/ 23
Bco. de Vizc.(S								54/ 35
Bco. Hisp. Am. (								17/ 11
Barlow Rand (S.								19/ 7
Bankges. v. 189								750/ 415
BASF	9	F	[illegible]	[illegible]	[illegible]	[illegible]	[illegible]	287/ 176
		D	274.00 b	75.5 73.0	275.00 b	275.00 b	-4	291/ 176
dgl. junge		F	265.00 b	70.5 65.0	270.50 b	265.00 b	-4	276/ 230
		D	265.00 b	66.0 63.0	266.00 b	263.00 b	-3	277/ 228
BAT Ind. (Engl.)		F	11.00 b	11.0 11.0	11.00 b	11.00 b	+0.3	14/ 10
		D	11.10 b	11.1 11.1	11.00 G	11.00 b	+0.15	14/ 9
Bayer	9	F	281.50 b	81.5 70.0	280.00 b	280.50 b	-5.5	298/ 185
		D	281.00 b	81.0 78.5	281.00 b	280.00 b	-5	298/ 185
Bayernhyp	12.5	F	610.00 b	14.0 02.0	612.00 b	614.00 b	-3	617/ 291
		D	610.00 b	10.0 95.0	610.00 G	610.00 b	-5	615/ 291
BMW	12.5	F	635.00 b	37.0 32.0	635.00 b	636.00 b	-3	650/ 354
		D	636.00 b	37.0 33.0	636.00 b	637.00 b	-6.5	659/ 354
Bay. Vereinsbk.	11	F	550.00 b	55.0 45.0	547.00 b	547.00 b	-8	565/ 316
		D	550.00 b	95.0 45.0	545.00 G	547.00 b	-13	565/ 316
Beatrice Co Inc.(USA)		F	-		-	109.00 b	+4.8	121/ 82
		D	107.00 G		107.00 G	107.00 G	+3	122/ 82
Bell Can. Ent. (Kan.)		F	72.00 b	72.0 71.5	71.50 b	72.00 b	-1	102/ 72
		D	69.50 G		70.00 G	70.00 T	-2	102/ 70
BHF-Bank	10.5	F	537.00 b	50.0 37.0	545.00 b	550.00 b	-6	570/ 257
		D	545.00 b	45.0 43.0	545.00 G	541.00 b	-21	570/ 257
Bekula	5	F	99.70 b	00.0 99.7	100.00 b	100.00 b	-0.3	114/ 88
		D	100.00 b	00.0 00.0	100.00 G	100.50 b	+0.5	114/ 88
Berliner Bank junge	3	F	187.00 b	89.0 87.0	189.00 b	189.00 b	+6	199/ 140
		D	184.00 b	89.0 84.0	189.00 b	191.00 b	+0.5	199/ 140
Black & Decker (USA)		F	51.00 b	51.0 51.0	51.00 b	51.50 b	+0.5	87/ 47
Bowater (Engl.)		F	-		-	9.70 b	-0.4	13/ 7
Bremer Vulkan	0	F	155.00 b	55.0 50.5	150.50 b	152.00 b	-4	160/ 63
		D	154.00 b	54.0 43.5	151.00 G	150.00 b	-6	156/ 63
BP (Engl.)		F	19.50 b	19.5 19.5	19.50 b	19.50 b	-0.06	22/ 16
		D	19.00 G		19.30 G	19.50 b	+0.4	22/ 16
BBC	6	F	281.00 b	81.0 79.0	279.00 b	279.00 b	-11	312/ 187
Buderus (100)	12.6	F	-		-	451.00 b	+9.5	580/ 370
		D	457.00 G		457.00 G	459.00 b	+3	550/ 370
Bull (Frank.)		F	21.00 b	21.0 21.0	21.00 b	21.00 b	±0	21/ 9
		D	21.00 b	21.0 21.0	21.00 b	21.00 b	±0	21/ 9
Canon (Jap.)		F	12.80 b	13.0 12.8	12.80 b	12.80 b	+0.1	19/ 11
Casio Comp. (Jap.)		F	-		-	20.40 b	±0	27/ 16
Cassella (100)	15	F	690.00 b	10.0 80.0	710.00 b	700.00 b	+50	710/ 480
		D	680.00 b	80.0 80.0	690.00 G	690.00 b	+30	690/ 460

Frankfurt: Cassella + 50 DM

Cassella rückten um 50 DM auf 700 DM vor, Buderus zogen um 9,50 DM auf 451 DM an. Metallgesellschaft büßten 26 DM auf 404 DM ein, EVA gaben um 12 DM nach.

Fortlaufende Notierungen 15.1.86

Höchst- und Niedrigstkurse seit 2.1.1985

Name	Div.		Anfang	Verlauf	Schluß	Kasse	+/−	H/N
Adca	3	F	178.00 b	78.0 76.0	176.00 b	177.00 b	-1	179/ 122
		D				174.00 b	-6	183/ 122
Adlerwerke	9	F			-	312.00 b	-13	349/ 290
		D	310.00 G		310.00 G	310.00 G	+5	349/ 290
AGIV	10	F	358.00 b	60.0 55.0	360.00 b	358.50 b	-1	386/ 272
		D	350.00 bG	55.0 50.0	356.00 G	351.00 b	+1	387/ 272
AKZO (Holl.)		F	139.50 b	40.0 39.5	140.00 b	140.00 b	+2	140/ 87
		D	140.50 b	50.0 39.0	141.00 b	141.00 b	+4.2	141/ 87
Alcan (Kan)		F	75.00 b	75.0 74.0	74.00 b	74.90 b	±0	102/ 61
Alg. Bk. Ned. (Holl.)		F	530.00 b	30.0 30.0	530.00 b	530.00 b	+10	545/ 291
		D	531.00 b	35.0 31.0	535.00 b	533.00 b	+15	543/ 324
AEG	0	F	313.50 b	13.8 01.0	309.90 b	308.00 b	-5.5	313/ 100
		D	313.00 b	19.5 08.0	308.00 b	308.00 b	-5.5	313/ 100
Allianz Hold.	11	F	2695.00 b	95.0 60.0	2665.00 bG	2680.00 b	+70	2680/ 868
		D	2730.00 b	30.0 80.0	2680.00 G	2700.00 b	+60	2700/ 868
All.Nippon Air.(Jap.)		F	-		-	9.40 b	+0.1	9/ 5
Altana	10	F	421.00 bG	24.0 21.0	421.00 b	424.00 b	+4	459/ 339
		D	421.00 G		423.00 G	423.00 b	+3	462/ 339
Alu. Co. Am. (USA)		F	95.50 b	95.5 95.5	95.50 b	95.50 b	-1.5	128/ 83
Am. Brands (USA)		F	-		-	158.00 b	-2	237/ 135
		D	159.00 G		159.00 G	159.00 G	±0	237/ 142
AMAX Inc. (USA)		F	36.00 b	36.0 35.6	36.00 b	36.00 b	+0.4	62/ 28
Am. Cyanamid (USA)		F	-		-	139.00 b	+3	184/ 129
Am. Express (USA)		F	126.00 b	27.0 26.0	127.00 b	127.00 b	±0	149/ 109
		D	126.00 b	26.0 26.0	126.50 G	127.00 b	+2	149/ 107
Am. Rot. Bk. (Holl.)		F	102.00 b	02.0 02.0	102.00 b	102.00 b	+2.5	105/ 58
		D	101.80 b	02.0 01.8	102.00 b	102.50 b	+3.7	105/ 58
Anzag	0	F	185.00 b	87.0 85.0	186.00 b	187.00 b	+3	187/ 125
AAC (S.Afr.)								45/ 21
Arbed (Lux)								160/ 75
Asahi Chem. (								13/ 8
Asics (Jap.)								5/ 4
ASKO								1460/ 740
dgl. VA								1255/ 560
Badenwerk								180/ 123
								180/ 123
Bco. de Bilb. (								40/ 27
Bco de Sant. (								33/ 23
Bco. de Vizc.(								56/ 35
Bco. Hisp. Am								17/ 11
Barlow Rand (								19/ 7
Bankges. v. 18								750/ 415
BASF								287/ 176
								291/ 176
dgl. junge		F	275.00 b	75.0 72.5	272.50 b	275.00 b	+4	276/ 230
		D	273.00 b	74.0 73.0	274.00 G	272.00 b	+2	277/ 228
BAT Ind. (Engl.)		F	11.85 b	11.8 11.4	11.40 b	11.40 b	+0.1	14/ 10
		D	11.20 b	11.2 11.2	11.50 G	11.30 b	+0.3	14/ 9
Bayer	9	F	287.80 b	88.0 86.0	286.00 b	290.00 b	+6	298/ 185
		D	288.00 b	90.5 88.0	280.00 G	290.00 b	+5.5	298/ 185
Bayernhyp	12.5	F	652.00 b	57.0 27.0	627.00 b	640.00 b	-14	654/ 291
		D	650.00 b	50.0 35.0	635.00 b	645.00 b	-13	658/ 291
BMW	12.5	F	645.00 b	49.0 44.0	647.00 b	648.00 b	+7	650/ 354
		D	645.00 b	49.5 45.0	645.00 b	649.00 b	+7	659/ 354
Bay. Vereinsbk.	11	F	596.00 b	15.0 93.0	605.00 b	608.00 b	+48	608/ 316
		D	590.00 b	05.0 90.0	605.00 G	605.00 b	+40	605/ 316
Beatrice Co.Inc.(USA)		F	107.50 b	07.5 07.5	107.50 b	107.50 b	+0.5	121/ 82
		D	106.00 G		106.00 G	106.00 G	-1	122/ 82
Bell Can. Ent. (Kan.)		F	71.00 b	71.0 71.0	71.00 b	71.00 b	-0.5	102/ 71
		D	71.00 G		72.00 G	72.00 G	+2	102/ 70
BHF-Bank	10.5	F	555.00 b	70.0 55.0	570.00 bG	557.00 b	+9	570/ 257
		D	563.00 b	70.0 63.0	570.00 b	565.00 b	+7	570/ 257
Bekula	5	F	100.40 b	09.1 00.0	100.10 b	100.80 b	+0.8	114/ 88
		D	100.00 b	00.0 00.0	100.00 G	100.00 b	±0	114/ 88
Berliner Bank junge	3	F	191.00 b	92.0 91.0	192.00 b	192.00 b	+2	199/ 140
		D	194.00 b	94.0 93.0	192.00 G	192.00 b	+1.5	199/ 140
Black & Decker (USA)		F	50.50 b	50.5 50.5	50.50 b	50.50 b	-0.5	87/ 47
Bowater (Engl.)		F	-		-	9.55 b	-0.25	13/ 7
Bremer Vulkan	0	F	140.00 b	40.0 37.0	137.00 b	140.00 b	-8	160/ 63
		D	140.00 b	40.0 39.0	139.00 b	139.00 b	-6	156/ 63
BP (Engl.)		F	19.20 b	19.2 19.2	19.20 b	19.40 b	+0.2	22/ 16
		D	19.00 G		19.00 G	19.20 b	-0.3	22/ 16
BBC	6	F	270.00 b	70.0 70.0	272.00 G	270.00 b	-0.2	312/ 187
Buderus (100)	12.6	F	-		-	460.00 b	±0	580/ 370
		D	459.00 G		459.00 G	459.00 b	+1	550/ 370
Bull (Frank.)		F	19.60 b	19.6 19.6	19.60 b	19.00 b	-1.4	21/ 9
		D	-		19.50 G	19.50 bG	-0.6	21/ 9
Canon (Jap.)		F	13.20 b	13.2 13.2	13.20 b	13.20 b	+0.1	19/ 11
Casio Comp. (Jap.)		F	-		-	20.50 b	±0	27/ 16
Cassella (100)	15	F	850.00 G		850.00 G	850.00 rt	+150	850/ 480
		D	800.00 T		850.00 T	800.00 T	+95	800/ 460

Frankfurt: Cassella + 150 DM

Cassella zogen nach doppelter Plusankündigung um 150 DM auf 850 DM an, Rheinelektra verbesserten sich um 68 DM auf 940 DM. Ymos rückten um 19,50 DM auf 240 DM vor, Braun wurden bei 810 DM um 30 DM höher taxiert. Degussa verteuerten sich um 17,80 DM und Wella um 23 DM.

FINANZMÄRKTE / Überwiegend schwächere Notierungen

Anleger machen an der Börse erst einmal Kasse

HANDELSBLATT, Donnerstag, 16.1.1986

kön DÜSSELDORF. Die deutschen Aktienmärkte schraubten am Donnerstag mit einer uneinheitlichen, aber überwiegend schwächeren Tendenz die Kursambitionen wieder hinunter. Besonders die Favoriten der vorangegangenen Börsensitzungen litten unter Gewinnmitnahmen. Der Rentenhandel schloß freundlich.

Selten hat es so kräftige Kursschwankungen an den deutschen Börsen gegeben wie gestern. Nicht nur die Haussetendenzen der Vortage, sondern auch der sehr feste Trend während der Vorbörse verleiteten die Anleger im hektisch
Gewinnmitnahme
der Hauptsitzung
gen teilweise deu
tagswerten. Denn
Käuferseite wied
Beträgen am Mar
samt setzten sich
durch, weshalb
Kursbild eine sch
hielt.

Das Umsatzvol
abermals auf ei
Und wieder überflutete eine Welle von Aufträgen die Börsen. Sie verlängerten gestern bereits zum sechsten Mal in diesem Jahr die offizielle Handelszeit um eine halbe Stunde.

Besonders betroffen von den Gewinnmitnahmen waren diejenigen Papiere, die an den Vortagen durch große Kurssprünge auffielen, allen voran Titel aus dem Elektrobereich. In Frankfurt schlossen Mittwochssieger Siemens um 20,50 DM niedriger. Auch AEG waren mit minus 12 DM im Vergleich zu anderen Werten klare Verlierer. Bei den Kfz-Aktien verloren Daimler 30 DM und VW 11,60 DM. Lediglich BMW (plus 5 DM) und Porsche (plus 20 DM) konnten noch anziehen. Mit Ausnahme von Commerzbank (plus 7 DM) ging es bei Finanztiteln bergab. Bayerische Vereinsbank büßten 25 DM, Deutsche Bank 10 DM, Dresdner Bank 5,80 DM und Allianz immerhin 100 DM ein. Im Versorgungsbereich schwächten sich RWE Stämme um 13,50 DM ab.

Aber auch gestern hatte die Börse wieder Tagesfavoriten: Conti Gummi machten bei äußerst lebhaften Handel einen Sprung um 18,50 DM auf 215 DM. Durch eine Sonderbewegung fielen bei den Neben- und Spezialwerten Cassella mit 1050 DM (plus 200 DM) auf.

Tages-Statistik der Frankfurter Börse

vom 16. 01. 86 (Klammern = Vortag)

Aktienmarkt

Kursindex: unerh. (312,94)
Umsatzind.: unerh. (8166,52)
Dabei ergaben sich folgende Ände-
...ntlich notierten deut-
...tück):
unerh. (125)
unerh. (46)
unerh. (61)

Umlaufrendite öf-
...: 6,26 % (6,29 %).
105,364 (105,247)
der
100,466 (100,327)
110,89 (110,74)
111,121 (110,968)

Frankfurt: Braun +40 DM

Cassella notierten nach doppelter Plusankündigung 1050 DM rep. G (+200 DM), Braun verbesserten sich weiter um 40 DM auf 850 DM Taxe. Ferner gewannen Degussa 18 DM, Enka legten 14 DM zu. Rütgerswerke vermochten sich um 21 DM zu befestigen, während Mainkraft um 20 DM schwächer aus dem Markt gingen. Metallgesellschaft wurden um 19,50 DM niedriger bewertet.

sehr beschränktem Maß ausgeführt werden. Aber damit noch nicht genug. Am Freitag, dem 17. Januar 1986, schnellte der Cassella-Kurs in Frankfurt um weitere DM 200,– auf nun bereits DM 1250,– bezahlt in die Höhe:

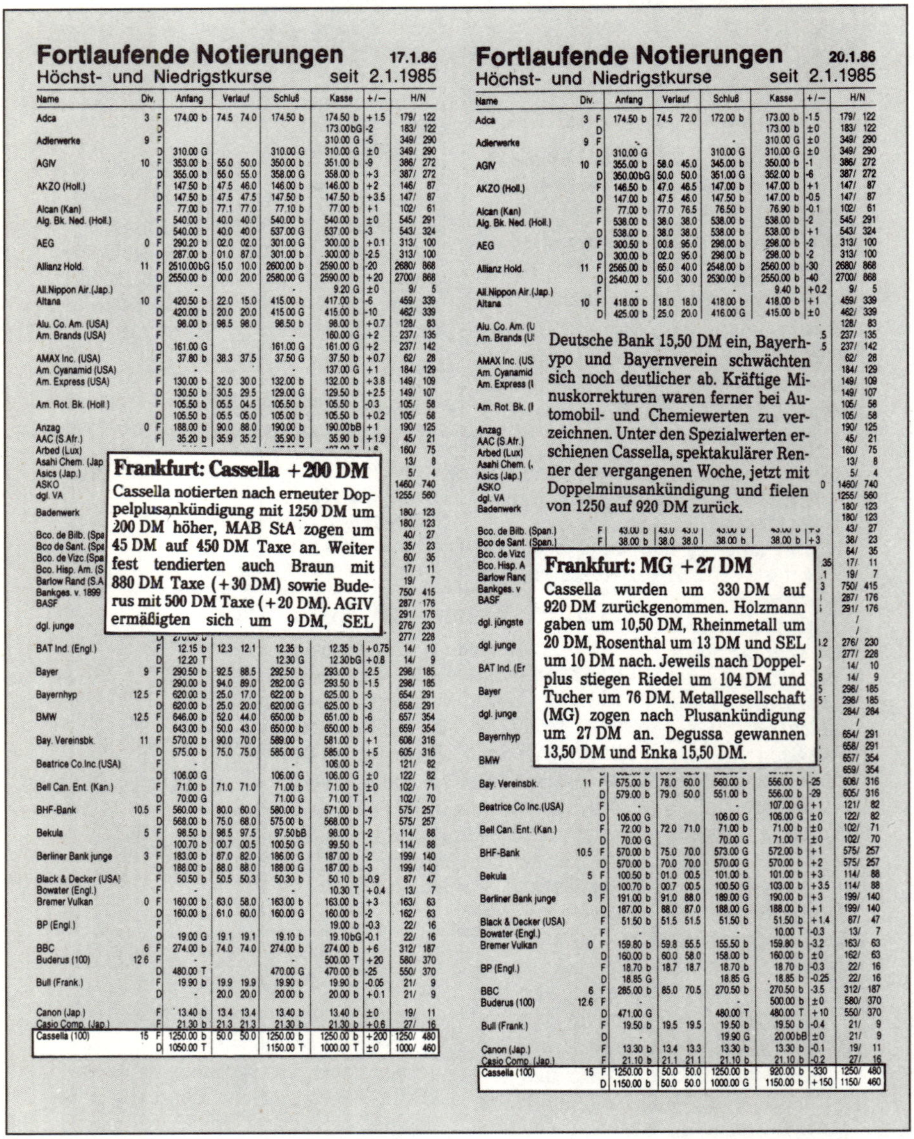

Fortlaufende Notierungen 17.1.86
Höchst- und Niedrigstkurse seit 2.1.1985

Name	Div.		Anfang	Verlauf		Schluß	Kasse	+/–	H/N
Cassella (100)	15	F	1250.00 b	50.0	50.0	1250.00 b	1250.00 b	+200	1250/ 480
		D	1050.00 T			1150.00 T	1000.00 T	±0	1000/ 460

Frankfurt: Cassella +200 DM
Cassella notierten nach erneuter Doppelplusankündigung mit 1250 DM um 200 DM höher, MAB StA zogen um 45 DM auf 450 DM Taxe an. Weiter fest tendierten auch Braun mit 880 DM Taxe (+30 DM) sowie Buderus mit 500 DM Taxe (+20 DM). AGIV ermäßigten sich um 9 DM, SEL

Fortlaufende Notierungen 20.1.86
Höchst- und Niedrigstkurse seit 2.1.1985

Name	Div.		Anfang	Verlauf		Schluß	Kasse	+/–	H/N
Cassella (100)	15	F	1250.00 b	50.0	50.0	1250.00 b	920.00 b	-330	1250/ 480
		D	1150.00 b	50.0	50.0	1000.00 G	1150.00 b	+150	1150/ 460

Deutsche Bank 15,50 DM ein, Bayerhypo und Bayernverein schwächten sich noch deutlicher ab. Kräftige Minuskorrekturen waren ferner bei Automobil- und Chemiewerten zu verzeichnen. Unter den Spezialwerten erschienen Cassella, spektakulärer Renner der vergangenen Woche, jetzt mit Doppelminusankündigung und fielen von 1250 auf 920 DM zurück.

Frankfurt: MG +27 DM
Cassella wurden um 330 DM auf 920 DM zurückgenommen. Holzmann gaben um 10,50 DM, Rheinmetall um 20 DM, Rosenthal um 13 DM und SEL um 10 DM nach. Jeweils nach Doppelplus stiegen Riedel um 104 DM und Tucher um 76 DM. Metallgesellschaft (MG) zogen nach Plusankündigung um 27 DM an. Degussa gewannen 13,50 DM und Enka 15,50 DM.

Am Montag, dem 20. Januar 1986, blieb die verstärkte Nachfrage plötzlich aus. Der Cassella-Kurs sackte in Frankfurt um DM 330,– auf nur noch DM 920,– bezahlt ab. An der Düsseldorfer Börse zog der Kurs hingegen noch einmal auf DM 1150,– bezahlt an.

Natürlich ist es ein Zufall, daß der *Effecten-Spiegel* in seiner Ausgabe Nr. 4/86 vom 16. Januar, deren Inhalt bereits am 15. Januar den Abonnenten und vorher sicher auch noch anderen, möglicherweise am Druck beteiligten Personen, bekannt war, Cassella für spekulative Anleger empfohlen hatte...
Tatsache aber ist, daß der *Effecten-Spiegel* bereits in seiner nächsten Ausgabe Nr. 5/86 den erreichten Cassella-Kurs von DM 1250,– positiv hervorhob und den anschließenden Fall von DM 330,– ohne Nennung von Zahlen als Gewinnmitnahmen beschrieb...
Bereits am 24. April 1986 stand Cassella beim *Effecten-Spiegel* wieder einmal auf der Kaufliste, nachdem der Kurs sich inzwischen auf DM 850,– gesetzt hatte.
Eine neue Runde konnte beginnen.
Aber es ging noch weiter. Im *Effecten-Spiegel* Nr. 45 vom 30. 10. 1986 wurde Cassella bei einem Kurs von DM 840,– wiederum zum Kauf empfohlen. Wie auch in den Kaufempfehlungen vorher, wurde das vermeintliche Kursziel mit DM 1300,– angegeben. Im Unterschied zu den vorherigen Ausgaben wandte man sich diesmal allerdings gezielt an den konservativen Anleger, zumal ja der spekulative Anleger bereits in der Ausgabe Nr. 4/86 vom 16. Januar angesprochen worden war...
Besonders hervorzuheben sind beim *Effecten-Spiegel* allerdings die konsequenten und frühzeitigen Verkaufsempfehlungen, durch die oftmals Schieflagen vermieden oder schon im Ansatz bereinigt werden können. So beispielsweise geschehen mit den Aktien von Gesellschaften wie Kerkerbachbahn, Rückforth, BCT-Computer, Treuwo und Tewidata, um nur einige zu nennen. Natürlich kann es dabei auch zu Irrtümern kommen, wie zum Beispiel die Verkaufsempfehlung für die Boss-Aktie beim Kurs von DM 1525,– belegt.
Ein weiteres Kriterium zur Einschätzung von Börseninformationsdiensten sind die häufig geführten *Musterdepots*. Wenn die Kaufempfehlungen dafür und damit auch die Einstandskurse jedoch aus prestigeträchtigen Gründen noch vorwiegend aus dem Jahr 1982 stammen, so haben diese jetzt natürlich mit recht hohen Gewinnen ausgewiesenen Musterdepots für den heutigen Anleger keinen Nutzen. Weiterhin ist es wichtig, daß die für ein Musterdepot zur Verfügung stehende Summe vorher begrenzt wird, um Verbilligungskäufe in unrealistischer Größenordnung zu verhindern.
Oft muß man bei der Lektüre von Börseninformationsdiensten *eindeutige* Kauf- und Verkaufsempfehlungen förmlich mit der Lupe suchen. Die Ausdrucksvielfalt, mit der die Herausgeber von Informationsdiensten ihre Empfehlungen verschlüsseln, ist beachtlich. So werden zum Beispiel Verkaufsempfehlungen für im Kurs gefallene Werte oft als Tauschvorschlag deklariert, so daß die angeblichen Kurschancen des neu zu kaufenden Wertes die Einbußen des anderen, mit Verlust zu verkaufenden Wertpapiers, vergessen lassen sollen.

Auch verträgt sich eine „Vermögensverwaltung auf eigene Rechnung" nicht mit der Herausgabe eines Börsenbriefes, weil nicht selten die Empfehlungen der einen Seite vorher auf der anderen Seite realisiert werden.
Wer in seinem Briefkasten heiße Anlagetips vorfindet, sollte dabei bedenken, daß häufig eine dritte Seite an verstärkter Abgabe der Papiere zu einem günstigen, also möglichst hohen Kurs, interessiert ist:

Vorsicht bei „heißen" Anlagetips

Daß Börsenbriefe fast immer optimistisch gestimmt sind, wird jeder verstehen, denn auch hier gehört eine positive Selbstdarstellung zum auflagesteigernden Handwerk. Zu einer wahren Meisterschaft in dieser Disziplin haben es dabei die *Frankfurter Börsenbriefe* gebracht, die von nicht wenigen Börsianern bereits mit dem Untertitel „Berufshaussiers" bedacht worden sind und von nicht wenigen Banken und Sparkassen gelesen werden.

Dieser ständige Optimismus kann jedoch auch zu Fehlurteilen verleiten, wie die „albernen Gerüchte“ um den Kanadischen Ölwert Dome Petroleum bei einem Kurs von rund 4 Kanadischen Dollar oder die angeblich „emotionalen Verkäufe“ des Computer-Wertes Commodore International bei einem Börsenkurs von 48 US-Dollar belegen. Während Dome Petroleum in der Folge auf lediglich 1 Kanadischen Dollar fiel, sackten die Commodore-Aktien bis auf knapp 5 US-Dollar ab.

Die *Actien-Börse* des Hans A. Bernecker besticht dagegen durch ihre markttechnische Sicherheit und liegt dabei des öfteren richtig im Trend. Verwirrend allerdings auch hier die Vielzahl von Anlageempfehlungen. Wie eigentlich fast jeder Börseninformationsdienst, so hat auch die *Actien-Börse* neben Anlageerfolgen einige kräftige Mißerfolge vorzuweisen. Hier seien nur die beiden Kanadischen Werte Nu-West-Group und United Canso erwähnt, die statt der angekündigten Kursverdopplung ungefähr auf ein Zehntel ihres früheren Wertes zusammengebrochen sind.

Die große Vielfalt vermeintlich gewinnträchtiger Empfehlungen wird beim *Aktien Express* aus Hamburg deutlich. Sie finden hier Auszüge von Kaufempfehlungen verschiedener Börsendienste, ergänzt durch eigene Hinweise.

Eine Sonderstellung insbesondere in finanzieller Hinsicht nimmt der Informationsdienst des Frankfurter Ex-Bankiers Johann Philipp Freiherr von Bethmann ein. Der Prophet eines näherrückenden weltwirtschaftlichen Zusammenbruchs bietet einem „ausgewählten kleinen Kreis von ein paar Hundert Einflußreichen“ jährlich mindestens zehn, höchstens aber zwölf *Bethmann Briefe* zum Thema „Geld und Wirtschaft – Zins und Konjunktur“. Während ein Probeexemplar geradezu preiswert bereits für DM 300,– zu haben ist, kosten die „neuen Einsichten“ des adligen Vordenkers im Jahresabonnement DM 3000,–.

Während die *Finanzwoche* unter Kennern als Spezialist für die Schweizer Aktienmärkte gehandelt wird, gilt der umstrittene *Investors Alert* der holländischen First Commerce Securities im negativen Sinn als Experte für die doch so beliebten „penny stocks“, hochspekulativen Aktien, die meist nicht viel mehr als einen Dollar kosten. Wie Leserbriefe an die deutschen Wirtschaftsredaktionen belegen, nimmt es die First Commerce offenbar mit den Anlegerinteressen nicht so genau. Sie handelt mit Vorliebe kleine unbekannte Aktiengesellschaften, wie etwa Devoe-Holbein-Aktien, eine Gesellschaft, die über Rechte für ein Metallextraktionsverfahren aus Abwässern verfügt, oder auch mit Aktien der City Clock International, einer Gesellschaft, die Normaluhren in Verbindung mit rotierenden Werbeflächen aufstellt und diese dann vermietet. Gemeinsam ist beiden Werten, daß sie an keiner Börse, sondern nur intern bei First Commerce gehandelt werden und dieser Handel jeglicher Kontrolle entzogen ist. Sollte in einer Anzeige einmal etwas anderes vermerkt sein, wie das nachstehende Beispiel belegt, so handelt es sich nach Auskunft von First

Commerce um „einen kleinen Übersetzungsfehler", denn an der Amsterdamer Börse sind Aktien von City Clock auch im Freiverkehr unbekannt.

Nur zur Kenntnisnahme

NEUEMISSION 25. Oktober 1984

U.S.$1,500,000

City Clock International N.V.

(eingetragene Gesellschaft nach dem Recht der Niederländischen Antillen)

1,000,000 STAMMAKTIEN
EMISSIONSKURS: U.S.$1.50 PRO AKTIE

Der Emissionsprospekt wird auf Anfrage zugesandt.
Zeichnungen für diese Anteile nimmt die nachstehende Finanzberatung entgegen.
Aktien des Emittenten werden erstmals im Freiverkehr Amsterdam ab, oder vor 2. November 1984 gehandelt.

First Commerce Securities B.V.
Herengracht 483
1017 BT Amsterdam Niederlande
Telefon: (0) 3120 260901 Telex: 14507 firco nl

Unter Beachtung einiger Eigenarten stellen die meisten Börseninformationsdienste und Anlegerzeitungen aber durchaus lesenswerte Informationsquellen dar. Fast alle liefern auf Anforderung kostenlose Probeexemplare zum Kennenlernen. So kann sich jeder Anleger selbst den ihm persönlich am geeignetsten erscheinenden Informationsdienst heraussuchen. Falls Sie dabei unter den Anlagetips gewisse Gemeinsamkeiten feststellen, so sollten Sie nicht zögern, diesen Empfehlungen zu folgen, denn möglicherweise schaffen mehrere Börsendienste zusammen, was einem allein nicht immer gelingen will: die Kurse in die Höhe zu treiben! (Siehe Kapitel "Nützliche Anschriften".)

Genuß- und Partizipationsscheine

Die meist börsennotierten *Genüsse,* in der Schweiz auch als Partizipationsscheine bekannt, garantieren Ansprüche auf Gewinn und Liquidationserlös des betreffenden Unternehmens. Gelegentlich steht den Inhabern der Genußscheine auch ein Bezugsrecht zu, falls die Gesellschaft Kapitalerhöhungen durchführt.

Wer sie kauft, nimmt in der Regel *ohne zeitliche Begrenzung* am Gewinn des Unternehmens teil. Lediglich die Commerzbank-Genußscheine von 1985 laufen bereits Ende 1995 aus. Genüsse werden oft mit Vorzugsaktien ohne Stimmrecht verglichen. Die Besitzer haben in beiden Fällen kein Stimmrecht auf der Hauptversammlung, dafür aber als Ausgleich Anspruch auf eine gewisse Mindestverzinsung. Der Inhaber von Genußscheinen hat aber gegenüber dem Inhaber von stimmrechtlosen Vorzugsaktien einen bedeutenden Nachteil. Da er nicht an der Substanz der Aktiengesellschaft beteiligt ist, wie dies bei Aktionären der Fall ist, hat er auch kein Recht, der Hauptversammlung aller Anteilseigner beizuwohnen. Er ist also kein Anteilseigner, bekommt aber immerhin bei einem Konkurs den Nominalwert seines Genußscheines ersetzt, und dies noch vor den Aktionären, aber erst nach den Gläubigern von festverzinslichen Werten. Dieses Kuriosum führt zu einem weiteren, nämlich zu der Tatsache, daß Genußscheine handelsrechtlich als Eigenkapital, steuerlich aber als Fremdkapital gelten. Die emittierende bzw. ausgebende Gesellschaft kann die Zinszahlungen als Kosten in der Gewinn- und Verlustrechnung absetzen. Daher können die Genußscheine auch zu einem niedrigeren Kurs als die Aktien ausgegeben werden. Die Erträge aus Genußscheinen sind steuerlich Einkünfte aus Kapitalvermögen. Die Kapitalertragssteuer in Höhe von 25 Prozent wird bereits bei der Auszahlung einbehalten und an das Finanzamt abgeführt. Sie ist jedoch auf dem Wege über die Einkommenssteuererklärung auf die persönliche Steuerschuld voll anrechenbar. Die Steuergutschrift in Höhe von 56,25 Prozent der Ausschüttung steht Inhabern von Genußscheinen nicht zu. Trotzdem liegt letztendlich die Rendite bei Genußscheinen höher als bei Aktien, da der Genußschein in aller Regel deutlich niedriger notiert und so das fehlende Körperschaftssteuerguthaben mehr als ausgleicht.

Die sehr unterschiedlichen Ausstattungsmerkmale der verschiedenen Genußscheine können Sie der nachfolgenden Tabelle entnehmen. Besonders interessant erscheinen da vor allem die Alldephi-Genußscheine, die ein Wandlungsrecht in Philips-Aktien beinhalten und damit direkt von möglichen Preissteigerungen der Philips-Aktien profitieren würden. Eine recht hohe Rendite bieten auch die Genüsse der Commerzbank, die 1986 bei DM 8,– Dividende immerhin eine Verzinsung von beachtlichen 9,25 Prozent auf den Nominalwert bezogen aufwiesen. Bei einem aktuellen Kurs von rund

DM 121,– im September 1986 ergab sich immer noch eine Rendite von 7,6 Prozent.

Die jeweils aktuellen Notierungen der Genußscheine finden Sie übrigens im Handelsblatt unter den Kassakursen der Aktien.

Genußscheine

Emittent des Genußscheins	Nominalwert	Kurs	So werden die Genüsse verzinst			Wandelrechte
	in Mark		mindestens in Prozent	ertragsabhängige Verzinsung	tatsächl. Ausschüttung 1985 in Mark	
Alldephi	5000	149[1]	7,875	33% der Alldephi-Dividende	393,75	146,67 Philips-Aktien für 5000 Mark nominal[2]
BBC	100	156	5,0	160% der Dividende für Stammaktien	4,80	1 BBC-Aktie für 200 Mark nominal[3]
Commerzbank	100	115	8,25[4]	Plus 0,25% für jede 0,50 Mark über 6 Mark Dividende	–[5]	keine
DG-Bank	50	108	–	170% der DG-Bank-Dividende	–[5]	keine
Drägerwerk	50	200	5,0	100% der Dividende für Vorzugsaktien	8,00	keine
Landw. Rentenbank	100	104	7,75[4]	-	–[5]	keine
Triumph	50	58	7,5	Zusätzlich 11,25% Wertzuwachsvergütung alle 5 Jahre	3,75	keine

1 Kursangabe in Prozent des Nominalwertes. 2 Vom 1. Juli 1986 bis 30. Juni 1993. 3 Vom 2. Januar 1987 an.
4 Nicht garantierte Grundverzinsung. 5 Erstmals in 1986 fällig.

Die Legende berichtet, Hermann Josef Abs habe seinen Kollegen anläßlich der ersten Vorstandssitzung Anfang der fünfziger Jahre vorgeschlagen, daß einer den Vorsitz führen sollte; man könnte ja in alphabetischer Reihenfolge verfahren, wodurch zwar er, Abs, nun zunächst das schwere und verantwortungsvolle Amt zu übernehmen hätte, aber erstens wüßte er ohnehin keinen Besseren, und zweitens werde man sich ja abwechseln...
Einer der älteren Vorstandskollegen erkundigte sich daraufhin vorsichtig, von bösen Ahnungen befallen, wann denn die erste Ablösung erfolgen sollte.
Darauf Abs, sehr ernst:
„Das steht natürlich allein in Gottes Hand, aber sterben müssen wir ja alle einmal..."

Investmentfonds – von jedem etwas

Endlich begegnen Sie hier wieder der vinkulierten Namensaktie. Für Investmentfonds ist nämlich die Rechtsform einer Aktiengesellschaft oder GmbH gesetzlich vorgeschrieben. Wenn also schon als Aktiengesellschaft, dann aber nur mit Ausgabe von vinkulierten Namensaktien. Der Gesetzgeber will damit eine Kontrolle über die Kapitalanlagegesellschaft sicherstellen.
Dies aus gutem Grund, denn in der Bundesrepublik Deutschland gilt immer noch Bernie Cornfeld als der Mann, der das Investmentsparen einer breiten Öffentlichkeit zugänglich gemacht hat. Während Cornfelds Fonds-Firma Investors Overseas Services (IOS) noch von der Aktienhausse Ende der sechziger Jahre kräftig profitierte, bewirkte die darauf folgende Baisse in Verbindung mit den Eigenentnahmen Bernie Cornfelds zur Finanzierung seiner beträchtlichen Privatausgaben das unrühmliche Ende einer Fondsidee, die Tausende von Anlegern in ihren Bann gezogen hatte.
Heute, rund 15 Jahre nach IOS und Bernie Cornfeld, hat der Investmentsparer nun die Qual der Wahl: er hat die Auswahl unter über 120 deutschen Wertpapier-Publikumsfonds, er kann unter neun offenen Immobilienfonds wählen oder aber sich für einen der mehr als 20 ausländischen Fonds entscheiden. Diese jedoch unterliegen zum großen Teil einer drastischen, oftmals abschreckenden Besteuerung, die beispielsweise trotz eines möglichen Wertverlustes 10 Prozent des vorjährigen Anteilwertes betragen kann. Man will damit unseriösen ausländischen Fonds, auf deren Anlagepolitik das Bundesaufsichtsamt nur begrenzten Einfluß hat, den Absatz ihrer Anteile erschweren.
Besonders die deutschen Investmentfonds unterliegen seit Bernie Cornfelds IOS einer strengen Kontrolle. Dazu gehört auch, daß Kredite für Rechnung des Fonds nur in Ausnahmefällen bis zur Höhe von 10 Prozent des Fondsvermögens aufgenommen werden dürfen. Außerdem darf ein Investmentfonds höchstens 5 Prozent seiner Anlagesumme für Wertpapiere desselben Ausstellers benutzen. Mit Zustimmung des Bundesaufsichtsamtes für das Kreditwesen darf diese Grenze bis auf 10 Prozent angehoben werden. Mit diesen dem Anlegerschutz dienenden Vorschriften wird eine weitgehende Risikostreuung erreicht.
Man unterscheidet offene und geschlossene Investmentfonds. Bei einem offenen Fonds ist die Höhe des Anlagevermögens abhängig von der Nachfrage nach Investmentanteilen. Jeder Anteilseigner kann zu einem beliebigen Zeitpunkt verlangen, daß ihm gegen Rückgabe des Anteilscheines sein entsprechender Anteil an der Anlagesumme ausgezahlt wird. Die „offene" Form ist für deutsche Investmentfonds gesetzlich vorgeschrieben.

Bei geschlossenen Fonds ist die Anlagesumme begrenzt. Entsprechend dieser Summe werden Anteile ausgegeben, die später von dem Unternehmen nicht mehr zurückgekauft werden. Ein Verkauf der Anteile ist dann nur über die Börse möglich, wobei Angebot und Nachfrage den Preis bestimmen.
Da die offenen Fonds hingegen in unbeschränktem Maße Anteile ausgeben können, aber auch verpflichtet sind, diese auf Wunsch des Käufers wieder zurückzunehmen, bilden sich die Preise für Investmentanteile *nicht* aus Angebot und Nachfrage, sondern entsprechen vielmehr dem jeweiligen Anteil am Tageswert des Investmentfonds. Dieser wiederum errechnet sich aus den täglichen Börsenkursen der Kapitalanlage des Fonds, ergänzt um eventuelle Bankguthaben oder andere Vermögenswerte. Teilt man diesen Betrag durch die Anzahl der ausgegebenen Papiere, so erhält man den Wert des einzelnen Investmentanteils. Dieser Wert ist in aller Regel mit dem Rücknahmepreis identisch, während in dem höheren Ausgabepreis sämtliche beim Investmentfonds anfallenden Kosten anteilig enthalten sind.
Der Wert eines Fondsanteiles ist nach deutschem Recht bei der Erstausgabe auf DM 100,- begrenzt. Ein Blick auf die Investmentpreise im Wirtschaftsteil einer Tageszeitung macht jedoch deutlich, daß die Preise für Fondsanteile weit unter diesem Betrag liegen. Investmentfonds sind also auch etwas für den kleineren Geldbeutel.
Die Ausschüttungen deutscher Investmentfonds bestehen einerseits aus Zinsen- und Dividendeneinnahmen und andererseits aus realisierten Kursgewinnen und Bezugsrechtserlösen. Vergleiche der Fonds untereinander an Hand der Ausschüttungsquote sind daher wenig ergiebig, da die einen Erträge teilweise thesaurieren, also wieder zum Anlagekapital zuschlagen, während andere Fonds die Rendite durch Ausschüttung von realisierten Kursgewinnen und Bezugsrechtserlösen kurzfristig erhöhen, langfristig aber dadurch die Substanz des gesamten Fonds schwächen.
Aktienfonds haben den Vorteil, grundsätzlich alle Dividenden *ohne* Kapitalertragssteuerabzug, sowie *mit* der vom Unternehmen bereits gezahlten Körperschaftssteuer ausbezahlt zu bekommen. Sie werden damit also einem nicht zur Einkommenssteuer veranlagten Aktionär gleichgestellt, ein weiteres Argument für die Beteiligung an einem Investmentfonds.
Wer Fondsanteile innerhalb von sechs Monaten kauft und wieder verkauft, muß den Veräußerungsgewinn versteuern. Eine Ausnahme bilden hier die geschlossenen Immobilienfonds, deren Anteile erst nach einer Wartezeit von zwei Jahren spekulationssteuerfrei veräußert werden können.
Der Handel von Investmentanteilen unterliegt nicht der Börsenumsatzsteuer.
Unabhängig davon, ob ein Fonds Erträge ausschüttet oder thesauriert, sind analog zum Aktienbesitz realisierte Kursgewinne und Bezugsrechterlöse steuerfrei, während die Zins- und Dividendeneinnahmen versteuert werden müssen. Der Investmentfonds gibt dazu jeweils bekannt, welcher Anteil der

Ausschüttung steuerfrei und welcher steuerpflichtig ist. Nach Abzug von Sparerfreibetrag und Werbungskosten sind diese dann zu versteuern, sofern der Anleger nicht eine Nichtveranlagungsbescheinigung vorlegt, die jeder bekommt, dessen zu versteuerndes Jahreseinkommen DM 24 000 bei Ledigen und DM 48 000 bei Verheirateten nicht übersteigt, und der darüber hinaus Nebeneinkünfte von nicht mehr als DM 800,- jährlich erzielt. In diesem Fall erhält er auch gleich sein Steuerguthaben mit der Ausschüttung ausgezahlt, während der einkommenssteuerpflichtige Anleger diesen Betrag erst auf dem Wege über die Steuererklärung angerechnet bekommt.
Die Vorteile der Investmentanlage werden noch verstärkt, wenn die Anteile über ein sogenanntes Aufbaukonto erworben werden, das gebührenfrei bei der Kapitalanlagegesellschaft geführt wird. Durch die regelmäßige Anlage gleicher Geldbeträge werden bei hohen Preisen wenig und bei niedrigen Preisen mehr Anteile gekauft. Daraus resultiert ein durchschnittlich besonders günstiger Einstandspreis, der den Erfolg einer Investmentanlage ebenso verstärkt wie die spesenfreie Wiederanlage der ausgeschütteten Erträge.
Für kleinere Geldbeutel stellen die Investmentfonds also eine durchaus sinnvolle Alternative zu anderen Geldanlagen dar, allerdings hat sich in der Vergangenheit gezeigt, daß auch die fachmännische Betreuung von Vermögenswerten ihre Grenzen hat. Man sollte sich daher nicht scheuen, antizyklisch zu handeln und nach längeren Aufwärtsbewegungen der Börse auch einmal Investmentanteile wieder verkaufen, weil es in aller Regel wenig zweckmäßig ist, eine Baisse an der Börse als Investmentsparer auszusitzen.
Wer etwas mehr Geld investieren kann, ist mit dem Aufbau eines *eigenen* Investmentfonds gut beraten. Das ermöglicht ihm auf der einen Seite eine breite Streuung der Anlagewerte, auf der anderen Seite ist er allerdings auch flexibel genug, um auf Kursschwankungen an der Börse kurzfristig reagieren zu können.
Weitere Informationen erhalten Sie vom Bundesverband Deutscher Investment-Gesellschaften E. V. (siehe Kapitel „Nützliche Anschriften").
Die folgende Übersicht ermöglicht Ihnen einen ersten Vergleich der Investmentgesellschaften.

Investmentfonds

Die zehn Besten im Zehnjahresvergleich					
Fonds	Schwerpunkt	Am Monatsende Juni 1986		Wertentwicklung	
		Rücknahmepreis (Mark)	Fondsvermögen (Millionen Mark)	1 Jahr	10 Jahre
				(Prozent)	
Adiverba	AD	168,13	650,6	36,2	430,7
FT Frankfurt-Effekten-Fonds	AD	133,58	19,5	38,8	301,9
Fondis	AI	61,69	284,2	37,5	292,7
FT Nippon Dynamik Fonds	AI	89,63	45,2	43,6	285,9
Fondak	AD	67,73	758,1	30,6	251,9
Dekafonds	AD	50,49	835,2	39,3	246,0
SMH-Special-Fonds I	AD	201,94	70,6	44,2	244,8
Interglobal	AI	150,53	41,3	27,0	240,6
Adifonds	AD	64,52	661,4	33,4	239,5
Akkumula	AI	196,12	17,8	34,8	234,6

Die zehn Besten im Einjahresvergleich					
Fonds	Schwerpunkt	Am Monatsende Juni 1986		Wertentwicklung	
		Rücknahmepreis (Mark)	Fondsvermögen (Millionen Mark)	1 Jahr	10 Jahre
				(Prozent)	
SMH-Special-Fonds I	AD	201,94	70,6	44,2	244,8
FT Nippon Dynamik Fonds	AI	89,63	45,2	43,6	285,9
Dekafonds	AD	50,49	835,2	39,3	246,0
FT Frankfurt-Effekten-Fonds	AD	133,58	19,5	38,8	301,9
Thesaurus	AD	222,97	135,8	38,8	229,8
Fondis	AI	61,69	284,2	37,5	292,7
DIT-Fonds für Wandel- und Optionsanleihen	RI	130,91	50,9	36,4	–
Adiverba	AD	168,13	650,6	36,2	430,7
SMH-International-Fonds	AI	75,66	25,7	35,8	187,9
Nordcumula	RI	74,11	51,4	35,7	–

Die zehn Jüngsten im Sechsmonatsvergleich				
Fonds	Schwerpunkt	Emissionsdatum	Fondsvermögen (Millionen Mark)	Wertentwicklung nach sechs Monaten zum 30. Juni 1986 (Prozent)
Victoria Rent-Adig	RD	1. 10. 1985	64,6	+ 4,2
Oppenheim Special II	AI	16. 9. 1985	5,7	– 5,4
Provesta	AD	11. 7. 1985	111,0	+ 13,8
Magdeburger Wert-Fonds DIT	G	20. 5. 1985	15,9	+ 2,0
Hansazins	RD	2. 5. 1985	22,3	+ 0,5
ARA-Rendite-Fonds	RD	15. 4. 1985	33,5	+ 5,2
Nordcumula	RI	2. 1. 1985	51,4	+ 9,2
Adirewa	RI	29. 11. 1984	345,1	+ 11,6
Fondirent	RI	29. 11. 1984	2264,2	+ 5,5
FT Accuzins	RI	30. 7. 1984	35,6	+ 4,6

Die zehn Größten					
Fonds	Schwerpunkt	Am Monatsende Juni 1986		Wertentwicklung (Prozent)	
		Rücknahmepreis (Mark)	Fondsvermögen (Millionen Mark)	1 Jahr	10 Jahre
Inter-Renta	RI	39,35	9556,5	+ 3,7	+ 148,6
Adirenta	RD	24,47	6092,7	+ 7,8	+ 137,6
Internationaler Rentenfonds	RI	82,84	4953,4	– 1,9	+ 194,8
Unirenta	RI	41,64	3852,0	+ 4,4	+ 149,0
Inrenta	RD	72,18	2793,9	+ 10,1	+ 118,3
Fondirent	RI	86,21	2264,2	+ 0,8	–
Grundwert-Fonds I	I	126,45	2233,1	+ 6,8	+ 101,4
Deutscher Rentenfonds	RD	83,44	2189,5	+ 9,9	+ 118,4
Dekarent-international	RI	32,40	2182,7	+ 6,9	+ 124,9
Grundbesitz-Invest	I	70,30	1896,5	+ 6,5	+ 100,8

Erläuterung: Alle Angaben wurden zusammengestellt aus Daten der Quartalsanalyse des BVI Bundesverband Deutscher Investment-Gesellschaften. Die Wertentwicklung wird nach BVI-Formel berechnet aufgrund einer Einmalanlage zum Anteilswert, der Endbewertung zum Anteilswert sowie der Ertragswiederanlage zum Anteilswert. Der Anteilswert ist definiert als Ergebnis der Division von Fondsvermögen geteilt durch die Anzahl der ausgegebenen Anteilsscheine. Spesen werden vom BVI nicht mitgerechnet, da die Spesen selbst für einzelne Fonds, je nach Vertriebsweg, differieren können. Schwerpunkte der Fonds: AD = Aktien Deutschland; AI = Aktien international; RD = Renten Deutschland; RI = Renten international; I = Immobilienfonds; G = Gemischte Fonds.

Mit Speck fängt man Mäuse, mit Versprechungen Aktionäre.
Alte Börsenweisheit

Festverzinsliche Wertpapiere

April 8% Serie 128 DM 100,–

Serie 128 DM 100,– Nr. 123461

8%
Pfandbrief
über Einhundert Deutsche Mark

100

MUSTER

Das Bodenkredit-Institut schuldet dem Inhaber dieses Pfandbriefes Einhundert Deutsche Mark. Der Pfandbrief wird jährlich mit 8% verzinst. Die Zinsen sind jährlich am 1. April zahlbar. Der Pfandbrief wird am 1. April 1994 gegen Rückgabe der Urkunde zum Nennwert zurückgezahlt. Der Pfandbrief entspricht den gesetzlich vorgeschriebenen Sicherheitsbestimmungen und ist zur Anlage von Mündelgeld zugelassen.

Marburg, 1. April 1984
Bodenkredit-Institut

Für den Vorstand

Eingetragen im Pfandbrief-Register Seite 1290
Kontrollunterschrift

Für diesen Pfandbrief ist die gesetzlich vorgeschriebene Deckung vorhanden und in das Hypotheken-Register eingetragen.
DER STAATLICH BESTELLTE TREUHÄNDER

Pfandbrief

Die Zinsen sind zwar in den letzten Jahren weltweit gefallen, mit ihnen aber auch die Inflationsrate, die ja inzwischen gegen Null tendiert. Durch die gesunkenen Lebenshaltungskosten sind die fallenden Zinsen aber mehr als ausgeglichen worden, so daß der *Realzins,* eine rechnerische Größe, die die Differenz zwischen den Erträgen von festverzinslichen Wertpapieren und dem Kaufkraftverlust ausdrückt, zur Zeit so hoch ist wie schon lange nicht mehr. Die Nachfrage nach Anleihen, Pfandbriefen, Kommunalschuldverschreibungen und Industrieobligationen ist daher auch weiterhin ungebrochen.

Als Inhaber eines festverzinslichen Wertpapiers sind Sie Gläubiger, der einem Unternehmen Geld leiht und dafür einen bestimmten Zinssatz als Gegenleistung bekommt. Dieser Nominalzinssatz ist auf dem Wertpapier aufgedruckt und gibt an, wieviel Zinsen während der gesamten Laufzeit jeweils jährlich, auf den *Nennwert* der Anleihe bezogen, gezahlt werden. Wenn Sie zum Beispiel Anleihen im Nennwert von DM 1 000,- besitzen und der Nominalzinssatz mit 6 Prozent festgelegt ist, dann haben Sie jedes Jahr ein Zinseinkommen in Höhe von DM 60,–.

Analog zum Dividendenscheinbogen der Aktien gehört zu vielen festverzinslichen Werten ein Zinsscheinbogen mit einzelnen Kupons, die zu den Zinsterminen abgeschnitten und eingereicht werden müssen. Mit dem anhängenden Erneuerungsschein können bei Bedarf neue Zinsscheinbogen angefordert werden.

Bogenerneuerung

Für unsere

---

7 % Kommunalschuldverschreibungen Emission 33 — 296 307 — J/D

---

werden ab sofort gegen Einreichung der Erneuerungsscheine neue Zinsscheinbogen mit Zinsscheinen per 1. 12. 1986 bis per 1. 6. 1991 (Nr. 41—50) ohne Erneuerungsschein ausgegeben.

Die Ausgabe der neuen Bogen erfolgt kostenfrei an der Kasse der Bank sowie bei allen übrigen Kreditinstituten im Bundesgebiet und in Berlin (West).

Wir bitten, die Erneuerungsscheine nach Werten und der Nummernfolge geordnet entwertet mit Nummernverzeichnis in zweifacher Ausfertigung einzureichen.

Hamburg, im Juli 1986

DIE NORDHYPO BANK

Norddeutsche Hypotheken- und Wechselbank
Aktiengesellschaft

Rentensaal der Frankfurter Börse

Stückelose Anleihen dürfen dagegen nur der Bund, die Länder sowie Bundesbahn, Bundespost und der Lastenausgleichsfonds ausgeben. Diese werden dann als Wertrechtsanleihen bezeichnet.
Da nun aber ein Unternehmen neu aufgelegte Anleihen stets mit dem zum Zeitpunkt der Ausgabe marktüblichen Zinssatz ausstatten wird, dieser Kapitalmarktzins aber, ähnlich wie in seinem Gefolge der Sparbuchzins, auf Grund veränderter wirtschaftlicher Rahmenbedingungen ständig schwankt, gibt es folgerichtig auf dem Rentenmarkt viele Anleihen mit voneinander abweichenden Nominalzinssätzen. Als Kapitalanleger ist man natürlich an möglichst hohen Zinsen interessiert, so daß nominal hochverzinsliche Anleihen wesentlich stärker nachgefragt werden als die nominal niedrig verzinslichen Papiere. Auf den gesamten Rentenmarkt bezogen, gleichen sich jedoch, wie wir sehen werden, Angebot und Nachfrage in der Regel wieder aus.

Sinken beispielsweise das allgemeine Zinsniveau und damit auch die Nominalzinssätze der neu ausgegebenen Anleihen, so steigen die Kurse der bereits umlaufenden Wertpapiere. Dies erscheint logisch, ist es doch bei sinkenden Zinsen lukrativer, eine bereits früher ausgegebene Anleihe mit höherer Nominalverzinsung zu erwerben. Die verstärkte Nachfrage nach diesen Titeln bewirkt nun aber ein Ansteigen der entsprechenden Börsenkurse. Umgekehrt sinken auf Grund fehlender Nachfrage die Kurse der umlaufenden bzw. bereits früher ausgegebenen Anleihe, wenn das allgemeine Zinsniveau am Rentenmarkt steigt, denn nun sind die neu aufgelegten Anleihen mit der höheren Nominalverzinsung attraktiver.
Da nun aber die jährlichen Nominalzinsen stets auf den Nennwert bezogen gezahlt werden, der tatsächliche Kauf- bzw. Börsenkurs der Anleihe aber, wie wir gesehen haben, durch ein sich veränderndes allgemeines Zinsniveau nach oben oder unten von diesem Nennwert abweicht, ergibt sich für den gesamten Rentenmarkt *bei gleichen Laufzeiten* auch eine relativ *einheitliche* tatsächliche Verzinsung, die sogenannte Rendite. Ein hoher Nominalzins zusammen mit einem durch verstärkte Nachfrage gestiegenen Kauf- bzw. Börsenkurs ergibt somit für den Anleger die gleiche Rendite wie ein nominal niedrig verzinsliches Wertpapier, dessen Börsenkurs aber auf Grund fehlender Nachfrage weit unter den Nennwert bzw. unter pari, wie man in der Börsensprache sagt, gefallen ist. Mit einer stark vereinfachten Rechenformel können Sie die Rendite von festverzinslichen Wertpapieren annähernd selbst ermitteln:

$$\text{Rendite} = \frac{\text{Nominalzins x 100}}{\text{Börsenkurs}} + \frac{100 - \text{Börsenkurs}}{\text{(Rest-)Laufzeit}}$$

Folgendes Beispiel soll Ihnen diese Formel erläutern. Nehmen Sie einmal an, Sie hätten eine 6prozentige Anleihe im Nennwert von DM 100,- mit einer Restlaufzeit von 7 Jahren zum Kurs von 95 Prozent gekauft. Bezogen auf den Nennwert von DM 100,- erhalten Sie pro Jahr DM 6,- Zinsen ausgezahlt. Die Rendite ist nun nicht nur vom Nominalzins abhängig, vielmehr müssen noch der Börsen- bzw. Kaufkurs und die Restlaufzeit der Anleihe beachtet werden. Daraus ergibt sich dann in diesem Beispiel eine Effektivverzinsung bzw. Rendite von rund 7 Prozent:

$$\frac{600}{95} + \frac{5}{7} = 7{,}01 \text{ Prozent.}$$

Anders würde es aussehen, wenn Sie die gleiche Anleihe zum Kurs von 105 Prozent gekauft hätten. Dann würde sich eine Rendite von nur noch 5 Prozent ergeben, denn bei Rückzahlung der Anleihe zum Nennwert würden Sie hier einen Kursverlust von DM 5,- realisieren, während Sie im ersten Beispiel sogar noch einen Kursgewinn von DM 5,- erzielt hätten.

Gut bedient ist also derjenige Anleger, der eine Anleihe bis zur Rückzahlung, also bis zum Ende der Laufzeit, behalten will. Er kann sich schon beim Kauf seine Rendite ausrechnen und braucht sich um ein verändertes Zinsniveau bzw. die daraus resultierenden Kursveränderungen an der Börse nicht zu sorgen, da ein festverzinsliches Wertpapier am Ende der Laufzeit immer zu 100 Prozent, das heißt zum Nennwert zurückgezahlt wird. Je näher der Rückzahlungstag rückt, um so mehr wird sich daher der Börsenkurs dem Nennwert bzw. Rückzahlungswert nähern. Sollten Sie einmal nur vorübergehend dringend Geld benötigen, so kann es günstiger sein, Ihre Anleihen zu beleihen anstatt sie zu verkaufen.
Nun legen die Anleihebedingungen unterschiedliche Möglichkeiten der Rückzahlung fest. Um nicht die gesamte Summe auf einmal zurückzahlen zu müssen, sehen viele Unternehmen für ihre festverzinslichen Wertpapiere eine Rückzahlung durch mehrfache Auslosungen vor, die meist jährlich vorgenommen werden und sich dann über einen längeren Zeitraum erstrecken können:

Deutsche Hypothekenbank Frankfurt-Bremen
AKTIENGESELLSCHAFT

Auslosungsbekanntmachung

In der am 20. August 1986 durch den Treuhänder unserer Bank durchgeführten Auslosung sind zur neunten planmäßigen Tilgung per 10. Oktober 1986 bei den

8%igen
Kommunal-Schuldverschreibungen
Emission 161, 10.10. gzj.
Wertpapier-Kenn-Nummer
241 351

die Stücke mit den zweistelligen Endnummern

10, 16, 28, 39, 44, 54, 64, 70, 75, 84

gezogen worden.

Die ausgelosten Schuldverschreibungen werden ab 10. Oktober 1986 gegen Einreichung der Stücke mit den Zinsscheinen per 10. Oktober 1987 uff. an unseren Kassen sowie bei allen Banken und Geldinstituten im Bundesgebiet und Berlin (West) zum Nennwert eingelöst.

Der Einlösungsbetrag wird um den Betrag etwa fehlender Zinsscheine gekürzt. Die Verzinsung der ausgelosten Stücke endet am 9. Oktober 1986.

Frankfurt am Main – Bremen,
im August 1986

Der Vorstand

Vielfach ist auch eine außerplanmäßige Rückzahlung durch vorzeitige Kündigung einer Anleihe möglich. In letzter Zeit wurde verstärkt von diesem Kündigungsrecht Gebrauch gemacht, um die in der Hochzinsphase ausgegebenen Anleihen vorzeitig zurückzuzahlen:

EUROPÄISCHE GEMEINSCHAFT FÜR KOHLE UND STAHL

$7\frac{7}{8}$ % Deutsche Mark-Anleihe von 1980/90
— WKN 465 828 —

Kündigung

Gemäß § 4 der Anleihebedingungen kündigen wir hiermit alle ausstehenden Teilschuldverschreibungen obiger Anleihe im Gesamtbetrag von DM 150 000 000,— zur Rückzahlung zum 2. Januar 1987 zum Nennbetrag.

Die Teilschuldverschreibungen werden vom 2. Januar 1987 an gegen Einreichung der Mäntel und der Zinsscheine per 2. Januar 1988 uff. zum Nennbetrag bei den nachstehend genannten Banken sowie deren inländischen Niederlassungen eingelöst:

Deutsche Bank Aktiengesellschaft
Dresdner Bank Aktiengesellschaft
Bank für Handel und Industrie Aktiengesellschaft
Deutsche Bank Berlin Aktiengesellschaft
Commerzbank Aktiengesellschaft
Berliner Commerzbank Aktiengesellschaft
Westdeutsche Landesbank Girozentrale
Bank für Gemeinwirtschaft Aktiengesellschaft
Bayerische Hypotheken- und Wechsel-Bank Aktiengesellschaft
Bayerische Vereinsbank Aktiengesellschaft
Berliner Bank Aktiengesellschaft
Berliner Handels- und Frankfurter Bank
Deutsche Bank Saar Aktiengesellschaft
Deutsche Girozentrale — Deutsche Kommunalbank —
Merck, Finck & Co.
Sal. Oppenheim jr. & Cie.
Simonbank Aktiengesellschaft
J. H. Stein
Trinkaus & Burkhardt Kommanditgesellschaft auf Aktien
M. M. Warburg-Brinckmann, Wirtz & Co.
Westfalenbank Aktiengesellschaft

Die Verzinsung der gekündigten Teilschuldverschreibungen endet mit Ablauf des 1. Januar 1987. Der Gegenwert etwa fehlender Zinsscheine wird vom Rückzahlungsbetrag abgezogen.

Die zum 2. Januar 1987 fälligen Zinsscheine werden gesondert in der üblichen Weise eingelöst.

Frankfurt am Main, im September 1986

EUROPÄISCHE GEMEINSCHAFT
FÜR KOHLE UND STAHL
Kommission der Europäischen Gemeinschaft

Manchmal werden allerdings auf diesem Wege freiwillig auch niedrig verzinsliche Titel zurückgenommen, um den Kapitalanlegern das „Umsteigen" in höher verzinsliche Werte zu erleichtern:

RHEINBODEN

RHEINISCH-WESTFÄLISCHE
BODEN-CREDIT-BANK
AKTIENGESELLSCHAFT
KÖLN

Vorzeitige Kündigung von Pfandbriefen

Im Interesse unserer Pfandbriefsparer setzen wir die freiwillige Rücknahme niedrig verzinslicher, langlaufender, tarifbesteuerter Pfandbriefe weiter fort und kündigen folgende Emissionen zur Rückzahlung zum Nennwert

am 1. Juli 1986

5½% Hypotheken-Pfandbriefe Serie 41 J/J —315 040—

am 1. Oktober 1986

6 % Hypotheken-Pfandbriefe Serie 54 A/O —315 053—

Die Verzinsung endet für die Serie 41 mit dem 30. Juni 1986 und für die Serie 54 mit dem 30. September 1986.

Die Rückzahlung der Kapitalbeträge der Serie 41 erfolgt zum 1. Juli 1986 gegen Einreichung der Stücke mit den Zinsscheinen per 2. 1. 1987 uff. und Erneuerungsschein.

Die Rückzahlung der Kapitalbeträge der Serie 54 erfolgt zum 1. Oktober 1986 gegen Einreichung der Stücke mit den Zinsscheinen per 1. 4. 1987 uff. und Erneuerungsschein.

Der Gegenwert fehlender Zinsscheine wird vom Kapitalbetrag abgezogen.

Die Einlösung erfolgt kostenfrei an unserer Kasse in Köln sowie bei allen Banken und Sparkassen im Bundesgebiet einschließlich Berlin-West.

Köln, im Mai 1986

**RHEINISCH-WESTFÄLISCHE BODEN-CREDIT-BANK
AKTIENGESELLSCHAFT**

DER VORSTAND

Der Börsenkurs einer Anleihe wird also im wesentlichen von drei Faktoren beeinflußt:

- dem allgemeinen Zinsniveau,
- der (Rest-)Laufzeit der Anleihe und
- dem Nominalzinssatz.

Je länger die Laufzeiten, desto größer fallen auch die Kursausschläge aus. Diese Tendenz wird noch durch niedrige Nominalzinsen verstärkt, so daß man festhalten kann: festverzinsliche Wertpapiere mit langer Laufzeit und niedrigem Nominalzins weisen sowohl nach oben als auch nach unten die größten Kursausschläge auf.
Die Laufzeit von Bundesanleihen beträgt in der Regel zwischen acht und zwölf Jahren. Eine Ausnahme bilden dabei die Bundesobligationen, die eine Laufzeit von regelmäßig fünf Jahren aufweisen und in aufeinanderfolgenden Serien ausgegeben werden.
Sehen wir uns nun einmal das folgende Zeichnungsangebot an:

Sehr geehrter Wertpapierkunde !

Wir möchten Sie davon in Kenntnis setzen, daß vom 25. - 29.10.1984 eine

7,25 % Anleihe der Deutschen Bundesbahn von 1984
-Emissionsbetrag : DM 875.000.000,-- -

zur Zeichnung aufliegen wird, für die folgende Ausstattung vorgesehen ist :

Kleinste Stückelung	DM 100,-- (kein Ausdruck von Stücken)
Zinszahlung	Jährlich am 2. November
Laufzeit	10 Jahre fest; die Anleihe wird am 2.11.1994 zum Nennwert zurückgezahlt. Eine vorzeitige Kündigung seitens der Emittentin ist ausgeschlossen.
Börseneinführung	An allen deutschen Wertpapierbörsen.
Vermögensbildungsgesetz	Eine Anlage im Rahmen dieses Gesetzes ist bis zu einem Höchstbetrag von DM 624,-- möglich.
Verkaufskurs	99,75 % netto
Rendite	7,29 %

Die Anleihe ist mündelsicher, deckungsstockfähig und lombardfähig.

Wir hoffen, daß dieser Hinweis Ihr Interesse finden wird, und bitten Sie, uns Ihre Order gegebenenfalls auf dem anhängenden Kupon zu übermitteln.

Da auch die Bundesbahn nichts zu verschenken hat, wird der Ausgabekurs noch oft in letzter Minute geringfügig korrigiert, um damit die Rendite der Anleihe dem aktuellen Marktzins anzugleichen. In unserem Beispiel ist der Verkaufskurs geringfügig auf 99,75 Prozent verringert worden, um so die Rendite von ursprünglich 7,25 Prozent auf 7,29 Prozent zu erhöhen.
Die Anleihe ist für die Anlage von Mündelgeldern geeignet. Versicherungen können Teile ihrer Vermögenswerte in diese Anleihe investieren, und darüber hinaus läßt sich diese Anleihe durch die Bundesbank beleihen. Dieses verbirgt sich in Kurzform hinter den Begriffen *mündelsicher, deckungsstockfähig* und *lombardfähig*.

Der Kauf von neu ausgegebenen Anleihen wie in diesem Fall ist spesenfrei. Beim Kauf von umlaufenden Anleihen dagegen entstehen meist folgende Nebenkosten:

- Bankprovision: 0,5 Prozent vom Kurs- oder Nennwert,
- Maklergebühr: 0,075 Prozent vom Nennwert.

Vielfach werden Mindestbeträge an Provision und Maklergebühr berechnet. Die Börsenumsatzsteuer von 0,1 Prozent des Kurswertes fällt nur bei Auslosungsanleihen an, die keine Wertrechtsanleihen sind. Auslosungsanleihen werden durch Auslosung von Teilbeträgen und nicht wie üblich in einer Summe getilgt.

Auch für die Verwahrung und Verwaltung von Anleihen werden von den Banken und Sparkassen Gebühren berechnet. Diese Depotgebühren können Sie vermeiden, wenn Sie Ihre Bundesanleihen von der Bundesschuldenverwaltung verwalten lassen (siehe Kapitel „Nützliche Anschriften").

Die laufenden Zinszahlungen und die Rückzahlung der Anleihe bei Fälligkeit werden von der Bundesschuldenverwaltung stets kostenfrei durchgeführt. Beauftragen Sie deshalb Ihre Bank oder Sparkasse, Ihre Bundesanleihen in das Bundesschuldbuch eintragen zu lassen. Diese Eintragung ist bei Neuemissionen gebührenfrei.

Was versteht man nun unter den sogenannten Stückzinsen?

Beim Kauf eines festverzinslichen Wertpapiers erhält der Käufer zusammen mit dem Wertpapier einen Zinsscheinbogen, mit dem er die volle Jahresausschüttung beantragen kann. Da der Käufer eines festverzinslichen Wertpapiers aber nur jenen Teil der Jahreszinsen beanspruchen darf, der auf die Zeit nach dem Kauf entfällt, sind neben dem Börsenkurs zusätzlich die anteiligen Zinsen zu zahlen, die bisher vom Tag der vorherigen Zinszahlung bis zum Verkaufstag angefallen sind. Die Stückzinsen stehen dem Verkäufer des festverzinslichen Wertpapiers zu.

Betrachten wir nun einmal einen Auszug aus der Kurstabelle im Handelsblatt (siehe Abbildung Seite 167).

Die Kurse für die Bundesanleihe, Bundesobligationen und Bundesbahnanleihen werden hier jeweils für die Düsseldorfer (D) und Frankfurter (F) Börse getrennt angegeben. Unter den Bundesbahnanleihen finden Sie auch unser Zeichnungsangebot vom Oktober 1984 wieder. Natürlich notiert diese Anleihe bei einer zu dieser Zeit durchschnittlichen Kapitalmarktrendite von nur noch rund 6 Prozent *über* ihrem Nennwert, um somit den höheren Nominalzinssatz von 7,25 Prozent auszugleichen.

Wie werden festverzinsliche Wertpapiere besteuert?

Grundsätzlich sind Kursgewinne aus Anleihen inländischer Emittenten, die nicht im Ausland erworben wurden, steuerfrei.

Zins %		Laufzeit	29.9.86 D	29.9.86 F
Bundesrepublik Deutschland				
7,25	v. 76 I	86(86)	100.40 b	100.35 G
6,5	v. 79	(87)	100.40 G	100.40 b
7,25	v. 76 II	87(87)	100.60 G	100.55 G
6,75	v. 77	87(87)	101.15 G	101.15 b
6,5	v. 77	87(87)	101.45 b	101.45 bG
6	v. 77	87(87)	101.30 b	101.20 b
6	v. 78	1988	101.75 G	101.75 bG
6,5	v. 78	1988	103.40 G	103.50 b
6,5	v. 78 II	1988	103.75 b	103.80 G
6,75	v. 79	(89)	104.15 G	104.20 b
7,25	v. 79	1989	105.65 b	105.55 b
10	v. 81	1989	111.70 b	111.70 b
7,5	v. 79	79(89)	106.40 G	106.30 G
8	v. 79	1989	107.80 G	107.75 b
8	v. 79 II	1989	107.90 b	108.00 b
7,5	v. 79 II	1989	106.90 b	106.95 b
7,75	v. 79 II	1989	107.95 G	108.00 b
7,75	v. 80	1990	107.85 b	107.85 b
10	v. 80	1990	115.15 b	115.25 b
5,75	v. 78	1990	102.40 b	102.55 b
8,25	v. 80	1990	110.35 G	110.10 b
8,25	v. 80 II	1990	110.85 b	110.60 b
7,75	v. 82	1990	108.70 G	108.30 b
9	v. 81	1991	113.60 b	113.50 b
10,25	v. 81	1991	119.40 b	119.20 G
10,75	v. 81	1991	122.25 b	121.95 b
10	v. 81 II	1991	119.90 b	119.65 b
7,5	v. 83 III	1991	108.65 G	108.50 b
9,75	v. 82	1992	118.30 b	118.30 b
9,75	v. 82 II	1992	118.75 b	118.60 b
9,5	v. 82	1992	117.70 b	117.50 b
9	v. 82	1992	115.35 b	115.35 b
8,5	v. 82	1992	113.00 b	113.00 b
9	v. 82 II	1992	115.90 b	115.95 b
8,75	v. 82	1992	114.80 b	114.80 b
7,75	v. 82 II	1992	110.70 G	110.55 bG
6	v. 78 II	1993	102.40 b	102.35 bG
7,5	v. 83	1993	108.80 b	109.00 G
7,5	v. 83 II	1993	109.00 b	109.00 b
8,25	v. 83	1993	112.45 b	112.40 b
8	v. 83	1993	111.10 b	111.20 b
8,25	v. 83 II	1993	112.50 b	112.60 b
8,25	v. 83 III	1993	112.70 b	112.80 b
8,25	v. 83 IV	1993	112.70 b	112.90 G
8,25	v. 83 V	1993	112.95 b	113.00 b
8,25	v. 84	1994	112.35 b	112.40 b
8,25	v. 84 II	1994	112.60 b	112.40 b
8,25	v. 84 III	1994	113.20 G	113.20 b
8	v. 84	1994	111.30 b	111.35 b
8,25	v. 84 IV	1994	113.25 b	113.35 G
8,25	v. 84 v	1994	113.40 b	113.20 b
7,5	v. 84	1994	108.60 b	108.60 b
7	v. 84	1994	105.65 b	105.75 b
7	v. 85	1995	105.70 b	105.75 b
7,25	v. 85	1995	107.10 G	107.10 b
7,625	v. 85	1995	108.75 b	108.75 b
7,5	v. 85	1995	108.25 b	108.15 b
7,25	v. 85 II	1995	106.65 b	106.75 b
7	v. 85 II	1995	105.45 b	105.30 b
6,75	v. 85	1995	103.95 b	103.90 b
6,5	v. 85	1995	102.65 b	102.50 b
6,375	v. 86	1996	102.20 G	102.20 b
6,375	v. 86 II	1996	102.25 b	102.15 b
6	v. 86	1998	99.10 b	98.05 b
6	v. 86 II	2016	98.60 b	98.60 b
5,75	v. 86	1996	98.10 b	99.00 b
5,75	v. 86 II	1996	98.10 b	98.10 b
5,5	v. 86	1996	96.10 b	96.10 b
5,625	v. 86	2016	93.90 b	93.90 b

Bundesobligationen					
9,5	S.20	81	1986	100.35 G	100.35 G
10,25	S.21	81	1986	100.40 G	100.45 b
10	S.22	81	1986	100.40 G	100.40 G
9,5	S.23	81	1986	100.70 b	100.75 b
9,75	S.24	82	1987	101.15 b	101.20 b
9,5	S.25	82	1987	101.90 G	101.95 G
9,25	S.26	82	1987	102.10 b	102.10 b
9	S.27	82	1987	102.00 b	102.00 b
8,5	S.28	82	1987	102.05 b	102.05 b
9,5	S.29	82	1987	103.30 b	103.40 b
9	S.30	82	1987	103.40 b	103.40 b
8,75	S.31	82	1987	103.55 b	103.60 b
8,25	S.32	82	1987	103.40 b	103.40 b
8	S.33	82	1987	103.40 b	103.40 b
7,75	S.34	82	1987	103.15 b	103.15 b
7,5	S.35	82	1987	103.10 b	103.10 b
7,25	S.36	83	1988	103.00 bG	102.95 b
6,75	S.37	83	1988	102.60 b	102.70 G
7	S.38	83	1988	103.40 b	103.30 b
7,25	S.39	83	1988	103.95 G	103.95 G
7,5	S.40	83	1988	104.30 b	104.30 G
8	S.41	83	1988	104.80 b	104.85 b
8	S.42	83	1988	105.60 b	105.65 b
8	S.43	83	1988	106.40 b	106.40 b
8,25	S.44	83	1988	106.90 b	106.90 b
8	S.45	84	1989	106.15 b	106.15 b
7,5	S.46	84	1989	105.65 G	105.65 b
7,75	S.47	84	1989	106.15 b	106.20 b
7,75	S.48	84	1989	106.45 b	106.45 b
7,5	S.49	84	1989	106.10 b	106.20 b
7,25	S.50	84	1989	105.55 G	105.65 G
7	S.51	84	1989	104.90 b	104.80 b
6,75	S.52	84	1989	104.40 b	104.40 b
7,25	S.53	85	1990	104.90 b	104.95 b
7	S.54	85	1990	104.20 b	104.15 b
6,75	S.55	85	1990	103.30 b	103.45 b
6,5	S.56	85	1990	102.70 b	102.75 b
6,25	S.57	85	1990	102.10 b	102.25 b
6,75	S.58	85	1990	103.70 b	103.80 b
6,5	S.59	85	1990	103.05 b	103.05 b
6,25	S.60	86	1991	101.65 b	101.70 b
6	S.61	86	1991	100.60 b	100.60 b
5,75	S.62	86	1991	99.65 b	98.65 b
5,5	S.63	86	1991	98.60 b	98.60 b
5,5	S.64	86	1991	98.55 b	98.55 b

Bundesbahn				
7	v. 77	87(87)	100.75 bG	100.75 b
6	v. 77	87(87)	101.20 bG	101.20 b
6	v. 78 II	88(88)	102.10 bG	102.00 b
6,5	v. 77	89(89)	103.35 G	103.35 b
8	v. 79	1989	107.45 bG	107.45 b
6	v. 78	90(90)	102.60 bG	102.60 b
8	v. 80 II	1990	109.10 bG	109.10 G
9	v. 81	1991	113.55 b	113.55 G
10,5	v. 81	1991	120.65 G	120.65 b
10,25	v. 81	1991	120.55 G	120.55 b
8	v. 80	1992	110.10 bG	110.25 b
10	v. 82	1992	119.50 b	119.50 b
9,5	v. 82	1992	118.30 b	118.30 b
8	v. 82	1992	110.30 b	110.30 b
7,75	v. 83	1993	108.80 b	108.80 b
8,25	v. 83	1993	111.60 G	111.60 b
8,25	v. 84	1994	112.00 G	112.00 G
→ 7,25	v. 84	1994	104.90 b	104.95 G
7,125	v. 85	1995	104.40 b	104.45 b
7	v. 85	1995	104.00 b	104.00 b
6,375	v. 86	1996	100.30 b	100.30 b
6	v. 86	1998	96.65 G	96.65 b

INFORMATIONSDIENST FÜR BUNDESWERTPAPIERE ANLAGENÜBERSICHT

Postfach 100461
6000 Frankfurt 1
Telefon (069) 550707

MERKMALE	ANLEIHEN VON BUND, BAHN UND POST	BUNDESOBLIGATIONEN	BUNDESSCHATZBRIEFE	FINANZIERUNGS-SCHÄTZE
Nennwert (Mindestanlage)	100 DM	100 DM	Typ A = 100 DM; Typ B = 50 DM	1000 DM
Anlagehöchstbetrag	unbeschränkt	unbeschränkt	unbeschränkt	500000 DM je Person + Geschäftstag
Zinszahlung	jährlich (bei bis Ende 1970 begebenen Anleihen auch halbjährlich)	jährlich	Typ A = jährlich Typ B = Zinsansammlung (Auszahlung der Zinsen mit Zinseszinsen bei Rückzahlung des Kapitals)	Abzinsung (Nennwert – Zinsen = Kaufpreis)
Laufzeit	Neuemissionen: Bis zu ca. 12 Jahren ca. 100 börsennotierte Titel: von ca. 1 Monat bis 12 Jahren	Neuemissionen: 5 Jahre börsennotierte Titel: bis zu 5 Jahren	Typ A = 6 Jahre Typ B = 7 Jahre	ca. 1 Jahr ca. 2 Jahre
Rückzahlung	zum Nennwert Gutschrift durch die depotführende Stelle bzw. die Bundesschuldenverwaltung		Typ A zum Nennwert; Typ B zum Rückzahlungswert (= Nennwert + Zinsen) Gutschrift durch die depotführende Stelle bzw. Bundesschuldenverwaltung	zum Nennwert Gutschrift durch die depotführende Stelle
Erwerber	jedermann	nur natürliche Personen sowie gemeinnützige, mildtätige und kirchliche Einrichtungen börsennotierte Titel: jedermann	nur natürliche Personen sowie gemeinnützige, mildtätige und kirchliche Einrichtungen	jedermann außer Kreditinstitute
Erwerb durch Gebietsfremde	möglich	ausgeschlossen (Ausnahmen siehe Emissionsbedingungen)		
Verkauf bzw. vorzeitige Rückgabe	täglicher Verkauf zum Börsenkurs	nach Börseneinführung täglicher Verkauf zum Börsenkurs	jederzeit nach dem ersten Laufzeitjahr bis zu 10000 DM je Gläubiger innerhalb 30 Zinstagen	nicht möglich
Übertragbarkeit auf Dritte	jederzeit	vor Börseneinführung nur an Erwerbsberechtigte, nicht an Gebietsfremde[3]	jederzeit auf Erwerbsberechtigte	jederzeit auf Erwerbsberechtigte
Verkaufsstellen	Banken, Sparkassen, Kreditgenossenschaften und Landeszentralbanken (Haupt- und Zweigstellen der Deutschen Bundesbank)			
Lieferung	keine effektiven Stücke (Wertrechte) Ausnahme: wenige ältere Anleihen	keine effektiven Stücke (Wertrechte)		keine effektiven Stücke (Anteile an einem Wertpapiersammelbestand)
Verwahrung/Verwaltung	Banken, Sparkassen, Kreditgenossenschaften, Bundesschuldenverwaltung und Landeszentralbanken (Haupt- und Zweigstellen der Deutschen Bundesbank)			bei Kreditinstituten und Landeszentralbanken
Kosten und Gebühren Erwerb ex Emission Einlösung bei Fälligkeit Verwaltung durch – Kreditinstitute – Bundesschuldenverwaltung – Landeszentralbanken Börsenumsatzsteuer	 gebührenfrei gebührenfrei bei Landeszentralbanken und Bundesschuldenverwaltung Depotgebühren[1] gebührenfrei Depotgebühren[2] nur bei Auslosungsanleihen, die keine Wertrechtsanleihen sind	 gebührenfrei gebührenfrei bei Landeszentralbanken und Bundesschuldenverwaltung Depotgebühren[1] gebührenfrei Depotgebühren[2] entfällt	 gebührenfrei gebührenfrei Depotgebühren[1] gebührenfrei Depotgebühren[2] entfällt	 gebührenfrei gebührenfrei Depotgebühren[1] nicht möglich gebührenfrei entfällt

1) meist 1 bis 1,25‰ vom Nennwert (Mindestgebühr häufig 10 DM; zum Teil werden Postengebühren berechnet) 2) 1‰ vom Nennwert (Mindestgebühr 5 DM)
3) nach Börseneinführung an jedermann, ausgenommen Gebietsfremde

Die teilweise sehr beliebten DM-Auslandsanleihen jedoch, die von ausländischen Schuldnern begeben werden, unterliegen der Spekulationssteuer, wenn zwischen An- und Verkauf der Papiere weniger als sechs Monate liegen. Auch hier können Sie allerdings die Freigrenze von jährlich DM 999,99 in Anspruch nehmen.

Die Zinsen sind Einkünfte aus Kapitalvermögen. Sie sind daher nach Abzug von Sparerfreibetrag (DM 300,–/DM 600,– für Verheiratete) und Werbungskosten (Pauschale DM 100,–/DM 200,– für Verheiratete) zu versteuern. Wer als Lediger ein zu versteuerndes Einkommen von nicht mehr als DM 24 000,– und als Verheirateter von nicht mehr als DM 48 000,- vorweisen kann, hat zusätzlich Anspruch auf einen Freibetrag für Nebeneinkünfte in Höhe von DM 800,–.

Für Anleger mit einem hohen Steuersatz ist es daher günstig, eine Anleihe mit möglichst geringer Nominalverzinsung zu entsprechend niedrigen Kursen zu erwerben. Die Rendite ist in etwa die gleiche wie bei höher verzinslichen Anleihen, aber zu versteuern ist nur der geringe Nominalzins, während der Rückzahlungsgewinn ja meist steuerfrei bleibt.

In der letzten Zeit verzeichnet der deutsche Kapitalmarkt wahrhaft innovative Züge. Angefangen bei der Bundesanleihe mit einer Laufzeit von 30 Jahren, weiter über DM-Anleihen mit variablem Zinssatz sowie der neuen Index-Anleihe der Deutschen Bank reicht die breite Skala für den flexiblen Anleger bis hin zu den Null-Kupon-Anleihen, den sogenannten Zero-Bonds.

Die Anleihen mit variablem Zins, auch als *Floating Rate Notes* bezeichnet, sind mit einem Gleitzins ausgestattet, der alle drei oder sechs Monate an die Zinsentwicklung angepaßt wird. Wegen der regelmäßigen Zinsanpassung unterliegen derartige Anleihen keinem Kursrisiko, so daß die Börsennotierung stets eng um 100 Prozent pendelt. Die Mindestanlagesumme beträgt meist DM 10 000,–.

Die neue, auf dem deutschen Kapitalmarkt bisher einzigartige *Index-Anleihe* der Deutschen Bank verlangt durch ihre phantasievolle Gestaltung dem zukünftigen Käufer wahrhaft prophetische Begabung ab (siehe Abbildung Seite 170).

Diese 3-Prozent-Index-Anleihe der Deutschen Bank besteht aus zwei Teilen:

- Tranche A = Hausse-Tranche, auch *Bullenanleihe* genannt.
- Tranche B = Baisse-Tranche, auch *Bärenanleihe* genannt.

Die Rückzahlung beider Tranchen im August 1991 ist an den FAZ-Aktienindex gekoppelt. Ausgangsbasis ist dabei der vom 25. bis 29. 7. 1986 errechnete FAZ-Durchschnittswert von 610,79.

Wer auf steigende Aktienkurse setzt, wird die *Bullenanleihe* kaufen, denn wenn sich zum Beispiel der FAZ-Aktienindex um 30 Prozent auf einen Stand von 794 Punkte erhöht, zahlt die Deutsche Bank am Ende der Laufzeit immer-

Neuemission
29. August 1986

Deutsche Bank Finance N.V.
Curaçao, Niederländische Antillen

DM 200.000.000,–
3% Deutsche Mark-Anleihe mit Aktienindex-Bindung von 1986/1991

eingeteilt in
DM 100.000.000,– Teilschuldverschreibungen der Tranche A („Bull"-Tranche)
– Wertpapier-Kenn-Nr. 478 819 –
und
DM 100.000.000,– Teilschuldverschreibungen der Tranche B („Bear"-Tranche)
– Wertpapier-Kenn-Nr. 478 820 –

unter der unbedingten und unwiderruflichen Garantie der

Deutsche Bank
Compagnie Financière Luxembourg

Verzinsung:	3% p. a., Jahreskupon 29. August
Rückzahlung:	am 29. August 1991 zu Rückzahlungskursen für Tranche A bzw. Tranche B, die vom Stand des FAZ-Aktienindex am 15. August 1991 (Endindex) im Verhältnis zum Anfangsindex von 610,79 abhängen. Das arithmetische Mittel der Rückzahlungskurse beträgt 108,5 % des Gesamtnennbetrages der Teilschuldverschreibungen.
Börseneinführung:	in Frankfurt am Main beantragt

Deutsche Bank
Aktiengesellschaft

Die Anleihe wurde durch die nachstehende Verkaufsgruppe plaziert:

Baden-Württembergische Bank Aktiengesellschaft	**Bank J. Vontobel & Co. AG**	**Bayerische Hypotheken- und Wechsel-Bank** Aktiengesellschaft
Bayerische Vereinsbank Aktiengesellschaft	**Berliner Handels- und Frankfurter Bank**	**Commerzbank** Aktiengesellschaft
Deutsche Bank Aktiengesellschaft	**Deutsche Girozentrale – Deutsche Kommunalbank –**	**DG Bank** Deutsche Genossenschaftsbank
Delbrück & Co.	**Merck, Finck & Co.**	**Nomura Europe GmbH**
Sal. Oppenheim jr. & Cie.	**Schweizerische Bankgesellschaft (Deutschland) AG**	**Schweizerischer Bankverein (Deutschland) AG**
	Trinkaus & Burkhardt KGaA	

hin 122,2 Prozent zurück. Fallen jedoch wider Erwarten die Aktienkurse um 30 Prozent, so bekommen die Käufer der Bullenanleihe nur noch 65,8 Prozent des eingesetzten Kapitals zurück.
Pessimisten sollten daher besser zur *Bärenanleihe* greifen. Diese erweist sich als ein ausgezeichnetes Instrument, um Kursverluste von Aktien abzusichern bzw. zu kompensieren. Ein um 30 Prozent fallender FAZ-Index ist nämlich

gleichbedeutend mit einer Rückzahlung von 151,2 Prozent des Nominalbetrages. Ein völliger Zusammenbruch der deutschen Börse auf den Indexstand von Null würde für die Inhaber der Bärenanleihe sogar mit 217 Prozent Rückzahlung honoriert. Sollten die Aktienkurse dagegen nun doch um 30 Prozent steigen, so ist die auf 94,8 Prozent des Nominalwertes gesunkene Rückzahlung der Bärenanleihe als Versicherungsprämie gegen Kursverluste der eigenen Aktie anzusehen. Der Verlust durch die Bärenanleihe kann dabei durch die Kursgewinne auf dem Aktienmarkt relativ schnell wieder kompensiert werden.
Die folgende Grafik soll die beschriebenen Zusammenhänge noch einmal veranschaulichen:

„FAZ"-Index und Kursverlauf der beiden Index-Anleihen.

Rein rechnerisch entspricht jedem Stand des „FAZ"-Aktienindex ein bestimmter Anleihekurs. Doch wird die Börsenstimmung während der fünfjährigen Laufzeit auch davon abweichende Bewertungen zulassen.

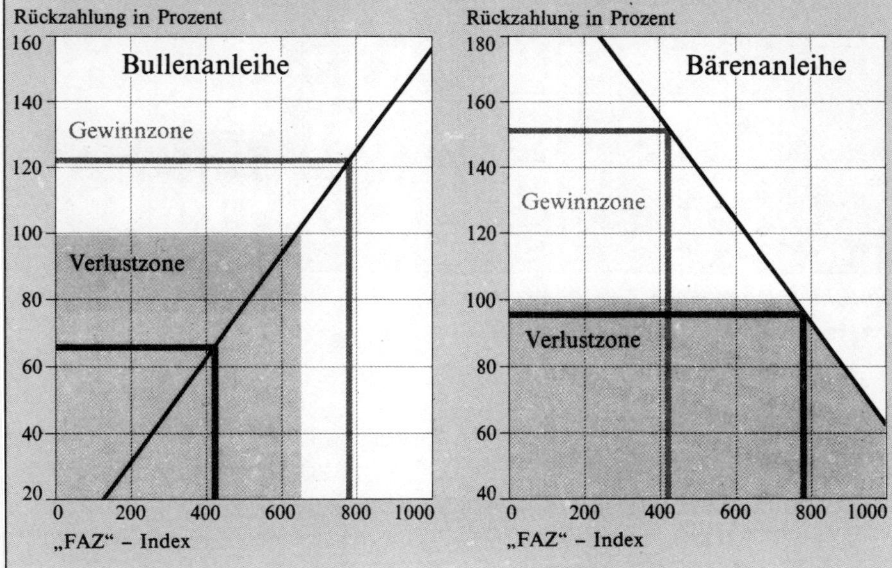

Eines jedoch ist sowohl dem Käufer der *Bullen-* als auch dem Käufer der *Bärenanleihe* sicher: jedes Jahr erhält er 3 Prozent Zinsen auf den Nominalbetrag. Wer wollte da noch unzufrieden sein?
Die *Null-Kupon-Anleihen,* oft auch *Zero-Bonds* genannt, werfen keine laufenden Zinszahlungen ab. Der Ertrag für den Anleger besteht vielmehr in der im Extremfall bis zu 90 Prozent betragenen Differenz zwischen dem niedrigeren

Jährliche Rendite (in %) bis zum Verkauf eines Zero-Bonds mit 15-jähriger Laufzeit und einer Effektivverzinsung von 7,5%

Kapitalmarktrendite % / Anlagedauer (Jahre)	5	6	7,5	9	10
1	49,3	30,5	7,5	−12,2	−22,9
2	25,2	17,6	7,5	−2,2	−7,9
3	18,1	13,6	7,5	1,4	−2,3
5	12,7	10,5	7,5	4,4	2,5
10	8,8	8,2	7,5	6,7	6,2
15	7,5	7,5	7,5	7,5	7,5

Jährliche Rendite eines Zero-Bonds
(Quelle: Bayerische Vereinsbank)

Anschaffungskurs und dem Rückzahlungskurs zu 100 Prozent. Wer also jetzt eine Null-Kupon-Anleihe über DM 10 000,– mit 20 Jahren Laufzeit erwirbt, braucht dafür nur etwa DM 2 500,– aufzuwenden. Nach 20 Jahren bekommt er dann DM 10 000,– ausgezahlt. Die Differenz ist dem Zinseszinseffekt zu verdanken, der dadurch entsteht, daß die Zinsen nicht ausgezahlt, sondern einbehalten und ebenfalls wieder verzinst werden.
Da die Differenz zwischen Ausgabepreis und Rückzahlungswert also als Zinsertrag anzusehen ist, muß dieser auch im Jahr der Rückzahlung versteuert werden. Sollten Sie die Null-Kupon-Anleihen schon eher über die Börse verkaufen wollen, so wird nur der rechnerische Zinsanteil für den entsprechenden Zeitraum berücksichtigt. Es kann vorkommen, daß unter Umständen mehr als der tatsächliche Zugewinn zu versteuern ist, nämlich dann, wenn

der Kurs der Zero-Bonds gefallen oder nicht in dem Ausmaß des rechnerischen Zugewinns gestiegen ist. Sie verkaufen dann mit Verlust, müssen aber trotzdem den fiktiven Zinsgewinn versteuern.
Kursgewinne wiederum sind steuerfrei, wenn der Zeitraum zwischen An- und Verkauf mindestens sechs Monate beträgt.
Die nebenstehende Grafik demonstriert Ihnen die starke Hebelwirkung von Zero-Bonds besonders in den ersten Jahren ihrer Laufzeit. Sinkt beispielsweise der Kapitalmarktzins im ersten Jahr von 7,5 Prozent auf 6 Prozent, so ergibt sich beim Verkauf des „Zeros" auf Grund der Kursgewinne eine Rendite von 30,5 Prozent.

Die Wandelanleihe

Die Wandelanleihe ist ein festverzinsliches Wertpapier, das bei Bedarf unter bestimmten Bedingungen in Aktien umgewandelt bzw. umgetauscht werden kann. Zu diesem Zweck wird schon vor der Ausgabe der Wandelanleihe eine „bedingte" Kapitalerhöhung durch die Hauptversammlung der ausgebenden Aktiengesellschaft beschlossen. Diese „bedingte" Erhöhung des Aktien- bzw. Grundkapitals soll sicherstellen, daß das Wandlungsrecht in Aktien auch jederzeit ausgeführt werden kann. Macht der Inhaber einer Wandelanleihe von seinem Umtauschrecht Gebrauch, so erhält er dafür die dem Wandelverhältnis entsprechenden Aktien, während gleichzeitig die Wandelanleihe selber erlischt.
Das Wandlungsrecht wird immer dann wahrgenommen, wenn der Kurs der Aktie innerhalb der Umtauschfrist den Wandlungspreis sowie die damit verbundenen Kosten übersteigt. Erscheint das Umtauschrecht nicht interessant, so bleiben noch die regelmäßigen jährlichen Zinszahlungen. Meist liegt allerdings der Zinssatz einer Wandelanleihe niedriger als bei anderen festverzinslichen Wertpapieren, womit der Käufer praktisch das zusätzliche Wandlungsrecht honoriert. Am Ende der Laufzeit wird die Wandelanleihe dann zum Nominalwert zurückgezahlt.
Für die ausgebende Aktiengesellschaft liegen die Vorteile einer Wandelanleihe in der niedrigen Verzinsung sowie in der Umwandlung von befristet zur Verfügung stehendem Fremdkapital in unbefristet verfügbares Eigenkapital.
Betrachten Sie nun bitte die Kurstabellen der deutschen und internationalen Wandelanleihen im Handelsblatt. Auf Grund der sehr unterschiedlichen Nennbeträge, bei Pfaff zum Beispiel DM 50,–, DM 500,– oder DM 1000,–, sind die Kursangaben jeweils als Prozentnotierung zu verstehen (siehe Abbildung Seite 174).
Die Wandelanleihe stellt also immer dann eine sinnvolle Anlagealternative dar, wenn der weitere Kursverlauf einer Aktie zu unbestimmt erscheint, um einen direkten Kauf des Papiers zu riskieren. Durch die feste Verzinsung ist die

Wandel- und Optionsanleihen (F)

		Kasse	Schluß	Schluß	H/N
			12.9.86	11.9.86	
Wandelanleihen					
8	Beiersdorf 82 (H)	295.00 G	295.00 G	295.00 G	320/166
4	Deutsche Bank 84/95	289.50 b	289.90 b	296.00 b	350/133
6,5	KSB 83/92	136.00 G			268/104
6	Pfaff 84/93	180.00 G			199/113

Int. Wandelanleihen (F)

4,75	Akzo 69	80/89/72)*	172.00 G
3,5	All Nippon Airw. 78	85/88(84)*	309.00 G
3,5	Asahi Optical 78	87(82)*	115.00 G
5	Asics Corp. 83	83/92(88)	128.00 G
5,75	Daiei 80	87(86)*	289.00 b
3	Daikin Ind. 84	90(84/87)	137.00 G
2,5	Fujitsu 85	90(89)	107.75 bG
5,25	Hoogovens 68	79/88(69)*	170.00 T
5,75	Jujo Paper 77(D)	87(80)	292.00 G
4	Kawash. Tex. 84	90(87)*	157.00 G
6	Komatsu 76	91(81)*	198.00 T
6	Konishiroku 81	90(86)	150.00 G
6,75	dgl. 82	88(86)	139.50 bG
3,5	Korakuen St. 78	87(82)*	391.00 G
3,5	Marudai F. 78	87(83)*	138.50 G
5,75	Minolta 77 (D)	87(82)	308.00 G
4	dgl. 79(D)	89(82)	236.00 G
2,25	dgl. 85 (D)	94(91)	102.50 G
6,75	Mitsub. Heavy 80	90(87)*	430.00 b
6	dgl. 81	89(86)*	318.00 b
2,25	dgl. 86	92(90)	174.50 b
6	Nichii Co. 80	80/88(86)*	358.00 G
3,5	Nissan Diesel 78	86(82)*	99.75 G
3,75	Nitto Bos. 84	89(88)	138.00 G
4,75	Orient Fin. 79	87(83)*	333.00 G
4	Pirelli Fin. 85	92(89)	154.00 T
3,125	Renown Inc. 84	90(89)	120.00 T
3,5	Ricoh 78	86(82)*	199.00 T
6,25	Rothmans Int.	1992*	106.00 G
6,25	Sekisui H. 76	84/87(80)*	431.50 T
6,25	Sumit.R.&D. 82 (D)	92(88)	630.00 G
6	Taiyo Yuden 82	88(85)*	145.75 b
3,5	Tokyo El. 78	87(82)*	419.00 G
4	Tokyu Land 79	86(83)*	210.00 b

Wandelanleihe gegen Kursverluste der Aktie weitgehend abgesichert, nimmt aber andererseits mittelbar an den Kurssteigerungen der Aktie teil.
Mit Wandelanleihen erzielte Kursgewinne sind erst nach Ablauf von sechs Monaten steuerfrei. Für Wandlungsgewinne sechs Monate nach dem Anleihekauf gilt die gleiche steuerliche Regelung. Die Zinszahlungen sind Einkünfte aus Kapitalvermögen und als solche nach Abzug von Sparerfreibetrag und Werbungskosten zu versteuern. Bei deutschen Wandelanleihen wird bereits bei der Auszahlung die Kapitalertragssteuer von 25 Prozent abgezogen. Dieser Abzug wird allerdings bei der Einkommenssteuererklärung auf die Steuerschuld angerechnet. Bei Vorlage einer Nichtveranlagungsbescheinigung entfällt der Steuerabzug.
Auf der folgenden Seite wird eine italienische Wandelanleihe näher erläutert.

Der einundachtzigjährige Baron Rothschild glaubte, sein jüngster Tag nahe. Doch der Hausarzt konstatierte: „Ihre Organe sind vollkommen gesund. Sie werden hundert, Exzellenz!"
Der Bankier schüttelte den Kopf: „Wenn Er mich kriegen kann für einundachtzig, der Herrgott, warum soll Er mich nehmen für pari?"

Sehr geehrte Depotkundin, sehr geehrter Herr Depotkunde,

die Gesellschaft hat zu den nachstehenden Bedingungen ein Angebot zum Bezug einer 13% Wandelanleihe unterbreitet:

Bezugsfrist:	18.9. – 17.10.1984
Bezugsrechtshandel:	18.9. – 8.10.1984
Bezugsverhältnis:	14 : nom. LI 1000
Bezugspreis:	100%
Zahlbar:	6.11.1984
Bezugsrecht:	Anrecht

Wesentliche Merkmale der Wandelanleihe:

Zinslauf:	ab 7.11.1984
Laufzeit:	bis 1.1.1991
Zinstermin:	Januar/Juli
Wandelverhältnis:	nom. LI 1000 : 1 Montedison S.p.A.Az.; wandelbar von April – Juni der Jahre 1986 – 87, jeweils mit Wirkung per 1.7., divid. ber. ab 1.1.
Tilgung:	durch Auslosung zu 4 gleichen Raten, jeweils am 1.1. der Jahre 1988 – 1991. Vorzeitige Kündigung ab 1.7.87 durch die Gesellschaft möglich.

Bezugsangebot für eine 13prozentige italienische Wandelanleihe

Aus dem Bezugsverhältnis ersehen Sie, daß die bisherigen Aktionäre der Gesellschaft für jeweils 14 Aktien eine Wandelanleihe im Nominalbetrag von 1 000 Lire beziehen können. Der Bezugspreis entspricht mit 100 Prozent genau dem Nominalbetrag der Anleihe.
In den Jahren 1986 und 1987 besteht die Möglichkeit, jeweils eine Aktie gegen eine Wandelanleihe im Nominalwert von 1 000 Lire umzutauschen. Speziell bei dieser Wandelanleihe verspricht ein Umtausch in die entsprechenden Aktien eine lohnende Angelegenheit zu werden, da der Kurs der Montedison-Aktie inzwischen fast 4 000 Lire erreicht hat.

Optionsanleihen und Optionsscheine

Neuemission
17. März 1986

WELLA

Wella International Finance B.V.
Amsterdam, Niederlande

DM 130.000.000,–
2 1/2 % Deutsche Mark-Optionsanleihe von 1986/1996

Wertpapier-Kenn-Nummern:	
Anleihe mit Optionsschein	477 635
Anleihe ohne Optionsschein	477 636
Optionsscheine	776 567

unter der unbedingten und unwiderruflichen Garantie der

Wella Aktiengesellschaft
Darmstadt, Bundesrepublik Deutschland

Verkaufskurs:	100 %
Verzinsung:	2 ½ % p.a., Jahreskupon 18. März
Rückzahlung:	18. März 1996
Optionsrecht:	jeder Teilschuldverschreibung über DM 5.000,– sind zwei Optionsscheine beigefügt, die den Inhaber ab dem 21. April 1986 bis einschließlich 18. März 1996 zum Bezug von insgesamt 6 Vorzugsaktien der Wella Aktiengesellschaft, Darmstadt, zum Optionspreis von DM 720,– je Vorzugsaktie berechtigen.
Börseneinführung	Frankfurt am Main (Anleihe und Optionsscheine)

Optionsanleihe

Eine Optionsanleihe ist ein festverzinsliches Wertpapier, dem ein oder mehrere Optionsscheine beigefügt sind, die den Anleger berechtigen, innerhalb der Optionsfrist eine bestimmte Anzahl Aktien zu einem festgelegten Kurs zu erwerben. Die beigefügten Optionsscheine sollen einen zusätzlichen Kaufanreiz darstellen, da die Verzinsung der Optionsanleihe meist sehr spartanisch ausfällt.
Der besondere Reiz von Optionsanleihen liegt in der Möglichkeit begründet, den Optionsschein mit Beginn der Optionsfrist getrennt von der Anleihe handeln zu können. Dieses führt dann zu drei verschiedenen Notierungen an der Börse:

- Optionsanleihe *mit* Optionsschein;
- Optionsanleihe *ohne* Optionsschein;
- der Optionsschein selbst.

Die Optionsanleihe *mit* Optionsschein ermöglicht es dem Kapitalanleger, an den Kurssteigerungen der Aktie teilzunehmen, ohne gleichzeitig das Risiko eines Direktengagements in der Aktie einzugehen. Die laufende Verzinsung der Anleihe sichert diese gegen größere Kursverluste ab. Kursgewinne allerdings sind innerhalb der sechsmonatigen Spekulationsfrist zu versteuern.
Die Optionsanleihe *ohne* Optionsschein fristet ihr Dasein als ganz gewöhnliches Rentenpapier. Da sie auf Grund des niedrigen Nominalzinssatzes meist deutlich unter pari, also unter ihrem Nennwert, notiert, sind die Optionsanleihen „ex" besonders von Anlegern mit hoher Steuerprogression begehrt. Diese müssen dann nur den geringen Nominalzinssatz versteuern, während der Rückzahlungsgewinn steuerfrei bleibt.
Der Optionsschein schließlich ist es, dem das größte Anlegerinteresse gilt, nimmt er doch an den Kurssteigerungen der Aktie ebenso überproportional teil wie auch an den Kursverlusten. Man sollte jedoch bedenken: Der Optionsschein wirft weder Zins noch Dividende ab, auch ist er nicht durch Substanz abgesichert. Falls bis zum Ende der Optionsfrist keine Aktien bezogen werden, verfällt der Optionsschein ersatzlos. Allerdings ist vorläufig auch kaum ein Käufer von Optionsscheinen am Bezug von Aktien interessiert. Das gesamte Augenmerk ist auf schnelle Kursgewinne ausgerichtet, die sich jedoch manchmal auch zu hohen Verlusten entwickeln können, wenn der Optionsschein zur falschen Zeit gekauft wurde. Oft wird dann der Spekulant zum Anleger, aber da die Laufzeit der Optionsscheine meist mit jener der Anleihe übereinstimmt, besteht durchaus die Möglichkeit, einmal eine Baisse auszusitzen.
Sehen wir uns nun zunächst einmal einen Ausschnitt aus der Kurstabelle des Handelsblatts an (siehe Seite 178).
In dieser Kurstabelle finden Sie die drei verschiedenen Notierungen von Optionsanleihe m. O., Optionsanleihe o. O. und Optionsschein wieder. Lassen Sie sich bitte nicht von den Zinsangaben vor den Optionsscheinen täuschen. Sie dienen lediglich der besseren Identifizierung der dazugehörigen Anleihe. Suchen wir doch nun einmal die Kurse unserer am Anfang des Kapitels abgedruckten Wella-Optionsanleihe mit dem äußerst dürftigen Nominalzinssatz von 2,5 Prozent heraus:

- Wella-Optionsanleihe m. O.: 103,10 b
- Wella-Optionsanleihe o.O.: 70,75 T
- Wella-Optionsschein: 235,– b

Lediglich die Notierung des Optionsscheines entspricht dabei direkt einem DM-Betrag. Die Kursangaben der Optionsanleihen sind stets Prozentnotierungen, die sich auf den entsprechenden Nennwert beziehen. Derer gibt es viele, unter anderem DM 1000,–, DM 4000,– und DM 5000,–, wie im Fall der Wella-Optionsanleihe. Auch Dollar-Nennbeträge sind möglich, bei der

Int. Optionsanleihen (F)

4,5	Adia Res. m.O.	1995	120.00	G
4,5	Adia Res. 85 o.O.	1995	87.50	G
3	Asko Fin. 86 m.O	1993	127.00	b
3	dgl. 86 o.O.	1993	81.25	b
3	BASF 85 m.O.	1995	194.00	b
3	dgl. 85 o.O.	1995	77.90	b
2,75	Bayer Cap. 85 m.O.	1995	158.00	G
2,75	dgl. o.O.	1995	76.50	b
7,5	BHF-Bk. Int. 83 m.O.	90(88)	207.00	G
7,5	dgl. o.O.	90(88)	97.15	b
7	BHF-Bk. Fin. 85 m.O.	95(92)	168.00	b
7	dgl. o.O.	95(92)	101.00	T
6,25	BHF-Bk. Fin. 85 m.O.	1991	107.75	G
6,25	dgl. 85 o.O.	1991	102.00	b
4	Chujitsuya 85 m.O.	1990	151.00	G
4	dgl. 85 o.O.	1990	95.25	G
3,5	C.Itoh Fuel 84 m.O.	1989	180.00	G
3,5	dgl. 84 o.O.	1989	95.80	G
3,5	Cobk. Int. 78 m.O.	1988*	176.00	T
3,5	dgl. o.O.	1988*	98.00	b
5,75	Cop. Handelsbk. 85 m.O.	1992	123.00	G
5,75	dgl. 85 o.O.	1992	97.30	b
4	Cr. Suisse F. 85 m.O.	1990	128.00	T
4	dgl. o.O.	1990	95.50	b
3,875	Daishinpan 85 m.O.	1990	158.00	G
3,875	dgl. 85 o.O.	1990	95.00	G
4,5	Dt.Bk.C.F.Lux.77 m.O	87(82)*	350.00	G
4,5	dgl. o.O.	87(82)*	98.45	G
6,25	dgl. 83 m.O.	1991	260.00	b
6,25	dgl. 83 o.O.	1991	95.50	b
3,75	dgl. 83 m.O.	1991	233.00	T
3,75	dgl. o.O.	1991	94.00	b
6,25	Dt.Bk.Fin. 86 m.O.	1996	135.25	b
6,25	dgl. 86 o.O.	1996	99.50	b
4	Dresdner Bk. Fin. 83 m.O	1990	192.00	b
4	dgl. 83 o.O	1990	96.00	bG
8	dgl. 84 m.O.	1992	215.00	b
8	dgl. 84 o.O.	1992	109.50	b
3,125	Fuji El. 84 m.O.	1990	132.35	b
3,125	dgl. o.O.	1990	93.60	b
3,5	Hanwa 84 m.O.	1989	145.00	G
3,5	dgl. o.O.	1989	95.80	b
3	Herlitz Fin. 84 m.O.	1994	105.00	G
3	dgl. o.O.	1994	75.00	T
2,5	Hoesch int. F. m.C	1996	105.00	b
2,5	dgl. 86 o.O.	1996	66.75	b
3,375	Honda Motor 85 m.O.	1990	109.50	T
3,375	Honda Motor 85 o.O.	1990	94.10	G
7,5	Jap.Synthetic R.82 m.O.	1988	200.00	T
7,5	dgl. o.O.	1988	102.50	T
3,5	Jujo Paper 85 m.O.(D)	1991	134.00	G
3,5	dgl. o.O.(D)	1991	91.25	b
5,75	Jusco 83 m.O.	1988	100.60	G
5,75	dgl. o.O.	1988	335.00	G
3,5	Kansai Paint 84 m.O.	1989	146.00	G
3,5	dgl. 84 o.O.	1989	95.75	b
1,875	Kao Corp. 86 m.O. (D)	1993	118.00	G
1,875	dgl. 86 o.O. (D)	1993	76.90	b
3,25	Kaufhof Fin. 84 m.O.	1994	210.00	T
3	Teijin Seiki 85 m.O.	1990	214.00	G
3	dgl. 85 o.O.	1990	91.00	bB
3,875	Toei 85 m.O.	1990	150.50	G
3,875	dgl. 85 o.O.	1990	94.50	G
3,75	Toyobo 85 m.O.	1990	155.00	G
3,75	dgl. 85 o.O.	1990	94.10	G
3,375	Tsumura Junt. 84 m.O.	1989	114.00	T
3,375	dgl. 84 o.O.	1989	95.40	bG
3	UBS 84 m.O.	1991	149.50	G
3	dgl. 84 o.O.	1991	92.25	b
4	Veba Int. Fin. 83 m.O	93(89)	195.00	G
4	dgl. 83 o.O.	93(89)	88.60	b
3	VW Int. F. 86 m.O.	1996	146.50	b
3	dgl. 86 o.O.	1996	75.25	b
→2,5	Wella Int.F.86 m.O.	1996	103.10	b
→2,5	dgl. 86 o.O.	1996	70.75	T
6,5	Wells Fargo 73 m.O.	79/88(79)*	223.00	T
6,5	dgl. 73 o.O.	79/88(79)*	100.50	T

Int. Optionsscheine (F)

4,5	Adia 85	1995	395.00	b
3	Asko Fin. 86	1993	620.00	b
3	BASF 85	1995	150.50	b
11	BASF Fin. 82	1988	150.00	b
3	dgl. 86 ($)	2001	70.50	b
2,75	Bayer Cap. 85	1995	136.50	b
7,25	Bayer Int. F. 79	1989	158.00	b
10,5	dgl. 82	1987	172.00	b
7,5	BHF-Bank Int. 83	1990	262.00	b
7	dgl. Fin. 85	95(91)	230.50	b
6,25	BHF-Bank Fin. 85	1991	53.10	b
4	Chujitsuya 85	1990	2060.00	b
3,5	C. Itoh Fuel 84	1989	4250.00	G
3,5	Cobk. Int. 78	1988	162.20	b
7	*dgl. 83 (D)*	*1988*	*181.00*	*b*
8	dgl. 84	1989	205.00	b
5,75	Cop. Handelsbk. 85	1992	24.60	b
3,875	Daishinpan 85	1990	3240.00	b
8,25	Degussa Int.F. 83	1993	250.00	b
4,5	Dt. Bk. C. Fin. 77	1987	563.00	b
3,75	dgl. 83	1991	490.00	b
6,25	Dt. Bk. Fin. 86	1996	257.00	b
4	Dresdner Bk.Fin. 83	1990	245.00	b
4	dgl. 83 II	1993	252.00	b
8	dgl. 84	1992	268.00	b
3,125	Fuji El. 84	1990	1840.00	b
3,5	Hanwa 84	1989	2475.00	b
3	Herlitz Fin 84	1994	60.50	b
10	Hoechst 75	1990	645.00	b
6,75	dgl. 79	1989	150.00	b
8	dgl. 83	1993	160.00	b
2,5	Hoesch Int. F. 86	1996	45.50	b
3,375	Honda Motor 85	1990	753.00	b
7,5	Japan Synth. R. 82	1988	2200.00	b
3,5	Jujo Paper 85(D)	1991	2020.00	b
5,75	Jusco 83	1988	14000.00	G
3,5	Kansai Paint 84	1989	2100.00	b
1,875	Kao Corp.86 "A" (D)	1993	1090.00	b
1,875	dgl. 86 "B" (D)	1993	1080.00	b
	KLM 83 B (D)	*1988*	*420.00*	*b*
3,25	Kaufhof Fin. 84	1994	268.00	b
3,5	Kaufhof Fin. 85	1995	198.00	b
3,75	Kenwood 85	1990	1250.00	b
3,5	Kobe Steel 85	1990	1700.00	b
3,125	Linde Int. 84	1994	460.00	b
2,75	Metallges. Fin.86	1996	102.00	b
3,5	Mitsub. Heavy 84	1989	8850.00	b
3,125	Mitsub. Metal 84	1989	620.00	b
	Mitsui 82 ($)		*305.00*	*b*
3,5	Nipp.Flour Mills 84	1989	4100.00	b
3,25	Nipp. Shinpan 85	1990	5400.00	b
2,25	Optec Dai-Ichi 86	1991	1220.00	b
3,5	Philips Gloeil. 84	91(89)	300.00	b
3	Pirelli D. Fin. 86	1993	182.00	G
8	Preussag 84	1991	68.50	b
3	*PWA Fin. 86 (H)*	*1994*	*105.00*	*b*
5,75	Rhythm Watch 83	1988	1400.00	G
4,75	dgl. 84	1989	660.00	b
	Ryobi 83		*1200.00*	*T*
3,125	SBV 84	1994	264.00	b
2,75	dgl. 86	96(93)	162.00	bG
6,875	Schering Int.F 83	1990	315.50	b
7,75	Siemens W.F. 83	1990	440.00	b
(Zero)	dgl. 86	2001	188.00	b
2,875	Suminoe Tex. 85 (D)	1990	1430.00	b
1,25	dgl. 86 (D)	1993	825.00	G
3	Teijin Seiki 85	1990	6400.00	b
4	SKA 85	1990	1650.00	b
3,875	Toei 85	1990	2825.00	b
3,75	Toyobo 85	1990	2425.00	b
3,375	Tsumura Junt. 84 "A"	1987	330.00	b
3,375	dgl. 84 "B"	1989	475.00	b
3	UBS 84	1991	2910.00	b
4	Veba 83	1993	141.00	b
3	VW Int. F. 86	1996	254.00	b
→2,5	Wella 86	1996	235.00	b
6,5	Wells Fargo Int. 73	1988	1095.00	b

6¼ Prozent Optionsanleihe der Deutschen Bank von 1983 beispielsweise 1000 Dollar. Sie erfahren diese unterschiedlichen Nennwerte entweder aus dem amtlichen Kursblatt oder durch einen Anruf bei Ihrer Bank. Für die Wella-Optionsanleihe ergibt sich nun folgende Rechnung:

- Wella-Optionsanleihe m.O.: 103,10 Prozent von DM 5000,– = DM 5155,–
- Wella-Optionsanleihe o.O.: 70,75 Prozent von DM 5000,– = DM 3537,50
- Wella-Optionsschein: = DM 235,–

Sie werden jetzt sicher sagen: „Das kommt ja überhaupt nicht hin, selbst wenn man den Optionsschein doppelt zählt", weil ja zu jedem Nominalwert von DM 5 000,– zwei Optionsscheine gehören. Um die Verwirrung zu vervollständigen, müssen wir bei unserer Rechnung nämlich noch das Bezugsverhältnis berücksichtigen, laut Anleihebedingungen pro Optionsschein drei Vorzugsaktien. Die an der Börse getrennt notierten Optionsscheine lauten aber aus technischen Gründen auf ein Bezugsverhältnis von 1 : 1, wie Sie der Tabelle am Ende des Kapitels entnehmen können. Wenn wir jetzt also den Wert des Optionsscheines um das Sechsfache erhöhen, erreichen wir bis auf eine kleine Differenz den Kurs der Optionsanleihe mit Optionsschein. Diese verbleibende Differenz resultiert aus dem Angebots- und Nachfrageverhältnis und berücksichtigt auch die bei einer Trennung des Optionsscheines von der Anleihe anfallenden Kosten.

Was macht nun den Reiz eines Optionsscheines aus?

Die Volatilitätsrate eines Optionsscheines, also die Schwankungsbreite sowohl nach oben als auch nach unten, wird einerseits vom sogenannten Aufgeld (Agio) und andererseits vom Kapitaleinsatz maßgeblich beeinflußt. Beide Faktoren bestimmen letztendlich die sogenannte Hebelwirkung, auch oft als „Leverage-Effekt" bezeichnet. Dafür ein einfaches Beispiel:

- Ein Optionsschein berechtigt zum Bezug einer Aktie: DM 260,–
- Der aktuelle Kurs der Aktie beträgt: DM 300,–
- Der Optionsschein wird daher mindestens kosten: DM 40,–

Wäre der Preis des Optionsscheines niedriger, könnte man diesen kaufen und dann die Aktie zu einem günstigeren als dem aktuellen Börsenkurs beziehen. Diese Konstellation würde sofort zu einer verstärkten Nachfrage des Optionsscheines führen und den Kurs desselben erhöhen.

Nehmen wir nun an, unsere Aktie steigt um DM 60,- auf DM 360,-. Dies entspricht einem Kursanstieg von 20 Prozent. Der Optionsschein aber würde ebenfalls um mindestens DM 60,– auf dann DM 100,– steigen. Daraus resultiert aber bereits ein Kursgewinn von satten 150 Prozent.

In den meisten Fällen wird der Optionsschein sogar noch über die Parität hin-

aus steigen, möglicherweise um DM 80,– auf DM 120,–. In diesem sogenannten Aufgeld drückt sich dann nämlich die Erwartung weiterer Kurssteigerungen der Aktie aus, was ja bei einer Laufzeit des Optionsscheines von fünf bis zehn Jahren durchaus verständlich ist. Das Aufgeld könnte man also auch als eine Art Hoffnungsprämie bezeichnen. Sehen wir uns noch einmal unseren Wella-Optionsschein an:
Dieser berechtigt, wie wir inzwischen wissen, zum Bezug einer Wella-Aktie zum Kurs von DM 720,–. Der aktuelle Kurs der Wella-Aktie liegt bei DM 778,–. Kauft man jetzt den Optionsschein zum Tageskurs von DM 235,–, so muß man zu dieser Summe noch DM 720,– addieren, um dann für den so entstandenen Betrag von DM 955,– eine Wella-Aktie beziehen zu können. Über die Börse läßt sich aber eine Wella-Aktie schon zum wesentlich niedrigeren Kurs von DM 778,– kaufen. Die Differenz zu DM 955,–, also DM 177,–, wird als Aufgeld bezeichnet, das in unserem Beispiel 22,75 Prozent vom aktuellen Aktienkurs beträgt.
Der Kapitaleinsatz für den Wella-Optionsschein beträgt dabei 30,21 Prozent des aktuellen Aktienkurses. Je niedriger diese Prozentquote ausfällt, desto größer ist die Hebelwirkung des Optionsscheines. Doch diese Hebelwirkung wird nur dann voll wirksam, wenn gleichzeitig das Aufgeld nicht zu hoch ist. Am Beginn eines Kursaufschwunges sind Aufgelder bis zu 30 oder 40 Prozent akzeptabel, am Ende eines Aufwärtstrends, wenn die Aktie einen Topkurs erreicht hat, muß das Aufgeld wesentlich geringer ausfallen. Bis zum letzten Handelstag der Option schmilzt die Prämie gegen Null, die Summe aus dem Kurs des Optionsscheins und dem Bezugspreis gleicht sich damit dem aktuellen Aktienkurs an.
Optionsscheine kauft man also zu Beginn eines Aufwärtstrends der Aktie und nicht etwa zum Schluß. Da Optionsscheine ähnlich wie Aktien an den Börsen gehandelt werden, sind Käufe und Verkäufe kein Problem. Auch die Kosten sind mit Aktienkäufen vergleichbar (siehe Abbildung Seite 181).
Vielleicht wird es Sie, verehrter Leser, interessieren, wie dieser Höchst-Optionsschein von 1983 heute notiert. Überzeugen Sie sich durch einen Blick auf unsere Kurstabelle. Sie müssen im September 1986 bereits DM 160,- für diesen Schein bezahlen. Dies entspricht einem Gewinn von rund 500 Prozent, steuerfrei nach sechs Monaten. Doch sind derartige Gewinnspannen in den zurückliegenden Jahren seit 1982 nichts Außergewöhnliches, wie Sie auch am Teijin-Seiki-Optionsschein aus dem Jahr 1985 erkennen mögen:

13.12.1985

	5,75	Rhythm Watch 83	1988	1325.00 G
	4,75	dgl. 84	1989	520.00 b
		Ryobi 83		*670.00 b*
	3,125	SBV Fin. 84	1994	275.00 b
	6,875	Schering Int.F 83	1990	380.00 b
	7,75	Siemens W.F. 83	1990	461.00 b
→	3	Teijin Seiki 85	1990	2380.00 b

23.01.1986

	5,75	Rhythm Watch 83	1988	1125.00 b
	4,75	dgl. 84	1989	489.00 b
		Ryobi 83		*775.00 b*
	3,125	SBV Fin. 84	1994	281.00 b
	6,875	Schering Int.F 83	1990	345.00 b
	7,75	Siemens W.F. 83	1990	557.00 b
→	3	Teijin Seiki 85	1990	4150.00 bG

14.02.1986

	5,75	Rhythm Watch 83	1988	1320.00 bG
	4,75	dgl. 84	1989	560.00 b
		Ryobi 83		*1050.00 b*
	3,125	SBV Fin. 84	1994	255.00 b
	6,875	Schering Int.F 83	1990	305.00 b
	7,75	Siemens W.F. 83	1990	500.00 bB
→	3	Teijin Seiki 85	1990	17000.00 O

19.02.1986

	5,75	Rhythm Watch 83	1988	1330.00 bG
	4,75	dgl. 84	1989	550.00 b
		Ryobi 83		*1050.00 b*
	3,125	SBV Fin. 84	1994	265.00 b
	6,875	Schering Int.F 83	1990	315.00 b
	7,75	Siemens W.F. 83	1990	520.00 b
	2,875	Suminoe Tex. 85 (D)	1990	1450.00 G
→	3	Teijin Seiki 85	1990	22000.00 T

13.03.1986

	5,75	Rhythm Watch 83	1988	1310.00 b
	4,75	dgl. 84	1989	558.00 b
		Ryobi 83		*1249.00 b*
	3,125	SBV Fin. 84	1994	284.00 b
	6,875	Schering Int.F 83	1990	343.00 b
	7,75	Siemens W.F. 83	1990	516.00 b
	2,875	Suminoe Tex. 85 (D)	1990	1760.00 b
→	3	Teijin Seiki 85	1990	14000.00 G

01.04.1986

	5,75	Rhythm Watch 83	1988	1460.00 T
	4,75	dgl. 84	1989	640.00 b
		Ryobi 83		*1125.00 b*
	3,125	SBV Fin. 84	1994	290.00 b
	6,875	Schering Int.F 83	1990	338.00 b
	7,75	Siemens W.F. 83	1990	517.50 b
	2,875	Suminoe Tex. 85 (D)	1990	1990.00 b
→	3	Teijin Seiki 85	1990	11000.00 b

15.08.1986

	5,75	Rhythm Watch 83	1988	1925.00 b
	4,75	dgl. 84	1989	850.00 b
		Ryobi 83		*1450.00 b*
	3,125	SBV 84	1994	279.00 b
	2,75	dgl. 86	96(93)	180.00 b
	6,875	Schering Int.F 83	1990	288.00 b
	7,75	Siemens W.F. 83	1990	438.80 b
	(Zero)	dgl. 86	2001	187.50 b
	2,875	Suminoe Tex. 85 (D)	1990	2010.00 T
	1,25	dgl. 86 (D)	1993	-
→	3	Teijin Seiki 85	1990	6380.00 b

Kenn-Nr.	Wertpapier-Bezeichnung		
575806	OPT.SCH.ZU 8% HOECHST DL ANL. V.83/93		
Nennwert/Stückzahl	**Kurs/Preis**	**Devisenkurs**	**Kurswert**
ST 30,000	26,7000		DM 801,00-

	Tage	
Zinsen für		
Kuponsteuer		
Provision	1,000	8,05-
Courtage	1,000	0,80-
Börsenumsatzsteuer	2,500	2,00-
Fremde Spesen		
Abwicklungsgebühr		3,00-
Eigene Spesen		

Kauf von Optionsscheinen

Der Schein begann in einer Größenordnung von rund DM 2 000,–, steigerte sich in der Spitze auf beachtliche DM 22 000,– und fiel dann wieder auf rund DM 6 000,– zurück.
Beschließt eine Aktiengesellschaft eine Kapitalerhöhung, so verringert sich der Kurs der umlaufenden Aktien in etwa um den Wert des Bezugsrechts, wie wir bereits gesehen haben. Da aber den Inhabern von Optionsscheinen meist kein Bezugsrecht zusteht, wird fairerweise der Options- bzw. Bezugspreis ermäßigt, um so eine spürbare Benachteiligung zu vermeiden:

Siemens Western Finance N.V.
Curaçao, Niederländische Antillen

Ermäßigung des Optionspreises unserer 7¾% US-Dollar-Optionsanleihe von 1983/1990

Die Siemens AG hat eine Kapitalerhöhung mit Bezugsrecht der Aktionäre beschlossen. Aufgrund dieser Kapitalerhöhung ermäßigt sich der Optionspreis für jede durch Ausübung des Optionsrechts bezogene Stammaktie im Nennbetrag von 50 DM vom Stichtag, dem 5. März 1985, an auf

248,41 DM.

In der Zeit vom 27. Februar bis 4. März 1985 kann das Optionsrecht nicht ausgeübt werden (§ 2 der Optionsbedingungen).

Curaçao, im Februar 1985

Das Direktorium

Bevor Sie nun noch abschließend zwei Tabellen mit in- und ausländischen Optionsscheinen betrachten können, sei Ihnen gewünscht, daß auch Sie eines Tages einen ähnlichen Volltreffer landen mögen wie diejenigen Anleger, die im Oktober 1983 den japanischen Nomura-Optionsschein auf Grund einer Empfehlung des Effecten-Spiegels für rund 1 000 Dollar kauften. Heute, nach rund drei Jahren, notiert dieser „heiße" japanische Optionsschein bei etwa 28 000 Dollar (!).

Optimale Optionsscheine

Übersicht aller von deutschen Emittenten begebenen Optionsscheine							
Optionsschein	*Optionsbedingungen*			*Kurs des Optionsscheins (Mark)*	*Kurs der Aktie (Mark)*	*Aufgeld (Prozent des Aktienkurses)*	*Kapitaleinsatz (Prozent des Aktienkurses*
	Options-verhältnis	*Options-preis (Mark)*	*Laufzeit bis*				
Anzag 86	1:1	165,-	31. 8.1996	114,50	228,-	22,59	50,22
Asko 85	1:1	1140,-	4. 2.1993	680,-	1920,-	-5,21	35,42
BASF 82	1:1	133,-	29. 2.1988	153,-	274,-	4,38	55,84
BASF 85	1:1	145,-	30.11.1994	142,60	274,-	4,96	52,04
BASF 86	1:1	308,-	9. 4.2001	76,80	274,-	40,44	28,03
Bayer 79	1:1	136,-	28. 2.1989	169,-	300,50	1,50	56,24
Bayer 82	1:1	121,-	1. 7.1987	183,-	300,50	1,16	60,90
Bayer 84	1:1	140,-	28. 2.1994	168,-	300,50	2,50	55,91
Bayer 85	1:1	168,-	1. 3.1995	150,-	300,50	5,82	49,92
Bayern-Hypo 85	1:1	387,-	1. 2.1994	275,-	612,-	-8,17	44,93
Bayern-Hypo 86	1:1	510,-	1. 7.1996	198,-	612,-	15,69	32,35
BHF-Bank 83	1:1	260,87	31. 5.1990	303,-	545,-	3,46	55,60
BHF-Bank 85	1:1	323,-	31. 7.1995	272,-	545,-	9,17	49,91
BHF-Bank 86	1:1	523,-	30. 9.1998	150,-	545,-	23,49	27,52
Commerzbank 78	1:1	211,-	30. 6.1988	174,-	330,-	16,67	52,73
Commerzbank 83	1:1	167,-	31. 5.1988	182,50	330,-	5,90	55,30
Commerzbank 84	1:1	140,-	15. 6.1989	204,90	330,-	4,52	62,09
Conti Gummi 84	1:1	119,-	31. 1.1994	202,-	324,-	-0,93	62,35
Degussa 83	1:1	287,-	2. 5.1993	235,-	468,-	11,54	50,21
Deutsche Bank 77	1:1	112,04 1)	31. 5.1987	604,-	845,-	-1,07	71,48
Deutsche Bank 83	1:1	321,33	18. 6.1991	531,-	845,-	+0,87	62,84
Deutsche Bank 86	1:1	793,-	28. 2.1996	268,50	845,-	25,62	31,78
Didier 85	1:1	180,-	1.10.1995	118,-	244,-	22,13	48,36
Dresdner Bank 83 I	1:1	179,-	28. 6.1990	277,-	456,50	-0,11	60,68
Dresdner Bank 83 II	1:1	169,-	19.10.1993	281,-	456,50	-1,42	61,56
Dresdner Bank 84	1:1	150,-	1. 9.1992	304,-	456,50	-0,55	66,59
Dresdner Bank 86	1:1	380,-	18. 3.1996	158,50	456,50	17,96	34,72
Herlitz 84	1:1	218,-	30.11.1994	65,-	184,-	53,80	35,33
Hoechst 75	1:5	132,50	30. 6.1990	715,-	276,70	-0,43	51,68
Hoechst 79	1:1	126,-	1. 7.1989	154,80	276,70	1,48	55,95
Hoechst 83	1:1	111,-	1. 2.1993	170,80	276,70	1,84	61,73
Hoesch 86	1:1	164,-	1. 8.1996	50,30	161,-	33,11	31,24
Hussel 86	1:1	330,-	15.12.1995	285,-	613,-	0,33	46,49
Kaufhof 84	1:1	227,-	1.11.1994	288,-	525,-	-1,90	54,86
Kaufhof 85	1:1	315,-	19.12.1995	225,-	525,-	2,86	42,86
Kaufhof 86	1:1	485,-	1. 9.1998	142,-	525,-	19,43	27,05
Linde 84	1:1	343,33	15.12.1994	403,-	755,-	-1,15	53,38
Metallgesellschaft 86	1:1	350,-	31. 5.1996	77,-	314,50	35,77	24,48
Preussag 84	1:1	260,-	15.11.1991	64,-	186,-	74,19	34,41
PWA 86	1:1	165,-	10. 4.1994	103,-	232,50	15,27	44,30
RWE 86	1:1	185,-	20. 3.1996	94,-	227,-	22,91	41,41
Salamander 86	1:1	260,-	31. 7.1996	162,-	388,-	8,76	41,75
Schering 83	1:1	350,-	12. 9.1990	305,-	601,-	8,99	50,75
Siemens 83	1:1	248,41	31. 5.1990	457,70	704,50	0,23	64,97
Siemens 86	1:1	620,-	19. 6.1992	195,-	704,50	15,68	27,68
Stumpf 78	1:1	75,-	30.11.1988	76,90	150,-	1,27	51,27
Stumpf 81	1:1	50,-	28. 2.1991	125,-	150,-	16,67	83,33
Veba 83	1:1	166,-	15.12.1993	143,-	289,-	6,92	49,48
VW 86 I	1:1	407,-	30.11.1995	295,-	525,-	33,71	56,19
VW 86 II	1:1	490,-	1. 8.2001	183,80	525,-	28,34	35,01
Wella 86	1:1	720,-	18. 3.1996	284,50	778,-	29,11	36,57

1) in US-Dollar (1 Dollar = 2,0705)
Stand: 19. August 1986

Optimale Optionsscheine aus dem Ausland

(Übersicht der von ausländischen Emittenten begebenen und gegen DM an deutschen Börsen gehandelten Optionsscheine, Stand August 1986)

Optionsschein	Land	Optionsbedingungen			Kurs des Optionsscheins (Mark)	Kurs der Aktie (Währung)	Aufgeld in Prozent des Aktienkurses	Kapitaleinsatz in Prozent des Aktienkurses
		Options-verhältnis	Optionspreis (Währung)	Laufzeit bis				
Adia 85	CH	1:1	404,- sfr	31.12.1990	395,-	700,- sfr[1])	3,2	45,5
Bank Leu 86	CH	1:1	620,- sfr	14. 6.1991	250,-	635,- sfr[1])	29,4	31,7
Chujitsuya 85	J	1:579	599,53 Yen	8. 2.1990[4])	3 240,-	930,- Yen	9,7	45,2
Cop. Handelsb. 85	Dk	1:1	318,- Dkr	17. 3.1990	25,50	239,- Dkr	73,4	40,3
Credit Suisse 85	CH	1:1	2 754,- sfr	30. 7.1990	1 890,-	3 770,- sfr	13,4	40,4
CS/Elektrow. A 85[2])	CH	1:1	330,- sfr	30. 6.1990	104,-	325,- sfr[1])	27,3	25,8
CS/Elektrow. B 85[2])	CH	1:1	330,- sfr	30. 6.1991	104,-	325,- sfr[1])	27,3	25,8
Daishinpan 85	J	1:595	654,62 Yen	20. 3.1990	5 320,-	1130,- Yen	17,4	59,4
Fuji Elec. 84	J	1:1 344	300,- Yen	20. 3.1990	2 975,-	448,- Yen	4,1	37,1
Hanwa 84	J	1:660	652,- Yen	25. 4.1989	2 750,-	970 Yen	-0,5	32,3
Honda 85	J	1:263	1 457, Yen	9. 3.1990	815,-	1170,- Yen	44,4	19,9
Intershop 86	CH	1:1	890,- sfr	30. 9.1992	292,-	910,- sfr	23,7	25,9
C Itoh Fuel 84	J	1:558	707,28 Yen	26. 5.1989	5 000,-	1 240,- Yen	11,3	54,3
J. Syn. Rubber 82	J	1:1 050	230,5 Yen	24. 3.1988	2 725,-	400,- Yen	6,4	48,7
Jujo Paper 85	J	1:1 375	294,64 Yen	7. 2.1991	2 700,-	435,- Yen	1,6	33,9
Jusco 83	J	1:1 000	478,86 Yen	29. 1.1988	14 000,-	1 540,- Yen	-0,6	68,3
Kansai Paint 84	J	1:1 643	262,86 Yen	16. 5.1989	2 800,-	380,- Yen	2,9	33,7
Kao A 86	J	1:172	1165,- Yen	7. 3.1991	1 310,-	1 630 Yen	6,6	35,1
Kao B 86	J	1:172	1165,- Yen	7. 3.1993	1 325,-	1 630 Yen	7,0	35,7
Kobe Steel 85	J	1:2 604	155,- Yen	15. 1.1990	2 700,-	237,- Yen	-1,7	32,9
Kobori Juken 86	J	1:267	1 405 Yen	13. 6.1991	2 550,-	1 780,- Yen	19,2	40,3
Lindt & Spr. 86	CH	1:1	2 300,- sfr	1. 9.1991	770,-	2 350,- sfr	24,3	26,4
Maruzen Showa 85	J	1:873	466,- Yen	7.12.1990	2 325,-	580,- Yen	14,8	34,5
Mediobanca/SIP 86[5])	I	1:10	3 475,- Lit	30. 6.1991	10,25	3 300,- Lit	26,7	21,4
Mitsub. Chem. 86	J	1:448	831,- Yen	30. 6.1993	1 300,-	870,- Yen	20,6	25,0
Mitsub. Heavy 84	J	1:1 761	248,- Yen	28. 2.1989	9 200,-	656,- Yen	-2,4	59,8
Mitsub. Metal 84	J	1:464	695,- Yen	6.12. 1989	590,-	532,- Yen	48,6	18,0
Mövenpick 85	CH	1:1	485,- sfr	27.11.1990	299,-	625 sfr[1])	16,1	38,5
Nip. Fl. Mills 84	J	1:1 609	280,- Yen	24. 3.1989	4 700,-	481,- Yen	3,8	45,6
Nip. Shinpan 85	J	1:728	555,- Yen	15.12.1989	8 400,-	1 430,- Yen	-0,6	60,6
Norsk Data 86	N	1:1	65,- Mark	10. 7.1989	22,-	224, Nkr	39,0	35,1
O. D. Denco 86	J	1:599	658,10 Yen	11. 3.1991	1 500,-	620,- Yen	36,5	30,3
Philips 84	NL	1:20	63,- hfl	30.11.1989	343,-	54,90 hfl	50,3	35,5
Pirelli 86	I	1:79	4 060,- Lit	15. 1.1993	212,-	5 670,- Lit	4,3	32,7
Pirelli 86[3])	CH	1:1	403,- sfr	15. 1.1993	212,-	467,- sfr	22,9	36,6
Pirelli 86	CH	1:1	371,- sfr	15. 1.1993	212,-	428,- sfr[1])	26,6	39,9
Renown Look 86	J	1:491	758,- Yen	30. 6.1991	1 050,-	840 Yen	9,4	19,1
Ryobi 83	J	1:1 000	434,- Yen	26. 8.1988	1 410,-	442,- Yen	22,1	24,0
Rhythm Watch 83	J	1:1 000	300,- Yen	15. 6.1988	1 850,-	390,- Yen	12,5	35,6

Optionsschein	Optionsbedingungen				Kurs des Optionsscheins (Mark)	Kurs der Aktie (Währung)	Aufgeld in Prozent des Aktienkurses	Kapitaleinsatz in Prozent des Aktienkurses
	Land	Optionsverhältnis	Optionspreis (Währung)	Laufzeit bis				
Rhythm Watch 84	J	1:815	415,- Yen	31. 8.1989	865,-	390,- Yen	26,8	20,4
Senko Co. 86	J	1:676	552,- Yen	16. 5.1991	1 000,-	478,- Yen	38,7	23,2
Sum. Tex. 85	J	1:1 079	332,70 Yen	13.11.1990	2 000,-	418,- Yen	12,9	33,3
Sum. Tex. 86	J	1:830	458,- Yen	10. 6.1993	950,-	418,- Yen	30,1	20,6
Sw. B. Corp. 84	CH	1:1	278,- sfr	15. 9.1989	287,-	486,- sfr[1]	4,7	47,6
Sw. B. Corp. 86	CH	1:1	484,- sfr	16. 9.1991	185,-	486,- sfr[1]	30,3	30,7
Teijin Seiki 85	J	1:829	520,- Yen	7. 9. 1990	8 500,-	935,- Yen	38,0	82,4
Toei 85	J	1:855	448,- Yen	28. 2.1990	3 660,-	736,- Yen	4,6	43,7
Toyobo 85	J	1:1 455	267,- Yen	13. 3.1990	3 275,-	441,- Yen	-1,1	38,3
Trio Kenwood 85	J	1:536	656,5 Yen	14. 2.1990	1 745,-	630,- Yen	43,0	38,8
Tsu. Jun. A 84	J	1:118	1 833,- Yen	15. 4.1987	450,-	1 690,- Yen	25,4	16,9
Tsu. Jun. B 84	J	1:118	1 833,- Yen	15. 4.1989	618,-	1 690,- Yen	31,7	23,3
U. Bk Switzerl. 84	CH	1:1	3 468,- sfr	15.12.1989	3 150,-	5 800,- sfr	3,6	43,8
Wells Fargo 73	USA	1:8	24,63 $	31.10.1988	1 300,-	111,- $	-6,0	71,8
Zenchiku 85 I	J	1:1 330	295,6 Yen	15. 3.1990	5 400,-	505,- Yen	18,9	60,4
Zenchiku 85 II	J	1:955	421,- Yen	31.10.1990	2 700,-	505,- Yen	25,4	42,0
Benetton 86	I	1:5	19 800 Lit	15. 9.1989	48,50	17 800 Lit	48,8	37,6
KLM 83	NL	1:20	33,50 hfl	15. 3.1988	440,-	43,50 hfl	34,0	57,0

1) Partizipationsschein; 2) Anleiheschuldner Credit Suisse, Optionsschein auf Elektrowatt; 3) zum Bezug von Inhaberaktien; 4) Ausübung des Optionsrechts zum Bezug von Partizipationsscheinen ab 12. 9. 1986 möglich;
5) Ausübung des Optionsrechts
ab 1. 1. 1987 bis 31. 12. 1988 zu 3 475 Lire; vom 1. 1. 1989 bis 31. 5. 1991 zu 4 140 Lire in Aktien der SIP
Umrechnungskurse:
1 US $ = 2,0391 Mark; 100 Gulden (hfl) = 88,665 Mark; 100 Schweizer Franken (sfr) = 124,12 Mark;
1 000,- Lire (Lit) = 1,4495 Mark; 100 Yen = 1,3315 Mark; 100 Dänische Kronen (dkr) = 26,475 Mark;
100 Norwegische Kronen (nkr) = 27,955 Mark; Stand 26. August 1986

Zinswarrants – Optionsscheine für Anleihen

Warrants auf US-Bonds (Optionsscheine für festverzinsliche amerikanische Wertpapiere) gleichen grundsätzlich den Optionsscheinen auf Aktien. Sie verkörpern das Recht, innerhalb einer bestimmten Frist einen bestimmten US-Dollar-Bond zu einem festgelegten Preis zu beziehen. Da der Nominalwert der US-Bonds meist bei 1 000 Dollar liegt, die dazugehörigen Optionsscheine allerdings in aller Regel nur zweistellig notieren, ergibt sich eine starke Hebelwirkung.

Nehmen wir einmal an, ein Warrant zu 20 Dollar verbrieft das Recht, einen US-Bond zu 1 000 Dollar Nominalwert zu beziehen. Steigt der Kurs des US-Bonds jetzt nur geringfügig auf 1 030 Dollar, also um 3 Prozent, so wird der Optionsschein ebenfalls mindestens auf 30 Dollar steigen. Dies aber entspricht bereits einem Kursgewinn von 50 Prozent, bezogen auf den Einsatz. Der besondere Reiz der Warrants kommt also vorwiegend in Zinssenkungsphasen zum Vorschein, weil dann die Bond-Kurse kräftig klettern. Außerdem

wird das Wechselkursrisiko deutlich eingeschränkt, erhält doch der Anleger mit Hilfe eines solchen Optionsscheins die Möglichkeit, an möglichen Kurssteigerungen der Bonds mit einem sehr geringen Kapitaleinsatz teilzunehmen.
Bei einem Kauf sollten länger laufende Warrants bevorzugt werden. Die Märkte sind teilweise recht eng, der Mindestumsatz liegt bei 50 Warrants, besser wäre allerdings eine Mindestmenge von 100 Warrants, weil diese Handelseinheit international wesentlich gebräuchlicher ist. Insgesamt gibt es jeweils kaum mehr als 100 000 Warrants, woraus sich eine überaus starke Hebelwirkung sowohl nach oben als auch nach unten ergibt. Da zwischen An- und Verkaufskursen meist eine relativ große Differenz besteht, ist eine exakte Limitierung unerläßlich. Trotzdem wird der Makler die Warrants nur zum höheren Kurs abgeben und zum niedrigeren Kurs wieder ankaufen, sofern sich überhaupt Interessenten finden. Dieser eindeutige Nachteil wird jedoch zum Teil durch die enormen Kurschancen dieser Papiere wieder aufgehoben, vorausgesetzt, es ergibt sich mal wieder eine Zinssenkungsphase...
Inzwischen gibt es auch schon Optionsscheine, die zum Bezug von DM-Anleihen deutscher Emittenten berechtigen. Manchmal werden diese Zinsoptionsscheine sogar „nackt", das heißt ohne die entsprechende Anleihe, ausgegeben. Da die Banken ohnehin einen Teil ihrer finanziellen Mittel in festverzinslichen Wertpapieren angelegt haben und die Zinsoptionsscheine zu ihrem Bezug berechtigen, verbilligen die Kreditinstitute damit die eigenen Einstandskosten für ihr Rentenportfolio.
Grundsätzlich lohnen sich Engagements in Optionsscheinen, die zum Bezug von Anleihen berechtigen, natürlich nur dann, wenn das Zinsniveau am Kapitalmarkt rückläufig ist, so daß daraus resultierende Kursgewinne der festverzinslichen Papiere die Notierungen der dazugehörigen Optionsscheine in die Höhe treiben.

„Wissen Sie, wie man mit Aktien zu einem kleinen Vermögen kommen kann?"
–?
„Ganz einfach: indem man mit einem großen anfängt."
Börsenerfahrung

Der deutsche Optionshandel

Nachdem 1931 während der Weltwirtschaftskrise das Termingeschäft in Deutschland eingestellt wurde, gibt es erst wieder seit Juli 1970 die Möglichkeit, an deutschen Börsen Wertpapiere „per Termin" zu handeln.
Man wählte dazu zunächst die relativ risikoarme Form des Optionshandels auf der Basis von Aktien, aber auf Grund der verwirrenden Vielfalt von Optionsfälligkeiten und Basispreisen führte der deutsche Optionshandel auch weiterhin ein Schattendasein.
Dies änderte sich grundlegend zum 1. April 1983, als nämlich die Basispreise standardisiert und die Optionsfälligkeiten auf nunmehr vier feste Fälligkeitstage pro Jahr reduziert wurden. Damit wurde die Übertragung laufender Optionen entscheidend verbessert, und es entwickelte sich auf diese Weise ein funktionsfähiger Sekundärmarkt.
Parallel zur Entwicklung am Aktienmarkt erreichte nun auch der Umsatz am Optionsmarkt nie gekannte Größenordnungen. Allein im Jahre 1985 entsprach das Volumen der Neuabschlüsse von Kaufoptionen der Summe der Jahre 1973 bis 1984 zusammen. Tageweise belief sich der Optionsumsatz, bezogen auf die Basispreise an der Frankfurter Börse, auf bis zu 20 Prozent des Aktienumsatzes (zum Vergleich – 1982 im Durchschnitt nur 2,3 Prozent). Rund 60 Prozent aller Kaufoptionen wurden dabei 1985 an der Frankfurter Börse während ihrer Laufzeit wieder veräußert.
Am 1. April 1986 wurde dann zusammen mit einigen sinnvollen Änderungen bei den Aktienoptionen der Optionshandel in festverzinslichen Wertpapieren (Rentenwerte) aufgenommen.
Was versteht man nun aber eigentlich unter dem Optionshandel?
Gegenstand eines jeden Optionsgeschäftes ist der Erwerb oder die Veräußerung eines Rechts (Option) zum Kauf oder Verkauf von Wertpapieren.
Mit einer *Kauf*option erwirbt der Käufer gegen Zahlung eines Optionspreises das Recht, vom Verkäufer während einer vorher festgelegten Frist jederzeit die Lieferung einer bestimmten Anzahl von Wertpapieren zu einem vorher festgelegten Preis zu verlangen.
Mit einer *Verkaufs*option dagegen erwirbt der Käufer mit Zahlung des Optionspreises das Recht, innerhalb der Optionsfrist dem Verkäufer jederzeit eine bestimmte Anzahl Wertpapiere zu dem vereinbarten Basispreis zu verkaufen. Während es dem Optionskäufer überlassen bleibt, sein erworbenes Recht auszuüben oder aber darauf zu verzichten, muß der Verkäufer einer Option, auch Stillhalter genannt, auf die Weisungen seines Kontrahenten warten.
Was ist nun beim Abschluß eines Optionsgeschäfts zu beachten? Im folgenden werden wir uns mit den allgemeinen Optionsbedingungen beschäftigen und die einzelnen Situationen des Optionshandels beschreiben.

Die Optionsbedingungen

Im Aktienoptionshandel gibt es seit dem 1. April 1983 nur noch vier Fälligkeitstermine für Optionskontrakte: den 15. Kalendertag im April, Juli, Oktober und Januar. Die kürzestmögliche Laufzeit beträgt 15 Tage, die längste neun Monate und 15 Tage. Wird die Option nicht innerhalb der vereinbarten Frist ausgeübt, verfällt sie. Auch die Basispreise sind standardisiert: ab 110 DM dürfen sie nur noch auf einen durch 10 teilbaren Betrag lauten, über 220 DM liegen die Spannen bei 20 DM, über 550 DM bei 50 DM und über 1 100 DM bei 100 DM. Um sogenannte „Mondbasispreise“ zu verhindern, dürfen nur die drei Preisgruppen gewählt werden, die aufsteigend oder absteigend dem letzten amtlichen Kurs des Optionspapiers folgen. Das einzelne Optionsgeschäft entspricht dem Mindestschluß im variablen Handel an der Börse (zur Zeit für deutsche Aktien 50 Stück).

Übrigens: An der Europäischen Optionsbörse (EOE) in Amsterdam werden jetzt sogar Optionen auf niederländische Standardaktien mit fünfjähriger (!) Laufzeit gehandelt.

Sehen wir uns doch einmal die Kurstabelle für den Optionshandel vom 29. 9. 1986 an (siehe Abbildung Seite 189).

Auf den ersten Blick wird eine grundlegende Einteilung in *Kauf*optionen und *Verkaufs*optionen deutlich, wobei innerhalb dieser Segmente wiederum erst die deutschen und dann die ausländischen zum Optionshandel zugelassenen Aktien aufgeführt sind.

Was verbirgt sich nun hinter der AEG-*Kauf*option mit der Zahlenkombination *10 – 300/10*?

Die erste Zahl drückt den Verfallstermin aus, jeweils der 15. 7., 15. 10., 15. 1., 15. 4. Die zweite Zahl stellt den Basispreis dar und die dritte Zahl, hinter dem Schrägstrich, verkörpert den jeweils zu zahlenden Optionspreis.

Der Käufer dieser AEG-*Kauf*option erwirbt also am 29. 9. 1986 das Recht, bis zum 15. Oktober 1986 eine AEG-Aktie zum Kurs von DM 300,– beziehen zu können. Um dieses Recht wahrnehmen zu können, bezahlt der Optionskäufer dem Stillhalter, das heißt, dem Verkäufer dieser *Kauf*option, einen Optionspreis von DM 10,–.

Die Tabelle über den Optionshandel sieht also wesentlich verwirrender aus, als es tatsächlich der Fall ist. Greifen wir noch ein Beispiel heraus, diesmal eine AEG-*Verkaufs*option mit der Zahlenkombination 10 – 280/0,80B.

Der Käufer dieser AEG-*Verkaufs*option erwirbt also für DM 0,80 das Recht, bis zum 15. Oktober 1986 eine AEG-Aktie zum Kurs von DM 280,– verkaufen zu können. Der Optionspreis ist hier mit 0,80 B (Brief) angegeben, das heißt, jemand wollte diese Option verkaufen, fand aber keinen Käufer.

Die Höhe des Optionspreises richtet sich wie bei allen Wertpapiergeschäften nach Angebot und Nachfrage. Im allgemeinen sind allerdings für längere Optionsfristen auch höhere Optionspreise zu zahlen, wobei Börsentendenzen,

Aktien-Optionshandel Frankfurt 29.9.1986

1. Zahl – Verfallstermin (jeweils 15. 7., 15. 10., 15. 1., 15. 4.); 2. Zahl – Basispreis; 3. Zahl – Optionspreis.

Kaufoptionen

→ **AEG** 10-300/10; 10-310/3B; 10-320/2B; 10-330/1B; 1-300/20; 1-320/16,5B; 1-340/12; 4-280/52G; 4-300/40G; 4-320/30; 4-340/25G; 4-360/16; 4-380/10G; **AGIV** 1-460/10G; **BABCOCK ST** 10-200/5B; 1-200/15B; **BASF** 10-260/16; 10-270/4B; 10-280/3B; 10-290/0,85B; 10-300/0,80B; 1-260/30; 1-270/21; 1-280/15B; 1-290/12,5; 1-300/8; 1-320/4B; 1-330/3G; 4-280/27G; 4-300/16; 4-320/11B; 4-340/7; **BAYER** 10-280/13B; 10-290/6B; 10-300/3B; 10-310/1,5B; 10-320/0,80B; 1-280/30; 1-290/22; 1-300/18; 1-310/12; 1-320/9,5B; 1-330/8; 1-340/5B; 1-360/3G; 1-370/2,2G; 4-280/49B; 4-300/27,9; 4-320/18; 4-340/16B; 4-360/8,5B; **BAYERNHYPO** 10-560,2/22G; 10-600/5B; 10-650/1; 1-600/38; 1-700/20B; 1-750/10G; 4-600/55B; **BAYERNVEREIN** 10-550/3B; 10-550/8G; 1-550/25G; 1-600/16G; 4-600/29,9; **BBC** 10-263/55B; 4-340/27B; **BEKULA** 10-120/13,9B; 10-130/6G; 10-140/1,15G; 1-120/18,6; 1-130/12,5G; 1-140/7B; 1-150/2,8G; 4-140/9G; 4-150/5,9G; 4-160/4,5B; 4-170/3B; **BHF-BANK** 1-550/27B; 1-600/18; 4-550/50B; **BMW** 10-500/105G; 10-514,5/90G; 10-527/78G; 10-564,5/40,5G; 10-600/6G; 10-614,5/5,1; 1-550/80B; 1-600/50G; 1-650/21,5G; 1-700/15G; 1-864,5/60G; 4-550/90B; 4-600/60B; 4-650/45B; 4-700/95B; 4-750/20G; **COMMERZBANK** 10-300/29B; 10-320/9B; 10-340/3B; 10-360/2; 1-280/65; 1-300/40B; 1-320/35; 1-340/20; 1-360/14B; 1-380/9B; 1-400/7; 4-320/49; 4-340/35; 4-360/29; 4-380/22; 4-400/15; **CONTIGUMMI** 10-215/99; 10-235/80G; 10-255/60; 10-275/40G; 10-295/20; 10-300/16,5G; 10-315/5G; 10-320/3,1B; 10-340/1,2; 1-300/38G; 1-320/26B; 1-340/17B; 1-360/9,9B; 1-380/4,5B; 4-300/48B; 4-320/32B; 4-340/24B; 4-360/15; 4-380/9; **DAIMLER** 10-1200/40B; 10-1300/8B; 10-1400/2; 1-1200/92G; 1-1300/55G; 1-1400/45G; 1-1500/20B; 1-1600/13G; 4-1200/160; 4-1300/95G; 4-1400/70G; 4-1600/20G; **DAIMLER CUM BA** 10-1285,5/80G; 10-1300/72G; 10-1385,5/32G; 10-1400/10G; 10-1485,5/4,5G; 1-1685,5/17G; **DEGUSSA** 10-500/9G; 4-440/95G; 4-500/37G; 4-550/21,5G; **DEUTSCHE BANK** 10-800/10; 10-838/4,5B; 10-850/2B; 1-750/83,5G; 1-800/45; 1-850/26; 1-888/20B; 1-900/18; 1-950/12G; 4-800/68; 4-850/50; 4-900/26; 4-950/20; **DRESDNER BANK** 10-420/6,5; 10-428/5B; 10-440/3G; 1-380/85B; 1-400/50B; 1-440/20; 1-460/14; 1-500/5; 4-420/35; 4-440/30; 4-460/20; 4-480/15; 4-500/10; **GHH ST** 1-260/10; 4-240/21G; 4-260/16G; 4-280/9G; **HARPENER** 10-300/7G; 1-300/25B; 1-320/17B; 1-340/8; 4-300/40B; 4-320/29B; 4-340/16B; 4-360/5G; **HOECHST** 10-240/22B; 10-250/10G; 10-270/3,5G; 10-280/2B; 1-250/19G; 1-260/16; 1-270/13; 1-280/7,6G; 1-290/6; 1-300/4; 1-320/2,7G; 4-240/33G; 4-260/30B; 4-280/14,4; 4-300/10,5; 4-320/9B; 4-340/4B; **HOESCH** 10-140/4; 10-150/1G; 10-155/0,65B; 1-140/10; 1-150/7; 1-160/4,5; 1-170/3; 1-180/2,5B; 1-190/1,1B; 1-200/0,70G; 4-140/18B; 4-150/14B; 4-160/10; 4-170/6; 4-180/4,9; 4-190/2,8; 4-200/1,8B; **KALI & SALZ** 10-293/4,1B; 10-313/1B; 10-320/0,80B; 1-240/58G; 1-280/39B; 1-300/29B; 1-320/10G; 4-300/38G; 4-340/26B; 4-360/13G; 4-380/6G; **KARSTADT** 10-380/56B; 10-393/42B; 10-400/34B; 1-460/17G; 4-480/23G; **KAUFHOF** 10-493/15B; 1-500/25G; 1-550/20G; **KHD** 10-220/10B; 10-240/0,65B; 1-220/21B; 1-240/12B; 1-260/5G; 4-220/25G; 4-240/19B; 4-260/12; **KLOECKNER** 10-75/3G; 10-80/2,1B; 1-75/7,5; 1-80/6,6G; 1-85/5B; 1-90/3,6G; 1-95/2,5G; 1-100/1,8G; 4-70/14; 4-80/10G; 4-90/6B; 4-100/4; **LUFTHANSA ST** 10-176,5/7,5G; 10-190/5B; 1-180/20B; 1-190/20B; 1-200/16B; 4-180/23; 4-190/21B; 4-200/17B; **LUFTHANSA VZ** 10-170/1B; 1-160/19B; 1-170/17B; 1-180/13; 1-190/8G; 1-200/6G; 4-160/25B; 4-181/19B; 4-200/9,5G; **MANNESMANN** 10-170/2B; 10-180/0,65B; 1-160/26,5B; 1-170/19,5; 1-180/16; 1-190/10; 1-194/8,5; 1-200/7; 1-214/6B; 1-220/4,9B; 1-234/3B; 1-240/2G; 4-170/31; 4-180/24; 4-190/19B; 4-200/12; 4-220/7; 4-240/3,5; **MERCEDES** 10-1100/12G; 1-1100/90; 1-1200/50B; 1-1300/20G; 4-1100/105B; 4-1200/90B; **MERCEDES CUM BA** 10-1200/30G; 10-1300/8,1G; 1-1200/85G; 1-1300/55G; **METALLGESELLSCHAFT** 10-300/45B; 10-340/18B; 1-320/68B; 1-340/27G; **NIXDORF** 10-650/47; 10-690/25; 10-700/15; 1-750/40B; 1-800/20G; 4-600/150; 4-700/100B; 4-800/26G; 4-850/14,6B; **PORSCHE** 10-1100/20B; **PREUSSAG** 10-202/11G; 10-212/7B; 10-220/1,6B; 10-222/1,5G; 1-200/23B; 1-220/13B; 1-240/4B; 4-180/38G; 4-190/35B; 4-200/30B; 4-220/17,5B; 4-240/13B; **RWE ST** 10-200/6,5G; 10-210/2,5B; 10-220/1B; 1-200/18G; 1-220/8G; 4-220/22G; 4-240/9G; 4-260/4; 4-300/30B; **RWE VZ** 10-200/4G; 10-217,2/1,1G; 1-200/33B; 1-220/14B; 1-240/5B; 4-200/35B; 4-220/22,5B; **SCHERING** 10-600/15,5B; 10-650/4G; 1-600/50B; 1-650/20B; 4-600/60G; 4-700/25B; **SIEMENS** 10-600/80B; 10-650/32G; 10-700/8B; 10-750/0,80B; 1-600/92G; 1-650/65G; 1-700/35; 1-750/18; 1-800/10G; 1-850/56; 4-600/119; 4-650/75G; 4-700/58G; 4-750/40G; 4-800/29G; 4-850/10G; **THYSSEN** 10-145/5G; 10-150/3B; 10-155/1,5B; 10-160/1B; 1-140/16; 1-150/13; 1-160/9; 1-170/5; 1-180/3,7; 1-190/2,9B; 4-160/16; 4-170/9; 4-180/7,9; 4-200/4,9; **VARTA** 10-360/10B; 1-360/17,5B; **VEBA** 10-240/44B; 10-280/5,5; 10-290/2,1; 10-300/0,80B; 1-260/30B; 1-280/22,8B; 1-300/11B; 1-320/3B; 4-260/35G; 4-300/21; **VEW** 10-160/0,80B; 1-160/11B; 4-160/13; **VW** 10-429/43G; 10-459/21G; 10-479/9B; 10-489/8B; 10-499/7,1B; 10-500/7B; 10-509/2,95B; 10-519/2,9G; 10-529/2B; 1-460/60B; 1-479/50B; 1-480/48B; 1-500/42; 1-519/40; 1-529/32; 1-550/30B; 1-579/20B; 1-600/19,8; 4-440/84B; 4-460/75B; 4-480/61B; 4-500/55; 4-550/49; 4-600/29; 4-650/20B; **ALCAN** 10-70/2B; 10-75/10; 1-65/6G; 1-70/3G; 4-60/12,1G; 4-65/9,5G; 4-70/6B; 4-80/4B; **CHRYSLER** 1-80/7,8B; 1-85/6B; 1-90/2,5; 4-70/18B; 4-90/3,5G; **GENERAL MOTORS** 10-160/3B; 4-160/8,1G; **IBM** 10-300/2,5B; 10-330/1G; 1-300/11G; 1-320/5G; 1-340/3,5G; 4-300/19G; 4-320/13G; **NORSK HYDRO** 10-35/5,5B; 10-38,1/3B; 10-40/1,5G; 10-45/1B; 10-50/0,80B; 1-35/12B; 1-40/5,1G; 1-45/3B; 1-50/1,8G; 4-40/7G; 4-45/4G; 4-50/3G; **PHILIPS** 10-40/7B; 10-45/1,1G; 10-50/0,80B; 1-40/9,5B; 1-45/6,5B; 1-50/3B; 1-55/1B; 4-40/13,5B; 4-45/7B; 4-50/4B; 4-55/3G; **ROYAL DUTCH** 10-166/20B; 10-168,6/15B; 10-176/6B; 1-180/17B; 1-190/11,9B; 1-200/9B; 4-180/22G; 4-190/15B; 4-200/12B; **SONY** 10-40/2G; 1-45/2,5B; 4-40/4,1G; **SPERRY** 10-130/15G; **UNILEVER** 10-420/20B; 1-460/13G; **XEROX** 10-120/2B; 1-110/10B; 1-120/7G; 4-120/14B;

Verkaufsoptionen

→ **AEG** 10-280/0,80B; 10-290/1B; 10-300/3B; 10-310/12B; 10-320/15; 1-260/2G; 1-280/8G; 1-300/17G; 1-320/21G; 1-340/45B; 4-260/7,5B; 4-280/12; 4-300/20G; 4-320/28G; **BASF** 10-240/0,80B; 10-260/1; 10-270/3,5G; 10-280/7; 10-290/17; 10-300/27G; 10-310/37G; 1-260/4; 1-270/10G; 1-280/15,5G; 1-290/22B; 1-310/45B; 4-240/8; 4-260/13; 4-300/34B; **BAYER** 10-290/4B; 10-300/9; 10-310/18; 10-320/29G; 10-330/39G; 1-260/6B; 1-280/11,15G; 1-300/19,6B; 4-260/11B; 4-280/14,5B; **BAYERNHYPO** 1-550/15G; 1-600/40G; **BEKULA** 1-140/7,5G; **BHF-BANK** 1-500/12G; **BMW** 10-600/15B; 1-550/18G; 1-600/37G; 4-550/26G; **COMMERZBANK** 10-300/2B; 10-312/4; 10-320/8,8G; 1-280/7B; 1-300/13; 1-320/20,5G; 1-332/23; 4-300/17,4G; 4-320/30B; **CONTIGUMMI** 10-300/8B; 10-320/15B; 1-300/10G; 4-280/10G; 4-300/18G; 4-320/28G; 4-340/36; **DAIMLER** 10-1200/5G; 10-1300/90B; 1-1000/10G; 1-1100/25G; 1-1200/50B; 1-1300/100G; 4-1100/28G; 4-1200/70G; **DEUTSCHE BANK** 10-750/3; 10-788/10,1G; 10-800/27; 1-700/8G; 1-750/30; 4-750/43,5G; 4-800/60; **DRESDNER BANK** 10-400/3,8G; 10-410/10B; 1-380/11G; 1-400/15; 4-400/26G; **HARPENER** 4-200/32; **HOECHST** 10-240/0,30B; 10-250/0,80B; 10-258,6/3,1B; 10-260/4,4G; 10-280/23; 1-250/4,5G; 1-260/12B; 4-240/4G; 4-260/17,9B; 4-280/27,5B; **HOESCH** 10-140/7; 10-145/12; 10-150/17; 10-155/22; 10-160/27; 10-165/32; 1-140/8; 1-145/13; 1-150/18; 1-155/23G; 1-160/28; 4-120/4,7G; 4-140/11G; 4-150/18,5; 4-160/28,5G; **KALI & SALZ** 10-260/1B; 10-270/4B; 1-260/5,8G; 1-280/16G; 4-260/9G; 4-280/22G; 4-300/28G; **KARSTADT** 10-400/7B; 1-380/9G; 1-400/21,1G; 1-420/24,2G; 4-420/34G; **KAUFHOF** 1-480/14G; 1-500/20G; 4-480/15G; 4-500/35G; **KHD** 10-220/17B; 4-200/10G; **KLOECKNER** 10-75/1,5B; 10-80/5; 10-85/11B; 10-95/21B; 1-75/6G; 1-80/11B; 1-85/13B; 1-90/16,8B; 1-95/23B; 4-70/3,6G; 4-75/8G; 4-85/14B; 4-90/

das heißt, die Erwartung von steigenden oder fallenden Kursen, eine entscheidende Rolle spielen. Allerdings ermäßigen sich die Optionspreise im Laufe der Zeit bei unverändertem Aktienkurs, da der Verfallstermin der

Option näherrückt und so die Zeit für noch mögliche Kursveränderungen immer kürzer wird. Interessant ist auch, daß in der Regel für *Kauf*optionen mehr als für *Verkaufs*optionen gezahlt wird, denn steigen kann eine Aktie theoretisch ja bis ins Unendliche, fallen aber nur bis auf Null. Da auch weit mehr *Kauf*optionen als *Verkaufs*optionen gehandelt werden, ist wohl die Behauptung berechtigt, daß Börsianer von Natur aus Optimisten sind, also eher mit steigenden als mit fallenden Kursen rechnen.

Allgemein kann man davon ausgehen, daß die Optionspreise bei gleichen Laufzeiten etwa 5–10 Prozent des Basispreises bei den *Kauf*optionen und etwa 3–6 Prozent des Basispreises bei den *Verkaufs*optionen ausmachen.

Nun noch ein paar Bemerkungen zu den sogenannten Nebenrechten: Dividendenzahlungen haben seit dem 1. April 1987 auf den Basispreis einer laufenden Option *keinen* Einfluß mehr.

Kommt es während der Laufzeit einer Option zur Einräumung eines Bezugsrechts, so ermäßigt sich zunächst der Basispreis der Option um den Wert des am ersten Handelstag an der Frankfurter Börse festgestellten Bezugsrechtskurses. Der sich daraus ergebende Betrag wird dann auf den nächstliegenden zulässigen Basispreis auf- oder abgerundet.

Nach soviel Theorie wollen wir uns nun einmal die Praxis ansehen. Sie wissen inzwischen, daß es sowohl *Kauf*- als auch *Verkaufs*optionen gibt. Da zu jedem Optionsgeschäft immer mindestens zwei Geschäftspartner gehören, nämlich einen Käufer und einen Verkäufer, gibt es insgesamt vier Möglichkeiten, sich am Optionshandel zu beteiligen:

- Kauf einer *Kauf*option,
- Verkauf einer *Kauf*option oder
- Kauf einer *Verkaufs*option,
- Verkauf einer *Verkaufs*option.

Dies sieht nun weit komplizierter aus, als es eigentlich ist, wie wir im folgenden Kapitel sehen werden. Zahlreiche Beispiele sollen den Kauf und Verkauf im Optionshandel etwas transparenter machen.

Die Kaufoption

Der *Kauf* einer *Kauf*option

Der Käufer einer *Kauf*option erwirbt also das Recht, die Aktie während des Optionszeitraumes zu kaufen. Er kann dieses Recht ausüben, ist jedoch dazu nicht verpflichtet. Sein Risiko beschränkt sich auf den gezahlten Optionspreis, der bei Abschluß des Geschäftes zu zahlen ist oder verfällt, falls es sich nicht lohnt, die Aktie zu beziehen. Er rechnet natürlich mit steigenden Kursen, damit er dann die zum Basispreis erworbenen Aktien zu einem höheren Tageskurs verkaufen kann.

Wir ordern zum Beispiel im Februar 1986 eine Kaufoption über 200 Stück Philips-Aktien, deren Laufzeit am 15. Juli 1986 endet. Es wird dabei ein Basispreis von DM 60,– vereinbart. Der Optionspreis wird mit DM 6,50 limitiert. Der Aktienkurs der Philips-Aktie lag zu diesem Zeitpunkt bei etwa DM 55,–. Das vom Auftraggeber vorgegebene Limit bezieht sich jetzt immer auf den börsenseitig veröffentlichten Optionspreis (in unserem Fall DM 6,-), auch dann, wenn die beauftragte Bank das Optionsgeschäft auf der Nettobasis abrechnet. Optionsgeschäfte können nämlich brutto oder netto abgerechnet werden. Bei der Bruttoabrechnung werden Optionspreis, Maklercourtage und sonstige Gebühren gesondert ausgewiesen, während bei der Nettoabrechnung von der Bank ein einheitlicher Gesamtpreis angegeben wird. Womit wir auch gleich bei den Kosten eines Optionsgeschäftes angelangt sind. Diese sind von Bank zu Bank unterschiedlich, als Richtschnur lassen sich jedoch zur Zeit folgende Kosten aufführen:

Optionspreis DM	Kundengebühr DM pro Stück	DM mindestens
unter DM 30,–	0,70	60,–
30,– bis unter 50,–	0,90	75,–
50,– aufwärts	1,20	90,–

Dazu kommen noch weitere Auslagen, wie zum Beispiel die Makler- und die Gewährleistungsgebühr. Die bei vielen Spekulanten besonders beliebten, optisch billigen Optionen für eine Mark sind also mit stolzen Gebühren von mehr als 70 Prozent belastet, und zwar jeweils pro Kauf und pro Verkauf. Dafür unterliegen diese Optionen aber auch relativ großen Kursschwankungen.

Die folgende Abbildung zeigt Ihnen – bezogen auf unser Beispiel – eine Bruttoabrechnung:

Wertpapierbezeichnung/Zinstermin		Wertpapier-Kenn-Nr.
60,00 BASISPREIS KAUFOPTION PHILIPS GLOEILAMPEN		050 551
Nennwert/Stück ST/DM 200,00	AUSF.-KURS 6,00	KURSWERT 1.200,00-
FAELLIG PER 15.07.86	PROVISION	140,00-
SONDERBEDINGUNGEN OPTIONSGESCH	MAKLERGEBUEHR	6,00-
GELTEN ALS VEREINBART	FREMDE AUSLAGEN	5,00-

Wie sieht nun aber eine Abrechnung aus, bei der alle Kosten bereits im Optionspreis enthalten sind? Als Beispiel dafür die gleiche Option, allerdings bei einem anderen Kreditinstitut in Auftrag gegeben:

In Ausführung Ihres uns erteilten Auftrags überlassen wir Ihnen heute eine Option zum Kauf von

Stück	Wertpapier-Gattung	Wertpapier-Kenn-Nr.	Schlußtag	Abrechnungstag
-2oo-	Philips	86oo25	19.2.86	21.o2.86
Basispreis	**Börsenplatz**	**Options-Nr.**	**Fälligkeitstag**	
6o,-	Frankfurt		15. Juli 19 86	

Die Erklärung über die Ausübung der Option ist uns gegenüber bis 10 Uhr des Fälligkeitstages, wenn dies kein Börsentag ist, am nächstfolgenden Börsentag bis 10 Uhr bei uns eintreffend, abzugeben.
In Ermangelung Ihrer rechtzeitig zum genannten Termin eingehenden Weisung wird das Geschäft gegenstandslos, sofern Sie nicht wegen der Ausübung bereits besondere Weisung erteilt haben. Im Falle der Ausübung der Option durch Sie bitten wir Sie, für rechtzeitige Anschaffung des Gegenwerts Sorge zu tragen, sofern Ihr Konto nicht ein entsprechendes Guthaben aufweist.

Wir haben Ihr Konto wie folgt belastet:	
Optionspreis pro Stück	
DM 6,7o	= DM 1.34o,--
	DM 1.34o,--
Wert 21.2.86	DM 1.34o,--

Übrigens: Da der gesamte Optionshandel im Freiverkehr abgewickelt wird, besteht kein Anrecht auf Ausführung der Kauf- und Verkaufsorders, auch dann nicht, wenn man als erstaunter Auftraggeber in der Zeitung Bezahlt-Kurse für seine gewünschte Optionsvariante entdeckt. Die Bank konnte dann offensichtlich keinen Geschäftspartner finden, obwohl man natürlich davon ausgehen kann, daß sich das jeweilige Kreditinstitut intensiv um einen Kontrahenten für Ihr Optionsgeschäft bemüht hat. Allerdings gehen in letzter Zeit die Banken, allen voran die Deutsche Bank, verstärkt dazu über, bestimmte Mindesteinsätze für Optionsgeschäfte (in der Regel DM 3 000,–) festzulegen. Die Deutsche Bank verlangt noch zusätzlich einen Abschluß auf wenigstens 150 Aktien. Damit sollen nun nur noch „gute" Kunden an das Optionsgeschäft herangelassen werden. Die Commerzbank erwartet sogar einen Mindestabschluß über DM 5 000,– oder 200 Aktien. Zusätzlich erhebt sie dann noch eine Sondergebühr von DM 50,– pro Optionsauftrag. Lediglich die Dresdner Bank begnügt sich mit einer auf DM 40,– erhöhten Limitgebühr.
Aber nun zurück zu unserem Beispiel.
Nehmen wir nun einmal an, der Kurs der Philips-Aktie steigt während der Laufzeit der Option auf DM 75,–. In diesem Fall lohnt es sich, das erworbene Recht – Kauf von 200 Philips-Aktien zum Kurs von DM 60,– – auszuüben:

Kauf von 200 Philips-Aktien zum Basispreis von DM 60,–	DM 12 000,–
zuzüglich 1% Provision	DM 120,–
zuzüglich 0,25% Börsenumsatzsteuer (keine Maklergebühr)	DM 30,–
	DM 12 150,–

zuzüglich dem bei Vertragsabschluß gezahlten Optionspreis (siehe Nettoabrechnung)	DM 1 340,–
	DM 13 490,–

Noch am selben Tag werden die soeben erworbenen Philips-Aktien zum Börsenkurs von DM 75,– verkauft:

Verkauf von 200 Philips-Aktien zum Börsenkurs von DM 75,–	DM 15 000,–
abzüglich 1% Provision	DM 150,–
abzüglich 0,25% Börsenumsatzsteuer	DM 37,50
abzüglich 0,08% Maklercourtage	DM 12,–
	DM 14 800,50

Stellen wir nun den Erlös von	DM 14 800,50
den Gesamtkosten von gegenüber	./. DM 13 490,–
So errechnet sich ein Gewinn von	DM 1 310,50

Bezogen auf den gezahlten Optionspreis von insgesamt DM 1 340,– ergibt sich immerhin ein Gewinn von *98 Prozent*.

Nach Perioden allgemein steigender Aktienkurse kann es vorkommen, daß die Börse an oder kurz vor Fälligkeitsterminen von Optionsgeschäften relativ schwach tendiert, weil viele Besitzer von *Kauf*optionen diese jetzt ausüben, um die so erworbenen Aktien gleich über die Börse weiterzuverkaufen.
Ein Ergebnis von 98 Prozent kann natürlich durchaus zufriedenstellen, besser, weil kostengünstiger, ist es aber, den sogenannten Sekundärmarkt in Anspruch zu nehmen und die Option, deren Optionspreis inzwischen analog mit der Aktie gestiegen sein wird, weiter zu verkaufen.
Das würde dann folgendermaßen aussehen:
Wenn die Philips-Aktie auf DM 75,– steigt, wird auch unsere Option auf mindestens DM 15,–, eher noch DM 20,– steigen, vorausgesetzt, die Laufzeit der Option beträgt noch wenigstens einige Wochen. Eine Option, deren Basiskurs von dem aktuellen Börsenkurs der Aktie bereits eingeholt worden ist, wird auch als „im Geld" liegend bezeichnet.
Sollte der Optionspreis aber nur auf DM 10,– steigen, würde sofort jemand diese Chance wahrnehmen und die Philips-Aktie mit Hilfe der Kaufoption für DM 60,– beziehen, um sie dann an der Börse für DM 75,– wieder zu ver-

kaufen. Da als Optionspreis nur DM 10,– zu zahlen war, würde pro Aktie ein Gewinn von DM 5,– anfallen. Dieses wäre leicht verdientes Geld, aber durch die starke Nachfrage würde der Optionspreis natürlich sofort auf DM 15,– bis DM 20,– steigen.
Daher beträgt der Optionspreis mindestens DM 15,–, eher noch DM 20,–, da die Aktie ja bis zum Ende der Laufzeit der Option noch weiter steigen kann. Es ergibt sich also:

Verkauf 200 Stück Philips-Kaufoptionen à DM 20,–	DM 4 000,–
abzüglich Optionskosten von DM 0,70 pro Stück	./. DM 140,–
	DM 3 860,–
gegenüber dem eingesetzten Kapital von	./. DM 1 340,–
errechnet sich ein Gewinn von	DM 2 520,–

oder *188 Prozent.*

Wann immer möglich, sollte man daher seine Option spätestens am dritten Börsentag vor dem Fälligkeitstag auf dem inzwischen recht gut funktionierenden „Sekundärmarkt" weiter verkaufen, da das „Ausüben" in der Regel immer kostenintensiver ist und den Ertrag, wie wir oben gesehen haben, deutlich schmälert.
Die Kreditinstitute sind übrigens nicht verpflichtet, ihre Kunden auf den Verfallstermin der Option hinzuweisen.
In der Realität zeigte sich allerdings die Philips-Aktie zum Leidwesen vieler Anleger von der umgekehrten Seite. Bis zum Juni 1986 stieg die Aktie nämlich nicht wie erwartet auf DM 75,–, sondern fiel auf Grund schlechter Unternehmensergebnisse überraschend auf DM 46,– zurück. Der Wert der Philips-Kaufoption mit Basiskurs DM 60,– und dem Verfallstermin 15. 7. 86 tendierte dabei gegen Null und wurde auch in der Kurstabelle nicht mehr erfaßt.
Beim Kauf einer Kaufoption beschränkt sich das Risiko also auf den gezahlten Optionspreis, nur häufig verbirgt sich hinter dieser anscheinend harmlosen Verklausulierung ein Totalverlust von 100 Prozent.
Auch hier zeigt sich wieder die alte Regel: Je höher der möglich Ertrag, desto größer ist auch das entsprechende Risiko.
Nun noch ein weiteres Beispiel, das deutlich macht, welche Gewinnmöglichkeiten beim Optionsgeschäft realisierbar sind. Es handelt sich dabei ebenfalls um den Kauf einer *Kauf*option, diesmal über 200 Stück Siemens-Aktien. Als Basispreis wurden DM 630,– pro Stück vereinbart. Die Laufzeit der Option endete am 15. 1. 1986. Als Optionspreis wurden DM 25,– bezahlt. Da in diesem Preis (Nettoabrechnung) bereits alle Kosten enthalten sind, betrug der tatsächliche börsenseitige Optionskurs DM 24,20.

Wir haben mit dem Kauf dieser *Kauf*option also das Recht erworben, bis zum 15. Januar 1986 200 Stück Siemens-Aktien zum Kurs von DM 630,– beziehen zu können. Für dieses Recht haben wir DM 25,– als Optionspreis bezahlt. Daraus folgt, daß ab einem Aktienkurs der Siemens-Aktie von DM 655,– die Option auf jeden Fall in der Gewinnzone ist, da wir auf Grund unserer Option die Aktie für DM 630,– zuzüglich DM 25,– gezahlten Optionspreis, also für insgesamt DM 655,– beziehen können, um sie dann an der Börse zu jedem Kurs über DM 655,– mit Gewinn weiterverkaufen zu können. Da der Börsenkurs der Siemens-Aktie zum Zeitpunkt des Kaufs der Option bei DM 598,50 lag, ergibt sich ein sogenanntes Agio (Aufgeld) von 9,3 Prozent. Am Kauftag der Option war es also um 9,3 Prozent teurer, die Aktie mit Hilfe der Option zu beziehen, als direkt an der Börse zu kaufen.

Deutsche Bank

Abrechnung;
Kauf einer Option

25.9.85 ⟨Ort, Datum

WKN	Whg./Nennbetrag bzw. Stück/Wertpapiergattung			Optionsart	Ende der Laufzeit der Option	Option Nr.
723600	ST -200- Siemens Aktien			Kauf	15. 1.86	
Schlußtag	**Börsenstelle**		**Intern**	**Basispreis DM pro Stück**		**Optionspreis DM p. St.**
24.9.85	Frankfurt			630,--		25,--
Depot-Nr.	**Fil.**	**Konto-Nr.**		**Ausmachender Betrag DM Soll**		**Wert**
				5.000,--		26.9.85

In Ausführung Ihres Auftrages überlassen wir Ihnen heute vorstehende Option.
Die Erklärung über die Ausübung der Option auf Lieferung bzw. Abgabe der Stücke ist uns gegenüber *spätestens bis 10 Uhr am letzten Tag der Laufzeit der Option, wenn dies kein Börsentag ist, am nächstfolgenden Börsentag bis 10 Uhr bei uns eintreffend* abzugeben. In Ermangelung Ihrer rechtzeitig zum genannten Termin eingehenden Weisung wird das Geschäft mit dem Ende der Laufzeit der Option gegenstandslos, sofern Sie nicht wegen der Ausübung bereits besondere Weisungen erteilt haben.

So weit – so gut. Doch was passiert, wenn der Börsenkurs der Siemens-Aktie tatsächlich steigt, zum Beispiel auf DM 679,–, was bereits am 30.10.1985 der Fall war:

Deutsche Bank

Abrechnung;
Verkauf einer laufenden Option

31.10.85 ⟨Ort, Datum

WKN	Whg./Nennbetrag bzw. Stück/Wertpapiergattung			Optionsart	Ende der Laufzeit der Option	Options-Nr. des Erstgeschäfts
723600	St.-100-Siemens Aktien			Kauf	15.1.86	
Schlußtag	**Börsenstelle**		**Intern**	**Basispreis DM pro Stück**		**Optionspreis DM p. St**
30.10.85	Frankfurt			630,--		63,75
Depot-Nr	**Fil.-Nr**	**Konto-Nr**		**Ausmachender Betrag DM Haben**		**Wert**
				6.375,--		01.11.85

In Ausführung Ihres Auftrages übernehmen wir von Ihnen heute die vorstehende laufende Option.

Wir verkaufen in diesem Fall einen Teil unserer Option auf dem Sekundärmarkt zum Optionspreis von jetzt schon DM 63,75. Da die Siemens-Aktie inzwischen über 10 Prozent gestiegen ist, die Laufzeit der Option aber schon am 15. 1. 1986 endet, folglich diese Option also deutlich weniger Phantasie auf Kurssteigerungen beinhaltet, beträgt das Aufgeld nur noch 2,3 Prozent. Es besteht also ein Unterschied von 2,3 Prozent zwischen einem Direktkauf der Aktie zum Börsenkurs und einem Bezug der Aktie über die *Kauf*option.
Schon einen Tag später, am 31. 10. 1985, ist der Optionspreis auf sagenhafte DM 83,75 gesprungen, während die Siemens-Aktie bei DM 689,– notiert:

Deutsche Bank

Abrechnung;
Verkauf einer laufenden Option

01.11.85 (Ort, Datum

WKN	Whg./Nennbetrag bzw. Stück/Wertpapiergattung			Optionsart	Ende der Laufzeit der Option	Options-Nr. des Erstgeschäfts
723600	St.-50-Siemens Aktien			Kauf	15. 1.86	
Schlußtag	**Börsenstelle**	**Intern**		**Basispreis DM pro Stück**		**Optionspreis DM p. St.**
31.10.85	Frankfurt			630,--		83,75
Depot-Nr.	**Fil.-Nr.**	**Konto-Nr.**		**Ausmachender Betrag DM Haben**		**Wert**
				4.187,50		04.11.85

In Ausführung Ihres Auftrages übernehmen wir von Ihnen heute die vorstehende laufende Option.

Am 6. 11. 1985 wird dann der Rest unserer Option zu einem Preis von DM 68,75 verkauft:

Deutsche Bank

Abrechnung;
Verkauf einer laufenden Option

07.11.85 (Ort, Datum

WKN	Whg./Nennbetrag bzw. Stück/Wertpapiergattung			Optionsart	Ende der Laufzeit der Option	Options-Nr. des Erstgeschäfts
723600	St.-50- Siemens Aktien			Kauf	15. 1.86	
Schlußtag	**Börsenstelle**	**Intern**		**Basispreis DM pro Stück**		**Optionspreis DM p. St.**
06.11.85	Frankfurt			630,--		68,75
Depot-Nr.	**Fil.-Nr.**	**Konto-Nr.**		**Ausmachender Betrag DM Haben**		**Wert**
				3.437,50		08.11.85

In Ausführung Ihres Auftrages übernehmen wir von Ihnen heute die vorstehende laufende Option.

Einem Kapitaleinsatz von DM 5 000,– steht somit ein Gesamtertrag von DM 14 000,– gegenüber, was einem Gewinn von DM 9 000,– bzw. *180 Prozent* in 6 Wochen entspricht.
Nach dem derzeitigen Stand der Rechtsprechung muß dieser Gewinn allerdings versteuert werden.

Übrigens: Nicht immer steht die Gewinnerzielung durch Kurssteigerungen im Vordergrund. Ein anderes Motiv, das zum Kauf einer *Kauf*option führen kann, ist die Sicherung eines für günstig gehaltenen Kurses. Dieses Verfahren empfiehlt sich für Anleger, die im Moment nicht über genügend flüssige Mittel verfügen, um direkt zu investieren. Aber auch hier ist natürlich das erhöhte Risiko eines Optionsgeschäftes zu beachten.

Der *Verkauf* einer *Kauf*option

Bei den bisher beschriebenen Optionsgeschäften ist unser Kontrahent der sogenannte „Stillhalter", der eine *Kauf*option *verkauft*. Der *Verkäufer* der *Kauf*option ist während der Optionsfrist verpflichtet, die Optionspapiere an den Käufer der *Kauf*option zu liefern. Er wird „Stillhalter in Wertpapieren" genannt, da er auf die Weisungen seines Geschäftspartners warten muß. Um eine vertragsgemäße Abwicklung des Optionsgeschäftes zu gewährleisten, muß der *Verkäufer* der *Kauf*option mindestens 30 Prozent der Optionspapiere während der vereinbarten Optionsfrist im Depot halten. Die nicht durch Hinterlegung der Aktien gesicherte Differenz zum Gegenwert des Optionsgeschäftes (Stückzahl x Basispreis) muß durch Ersatzdeckung (Kontoguthaben oder andere Wertpapiere) abgedeckt werden. Dabei ist zu beachten, daß der Wert der Ersatzdeckung den Differenzbetrag um 30 Prozent übersteigen muß. Aktien und Investmentanteile werden mit bis zu 75 Prozent, Renten mit bis zu 90 Prozent ihres Kurswertes angerechnet. Der Ertrag des *Verkäufers* der *Kauf*option liegt im Optionspreis, den er bei Abschluß des Geschäftes als Risikoprämie erhält.
Im Vordergrund der Überlegungen des *Verkäufers* der *Kauf*option steht der Verzinsungsgedanke. Wenn er für eine bestimmte Zeit nur mit leicht schwankenden Kursen rechnet, kann er über den Optionspreis eine gute Verzinsung seines in Aktien investierten Kapitals erreichen. Dies ist insbesondere für Anleger interessant, die ohnehin ständig eine größere Menge Aktien besitzen. Aus diesem Grund treten als *Verkäufer* von *Kauf*optionen auch überwiegend Kreditinstitute auf.
Außerdem sollten Anleger, die trotz negativer Kursaussichten ihre Aktien nicht verkaufen wollen, weil sie zum Beispiel die Aktien zu weit höheren Kursen gekauft haben, versuchen, über den *Verkauf* von *Kauf*optionen die zu erwartenden Kursverluste zu nivellieren.
Die meisten Anleger sehen den Optionshandel nur unter spekulativen Gesichtspunkten. Sie übersehen allerdings dabei, daß durchschnittlich bei sieben von zehn Optionsgeschäften der *Verkäufer* der Option, also der Stillhalter, der Gewinner ist...

Die Verkaufsoption

Der *Kauf* einer *Verkaufs*option

Mit dem *Kauf* einer *Verkaufs*option bietet sich die für viele unverständliche Möglichkeit, auch an *fallenden* Aktienkursen Geld zu verdienen.

Der *Käufer* der *Verkaufs*option erwirbt das Recht, die dem Geschäft zugrundeliegenden Aktien während der Optionsfrist zu verkaufen. Ebenso wie der *Käufer* der *Kauf*option kann er auf die Ausübung dieses Rechts verzichten. Sein Risiko beschränkt sich daher in jedem Fall auf den bei Abschluß des Geschäftes zu zahlenden Optionspreis. Übt er sein Recht nicht aus, verfällt der gezahlte Betrag.

Der *Käufer* der *Verkaufs*option rechnet mit fallenden Kursen, da er dann die gegenwärtig niedriger bewerteten Aktien an der Börse erwerben und zum höheren Basispreis an den Verkäufer der *Verkaufs*option verkaufen kann.

Und das funktioniert so:

Ein Anleger rechnet damit, daß zum Beispiel die VW-Aktie, die, einmal angenommen, an der Börse DM 600,– kostet, demnächst stark fallen wird.

Er beauftragt daher sein Kreditinstitut, an der Börse einen Kontrahenten für ihn zu suchen, der bereit ist, ihm irgendwann innerhalb der nächsten sechs Monate 100 VW-Aktien zum Kurs von DM 600,– pro Stück abzukaufen. Als Gegenleistung für diese Bereitschaft zahlt er dem Kontrahenten einen Optionspreis in Höhe von DM 3 000,– (DM 30,– pro Stück). Der Anleger hofft nun, die 100 VW-Aktien, die er noch gar nicht besitzt, irgendwann in den nächsten sechs Monaten an der Börse billiger als für DM 600,– kaufen zu können.

Würde der Börsenkurs der Aktie nun tatsächlich um 10 Prozent auf DM 540,– fallen, so geht seine Spekulation auf. Denn jetzt kann er die 100 VW-Aktien an der Börse billig für DM 54 000,– kaufen und diese noch am selben Tag an seinen Kontrahenten weiterreichen, der sie ihm – wie abgemacht – zum Kurs von DM 600,–, also für insgesamt DM 60 000,– abnehmen muß. Der Gewinn für diesen Anleger beträgt immerhin DM 6 000,– abzüglich DM 3 000,– Optionspreis und abzüglich der üblichen Bank- und Börsenspesen.

Noch günstiger wäre es allerdings, die Verkaufsoption auf dem Sekundärmarkt an der Börse weiterzuverkaufen. Da der Optionspreis mindestens auf DM 60,– (DM 540,– zuzüglich DM 60,– ergibt den Basispreis von DM 600,–), eher noch auf DM 80,– gestiegen wäre, ergibt sich ein Gewinn von DM 5 000,– oder etwa 166 Prozent, bezogen auf den Einsatz von DM 3 000,–.

Der Kontrahent auf der anderen Seite des Optionsgeschäftes hatte natürlich gehofft, den Optionspreis von DM 3 000,– kassieren zu können, ohne die Aktien später wirklich übernehmen zu müssen. Dies wäre dann eingetreten, wenn die VW-Aktie nicht gefallen, sondern gestiegen wäre. In diesem Fall hätte der Anleger auf sein Recht, dem Kontrahenten VW-Aktien zum Kurs von DM 600,– zu verkaufen, verzichtet.

Der *Käufer* der *Verkaufs*option hätte sich dann nämlich die im Kurs gestiegenen Aktien an der Börse zu einem Kurs *über* DM 600,– beschaffen können, selber aber nur DM 600,– erlöst, also einen Verlust gemacht.
Der *Kauf* einer *Verkaufs*option empfiehlt sich ebenfalls zur Sicherung eines bereits erzielten Kursgewinnes. Ein Anleger, der zu Beginn einer Aufschwungphase Aktien erworben hat, steht in den häufigen „Konsolidierungsphasen" der Börse vor der Frage, ob die Aufwärtsentwicklung anhalten oder statt dessen eine Abwärtsentwicklung beginnen wird. Verkauft er seine Papiere, und die Kurse steigen weiter, entgehen ihm Gewinne; verkauft er nicht, und die Kurse fallen, erleidet er Verluste. Der *Kauf* einer kurzfristigen *Verkaufs*option löst dieses Problem, denn:

- steigen die Kurse, verliert er zwar den Optionspreis; dies dürfte jedoch durch die Gewinne auf die im Bestand verbliebenen Optionspapiere schnell wettgemacht sein;
- fallen die Kurse, wird er den letzten Tag der Optionsfrist abwarten, um dann von seinem Verkaufsrecht Gebrauch zu machen. Er erhält den vereinbarten Basispreis, hat sich also den in der Aufschwungsphase erzielten Gewinn weitgehend gesichert.

Der *Verkauf* einer *Verkaufs*option

Die letzte Möglichkeit ist der *Verkauf* einer *Verkaufs*option.
Der *Verkäufer* der *Verkaufs*option ist während der Optionsfrist verpflichtet, seinem Kontrahenten, dem *Käufer* der *Verkaufs*option die dem Geschäft zugrundeliegenden Aktien zum vereinbarten Basispreis abzunehmen.
Er wird „Stillhalter in Geld" genannt, da er die Weisungen seines Kontrahenten abwarten muß und zur Sicherstellung der vertragsgemäßen Abwicklung 30 Prozent des Gegenwertes als Sicherheit hinterlegen muß. Die Sicherheitsleistung kann durch Kontoguthaben oder Wertpapiere erbracht werden wie auch beim *Verkauf* einer *Kauf*option.
Der *Verkäufer* der *Verkaufs*option erzielt Gewinn, wenn der Aktienkurs nur geringfügig sinkt oder – gleich in welchem Maße – steigt, da in diesem Fall der Käufer nicht ausüben wird.
Durch die relativ niedrige Sicherheitsleistung von nur 30 Prozent ergibt sich beim *Verkauf* einer *Verkaufs*option eine hervorragende Verzinsung des Sicherungskapitals. Auch lassen sich hohe Einstandskurse vorhandener Aktien über dieses Instrument verbilligen.
Das deutsche Optionsgeschäft stellt also eine wesentliche Bereicherung des Börsenhandels dar.
Allerdings: Auch bei Optionsgeschäften wird nicht blind verdient. Dies sollte man sich stets bei seiner Anlageentscheidung vor Augen halten. Denn das begrenzte Risiko, das als Vorteil des Optionsgeschäftes regelmäßig besonders herausgestellt wird, ist doch stets ein *Risiko von 100 Prozent.*

Welche Aktien sind zum Optionshandel zugelassen

Derzeit sind die Aktien von den nachstehend aufgeführten 45 inländischen und 13 ausländischen Gesellschaften in den Aktienoptionshandel einbezogen:

Inländische Gesellschaften (Mindestschluß: 50 Stück)

AEG Aktiengesellschaft
Aktiengesellschaft für Industrie- und Verkehrswesen
BASF Aktiengesellschaft
Bayer Aktiengesellschaft
Bayerische Hypotheken- und Wechsel-Bank Aktiengesellschaft
Bayerische Motoren Werke Aktiengesellschaft
Bayerische Vereinsbank Aktiengesellschaft
Berliner Handels- und Frankfurter Bank Aktiengesellschaft
Berliner Kraft- und Licht (Bewag)-Aktiengesellschaft, Aktien der Gruppe A
Brown, Boveri & Cie Aktiengesellschaft
Commerzbank Aktiengesellschaft
Continental Gummi-Werke Aktiengesellschaft
Daimler-Benz Aktiengesellschaft
Deutsche Babcock Aktiengesellschaft
Deutsche Bank Aktiengesellschaft
Degussa Aktiengesellschaft
Deutsche Lufthansa Aktiengesellschaft
Dresdner Bank Aktiengesellschaft
Gutehoffnungshütte Aktienverein Aktiengesellschaft
Harpener Aktiengesellschaft
Höchst Aktiengesellschaft
Hoesch-Werke Aktiengesellschaft
Kali und Salz Aktiengesellschaft
Karstadt Aktiengesellschaft
Kaufhof Aktiengesellschaft
M.A.N. Maschinenfabrik Augsburg-Nürnberg Aktiengesellschaft
Mercedes-Automobil-Holding Aktiengesellschaft
Metallgesellschaft Aktiengesellschaft
Nixdorf Computer Aktiengesellschaft
Porsche Aktiengesellschaft
PREUSSAG Aktiengesellschaft
Rheinisch-Westfälisches Elektrizitätswerk Aktiengesellschaft
Rütgerswerke Aktiengesellschaft
Schering Aktiengesellschaft
Siemens Aktiengesellschaft
Thyssen Aktiengesellschaft
VARTA Aktiengesellschaft
VEBA Aktiengesellschaft
Vereinigte Elektrizitätswerke Westfalen Aktiengesellschaft
Volkswagen Aktiengesellschaft
Wella Aktiengesellschaft

Ausländische Gesellschaften (Mindestschluß: 100 Stück)

Alcan Aluminium Ltd.	100
Chrysler Corp.	100
N. V. Gemeenschappelijk Bezit van Aandeelen Philips' Gloeilampenfabrieken	100
General Motors Corp.	100
International Business Machines Corp.	100
N. V. Koninklijke Nederlandsche Petroleum Mattschappij (Royal Dutch)	100
Litton Industries Inc.	100
Norsk Hydro a. s.	100

Klöckner-Humboldt-Deutz Aktiengesellschaft		Sociête Nationale Elf Aquitaine	100
		Sperry Corp.	100
Klöckner-Werke Aktiengesellschaft		Unilever N. V.	100
Linde Aktiengesellschaft		Xerox Corp.	100
Mannesmann Aktiengesellschaft		Sony Corp.	1 000

Steuerfragen beim Optionshandel

Für den einen ist „alles klar", für andere, insbesondere jene, die Gerichtsurteile interpretieren können oder wollen, ist die Lage zur Zeit so undurchsichtig wie noch nie. Gemeint ist die Besteuerung von Optionsgeschäften. Ohne auf die noch nicht völlig geklärte Rechtslage einzugehen, verhält sich der Kapitalanleger zur Zeit steuerlich richtig, wenn er die folgenden Hinweise beachtet.

Durch die Veräußerung von Aktienoptionen entsteht grundsätzlich ein steuerpflichtiger Spekulationsgewinn, wenn zwischen An- und Verkauf weniger als sechs Monate liegen.

Wer als Käufer einer Kaufoption sein Optionsrecht ausübt, erhält durch den Bezug der Aktien ein neues Wirtschaftsgut, wie es im Amtsdeutsch heißt. Die Spekulationsfrist beginnt daher erneut. Sowie also ein Anleger die Wertpapiere über seine Kaufoption erworben hat, muß er weitere sechs Monate warten, bis er Kursgewinne steuerfrei kassieren kann.

Für den Kauf von Verkaufsoptionen gilt entsprechendes. Wer als Käufer einer Verkaufsoption seine Aktien, die er später an den Stillhalter zu einem festen Preis absetzen will, erst noch über die Börse kaufen muß, unterliegt selbstverständlich ebenfalls der Spekulationssteuer. Allerdings lassen sich mit Verkaufsoptionen bei richtiger Anwendung sogar Steuern sparen. Wer als Aktionär in seinem Depot Aktien besitzt, die bereits stark im Kurs gestiegen sind, allerdings noch der Spekulationsfrist von sechs Monaten unterliegen, der kauft für seinen Depotbestand Verkaufsoptionen. Damit sichert er sich den gewünschten Verkaufskurs bis zum Ende der Sechsmonatsfrist.

Wenn ein Optionskäufer sein Recht verfallen läßt, weil sich ein Ausüben nicht lohnt, produziert er auf diese Weise nicht etwa einen mit Spekulationsgewinnen aufrechenbaren Spekulationsverlust, sondern vielmehr liegt hier eine „steuerlich unbeachtliche Vermögensminderung" vor. Natürlich müssen auch die Stillhalter die eingenommene Optionsprämie als Einkünfte im Sinne von § 22 Nr. 3 Einkommenssteuergesetz in ihrer Steuererklärung angeben, soweit sie mehr als DM 499,99 jährlich ausmachen.

Die vier Strategien im Überblick

Kauf einer Kaufoption:

Der Käufer einer Kaufoption erwartet steigende Aktienkurse.

Zur Risikoabsicherung empfiehlt sich ein Basispreis am aktuellen Börsenkurs, so daß die Aktie notfalls zum Basispreis bezogen werden kann, wenn die erwarteten Kurssteigerungen ausbleiben.

Kauf einer Verkaufsoption:
Der Käufer einer Verkaufsoption setzt auf fallende Aktienkurse.
Der Kauf einer Verkaufsoption wird oft auch als Mittel zur Kurssicherung des Depotbestandes genutzt. Der Optionspreis entspricht dabei praktisch einer Versicherungsprämie, denn bei steigenden Aktienkursen wird das Optionsrecht nicht ausgeübt.

Verkauf einer Kaufoption:
Der Verkäufer (Stillhalter) einer Kaufoption erwartet stagnierende oder fallende Kurse, damit der Käufer die Option nicht ausübt.
Fallen die Aktienkurse, gleicht der erhaltene Optionspreis die Verluste teilweise aus. Steigen die Aktienkurse, werden die Papiere vom Optionskäufer zwar abgerufen, der Optionspreis jedoch verbleibt dem Stillhalter als Ertrag.

Verkauf einer Verkaufsoption:
Der Verkäufer (Stillhalter) einer Verkaufsoption setzt auf gleichbleibende oder steigende Kurse, damit der Käufer die Option nicht ausübt.
Bei fallenden Aktienkursen muß er dem Optionskäufer die dem Geschäft zugrundeliegenden Aktien abnehmen. Häufig wird aber der gegenüber dem Tageskurs höhere Basiskurs durch die erhaltene Optionsprämie abgedeckt.

Insgesamt fällt im Optionshandel auf, daß die Käufer von *Kauf*optionen weit eher zu prozyklischem Handeln neigen als die Käufer von *Verkaufs*optionen! Interessanterweise nämlich sind Indexspitzen regelmäßig von einer hohen Zahl neuer Abschlüsse bei Kaufoptionen begleitet, obwohl doch eigentlich genau das Gegenteil der Fall sein müßte.

> Was ist ein Spekulant? Ein Mann, der ohne einen Pfennig Geld in der Tasche Austern bestellt, in der Hoffnung, mit einer darin gefundenen Perle zahlen zu können.

Der deutsche Rentenoptionshandel

Seit dem 1. April 1986 gibt es nun auch an den Börsen von Frankfurt und Düsseldorf die Möglichkeit, den sogenannten Zinshebel gewinnträchtig einzusetzen. Der Optionshandel mit festverzinslichen Wertpapieren orientiert sich dabei weitgehend an der Struktur des Aktienoptionshandels, so daß das „Umlernen" nicht allzu schwierig sein dürfte.
Auch im Rentenoptionshandel gibt es Kauf- und Verkaufsoptionen. Der Käufer einer Kaufoption erwartet hier jedoch steigende Rentenkurse, setzt also auf ein rückläufiges Zinsniveau, denn nur dann sind am Rentenmarkt größere Kurssteigerungen möglich. Umgekehrt setzt der Käufer einer Verkaufsoption auf steigende Zinsen und damit fallende Anleihekurse.
Die Basispreise sind in Spannen von DM 2,– standardisiert. Die maximale Laufzeit beträgt rund ein Jahr.
Für die Fälligkeitstermine wurden wiederum die Monate Januar, April, Juli und Oktober ausgewählt, allerdings verfallen Rentenoptionen im Unterschied zu Aktienoptionen erst am 25. Kalendertag der jeweiligen Monate. Die Ausübungserklärung muß im Rentenoptionshandel bereits am Vortag des Fälligkeitstages bis 17.00 Uhr beim Kreditinstitut vorliegen.
Der Mindestschluß bei Anleihenoptionen beträgt nominal DM 100 000,–, der Optionspreis wird in Prozent des Mindestschlusses notiert. Ein Optionspreis von 1,80 Prozent entspricht demnach einem Betrag von DM 1 800,–.
Während der Stillhalter in Wertpapieren, also der Verkäufer einer Kaufoption, in Rentenwerten eine hundertprozentige Deckung leisten muß, fordert die Lombardkasse, die Abwicklungsstelle der Kreditinstitute und Börsen, vom Stillhalter in Geld, also dem Verkäufer einer Kaufoption, lediglich eine Sicherheit in Höhe von 15 Prozent des ausmachenden Betrages.
Als Optionspapiere sind zunächst zwölf Bundesanleihen mit unterschiedlichen Laufzeiten sowie jeweils eine Post- und Bahnanleihe zugelassen. Der Emissionsbetrag muß bei diesen Papieren mindestens 500 Millionen DM betragen, und eine vorzeitige Tilgungs- und Kündigungsmöglichkeit muß ausgeschlossen sein.
Sehen wir uns nun einmal die Kurstabelle vom 29. 9. 1986 an (siehe Abbildung Seite 204).
Betrachten wir auch hier einmal zwei Beispiele etwas genauer. Was verbirgt sich hinter der Kaufoption mit der Abkürzung
7¾ Bund 82 I (90): Jan 87–108/1,2 G?

Es handelt sich hier um eine Bundesanleihe aus dem Jahr 1982 mit einem Nominalzinssatz von 7¾ Prozent und einem Fälligkeitstermin 1990. Für das

Renten-Optionshandel Frankfurt 29.9.1986

Reihenfolge der Angaben: **Titel:** Verfallstermin (je 25.1., 25.4., 25.7., 25.10.)-Basispreis/Optionspreis in %.

Kaufoptionen

→ **7 3/4 BUND 82 I(90):** JAN87-108/1,2G; JAN87-110/0,70B; JUL87-108/1,8G; JUL87-110/1,2G; **7 1/2 BUND 83 III (91)**: JAN87-108/1G; JUL87-108/2G; JUL87-110/1G; **8 1/2 BUND 82 (92):** JAN87-112/1,7G; JAN87-114/0,50G; JUL87-112/2,5G; JUL87-114/1B; **8 3/4 BUND 82 (92):** JAN87-114/2B; JUL87-114/2,5G; JUL87-116/1B; **7 1/2 BUND 83 I (93):** JAN87-108/1,6G; JAN87-110/1,2B; JUL87-108/2,2G; JUL87-110/1,5G; **8 BUND 83 (93):** JAN87-110/2,2G; JAN87-112/0,50G; JUL87-110/3,5B; JUL87-112/1,3B; **8 1/4 BUND 83 V (93):** JAN87-112/1,5G; JAN87-114/0,30G; JUL87-112/1,5G; JUL87-114/0,30G; **7 1/2 BUND 84/94:** JAN87-108/1,6G; JAN87-110/0,30G; JUL87-108/2,5G; JUL87-110/0,80G; **7 BUND 85 I (95):** JAN87-106/1,2G; JUL87-106/2G; JUL87-108/0,50G; **7 1/4 BUND 85 II (95):** JAN87-106/2,8G; JAN87-108/1G; JUL87-106/2,5G; JUL87-108/2G; JUL87-110/0,80G; **6 3/4 BUND 85 (95):** JAN87-104/1,8G; JAN87-106/0,30G; JUL87-104/2,8G; JUL87-106/1,2G; **6 1/2 BUND 85 (95):** JAN87-104/0,50G; JUL87-104/1,5G; JUL87-106/0,50G; **7 1/8 BAHN 85 (95):** JAN87-104/1,8G; JAN87-106/0,30G; JUL87-104/2,8G; JUL87-106/1G; JUL87-108/0,30G; **7 POST 85 (97):** JAN87-106/0,30G; JUL87-106/1G; JUL87-108/0,30G;

Verkaufsoptionen

→ **7 3/4 BUND 82 I(90):** JAN87-110/2G; JUL87-108/1,8G; JUL87-110/3G; **7 1/2 BUND 83 III (91):** JAN87-108/1,3G; JAN87-110/1,7G; JUL87-108/2G; JUL87-110/2,7G; **8 1/2 BUND 82 (92):** JAN87-112/1,7G; JAN87-114/1,8G; JUL87-114/3,3G; **8 3/4 BUND 82 (92):** JAN87-114/1,5G; JAN87-116/1,8G; JUL87-114/2,5G; JUL87-116/3,5G; **7 1/2 BUND 83 I (93):** JAN87-108/1,3G; JAN87-110/1,7G; JUL87-108/2,2G; JUL87-110/2,8G; **8 BUND 83 (93):** JAN87-112/1,8G; JAN87-114/3G; JUL87-112/2,8G; JUL87-114/4G; **8 1/4 BUND 83 V (93):** JAN87-112/2,5G; JAN87-114/0,80G; JUL87-112/2,5G; JUL87-114/3,2G; JUL87-116/5G; **7 1/2 BUND 84/94:** JAN87-108/1,6G; JAN87-110/1,9G; JAN87-112/3,5G; JUL87-108/2,5G; JUL87-110/3G; JUL87-112/4,5G; **7 BUND 85 I (95):** JAN87-106/1,5G; JAN87-108/2,2G; JAN87-110/4G; JUL87-106/2,4G; JUL87-108/3,2G; JUL87-110/5G; **7 1/4 BUND 85 II (95):** JAN87-108/1,5G; JAN87-110/2,5G; JUL87-108/2,5G; JUL87-110/3,5G; **6 3/4 BUND 85 (95):** JAN87-106/2,5B; JAN87-108/3G; JUL87-106/2,8G; JUL87-108/4G; **6 1/2 BUND 85 (95):** JAN87-104/2,5B; JAN87-106/2,7; JAN87-108/4,5G; JUL87-104/2,5G; JUL87-106/3,8G; JUL87-108/5,2G; **7 1/8 BAHN 85 (95):** JAN87-106/1,8G; JAN87-108/3,2G; JUL87-106/3G; JUL87-108/4,5G; **7 POST 85 (97):** JAN87-108/3,5G; JAN87-110/5,5G; JUL87-108/4,5G; JUL87-110/6,5G;

Recht, diese Anleihe bis zum 25. Januar 1987 zum Kurs von 108 Prozent beziehen zu können, bietet ein interessierter Anleger 1,2 Prozent, das heißt DM 1,20. Der Kapitaleinsatz beträgt daher insgesamt DM 1 200,–.
Der aktuelle Kurs der Anleihe beträgt 108,3 Prozent. Fällt der Kurs der Anleihe unter 107,1 Prozent, so wäre der Einsatz von DM 1,20 bzw. 1,2 Prozent verloren. Steigt dagegen der Kurs der Anleihe auf 109,5 Prozent, ist der Optionspreis verdient. Steigt die Anleihe weiter im Kurs auf 110,7, so hat sich der Kapitaleinsatz bereits verdoppelt.
Der Kauf einer Kaufoption ist also eine Spekulation auf *fallende Zinsen* bzw. steigende Anleihekurse.
Wie verhält es sich nun mit der Verkaufsoption
7¾ Bund 82 I (90): Jan 87 – 110/2 G?

Es handelt sich hier ebenfalls um eine Bundesanleihe aus dem Jahr 1982 mit einem Nominalzinssatz von 7¾ Prozent und einem Fälligkeitstermin 1990. Für das Recht, diese Anleihe bis zum 25. Januar 1987 zum Kurs von 110 Prozent verkaufen zu können, bietet ein Interessent 2 Prozent, das heißt DM 2,–. Der Kapitaleinsatz beträgt damit insgesamt DM 2 000,–.
Der aktuelle Kurs der Anleihe beträgt immer noch 108,3 Prozent. Steigt der Kurs der Anleihe auf 110,3 Prozent, so wäre der Einsatz verloren. Fällt dagegen der Kurs der Anleihe auf 106,3 Prozent, so ist der Einsatz bereits verdient. Erst bei einer Notiz von 104,3 Prozent allerdings hätte sich der Kapitaleinsatz rechnerisch verdoppelt.
Es handelt sich bei dem Kauf einer Verkaufsoption also um eine Spekulation auf *steigende Zinsen* bzw. fallende Anleihekurse.
Sicher ist Ihnen schon aufgefallen, daß fast hinter jeder Rentenoption ein „G" zu finden ist, was bedeutet, daß zwar viele Optionen nachgefragt, aber so gut wie keine angeboten werden. Genau hier liegt das Problem des deutschen Rentenoptionshandels: es kommt kaum zu Abschlüssen. Kenner der Szene warnen sogar vor dem Zufall, einmal eine Rentenoption „nackt" zu erwischen. Dann stellt sich mit Sicherheit das Problem, daß Sie bei späterer Verkaufsbereitschaft keinen Kontrahenten finden und pro Kaufoption die Papiere im Nominalwert von DM 100 000,– möglicherweise beziehen müssen, um keinen Verlust zu erleiden.
Es bleibt also abzuwarten, ob sich der ja noch sehr junge Rentenoptionsmarkt in Richtung höherer Abschlußquoten entwickelt. Voraussetzung dafür wäre sicherlich ein Umdenken bei den Rentenanlegern, deren Neigung zum Spekulieren ja traditionell wenig ausgeprägt ist.

Der Optionshandel in den USA

Werfen Sie doch einmal einen Blick auf die Kurstabelle im Wall Street Journal über den amerikanischen Aktienoptionshandel an der Chicago Board Options Exchange (CBOE), der größten Optionsbörse der Welt:

LISTED U.S. OPTIONS

CBOE

Option & 3:00 p.m.	Strike Price	Calls-Last Oct	Calls-Last Nov	Calls-Last Jan	Puts-Last Oct	Puts-Last Nov	Puts-Last Jan
AGreet	30	r	r	r	r	r	1½
Amrtch	115	16	s	r	r	s	r
132½	120	11	s	r	r	s	r
132½	125	r	r	8¼	⅞	r	r
.132½	130	3¼	r	5	r	r	r
132½	135	1¼	r	4	r	r	r
132½	140	⅜	r	2	r	r	r
132½	150	r	s	1	r	s	r
132½	155	1/16	s	½	r	s	r
Apple	30	r	r	r	⅝	r	r
Atl R	50	r	r	r	3/16	r	r
57½	55	3½	4	5¼	⅞	r	r
57½	60	1	1⅜	2¼	3	r	r
57½	65	¼	s	1	r	s	r
BankAm	7½	r	r	r	1/16	r	⅜
11½	10	2	2⅝	2⅝	⅜	r	1⅛
11½	12½	½	⅞	1 7/16	1½	r	2⅜
11½	15	3/16	s	11/16	3⅝	s	r
11½	17½	1/16	s	¼	r	s	r
11½	20	1/16	s	⅛	r	s	r
BellAtl	65	2⅝	2¾	r	r	1¾	r
67⅛	70	⅝	r	1½	r	r	5½
67⅛	75	⅛	s	⅝	r	s	r
67⅛	80	r	s	5/16	r	s	r
Chryslr	35	3⅛	r	s	⅜	¾	s
37¾	40	½	1⅛	s	2¾	r	s
Citicp	45	r	r	r	3/16	r	r
50	50	1⅝	2	3¼	1⅜	2⅛	2¾
50	55	¼	r	1¼	4¾	r	r
50	60	1/16	s	½	9½	s	r
50	65	1/16	s	r	r	s	r
Cullin	7½	⅜	r	⅞	r	r	r

Option & 3:00 p.m.	Strike Price	Calls-Last Oct	Calls-Last Jan	Calls-Last Apr	Puts-Last Oct	Puts-Last Jan	Puts-Last Apr
97⅝	100	2⅜	5¾	r	4¼	6⅜	7¼
97⅝	105	1	3⅛	r	8¼	r	r
97⅝	110	⅝	2⅝	r	12¾	13	r
97⅝	115	5/16	1½	2½	r	r	r
97⅝	120	r	1	r	r	r	r
Monsan	65	4¾	r	r	⅝	2½	r
69½	70	1¼	4¼	r	2¾	r	r
69½	75	⅜	2¾	r	r	8¼	r
69½	80	r	1⅛	r	r	r	r
N W A	45	5⅜	6¾	r	¼	15/16	r
50⅜	50	2	3½	4⅜	1¾	3	r
50⅜	55	⅝	1⅝	s	r	r	s
PaineW	30	1½	2¾	r	r	r	r
30¼	35	¼	1	1½	r	r	r
30¼	28	r	r	r	7/16	r	r
30¼	32	½	1½	r	r	r	r
30¼	36	⅛	r	r	r	r	r
Pennz	45	18¾	20	s	⅛	11/16	s
62½	50	r	16½	17	¼	1 11/16	2½
62½	55	8¾	11½	14¾	11/16	3¼	4½
62½	60	6	9	10⅝	2¾	6⅛	7½
62½	65	3⅝	7	8¼	5⅛	9	9
62½	70	2½	r	s	9	r	s
62½	75	1⅝	s	s	r	s	s
Sperry	49	r	⅛	s	s	r	s
Squibb	90	r	r	s	½	2½	s
101	95	7½	12	s	1⅛	r	s
101	100	4¼	8¾	r	r	6¼	r
101	105	2⅜	6	9	5¾	r	r
101	110	1	4½	6½	10½	r	14
101	115	⅜	3¼	5	r	16¾	r
101	120	¼	1 13/16	r	r	r	r
101	125	⅛	1⅜	r	r	25½	r
Upjohn	80	r	r	r	⅞	3¼	r
85½	85	4	7¼	10	3¼	r	r

Ganz links erkennen Sie die meist abgekürzte Bezeichnung der betreffenden Aktiengesellschaft, darunter jeweils die aktuellen Tageskurse der Aktie. Der dann folgende „Strike Price" entspricht unserem Basispreis. Eine Kaufoption wird in den USA als *„Call"* bezeichnet, eine Verkaufsoption als *„Put"*. Das Kürzel „r" bedeutet „not traded", also nicht gehandelt. Unter der Abkürzung „s" findet man dagegen „no option offered", es wurden also dann keine Optionen angeboten.

Wesentlicher Unterschied zum deutschen Optionshandel ist einerseits der Mindestschluß von 100 Aktien, einem Call oder Put liegen also immer 100 Aktien zugrunde, und andererseits das hohe Umsatzvolumen an den amerikanischen Optionsbörsen. Allein im ersten Quartal 1986 wurden an der CBOE

17,8 Millionen Kontrakte auf Aktienoptionen umgesetzt. Dies hat zur Folge, daß ein Interessent fast immer einen Partner für den Abschluß eines Optionskontraktes findet.
Für Käufe an den amerikanischen Optionsbörsen bieten sich in erster Linie die deutschen Filialen der US-Broker und erst in zweiter Linie die heimischen Banken an. Während die Brokerhäuser in direktem Kontakt mit den amerikanischen Börsen stehen, ist das Verfahren über deutsche Banken meist umständlicher. Oft ist es nicht möglich, bei den deutschen Kreditinstituten ein Limit zu legen, so daß man auf Gedeih und Verderb den amerikanischen Maklern ausgeliefert ist. Hohe prozentuale Abweichungen von dem in der Zeitung veröffentlichten Kurs sind dann nicht mehr ausgeschlossen.
Am nachfolgenden Beispiel können Sie die doch recht hohe Kostenbelastung beim Kauf eines amerikanischen Call ersehen:

Deutsche Bank — **Kauf Call Option**

1.2.84
Ort, Datum

Nennbetrag bzw. Stück	WKN	Wertpapiergattung	Basispreis	Fälligkeit
500(-5-Calls)	868100	A.G.Edwards shares	30.--	17.8.84

Kurs	Kurswert in Whg.	fremde Spesen	Währung	Währungsbetrag
1.875	937.50	52.99	US-$	990.49

Dev.-Kurs	DM-Betrag	Provision	Spesen	Ausm. Betrag DM Soll	Wert
2.806	2.779.31	60.--		2.839.31	31.1.84

Geschäfts-Nr./Börsenstelle
USA

Zu den amerikanischen Maklerkosten in Höhe von knapp 53 Dollar kommen in diesem Fall noch DM 60,– Provision für die heimische Bank. Es ergibt sich also meist eine Kostenbelastung von 7 bis 10 Prozent pro Kauf.
Einen wesentlich größeren Stellenwert als der Aktienoptionshandel nimmt in den USA der Optionshandel mit Aktienindizes ein. Spitzenreiter ist dabei der von Standard & Poor's ermittelte Index für 100 Aktien führender amerikanischer Gesellschaften. Für die erfolgreiche Teilnahme an diesem Optionshandel ist eine richtige Einschätzung der allgemeinen Börsenlage wichtiger als die Kenntnis von einzelnen Aktien. Optionen auf Aktienindizes sind daher auch ein hervorragendes Mittel, um den Depotbestand eines Anlegers gegen Kursverluste abzusichern.

> Die Märkte haben nie unrecht, die Menschen oft.
> *Jesse Livermore* (1877–1940)

Fundamentalanalyse

Es gibt viele Möglichkeiten, an der Börse reich zu werden.
Eine Möglichkeit besteht darin, sich für Aktienkursprognosen auf die Fundamentalanalyse zu stützen. Man versucht dabei fundamentale Unternehmensdaten wie beispielsweise Bilanzen und Gewinn- und Verlustrechnungen zu beurteilen und ihre Bedeutung für eine zukünftige Kursentwicklung abzuschätzen.
Eine häufig benutzte Kennzahl ist das *Kurs-Gewinn-Verhältnis (KGV):* Man dividiert den aktuellen Aktienkurs durch den Gewinn pro Aktie und erhält so eine Kennzahl, die angibt, mit dem Wievielfachen seines Gewinns das Papier zur Zeit an der Börse bezahlt wird. Das KGV ist dabei immer branchenspezifisch zu sehen, denn konjunkturzyklische Branchen werden immer niedriger bewertet als typische Wachstumssektoren.
Die Umkehrung des KGV ist die sogenannte *Gewinnrendite.* Sie entspricht dem reziproken Wert des KGV und damit in der Regel dem Kapitalmarktzins. Bei einem KGV von 14 ergibt sich ein reziproker Wert von rund 7,1 Prozent ($1/14 \times 100$). Je höher also das KGV, desto niedriger muß der allgemeine Kapitalmarktzins ausfallen. Umgekehrt läßt sich zum Beispiel feststellen: Ein Kapitalmarktzins von 6 Prozent rechtfertigt ein KGV von rund 16,6 ($1/6 \times 100$).
Die wohl gebräuchlichste Kennzahl der Aktienanalyse ist der *Gewinn pro Aktie.* Hierbei handelt es sich um den nach der Methode der Deutschen Vereinigung für Finanzanalyse und Anlagenberatung (DVFA) bereinigten Jahresüberschuß, geteilt durch die Anzahl der ausgegebenen Aktien.
Der *Cash-flow* ist eine Kennziffer für das, was ein Unternehmen tatsächlich erwirtschaftet, also die Summe aus Jahresüberschuß, Abschreibungen auf Sach- und Finanzanlagen, sowie den Zuweisungen zu den langfristigen Rückstellungen, wobei außerordentliche Erträge und Aufwendungen herausgerechnet werden. Der sogenannte Brutto-cash-flow ergibt sich durch die zusätzliche Addition der Steuerzahlungen.
Die *Eigenkapitalquote* erhält man durch einen Vergleich zwischen der Bilanzsumme einerseits und dem gesamten Eigenkapital andererseits. Da aber Bilanzen nur sehr schwer zu analysieren und zu einem gewissen Grad sogar manipulierbar sind, ist der Errechnung der Eigenkapitalquote mit Vorsicht zu begegnen.
Man sollte all diesen Zahlen nun aber nicht blind vertrauen, sondern vielmehr folgendes zum Abschluß bedenken:
Die Schwäche der Fundamentalanalyse liegt in der Schwierigkeit begründet, *richtige* Prognosen aufzustellen.

Chartanalyse – der Blick in die Vergangenheit

Für manche ist sie völliger Unsinn, für andere höchste Wissenschaft: *die Chartanalyse.*

Mit ihr versucht man aus der bisherigen Börsenkursentwicklung Rückschlüsse auf den zukünftigen Kurstrend zu ziehen. Daß dies nicht immer funktioniert, kann sich jeder vorstellen, denn sollte es solch ein perfektes System geben, wären ja alle Börsianer inzwischen reich geworden. Und das kann man nun wirklich nicht behaupten. Außerdem stellt sich die grundsätzliche Frage, inwieweit ein System funktionstüchtig sein kann, das von einer breiten Mehrheit angewandt wird.

Aber urteilen Sie bitte selbst an Hand der ausgewählten Beispiele.

Die *Methode der gleitenden Durchschnitte* ist ein gängiges Verfahren zur Bestimmung eines Trends. In der Praxis hat sich dabei vor allem der *200-Tage-Durchschnitt* bewährt. Die Berechnung erfolgt durch Addition der letzten 200 Tageskurse und anschließender Division dieser Summe durch die Anzahl der Tage. Am 201. Tag wird der Kurs des ersten Tages gestrichen und der eines neuen Tages addiert.

Ein Durchstoßen der 200-Tage-Linie ist entweder ein Kauf- oder ein Verkaufssignal. Wenn sich der absolute Kurs der 200-Tage-Linie nur nähert, diese aber nicht schneidet, so wird der eingeschlagene Trend fortgesetzt. Betrachten Sie dazu bitte die folgenden Graphiken: 1 bis 4.

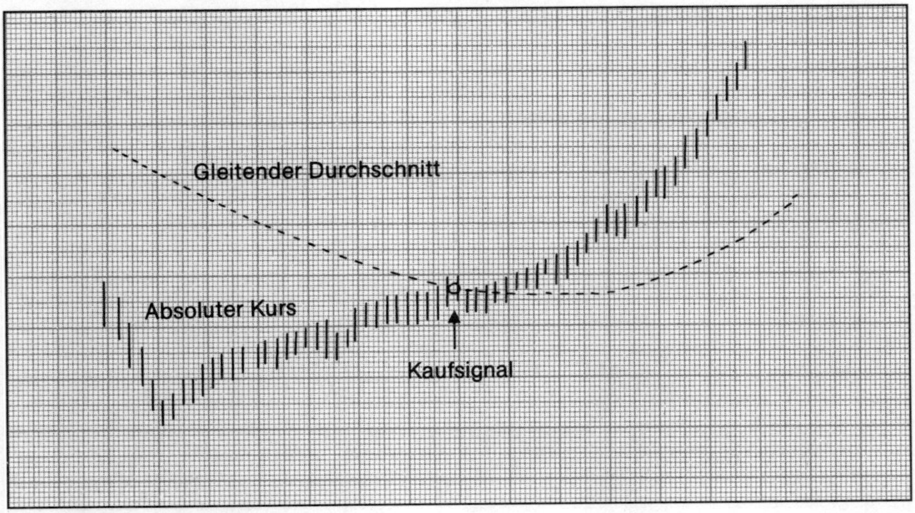

Chartanalyse – Graphik 1

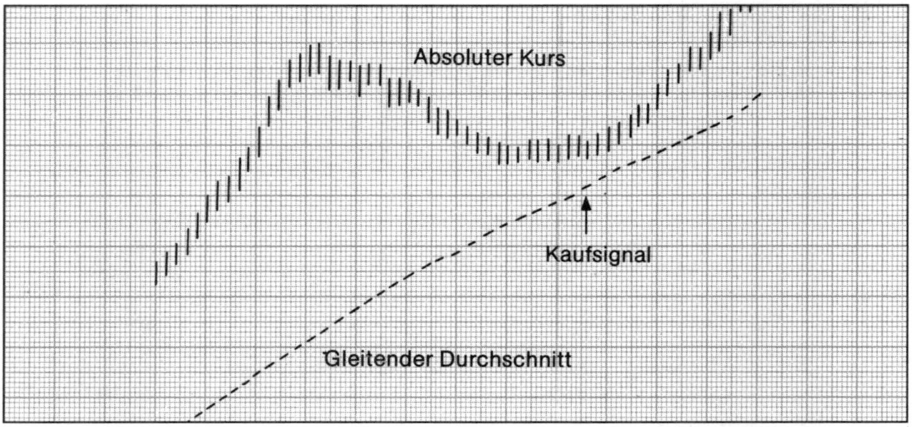

Chartanalyse – Graphik 2

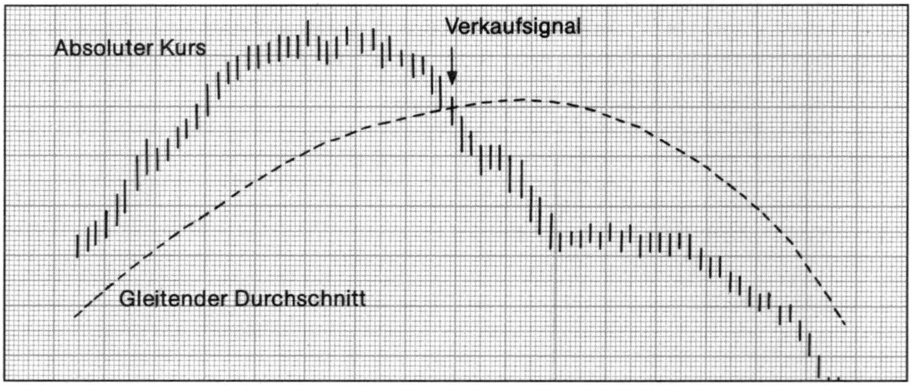

Chartanalyse – Graphik 3

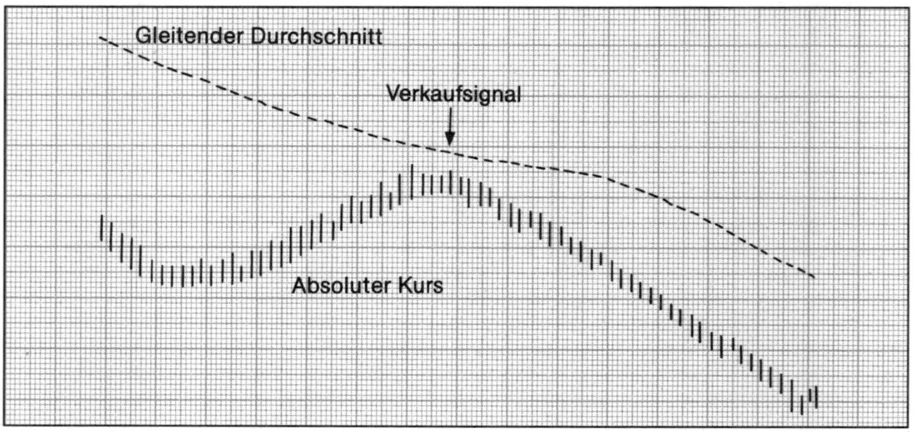

Chartanalyse – Graphik 4

Eine *überkaufte* oder *überverkaufte Situation,* auch als *overbought* oder *oversold* bezeichnet, stellt sich ein, wenn sich sowohl der relative als auch der absolute Kursverlauf in ausgeprägtem Maß vom gleitenden Durchschnitt entfernt haben. Den relativen Kursverlauf erhält man übrigens, indem der Aktienkurs durch einen Börsenindex geteilt wird. Sehen Sie sich bitte die Graphiken 5 und 6 an.

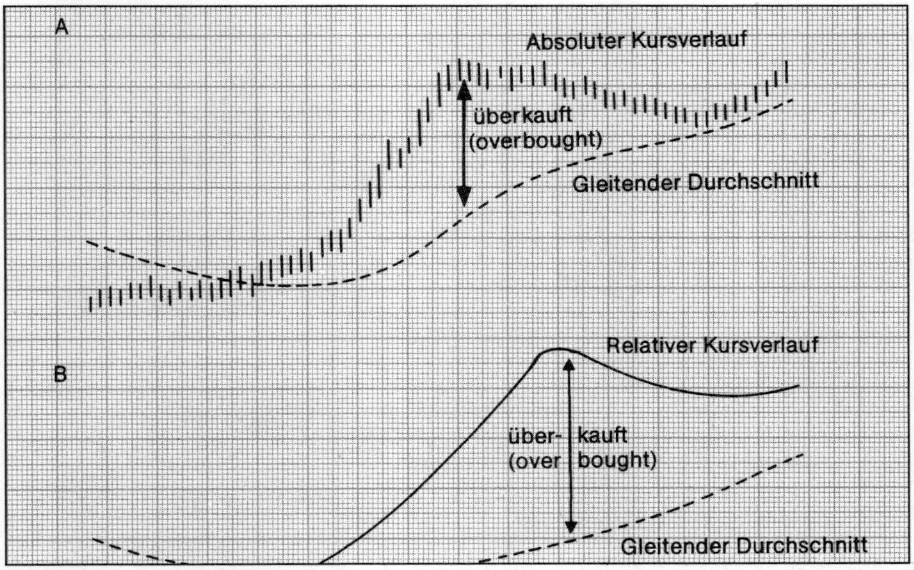

Chartanalyse – Graphik 5

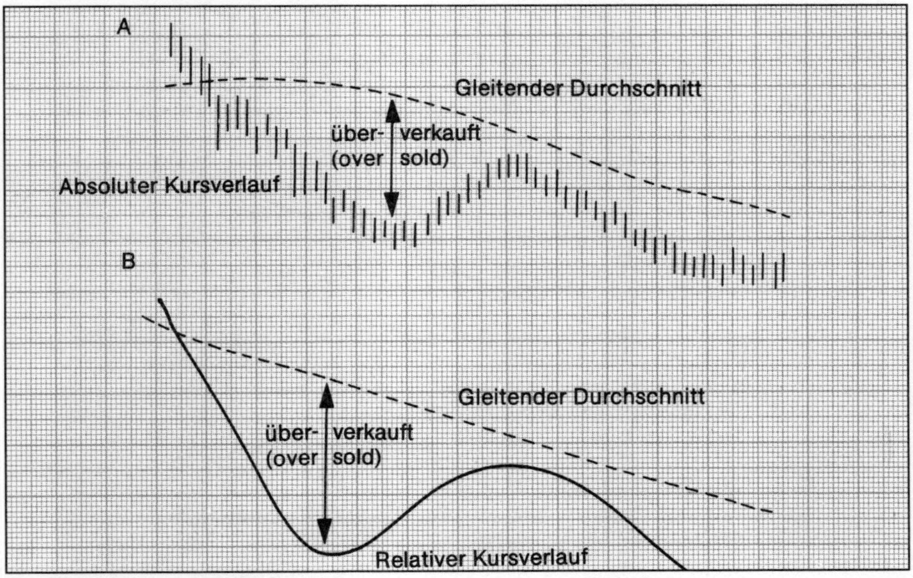

Chartanalyse – Graphik 6

Ein Trend entfaltet sich oft entlang einer geraden Linie, so daß sich eine sogenannte *Trendlinie* zeichnen läßt. Gar nicht einmal so selten findet man einen *Trendkanal* vor. Ein bekanntes Beispiel sind die Trendkanäle des amerikanischen Dollar. Denn dies gehört auch dazu: Wird ein Trend einmal gebrochen, so läßt sich fast immer ein neuer Trend finden. Betrachten Sie dazu bitte die Graphiken 7 und 8.

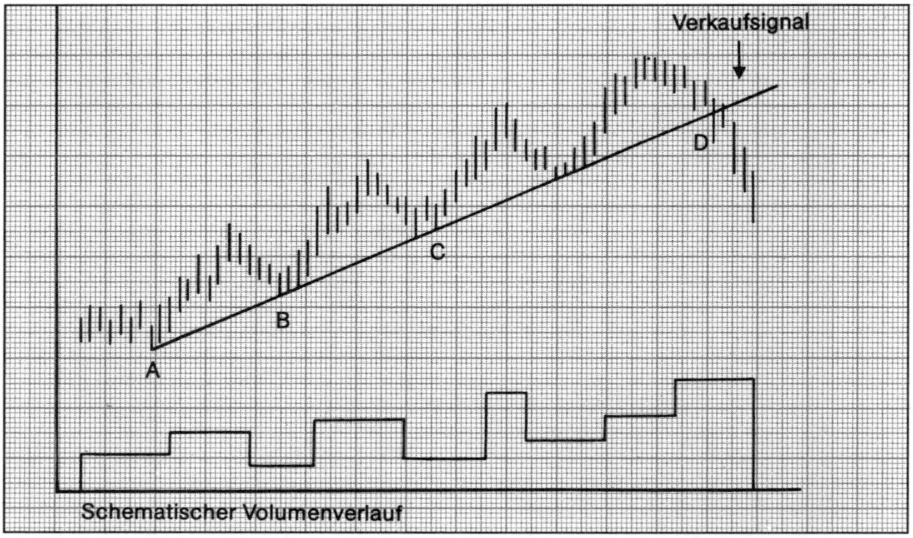

Chartanalyse – Graphik 7

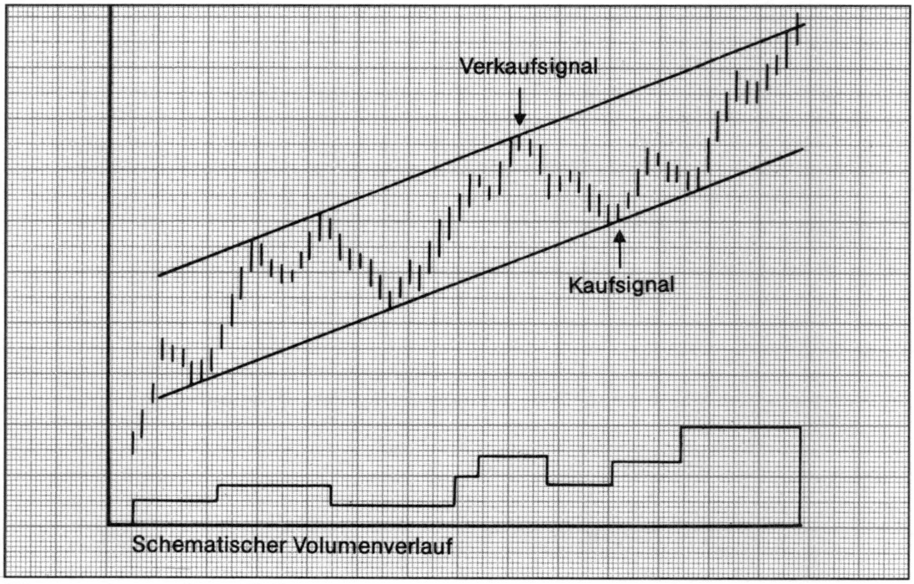

Chartanalyse – Graphik 8

Die sogenannte *Flagge* erscheint meist nach einer Fahnenstange. Sie signalisiert in der Regel plötzliche Kursbewegungen, zählt aber eindeutig zu den Trendbestätigungsformationen.
Die *Kopf-Schulter-Formation* gilt als der Inbegriff der Trendumkehr. Nicht immer lassen sich Kopf-Schulter-Formationen aber so deutlich erkennen wie in unserer Graphik; denn in der Praxis kommen auch Gebilde ohne Kopf oder sogar mit zwei Köpfen vor. Betrachten Sie bitte zur weiteren Erläuterung die Graphiken 9 und 10.

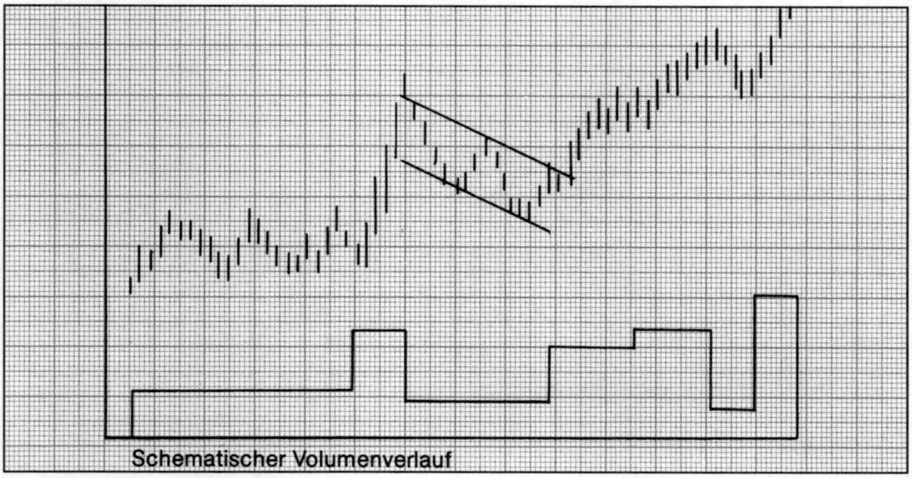

Chartanalyse – Graphik 9

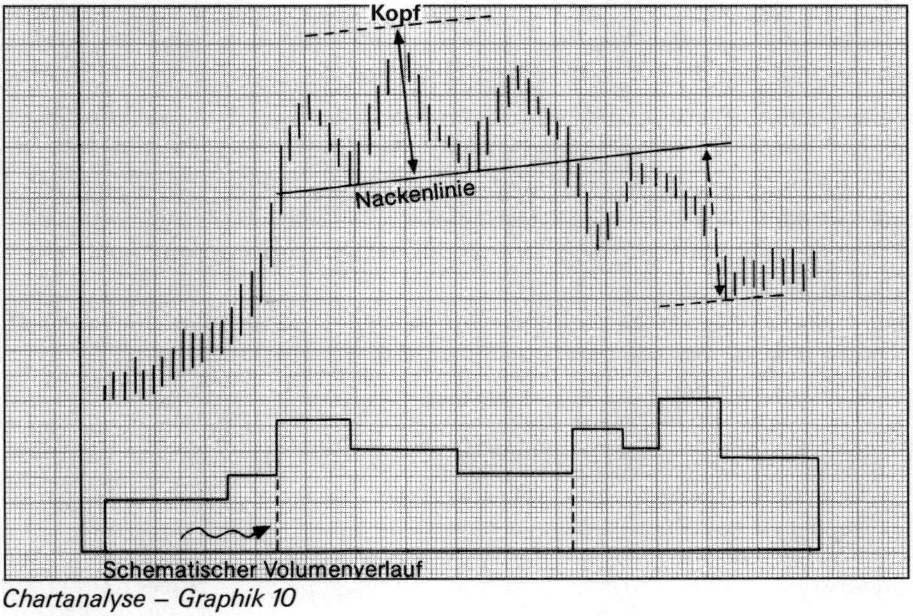

Chartanalyse – Graphik 10

Die *Linien- und Untertassen-Formationen* gehören zu den zuverlässigsten Kursschaubildern für eine Prognose. Sie signalisieren in aller Regel kommende Aufwärtstrends, wenn sie auch in der Praxis recht selten in der Idealform auftauchen (Graphik 11).

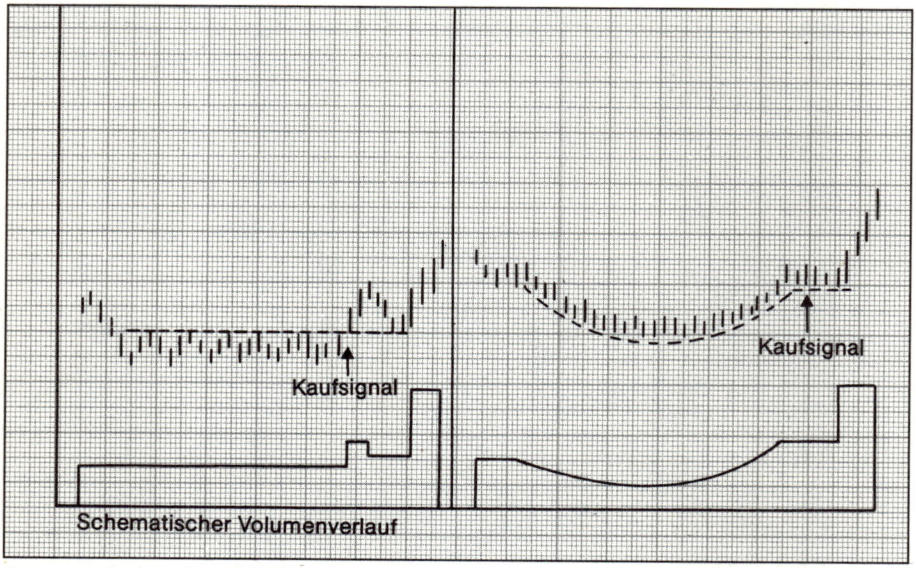

Chartanalyse – Graphik 11

Die *Advance-Decline-Linie* (Fortschritt-Rückschritt-Linie) läßt Trendwechsel oft rechtzeitig erkennen. Sie basiert auf der Differenz zwischen der Anzahl der steigenden und fallenden Titel: Man subtrahiert dabei die Zahl der im Vergleich zum Vortag niedriger schließenden Aktien von der Zahl der höher schließenden Werte. Diese Summe wird täglich ermittelt und schließlich mit einem Börsenindex der entsprechenden Zeitperiode verglichen. In den meisten Fällen verlaufen die A-D-Linie und der Index parallel – der Indikator bestätigt damit den Hausse- oder Baissetrend. Das Signal einer zu erwartenden Trendwende ergibt sich dann, wenn die beiden Linien auseinanderklaffen. Dabei gelten folgende zwei Regeln:

- Hausse-Signal: Der Index fällt, während die A-D-Linie steigt; der Index fällt auf ein neues Tief, während die A-D-Linie über ihrem vorherigen Tief notiert (siehe Abbildung).
- Baisse-Signal: Der Index steigt, während die A-D-Linie fällt; der Index erreicht ein neues Hoch, während die A-D-Linie unter ihrem vorherigen Hoch bleibt (siehe Abbildung).

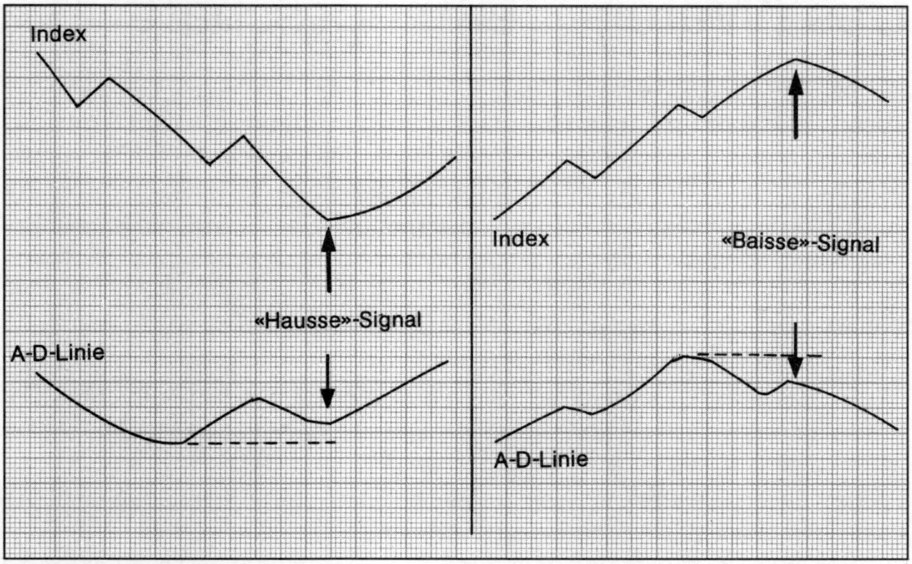

Chartanalyse – Graphik 12

Ein weiteres interessantes Phänomen ist die sogenannte *50-Prozent-Reaktion.* Es hat sich herausgestellt, daß Aktien nach einem längeren Kursanstieg fast immer um 50 Prozent auf den Gesamtanstieg reagieren.
Die Frage ist meist nur: wann?
In Verbindung mit der Fundamentalanalyse kann die Chartanalyse einen nützlichen Beitrag zur Kursprognose leisten. Manchmal drängt sich einem unvoreingenommenen Betrachter jedoch die paradoxe Vermutung auf, daß die Chartanalyse nur deswegen funktioniert, weil sich viele Anleger in ihren Entscheidungen davon leiten lassen. Andererseits hat sich aber auch gezeigt, daß die breite Masse der Anleger auf Dauer fast immer falsch liegt.

Carl Meyer Rothschild (1788–1855) in Neapel empfahl: „An der Börse muß man sich verhalten wie beim Baden in kaltem Wasser: Hineinspringen und rasch wieder heraus!"

Das (Waren-)Termingeschäft

Kennen Sie den Schweinezyklus?
Wenn die Preise für Futtermittel stark ansteigen, retten sich die Farmer aus Kostengründen in massive Notschlachtungen. Das wiederum erhöht kurzfristig das Angebot an Vieh und drückt die Fleischpreise. Im Hinblick auf die Zukunft allerdings bewirken die Notschlachtungen der Farmer niedrigere Bestände und daraus resultierendes geringeres Angebot. Hier schließt sich jetzt der Kreis: Die Futtermittelpreise geben wegen der geringen Neuaufzucht bei Schweinen und Rindern nach.
Was bewirkt ein Frosteinbruch in Florida?
Ein Großteil der Orangenernte wird dann möglicherweise vernichtet. Die Preise für das gefrorene Konzentrat von Orangensaft steigen regelmäßig zur Jahreswende. Die kältesten Tage gab es 1977 und 1981.
Warum fallen die Preisschwankungen bei den gefrorenen Schweinebäuchen, den „Pork Bellies", so heftig aus?
Bei niedrigen Beständen und geringen Schweineschlachtungen ist immer die Möglichkeit einer Verknappung gegeben, da die Amerikaner allein wegen hoher Preise noch lange nicht auf ihren Frühstücksspeck verzichten.
Wer ist Nelson Bunker Hunt?
Ein texanischer Ölmilliardär, der 1979/80 versuchte, sämtliche verfügbaren Silbervorräte aufzukaufen, um so den Silberpreis in die Höhe zu treiben. Er machte sich dabei die Tatsache zu Nutze, daß die industrielle Nachfrage in den letzten Jahren stets größer war als die Produktion der Bergwerke. Der Silberpreis stieg dabei von 3 Dollar je Unze 1974 bis auf rund 50 Dollar zu Beginn des Jahres 1980. Das Vermögen der Hunts betrug zu diesem Zeitpunkt weit über 10 Milliarden Dollar. Die Familie Hunt galt damit als die weitaus reichste der Welt. Schließlich jedoch brach das Kartenhaus zusammen, und die Methode der Hunts, durch das Verpfänden von Silber zusätzliche Kredite zu beschaffen, verstärkte noch diese Abwärtstendenz. Sie mußten einen Großteil ihres Vermögens verpfänden und sich verpflichten, ihren gesamten Silberbestand bis 1990 partieweise zu verkaufen. Inzwischen beträgt der Silberpreis nur noch rund 6 Dollar die Unze, und niemand weiß, wieviel Silber die Hunts nun wirklich noch besitzen. Das größte Unternehmen der Hunts, die Placid Oil Co. steht vor dem Konkurs, und von Nelson Bunker Hunt stammt der Spruch: „Eine Milliarde Dollar ist auch nicht mehr das, was sie einmal war."

Sie werden sich jetzt fragen: Was hat das alles mit (Waren-)Termingeschäften zu tun?
Nun, alles, was Sie soeben gelesen haben, hat oder hatte unmittelbare Auswirkungen auf die (Waren-)Terminmärkte. Waren (Commodities) verschiedenster Art per Termin kaufen und verkaufen – dies ist an den (Waren-)Ter-

LEINÖL – Rotterdam ($/t)

	12.9.
jegl. Herkunft, ab Tank	
NOV	375.00B
DEZ	355.00B

PALMKERNÖL – London ($/t)

	12.9.S
Malaysia, cif.:	
S/O	225.00B

PALMÖL – London ($/lgt)

	12.9.S
Malaysia/Sumatra, cif. Engl.	
NOV	205.00B
DEZ	210.00B
JAN	215.00B
FEB	220.00B

PALMÖL – New York (c/lb)

	12.9.
cif. US-Häfen	11.50

RIZINUSÖL – Rotterdam ($/t)

	12.9.
Brasilien, ab Tank	
SEP	705.00B
OKT	705.00B

SONNENBLUMENÖL – London ($/t)

	12.9.S
Ex-Tank Rotterdam:	
S	310.00B
O	310.00B
N/J	310.00B

SOJAÖL – Rotterdam (hfl/100 kg)

	12.9.
roh, Niederlande, fob Werk	
O	64.00B
N/J	65.50B
F/A	69.50B

SOJAÖL – Chicago (c/lb)

	12.9.S	11.9.S
SEP	13.53-13.55	13.53
OKT	13.62-13.60	13.59-13.65
DEZ	14.20-14.17	14.18-14.24
JAN	14.58/14.60	14.33/14.35
MAR	14.85/14.86	14.65

SOJABOHNEN – Chicago (c/bush)

	12.9.S	11.9.S
SEP	480.00-481.00	480.50-480.00
NOV	476.00-476.75	474.00-474.50
JAN	484.50-485.00	483.00-483.50
MAR	492.50-492.75	491.00-491.50
MAI	500.00	498.00

SOJASCHROT – Chicago ($/sht)

	12.9.S	11.9.S
SEP	156.00	154.00
OKT	150.50-150.30	149.10-149.30
DEZ	150.70-150.80	150.00-149.80
JAN	151.20	150.30

SOJASCHROT – London (£/t)

	12.9.S	11.9.S
OKT	134.50/135.50	134.00/135.00
DEZ	131.00/132.00	130.50/131.00
FEB	132.00/133.50	131.50/133.50
APR	133.50/135.00	133.00/135.00
JUN	131.50/133.00	131.00/133.00

LEINSAAT – Winnipeg (can. $/t)

	12.9.S	11.9.S
OKT	237.90-239.50	237.00B
DEZ	241.00	238.50B
MAR	248.80G	246.20G
MAI		250.70G

LEBENDE RINDER – Chicago (c/lb)

	12.9.S	11.9.S
OKT	60.90-60.85	61.55-61.40
DEZ	57.30-57.20	57.50-57.55
FEB	57.05-56.95	57.50-57.40
APR	57.50-57.45	58.20-57.90

MASTRINDER – Chicago (c/lb)

	12.9.S	11.9.S
SEP	62.90G	63.20
OKT	63.10	64.00-63.95
NOV	63.65-63.70	64.30-64.45
JAN	63.50	64.20G

LEBENDE SCHLACHTSCHWEINE - Chicago (c/lb)

	12.9.S	11.9.S
OKT	56.62-56.60	57.05-57.00
DEZ	56.32-56.27	57.12-57.00
FEB	55.20-55.15	55.90-55.75
APR	49.65	50.40-50.45

SCHWEINEBÄUCHE – Chicago (c/lb)

	12.9.S	11.9.S
FEB	78.00-78.10	79.77-79.77G
MAR	77.10-77.40	78.97G
MAI	76.40-76.15	78.10-78.15
JUL	74.80-74.95	76.60-76.72

KALBFELLE – USA (c/lb)
alle Gewichte

	12.9.	11.9.
	35.00	35.00

HÄUTE – Chicago (c/lb)
einh. schwere River Northern

	12.9.	11.9.
Ochsen	64.00	64.00
Kühe	56.00	unerhaeltlich

SCHMALZ – Rotterdam ($/t)
US hog grease, cif.

	12.9.	11.9.
	250.00B	245.00B

SCHMALZ – Chicago (c/lb)

	12.9.	11.9.
lose, Lfg. fob Werk	13.00	13.00
choise white hog	9.50	9.50

TALG – Chicago (c/lb)

	12.9.	11.9.
eßbar, Lfg.	12.00	12.00
fancy, bleichf.	11.00	10.50

TALG – Rotterdam ($/t)

	12.9.	11.9.
fancy cif	270.00B	257.50B
special cif	unerhaeltlich	245.00B

Wolle, Fasern, Kautsch.

WOLLE – Neuseeland (c/kg) – Kreuzz.

	12.9.S	11.9.S
OKT	556.00/565.00	545.00/574.00
JAN	536.00/545.00	545.00/549.00
MAR	540.00/543.00	543.00/546.00
MAI	542.00/544.00	546.00/549.00
AUG	543.00/550.00	549.00/550.00

WOLLE – Roubaix (F/kg) Kammzüge

	12.9.S	11.9.S
OKT	34.00/41.50	34.00/41.50
DEZ	-	-
	-	-

WOLLE – Sydney (cA/KG)
– Merino-Schweißwolle, Stand.

	12.9.S	11.9.S
OKT	650.00/690.00	630.00/690.00
DEZ	-	-
MAR	-	-
	-	-
	-	-

BAUMWOLLE – New York (c/lb)

	12.9.S	11.9.S
OKT	41.10	40.00
DEZ	41.25-41.50	40.55-40.60
MAR	42.00-42.31	41.50
MAI	42.90	42.20
JUL	43.00-43.20	42.55/42.65
OKT	44.30/44.35	43.60/43.80
DEZ	45.10	44.00/44.42

JUTE – London ($/lgt), cif Antwerpen

	12.9.	11.9.
BTC	310.00	310.00
BTD	310.00	310.00
BWC	267.00	267.00
BWD	267.00	267.00

SISAL – London ($/t),
cif europäische Haupthäfen

	12.9.	11.9.
East African		
3L	680.00	680.00
UG	570.00	570.00
Brazilian		
Typ 2	-	-
Typ 3	-	-

KAUTSCHUK – New York (c/lb)

	12.9.	11.9.
RSS Nr.1	44,37	44.87

KAUTSCHUK – London (£/t)

	12.9.S	11.9.S
RSS Nr.1 loko	625.00/645.00	620.00/640.00
	-	-
	-	-
	-	-
	-	-
	-	-
	-	-

KAUTSCHUK – Malaysia (mal.-c/kg)
fob. mal. Häfen

	11.9.	10.9.
RSS-Intern, Typ Nr. 1 prompte Verschiff.	-	-
Nr. 1:	223.00/225.00	221.00/222.00
Nr. 2:	219.50/220.50	217.00/218.00
Nr. 3:	215.50/216.50	213.00/214.00
Nr. 4:	211.00/212.00	209.00/210.00
Nr. 5:	208.50/209.50	206.50/207.50

Sonstiges

PFEFFER – Singapur (Sing.-$/100 kg)

	12.9.	11.9.
schwarzer Sarawak, spezial	902.50	897.00
weißer Sarawak	1357.50	1332.50
weißer Muntok	1372.50	1347.50

KARTOFFELN – New York (c/lb)

	12.9.S	11.9.S
NOV	4.00/4.03	3.99
MAR	4.60/4.61	4.50-4.54
MAI	5.59	5.50/5.55

KARTOFFELN – London (£/t)

	12.9.S	11.9.S
NOV	110.10	111.60
FEB	126.00	125.50
APR	162.60	162.00
MAI	180.50	278.00
NOV	85.00	85.00

BAUHOLZ – Chic. ($/1000 Board Feet)

	12.9.S	11.9.S
SEP	197.90-198.00	192.00
NOV	175.00-174.40	171.30-171.00
JAN	169.20-168.80	166.50-166.00
MAR	168.30B-168.10	166.50-166.00

Rohstoffpreise im (Waren-)Termingeschäft (September 1986)

minbörsen möglich. Niemand ist hier jedoch noch mit Säcken voll Zucker, Weizen oder gar Schweinebäuchen unterwegs, denn gehandelt werden lediglich Kontrakte, die sogenannten Futures.
Je näher der Erfüllungs- bzw. Liefertermin für den jeweiligen Terminkontrakt rückt, desto mehr gleichen sich auch die Preise der Terminmärkte an die der realen bzw. physischen Märkte an. Kaum jemand an der Warenterminbörse denkt jedoch daran, seinen Kontrakt einmal tatsächlich zu erfüllen. Die meisten Kontrakte werden statt dessen durch ein Gegengeschäft wieder aufgehoben und haben damit lediglich ihren Zweck als vorübergehende Absicherung gegenüber Preisschwankungen erfüllt. Eines der Geheimnisse der Warenterminbörse liegt nämlich darin, daß es jederzeit möglich ist, Kontrakte zu kaufen oder zu verkaufen, auch wenn man die Ware, die man dort verkauft, überhaupt nicht besitzt. Wer einen Kontrakt gekauft hat, verkauft diesen wieder an der Börse, so daß das Geschäft aufgehoben ist. Wer eine Verkaufsposition hält, hebt diese durch den Kauf eines Kontraktes wieder auf.
Die ursprüngliche Grundlage aller (Waren-)Termingeschäfte bilden dabei die sogenannten Absicherungsgeschäfte, auch als *„hedging“* bezeichnet, mit denen man versucht, Verluste auf dem physischen Markt durch Gewinne am Terminmarkt wieder auszugleichen. Dies funktioniert zum Beispiel so:
Der Besitzer eines Getreidespeichers ist manchmal gezwungen, ein beträchtliches Lager an unverkaufter Ware zu halten. Fällt der Getreidepreis, so verliert seine gespeicherte Ware an Wert. Hat er nun rechtzeitig für die entsprechende Menge Getreide an der Terminbörse Terminkontrakte verkauft, so kann er sich zum Zeitpunkt der gesunkenen Getreidepreise die entsprechenden Kontrakte kaufen, um damit sein Geschäft an der Börse mit Gewinn abzuschließen, da er ja ursprünglich die Kontrakte zu einem deutlich höheren Preis verkauft hat. Dieser Gewinn wiederum deckt seinen am realen bzw. physischen Markt erlittenen Verlust in etwa ab.
Das Geheimnis der hohen Gewinn- oder auch Verlustmöglichkeiten liegt bei den (Waren-)Termingeschäften im Einschuß. Dieser ist als Sicherheitsleistung zu verstehen, die beim Broker hinterlegt wird und dokumentiert, daß der spekulative Anleger die Absicht hat und auch dazu in der Lage ist, Gewinne und Verluste, die sich aus seinem Engagement ergeben, zu akzeptieren. Steigt der Kontraktwert, so wird der Einschuß spätestens beim Verkauf des Kontraktes zusammen mit dem Gewinn ausgezahlt. Fällt allerdings der Kontraktwert, so wird der Einschuß zur Deckung der Verluste benötigt und darüber hinaus noch eine Nachschußforderung geltend gemacht, falls die ursprüngliche Einschußzahlung nicht ausreicht. Spätestens dann sollte man überlegen, ob es sinnvoll ist, den Kontrakt glattzustellen, das heißt die Position aufzulösen oder möglicherweise auf eine Kurserholung zu warten, so daß der bisher geleistete Einschuß durch den steigenden Kontraktwert wieder frei, das heißt ganz oder teilweise rückzahlbar wird.

Der Einschuß beträgt meist 10 Prozent des Kontraktwertes, wodurch sich natürlich eine riesige Hebelwirkung ergibt, wie das nachfolgende Beispiel eines Heizölkontraktes zeigt:

Heizöl,	Kontraktgröße:	42 000 Gallonen
	Kontraktwert:	34 500 Dollar
	Einschuß:	2 000 Dollar (5,8 Prozent)

Wenn der Heizölpreis um 10 Prozent steigt:	34 500 Dollar
	+ 3 450 Dollar
ergibt sich ein neuer Kontraktwert von:	37 950 Dollar

Bezogen auf den Einschuß von 2 000 Dollar ergibt sich so ein *Gewinn* von 3 450 Dollar oder *172,5 Prozent.*

Fällt der Heizölpreis um 10 Prozent:	34 500 Dollar
	./. 3 450 Dollar
so ergibt sich ein neuer Kontraktwert von nur noch:	31 050 Dollar

Bei einem Einschuß von 2 000 Dollar und einem Verlust von 3 450 Dollar ergibt sich eine Nachschußpflicht von 1 450 Dollar.
Dies entspricht einem *Verlust von 172,5 Prozent.*

Ein höchst eindrucksvolles Beispiel, das deutlich macht, daß bei Terminkontrakten durch die sogenannte Nachschußpflicht sehr schnell Verluste von mehreren hundert Prozent des Einsatzes entstehen können.
Seit Anfang der achtziger Jahre gibt es an den amerikanischen Terminbörsen auch sogenannte *„financial futures“,* bei denen ein bestimmter Aktienindex auf Termin ge- oder verkauft wird.
Dieser Terminhandel mit Aktienindizes ist letztendlich auch die Ursache für die in letzter Zeit immer häufiger vorkommenden großen Tagesschwankungen an der New Yorker Aktienbörse. Computer vergleichen dabei laufend die Kurse auf dem Aktienmarkt mit den Notierungen der entsprechenden Aktienindizes auf den Terminmärkten. Wenn sich die Möglichkeit eines Arbitragegeschäfts ergibt, lösen die Computer in Sekundenschnelle riesige Kaufprogramme für alle in dem Index enthaltenen Aktien aus. Gleichzeitig wird an der Terminbörse der Indexkontrakt verkauft. Zu einem genau errechneten passenden Zeitpunkt wird dann der Terminkontrakt günstig gekauft, und gleichzeitig werden alle Aktien verkauft.
Wie gestaltet sich nun der Handel an der größten Terminbörse der Welt, dem Chicago Board of Trade?

In erster Linie laut und hektisch...
Männer in roten, grünen, gelben und blauen Jacken drängen sich an den achteckigen, mehrstufigen Holzpodesten, den „Pits" zusammen. Die Farben der bunten Jacken dienen der Identifizierung der Angehörigen der verschiedenen Brokerhäuser. Jeder „Pit", oft auch als Ring bezeichnet, ist ein separater Handelsplatz für ein oder zwei Produkte wie zum Beispiel Weizen, Zucker, gefrorener Orangensaft, Kaffee und vieles andere mehr. Rinder, Schweine und Schweinebäuche werden an einem „Pit" gehandelt, wo die teilweise recht korpulenten Händler nicht stehen, wie das üblich ist, sondern sitzen. Verschiedene Seiten und Stufen des „Pits" bedeuten unterschiedliche Liefermonate der jeweiligen Commodity.

Der Handel findet per Zuruf, oder wenn dies auf Grund der beachtlichen Geräuschkulisse nicht möglich ist, per Handzeichen statt. Handflächen nach innen bedeutet kaufen, Handflächen nach außen bedeutet verkaufen. Hochgestreckte Finger deuten die Kontraktzahl an, während quergestreckte Finger in horizontalen Positionen die Preise bezeichnen. Ein kurzer direkter Blickkontakt in Verbindung mit einem Zuruf besiegelt in aller Regel einen Vertragsabschluß. Nach einem Abschluß wird der Preis anschließend an die sogenannten Reporter signalisiert, die in kleinen Kanzeln neben jedem Pit sitzen. Dort werden die Abschlüsse dann in den Computer eingegeben und erscheinen danach auf den Laufschriftbändern oder Kursanzeigetafeln.
Interessant ist die „originelle" Bearbeitung von Kundenaufträgen. Diese werden notiert, mit einem Zeitaufdruck versehen und dann von einem Boten zum Händler in den Ring gebracht. Wenn der Auftrag ausgeführt worden ist, wird der Zettel einfach auf die Stufen des „Pits" fallen gelassen. Von dort werden die Zettel dann wieder eingesammelt, um die Kunden von der Ausführung des Auftrages zu unterrichten. Trotz aller Hektik und Fingerakrobatik kommt es fast nie vor, daß ein Auftrag an der größten und ältesten Terminbörse der Welt fehlerhaft ausgeführt wird.

Pyramidieren

Unter Pyramidieren versteht man die Kunst, aus einem kleinen Anfangskapital von 10 000 Dollar binnen ein bis zwei Jahren ein kleines Vermögen von 2 000 000 Dollar zu machen. Alles, was man dazu braucht, ist ein Produkt, das extrem billig ist, einen Börsentrend, der etwa zwei Jahre lang steigt, und eine Börse, die mit geringen Einschußforderungen (Margins) derartige Operationen gestattet. Dies sei am Beispiel Zucker 1979 bis 1980 demonstriert. Übrigens: Auch 1986 kostete Zucker nur rund 6,5 Cents pro Pfund.

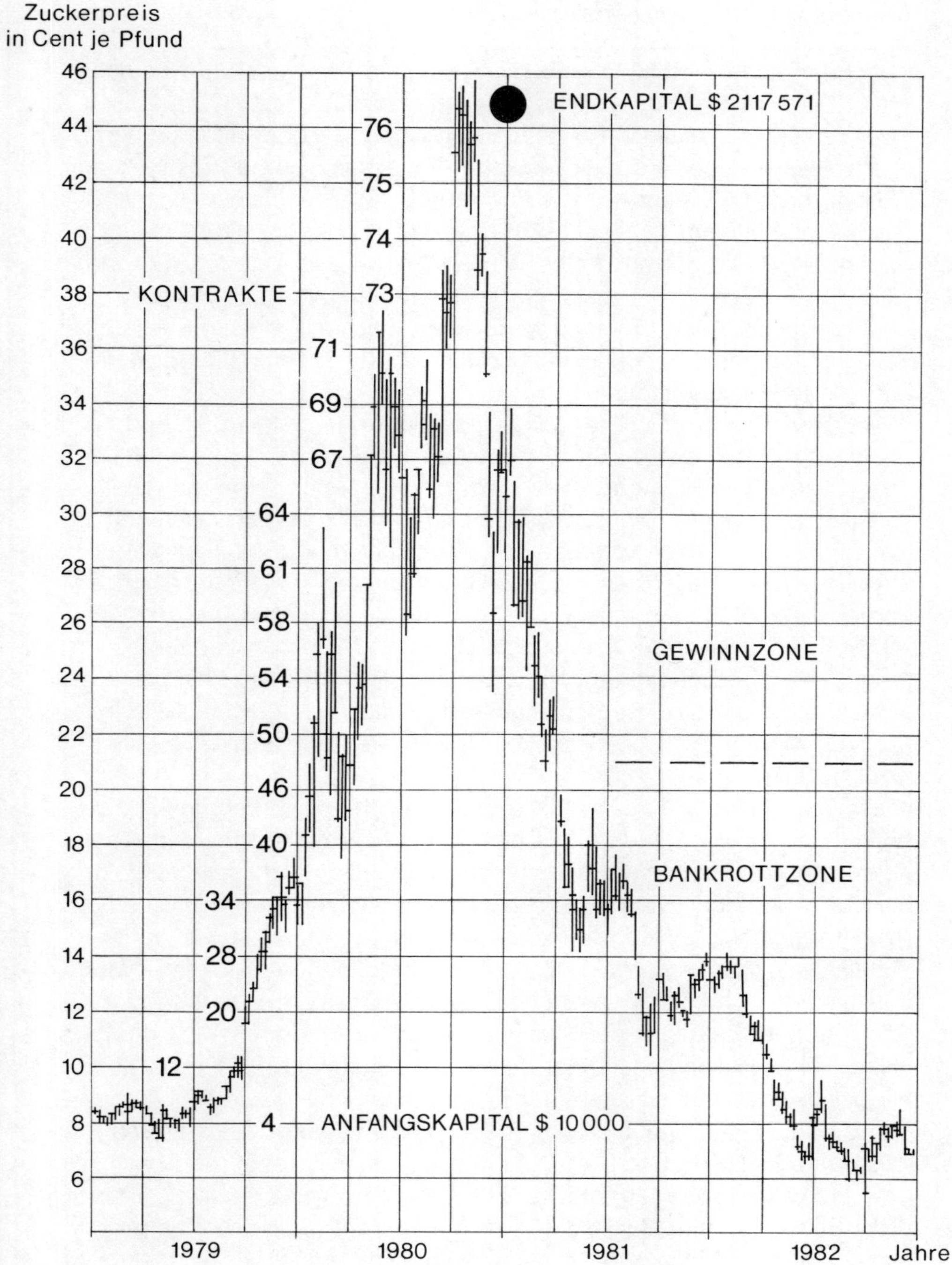

Aufbau der Pyramide
Beginn mit 4 – Ende mit 76 Kontrakten

Nachdenklich betrachtete Felix Mayer...

Nachdenklich betrachtete Felix Mayer seinen Kontoauszug. Nur noch $ 10 678 wies er aus. Vor einiger Zeit waren es noch $ 20 000 gewesen. Das verfluchte Spekulationsgeschäft! Als er Zucker in den Kaffee einrührte, hatte Felix eine Idee. Vor ein paar Jahren hatte man 65 Cents für ein Pfund Zucker bezahlt. Seither war der Zuckerpreis ständig gefallen. Das „Wallstreet Journal" vom 20. April 1979 zeigte einen Preis von 8,05 Cents. Felix rief seinen Broker Joe an: „Kaufe für mein Konto 4 Kontrakte Juli-Zucker zu 8 Cents." Joe tat sein Bestes, um seinen Kunden vor diesem Fehler zu bewahren. „Die Fundamentals sind extrem schlecht. Unsere Researchabteilung sagt Zuckerpreise von 5 Cents voraus." „Kaufen Sie trotzdem", erwiderte Felix und legte auf.
Felix hatte nämlich einen Plan. Ein Zuckerkontrakt hatte 112 000 Pfund. Mit jedem Cent, den der Zuckerkontrakt stieg, ergab dies einen Gewinn von $ 1120. Bei den 4 Kontrakten, die Felix gekauft hatte, würde der Gewinn $ 4 480 ausmachen. Dieses Guthaben konnte Felix für den weiteren Kauf von Zuckerkontrakten verwenden. Der Zucker mußte nämlich bei der Wallstreetfirma Rosenstein Inc., wo Felix sein Konto unterhielt, nicht bar bezahlt werden. Es genügte pro Zuckerkontrakt ein Einschuß von lediglich $ 1 000. Die Idee von Felix bestand darin, mit jedem Preisanstieg von 1 Cent vier weitere Zuckerkontrakte zu kaufen. Der Trick bei dem Plan bestand darin, daß man für diese Börsenoperationen kein zusätzliches Geld beibringen mußte. Die angesammelten Gewinne reichten aus, das Geschäft zu finanzieren.
Felix Mayer hatte von diesem Plan aus alten Büchern erfahren. Früher wurden damit auf den Märkten von Chicago und New York riesige Vermögen gemacht. Man nannte diese Technik „Pyramidieren". Weil die Kontrakte wie beim Bau einer Pyramide aufeinander geschichtet wurden. Das Vorhaben war gefährlich. Wenn die Pyramide in sich zusammensackte, war eine totale Pleite fällig. Anfang Juli stellte Felix seine Juli-Kontrakte mit Gewinn glatt und stieg auf den März-Kontrakt 1980 um. Er kaufte seine 4 Kontrakte zu 9,5 Cents. Entgegen der Meinung der Zucker-Researchabteilung des Hauses Rosenstein begann der Zucker zu steigen. Bei 10,5 Cents kaufte Felix aus den bisher erzielten Gewinnen weitere 4 Kontrakte. Der Zuckerpreis stieg weiter. Unaufhaltsam. Anfang Oktober wurde ein Preis von 12 Cents erreicht. Felix besaß jetzt 12 Kontrakte, denn bei 11,5 Cents hatte er weitere 4 Kontrakte aufgestockt. Sein Durchschnittspreis belief sich auf 10,5 Cents. Das brachte $ 1 680 Gewinn pro Kontrakt. Bei 12 Kontrakten waren dies $ 20 160. Sein Guthaben bei Rosenstein betrug jetzt mehr als $ 30 000. Broker Joe rief an: „Sie haben Ihr Geld verdreifacht. Nehmen Sie unbedingt die Gewinne mit. Von Gewinnmitnahmen ist noch keiner pleite

gegangen." „Was sagt Ihre Researchabteilung?" „Man rechnet allgemein mit einem extremen Preisrückschlag." „Ausgezeichnet", sagte Felix, „kaufen Sie weitere 4 Kontrakte für mein Konto!" Im Dezember 1979 war der Zuckerpreis auf 17 Cents gestiegen. Der Plan von Felix funktionierte. Er hatte inzwischen 34 Kontrakte „pyramidiert". Seit Guthaben bei Rosenstein schwoll auf stattliche $ 150 000 an. Er bekam von Joe auch keine „guten Ratschläge" mehr. Denn der Zuckerpreis stieg weiter. Auf 21, 23 und 25 Cents. Am 15. Februar 1980 sogar auf 28 Cents. Felix hatte seine März-Kontrakte bereits auf den Monat Oktober „geswitcht". Felix fühlte sich jetzt als reicher Mann. Er hatte 58 Kontrakte, und sein Kontostand belief sich auf $ 645 312. Der Plan sah vor, die Position bis 65 Cents zu halten und dann die Gewinne zu realisieren.
Am 6. März 1980 machte Felix eine Erfahrung, die er nie in seinem Leben vergessen wird. Der Markt schloß „Limit Down". Alle wollten verkaufen, niemand kaufte. Sieben Börsentage hintereinander verlor der Zuckermarkt 1 Cent, und mit jedem Cent wurde Felix mit seinen 58 Kontrakten um $ 64 960 ärmer. Felix war in dieser Zeit dem Wahnsinn nahe. Sein Konto schmolz in diesen 7 furchtbaren Tagen auf $ 190 592 – und nach weiteren drei Tagen würde er die totale Pleite erleben. Das ganze schöne Geld war futsch!
Wie durch ein Wunder drehte aber der Markt nach 7 Tagen, und Felix beschloß, seinen Plan so zu ändern, daß er die Positionen nur noch mäßig verstärkte. Bei 65 Cents wollte er dann die Gewinne realisieren. Als der Zuckerpreis wieder auf 30 Cents stand, hatte Felix 64 Kontrakte und war Dollar-Millionär. Nur noch sehr vorsichtig kaufte er neue Kontrakte hinzu. Im Mai mußte er eine neuerliche Nervenbelastung durchstehen. Wieder fiel der Markt um 10 Cents zurück. Dollar-Millionär Felix wurde um über $ 700 000 ärmer. „Jetzt reicht es mir aber endgültig", dachte er, aber wo sollte er glattstellen? Felix machte die Beobachtung, daß der Zuckerpreis vom letzten Tiefpunkt aus stets um ca. 17 Cents anstieg. Der Tiefpunkt nach dem letzten Desaster lag im März-Kontrakt bei 28 Cents. Felix legte seine Stoplossmarke auf 27 Cents. Im schlimmsten Falle wären ihm noch $ 100 000 verblieben. Sein Preisziel errechnete er sich nach der Formel 28 + 17 = 45 Cents. Dann verfolgte er den Plan weiter, bei steigenden Kursen immer weniger Kontrakte zu kaufen. Am 10. Oktober 1980 wurde das Preisziel von 45 Cents erreicht. Felix verkaufte seine inzwischen 76 Kontrakte mit einem Gewinn von $ 2 107 571. Heute bei einem Zuckerpreis von 8 Cents, überlegt sich Felix, ob er es nicht mit einer neuen Zuckerpyramide versuchen soll. Als Anfangskapital hat er wieder $ 10 000 bereitgestellt.

(Mit Genehmigung des Gamma Verlages GmbH, Schraudolphstraße 2a, 8000 München 40)

Rund um die Werbungskosten

Dieses Kapitel dient der Abrundung der Steuerproblematik. Darum sei zuerst noch einmal wiederholt:
Wertpapiererträge gehören – falls sie nicht anderen Einkunftsarten zuzurechnen sind – zu den Einkünften aus Kapitalvermögen.
Zur Ermittlung der Einkünfte sind von den steuerpflichtigen Bruttoerträgen die Werbungskosten – mindestens pauschal DM 100,– bei Ledigen, bei zusammenzuveranlagenden Personen DM 200,– – abzuziehen. Von dem verbleibenden Betrag ist der Sparerfreibetrag abzuziehen. Der Sparerfreibetrag beträgt DM 300,– bei Ledigen und DM 600,– bei zusammen zu veranlagenden Ehegatten. Der nach Abzug des Sparerfreibetrages verbleibende Betrag (Einkünfte aus Kapitalvermögen) wird besteuert.
Für Arbeitnehmer, deren Einkommen im Kalenderjahr DM 48 000,– bei Zusammenveranlagung mit ihrem Ehegatten bzw. DM 24 000,– bei allen anderen Arbeitnehmern (ledig, verwitwet, geschieden, getrennt lebend) nicht übersteigt, gilt folgendes: nicht lohnsteuerpflichtige Einkünfte bis zu DM 800,– jährlich sind in der Regel steuerfrei. Bestehen diese Einkünfte nur aus Kapitalerträgen, so sind sie unter Berücksichtigung der Werbungskostenpauschale und des Sparerfreibetrages bei Ledigen bis zu DM 1 200,– jährlich und bei Verheirateten bis zu DM 1 600,– jährlich steuerfrei.
Werbungskosten sind Aufwendungen zur Erwerbung, Sicherung und Erhaltung der Einnahmen. Sie sind von der Summe der Kapitaleinnahmen abzugsfähig, führen also zu einer Steuerermäßigung.
Als Werbungskosten abzugsfähig sind:

- Depotgebühren;
- Fahrtkosten zur Bank, Parkgebühren, wenn Sie Gespräche über Themen führen, die die Einnahmeseite betreffen, beispielsweise über die weitere Entwicklung der Renditen auf dem Rentenmarkt;
- Telefonkosten für Gespräche mit Banken und Brokern;
- Fachliteratur, dazu gehören auch Börseninformationsdienste;
- Besuch der Hauptversammlung.
  Die Aufwendungen müssen hier allerdings in Relation zu den Einkünften stehen. Wer also wegen 20 Sony-Aktien im Wert von knapp DM 1 000,– zur Hauptversammlung nach Tokio fliegt, wird Schwierigkeiten haben, die entstandenen Kosten abzusetzen.
- Beiträge an Wertpapier-Schutzvereinigungen;
- Kreditkosten zum Kauf von Wertpapieren, wenn dabei die Erzielung von Zins- oder Dividendenerträgen im Vordergrund steht und nicht etwa eine Spekulation auf Kursgewinne. Es ist sinnvoll, möglichst Literaturauszüge beizubringen, die die Zins- oder Dividendenerwartung zum Zeitpunkt des

Erwerbs belegen. Langfristig muß außerdem ein Überschuß der Einnahmen über die Schuldzinsaufwendungen zu erwarten sein.

Im Einzelfall läßt sich die Liste der abzugsfähigen Werbungskosten möglicherweise noch verlängern. Sollten Sie jedoch von Zweifeln ob der Absetzbarkeit bestimmter Kosten geplagt werden, so ist es empfehlenswert, nach dem bekannten Grundsatz zu verfahren:
Alle tatsächlich entstandenen Kosten werden angegeben, denn streichen kann das Finanzamt ja immer noch...

„Wissen Sie", hörte man Hermann Josef Abs einmal zu einem respektvoll lauschenden Gremium sagen, das gehofft hatte, seiner strengen Aufsicht zu entgehen, „ich habe lange nachgedacht, wer wohl der beste Mann wäre, bei Ihnen den Vorsitz zu führen. Es war im Grunde Zeitverschwendung, denn ich hätte mir ja gleich sagen können, daß dafür nur einer in Frage kommt..."
Und dann, nach einer kleinen Kunstpause und ehe sich die Herren von ihrer Verblüffung erholt hatten:
„Sie können sich gratulieren: Ich habe den Posten angenommen."

Nützliche Anschriften

Arbeitskreis zur Förderung der Aktie e. V., Berliner Allee 4, 4000 Düsseldorf

Bundesamt für Finanzen, Friedhofstr. 1, 5300 Bonn 3

Bundesschuldenverwaltung, Postfach 12 45, 6380 Bad Homburg 1

Bundesverband Deutscher Investment-Gesellschaften E. V., Eschenheimer Anlage 28, 6000 Frankfurt a. M. 1

Deutsche Schutzvereinigung für Wertpapierbesitz e. V. (Zeitschrift „Wertpapier"), Postfach 14 03 60, 4000 Düsseldorf 14

Frankfurter Wertpapierbörse, Börsenplatz 6, 6000 Frankfurt a. M. 1

Informationsdienst für Bundeswertpapiere, Falkensteiner Straße 75–77, 6000 Frankfurt a. M. 1, Tel. 0 69/55 07 07 08 (telefonische Auskunft rund um die Uhr: 0 69/5 97 01 41)

NEW YORK STOCK EXCHANGE
11 Wall Street
New York, N. Y. 10005, USA

Schutzgemeinschaft der Kleinaktionäre e. V.
Bökenbusch 39
5620 Velbert 11

Börseninformationsdienste

Börseninformationsdienste (Stand September 1986)	Anschrift	Bezugspreis
Die Actien-Börse	Bernecker & Cie. Königsallee 50, 4000 Düsseldorf	DM 480,–/Jahr
Action	Bache Securities Mainzer Landstraße 46 6000 Frankfurt 1	kostenlos
Aktien Express	Claudia Grett Neuer Wall 40, 2000 Hamburg 36	DM 240,–/Jahr
Bethmann Brief	Bethmann Informations-dienst GmbH Stresemannallee 61 6000 Frankfurt/Main 70	DM 3000,–/Jahr
Börsen Journal	Neue Wirtschaftspresse Verlags GmbH Postfach 11 50 6712 Bobenheim-Roxheim	DM 148,75/Jahr

Börseninformationsdienste (Stand September 1986)	Anschrift	Bezugspreis
Capital Depesche	Eupener Straße 70, 5000 Köln 41	DM 288,–/Jahr
Effecten-Spiegel	Effecten-Spiegel AG Postfach 10 25 69 4630 Bochum 1	DM 160,–/Jahr
Finanzwoche	Dr. Jens Ehrhardt Postfach 63 65 8012 Ottobrunn	DM 380,–/Jahr
Frankfurter Börsenbriefe	Verlagshaus Schmitt Postfach 1 03, 4930 Detmold	DM 48,25/Monat
Fuchsbriefe	Dr. Hans Fuchs GmbH Koblenzer Straße 37–39 5300 Bonn 2	DM 485,–/Jahr
Geldbrief	Holbach Informationsdienste AG Fadenstraße 39 CH-6300 Zug	DM 300,–/Jahr
Geld-Report	Geld-Report Verlag GmbH Jürgensallee 35, 2000 Hamburg 52	DM 340,–/Jahr
Hanseatischer Börsendienst	Hanseatischer Wirtschaftsdienst GmbH Schellingstraße 12 2000 Hamburg 76	DM 30,–/Monat
Investors Alert	First Commerce Securities B.V. Herengracht 483 1017 BT Amsterdam The Netherlands	bis zu einem Jahr kostenlos
Der Platow Brief	Verlag Aktuelle Information GmbH Postfach 10 23 42 6000 Frankfurt	DM 45,50/Monat
Professional Option Strategist Aktien Strategist	A. Raab Adam-Berg-Straße 95 8000 München 83	DM 336,–/Jahr jeweils
Swingtrend	Gamma Verlag GmbH Schraudolphstraße 2a 8000 München 40	DM 34,50/Monat
Today's Option	Dipl.-Kfm. Richard Sax Ludwigstraße 1b 8700 Würzburg	DM 338,–/Jahr
Zürcher Trend	Neustadtgasse 7 CH-8024 Zürich	DM 35,–/Monat

Weiterführende Literatur

Arnim, Rainer von: Die Waren-Termin-Anlage, Darmstadt 1981

Beck, C. H.: Aktiengesetz mit Mitbestimmungsrecht, München 1983

Bley, Siegfried: Börsen der Welt, Frankfurt a. M. 1977

Büschgen, Hans E.: Das kleine Börsenlexikon, Düsseldorf 1984

Eglau, H. O.: Erste Garnitur – Die Mächtigen der deutschen Wirtschaft, Düsseldorf 1980

Fritsch, Ulrich: So wird man Aktionär, Bergisch-Gladbach 1985

Jobst, Peter: Keine Angst vor Aktien, Herford 1986

Kaderli, Rudolph J.: Das Geheimnis der Börse, Wiesbaden 1978

Klaus, Hans: Fachausdrücke im Bankgeschäft – Banking Dictionary, Berne 1980

Kostolany, André: Kostolany's Notizbuch, Stuttgart 1983

Lang, Uwe: Der Aktien-Berater, Frankfurt a. M. 1986

Lerbinger, Paul: Börsenstrategie P & F – Charts, Niederglatt/ZH 1984

Magee, John, Edwards, Robert D. und: Technische Analyse von Aktientrends, Darmstadt 1976

Neufurth, Horst D.: Erfolg mit Aktien, Bobenheim 1972

Saling – Aktienführer, Darmstadt 1985

Terkel, Studs: Der große Krach, Frankfurt a. M. 1977

Glossar

A

Abwertung – Herabsetzung des Außenwertes (Wechselkurses) einer Währung gegenüber anderen Währungen. Wird die DM abgewertet, dann sind zum Kauf einer ausländischen Währungseinheit, z. B. des Dollars, mehr DM erforderlich.

Agio (Aufgeld) – in Prozent oder DM ausgedrückter Preisaufschlag auf den Nennwert eines Wertpapieres. Bei Optionsscheinen ist es der Differenzbetrag, um den der Bezug der Aktie über den Optionsschein teurer ist als ein Direktkauf der Aktie an der Börse.

Aktie – Urkunde, die den Inhaber mit dem aufgedruckten Nennwert am Gesamtvermögen einer Aktiengesellschaft beteiligt und bestimmte Rechte wie z. B. das Stimmrecht für den Aktionär verbrieft.

Aktiengesellschaft (AG) – Kapitalgesellschaft, deren Gesellschafter (Aktionäre) mit ihren Einlagen an dem in Aktien aufgeteilten Grundkapital beteiligt sind. Die Haftung der Aktionäre ist auf die Kapitaleinlage beschränkt.

amtlicher Handel – Wertpapiere, die bestimmte Bedingungen erfüllen, werden zum amtlichen Handel an der Börse zugelassen. Die amtlichen Kursnotierungen werden durch vereidigte Kursmakler an der Börse festgestellt und im amtlichen Kursblatt veröffentlicht.

Anleihen – Sammelbegriff für festverzinsliche, langfristige Schuldverschreibungen, die sowohl von der öffentlichen Hand (also von Bund, Ländern, Gemeinden und bundeseigenen Unternehmen wie Bundesbahn und Bundespost) als auch von privaten Unternehmen (Industrieobligationen) zur Finanzierung von Investitionsvorhaben ausgegeben werden.

Arbitrage – Börsengeschäft, das Preisunterschiede für Wertpapiere, Devisen und Waren an verschiedenen Börsenplätzen ausnutzt. Am Ort der niedrigeren Kurse wird *ge*kauft, am Platz der höheren Kurse *ver*kauft. Dies bringt tendentiell den Kursunterschied zum Ausgleich.

Aufsichtsrat – gesetzlich vorgeschriebenes Kontrollorgan, hauptsächlich für Aktiengesellschaften. Dem Aufsichtsrat, der in der Regel für fünf Jahre gewählt wird, gehören neben den Vertretern der Kapitalseite auch Arbeitnehmervertreter an. Der Aufsichtsrat ernennt und überwacht den Vorstand.

Aufwertung – Erhöhung des Außenwertes (Wechselkurses) einer Währung gegenüber anderen Währungen. Wird die DM aufgewertet, dann sind zum Kauf einer ausländischen Währungseinheit, z. B. des Dollars, weniger DM erforderlich.

Ausgabekurs – der Kurs, den Anleger beim Ersterwerb von Wertpapieren zu zahlen haben. Er entspricht bei festverzinslichen Wertpapieren im allgemeinen dem Nennwert, kann aber auch darüber oder darunter liegen. Aktien müssen mindestens zum Nennwert (pari) ausgegeben werden.

B

Baisse – Ausdruck für Börsentendenz, wenn die Kurse längere Zeit stark fallen.

behauptet – Börsentendenz, in der keine größeren Kursausschläge zu verzeichnen sind.

Belegschaftsaktie – Aktie einer Aktiengesellschaft, die den Mitarbeitern zu Vorzugskursen angeboten werden. Belegschaftsaktien sind oftmals mit einer Sperrfrist für den Weiterverkauf versehen.

Berichtigungsaktien – häufig fälschlich auch als Gratisaktien bezeichnet. Berichtigungsaktien werden ausgegeben, wenn eine Aktiengesellschaft offene Rücklagen in dividendenberechtigtes Grundkapital umwandelt.

bezahlt (b oder bez) – Kurszusatz: Angebot und Nachfrage waren ausgeglichen.

Bezugsrecht – bei Erhöhung des Grundkapitals einer Aktiengesellschaft haben die bisherigen Aktionäre einen Anspruch auf Bezug der jungen Aktien, die den Aktionären entsprechend ihrer Anteile an dem bisherigen Grundkapital anzubieten sind. Ein Bezugsrecht ist daher kein Geschenk, sondern stellt einen notwendigen Wertausgleich dar.

Bilanz – in der Bilanz werden die Vermögenswerte (Aktiva) eines Unternehmens dem Eigen- und Fremdkapital (Passiva) gegenübergestellt.

Blue Chips – amerikanischer Börsenausdruck für erstklassige Aktien renommierter Aktiengesellschaften, die in der Regel auch im Dow-Jones-Index vertreten sind.

Börse – Markt für Wertpapiere, Devisen u. a., auf dem Börsenmakler versuchen, zwischen Kauf- und Verkaufsaufträgen zu vermitteln und Preise bzw. Kurse für Wertpapiere, Devisen u. a. festzustellen.

Börsenumsatzsteuer – sämtliche Anschaffungsgeschäfte von Wertpapieren mit Ausnahme des Ersterwerbs unterliegen dieser Kapitalverkehrssteuer.

Bogen – zu jeder Aktie gehört ein Bogen mit Dividendenscheinen, zu jedem in effektiven Stücken ausgegebenen festverzinslichen Wertpapier gehört ein Bogen mit Zinsscheinen. Bei Fälligkeit der Dividenden oder Zinsen wird ein Abschnitt (Kupon) abgetrennt und bei dem betreffenden Unternehmen eingereicht.

Bond – US-Bezeichnung für festverzinsliches Wertpapier.

Briefkurs – kurz auch Brief (B); Kurs, zu dem lediglich Angebot, aber keine Nachfrage besteht.

Broker – englische Bezeichnung für Wertpapiermakler, der Geschäfte an der Börse vermittelt. Die Wertpapierhandelsfirmen werden als Brokerhäuser bezeichnet.

Bundesanleihen – Anleihen (festverzinsliche Wertpapiere) der Bundesrepublik Deutschland mit unterschiedlichen Laufzeiten. Kein Druck von effektiven Stücken.

Bundesobligationen – von der Bundesrepublik Deutschland herausgegebenes festverzinsliches Wertpapier mit einer Laufzeit von fünf Jahren. Die Ausgabe erfolgt in aufeinanderfolgenden Serien. Kein Druck von effektiven Stücken.

Bundesschatzbrief – Schuldverschreibung der Bundesrepublik Deutschland mit steigendem Zinssatz und einer Laufzeit von sechs oder sieben Jahren. Bundesschatzbriefe werden im Gegensatz zu Bundesanleihen und Bundesobligationen nicht an der Börse gehandelt.

C

Call-Option – amerikanische Bezeichnung für Kaufoption.

Cash-flow – Kennzahl zur Beurteilung der Finanz- und Ertragskraft eines Unternehmens. Der Cash-flow drückt die Selbstfinanzierungskraft eines Unternehmens aus, da er sich aus den Abschreibungen auf die Anlagen, den Zuweisungen an die Rücklagen sowie dem Reingewinn zusammensetzt. Er entspricht dem Betrag, der nach Abzug aller Ausgaben übrigbleibt und kennzeichnet damit die Expansionsfähigkeit eines Unternehmens.

Chartanalyse – aus grafischen Darstellungen (Charts) der bisherigen Kurs- und Umsatzentwicklung, die das Börsenverhalten der Anleger in der Vergangenheit widerspiegeln, werden Kursverläufe in der Zukunft abgeleitet.

Courtage – Vermittlungsgebühr von Maklern.

D

Deckungsstock – im Deckungsstock sind alle Vermögenswerte zusammengefaßt, die ein Versicherungsunternehmen zur Deckung der Risiken aus dem unmittelbaren Versicherungsgeschäft benötigt.

Depot – Aufbewahrungsort für Wertpapiere und Wertsachen.

Depotstimmrecht – Bezeichnung für das von Kreditinstituten nach Ermächtigung durch ihre Depotkunden auf der Hauptversammlung einer Aktiengesellschaft ausgeübte Stimmrecht.

Devisenbörse – für den amtlichen Handel in Devisen ist Frankfurt. Hier werden die Devisen von 17 Ländern gehandelt. Gegen 13 Uhr ermittelt der Makler im sog. Fixing die amtlichen Devisenkurse.

Disagio (Abgeld) – in Prozent oder DM ausgedrückter Preisabschlag, z. B. bei festverzinslichen Wertpapieren der Differenzbetrag zwischen dem Nennwert und dem darunterliegenden Ausgabekurs.

Diskontsatz – Zinssatz, den die Deutsche Bundesbank den Kreditinstituten beim Ankauf von Wechseln berechnet. Damit kann sie die Konditionsgestaltung der Banken ihren Kunden gegenüber beeinflussen.

Dividende – der auf die einzelne Aktie entfallende Teil des ausgeschütteten Gewinns einer Aktiengesellschaft. Eine Prozentangabe bezieht sich immer auf den Nennwert der Aktie.

Dividendenrendite – bezeichnet das Verhältnis der Dividende zum jeweiligen Börsenkurs der Aktie. Bei einer Dividende von z. B. DM 9,– je Aktie und einem Börsenkurs von DM 180,– errechnet sich eine Dividendenrendite von 5 Prozent.

Doppelbesteuerung –
a) doppelte Steuerbelastung desselben Vorganges durch Erfassung in zwei Ländern. Zur Vermeidung der doppelten Belastungen haben viele Länder untereinander Doppelbesteuerungsabkommen abgeschlossen.
b) Mehrfachbesteuerung desselben Steuergegenstandes, z. B. Besteuerung des Gewinns einer Aktiengesellschaft bei dieser selbst und zusätzlich beim Aktionär (bis 1977).

Dow-Jones-Index – Aktienindex des Verlages „Dow-Jones und Comp." für die New Yorker Aktienbörse. Am bekanntesten ist der Dow-Jones-Index für 30 Industriewerte, in dem die bedeutendsten amerikanischen Aktiengesellschaften vertreten sind. Gilt als Gradmesser für die New Yorker Börse.

E

ECU – Abkürzung für European Currency Unit; europäische Währungseinheit, die auf neun Währungen der Europäischen Gemeinschaft basiert, wobei sich die Gewichtung der einzelnen Währungen nach der Wirtschaftskraft des jeweiligen Landes richtet.

Effekten – Sammelbegriff für Wertpapiere.

Eigenkapital – das Eigenkapital einer Aktiengesellschaft setzt sich aus dem Grundkapital, den gesetzlichen und freien Rücklagen sowie einem möglichen Gewinnvortrag zusammen. Das Grundkapital einer Aktiengesellschaft beträgt mindestens DM 100 000,– und wird von den Aktionären eingezahlt.

Einheitskurs – auch Kassakurs genannt. Er wird für alle an der Börse notierten Wertpapiere während der Börsenzeit einmal festgestellt. Umsatzstarke Werte werden darüber hinaus noch zusätzlich fortlaufend während der gesamten Börsenzeit notiert.

Emission – Ausgabe von Wertpapieren, die neu an der Börse eingeführt werden. Sie erfolgt in der Regel durch Vermittlung von Banken.

Escomptieren – Bezeichnung für die Vorwegnahme künftiger Entwicklungen oder Ereignisse durch die Börse. In den Börsenkursen ist in der Regel die wirtschaftliche Entwicklung der kommenden sechs bis neun Monate bereits enthalten bzw. berücksichtigt.

Eurodollar – Bezeichnung für Guthaben, die in US-Dollar bei Banken außerhalb der USA gehalten werden.

F

festverzinsliche Wertpapiere – auch Rentenwerte genannt. Im Gegensatz zu den Aktionären, den Anteilseignern einer Gesellschaft, sind die Inhaber festverzinslicher Wertpapiere Gläubiger, die einem Unternehmen Geld leihen und dafür einen bestimmten Zinssatz als Gegenleistung bekommen.

Finanzierungsschätze – Schuldverschreibungen des Bundes mit ein- oder zweijähriger Laufzeit, die nicht an der Börse notiert werden. Die kleinste Stückelung beträgt DM 1000,–.

Floating – Bezeichnung für frei schwankende Wechselkurse, die an den internationalen Devisenbörsen lediglich aufgrund von Angebot und Nachfrage ermittelt werden.

fortlaufende Notierung – auch als variabler Handel bezeichnet. Aktien von größeren Gesellschaften mit regelmäßig hohen Umsätzen können vom Börsenvorstand zur fortlaufenden Notierung zugelassen werden, das heißt, es werden nach Bedarf während der gesamten Börsenzeit Kurse aufgrund von Angebot und Nachfrage ermittelt. Die Mindeststückzahl bzw. der Mindestschluß bei der fortlaufenden Notierung beträgt 50 Stück oder ein Mehrfaches davon.

Fonds – besonders abgegrenztes Vermögen; bei Investmentgesellschaften das Sondervermögen, d. i. das durch die Anteilseigner aufgebrachte Kapital, das je nach Satzung anzulegen ist (z. B. in inländischen Aktien oder Rentenwerten).

Freiverkehr – englisch „over the counter market". Neben dem amtlichen Handel, wo die Kurse von vereidigten Kursmaklern ermittelt werden, gibt es sowohl den geregelten Freiverkehr als auch den ungeregelten Freiverkehr, der teilweise auch als Telefonverkehr bezeichnet wird. Im Freiverkehr werden die Preise, nicht Kurse, von freien Maklern ermittelt. Die Zulassungsbedingungen im Freiverkehr sind weniger streng als die des amtlichen Börsenhandels. Allgemein besteht im Freiverkehr im Gegensatz zum amtlichen Handel kein Anspruch auf Ausführung eines Auftrages.

Fremdkapital – Schulden eines Unternehmens, mit denen das Eigenkapital ergänzt wird.

Fundamentalanalyse – Methode der Aktienanalyse, bei der die fundamentalen Daten eines Unternehmens wie zum Beispiel Gewinn, Abschreibungen usw. benutzt werden, um auf die Ertragskraft zu schließen.

G

Geldkurs – kurz auch Geld; Kurs, zu dem lediglich Nachfrage, aber kein Angebot besteht.

genehmigtes Kapital – für die Erhöhung des Grundkapitals einer Aktiengesellschaft ist ein Beschluß der Hauptversammlung erforderlich. Um der Verwaltung die Möglichkeit zu geben, das Kapital zu einem für die Gesellschaft günstigen Zeitpunkt zu erhöhen, gibt es das „genehmigte Kapital". Die Verwaltung wird in diesem Fall durch Hauptversammlungsbeschluß für höchstens fünf Jahre ermächtigt, neue Aktien je nach Kapitalbedarf und Börsenlage auszugeben.

Genußschein – Genußscheine verbriefen in der Regel einen Anteil am Reingewinn und/oder Liquidationserlös eines Unternehmens. Für die Ausgabe von Genußscheinen ist eine Dreiviertelmehrheit der Hauptversammlung erforderlich. Den Aktionären steht ein Bezugsrecht zu. Inhaber von Genußscheinen dürfen an der Hauptversammlung einer Aktiengesellschaft nicht teilnehmen.

Gewinnmitnahme – Sicherstellung von Kursgewinnen durch Verkauf der Wertpapiere bei steigenden Kursen aus Furcht, die Gewinne könnten bei fallender Tendenz wieder verlorengehen.

Girosammelverwahrung – Depotverwahrung von Wertpapieren, bei der der Depotkunde kein Eigentum an nummernmäßig bezeichneten einzelnen Stücken, sondern Bruchteilseigentum am Gesamtbestand der Wertpapiere derselben Gattung erwirbt.

Globalurkunde – Sammelurkunden für Wertpapiere. Um den Wertpapierhandel zu rationalisieren, wird häufig ein Teil der Emissionen als Globalurkunden ausgegeben und bei Wertpapiersammelbanken hinterlegt. Da die Wertpapiere in den Depots der Wertpapiersammelbanken nur sehr wenig tatsächlich bewegt werden, ist die Ausgabe von Globalurkunden eine sinnvolle Vereinfachung im Wertpapierhandel.

Gratisaktie – irreführende Bezeichnung für Berichtigungsaktien.

Grundkapital – das Grund- oder Aktienkapital einer Aktiengesellschaft beträgt mindestens DM 100 000,- und wird von den Aktionären eingezahlt. Das Grundkapital entspricht somit dem akkummulierten Nennwert aller ausgegebenen Aktien.

H

Hauptversammlung – die Hauptversammlung, Zusammenkunft aller Aktionäre oder ihrer Vertreter, ist das oberste Organ einer Aktiengesellschaft. Die Hauptversammlung muß mindestens einmal jährlich stattfinden und beschließt dann über die Verwendung des Bilanzgewinns, die Entlastung von Vorstand und Aufsichtsrat, die Bestellung der Mitglieder des Aufsichtsrates, Satzungsänderungen sowie über Maßnahmen der Kapitalbeschaffung.

Hausse – Ausdruck für Börsentendenz, wenn die Kurse über längere Zeit stark ansteigen.

Hedging – unter Hedging versteht man das Abschließen eines Sicherungsgeschäftes, bei dem mögliche Preisverluste eines Händlers oder Verarbeiters von Rohstoffen am physischen Markt durch ein Gegengeschäft an der Terminbörse abgesichert bzw. ausgeglichen werden.

I

Immobilienfonds – Investmentsfonds, dessen Vermögen in Grundstücken und Gebäuden angelegt ist.

Index – durch einen Index werden z. B. Kursveränderungen von mehreren verschiedenen Aktien zusammen in einem bestimmten Zeitraum erfaßt und ausgedrückt. Der Ausgangspunkt wird dabei in der Regel auf 100 gesetzt.

Indossament – schriftliche Erklärung auf der Rückseite von übertragbaren Wertpapieren, durch die das Eigentum an diesem Papier auf den Empfänger übertragen wird.

Inflation – lateinisch inflare = aufblühen; Ausdruck für eine nachhaltige Verschlechterung des Geldwertes. Inflation entsteht immer dann, wenn die gesamtwirtschaftliche Nachfrage nach Gütern und Dienstleistungen das zum selben Zeitpunkt vorhandene gesamtwirtschaftliche Angebot weit übertrifft.

Inhaberpapiere – bei Inhaberpapieren, dazu gehört auch die Inhaberaktie, kann der jeweilige Inhaber des Wertpapieres seine Rechte geltend machen, während bei den Namenspapieren die Wertpapiere auf den jeweiligen Namen ausgestellt sein müssen, damit die entsprechenden Rechte geltend gemacht werden können.

Insider – Personen, die aufgrund ihrer Position in einem Unternehmen einen Informationsvorsprung haben. Insidern ist untersagt, vertrauliche Informationen zum eigenen Vorteil oder zum Vorteil dritter an der Börse auszunutzen.

Insolvenz – mit Insolvenz wird die Zahlungsunfähigkeit eines Unternehmens bezeichnet.

Investmentfonds, Investmentgesellschaft – Kapitalanlagegesellschaft, die verschiedene Aktien oder Anleihen kauft, diese nach dem Grundsatz der Risikomischung zu einem Fonds zusammenfaßt und Anteilscheine an einem solchen Investmentfonds ausgibt. Die Kursentwicklungen der Aktien oder Anleihen bestimmen den Wert des Investmentfonds und damit auch die Ausgabe- und Rücknahmekurse. Die Erträge des Investmentfonds werden in der Regel an die Käufer der Investmentanteile ausgeschüttet.

J

junge Aktien – neue, zur Erhöhung des Grundkapitals einer Aktiengesellschaft ausgegebene Aktien. Junge Aktien dürfen nicht unter dem Nennwert ausgegeben werden. An der Börse werden die neu ausgegebenen jungen Aktien und die bereits früher ausgegebenen „alten" Aktien so lange getrennt notiert, bis beide den gleichen Dividendenanspruch haben.

K

Kapitalerhöhung – Erhöhung des Grundkapitals einer Aktiengesellschaft durch Ausgabe junger Aktien, entweder durch die Zuführung neuer Mittel oder durch Finanzierung aus den Rücklagen. Die Aktionäre haben grundsätzlich Anspruch auf ein Bezugsrecht zum Erwerb der neuen Aktien.

Kapitalertragssteuer – die Kapitalertragssteuer in Höhe von üblicherweise 25 Prozent wird unmittelbar von den steuerpflichtigen Kapitalerträgen wie zum Beispiel den Dividenden abgezogen. Sie ist allerdings in der Bundesrepublik keine eigenständige Steuer, sondern ein vorgezogener pauschaler Abzug auf die Einkommenssteuererklärung, wobei die Kapitalertragssteuer auf die Steuerschuld angerechnet wird.

Kapitalmarkt – der Markt für langfristiges Geld (Kapital), im Gegensatz zum Geldmarkt, auf dem kurzfristige Gelder gehandelt werden. Kernstück des Kapitalmarkts ist der Wertpapiermarkt mit seinen wesentlichen Teilgebieten, Aktienmarkt und Rentenmarkt. Dieser Markt ist organisiert durch Banken und Börsen.

Kapitalmarktzins – Zinssatz für die Überlassung von Geld für längere Zeit. Häufig wird damit der Zinssatz bezeichnet, zu dem festverzinsliche Wertpapiere ausgegeben werden können.

Kapitalschnitt – unter Kapitalschnitt versteht man die Herabsetzung des Grundkapitals und die daraus resultierende Zusammenlegung von Aktien, verbunden mit anschließender Kapitalerhöhung durch Ausgabe von jungen Aktien. Ein Kapitalschnitt erscheint immer dann sinnvoll, wenn ein ansonsten ertragsstarkes Unternehmen vorübergehend in Schwierigkeiten geraten ist und Verluste produziert hat. Die Herabsetzung des Grundkapitals bewirkt einen Verlustausgleich, so daß die jungen Aktien in der Regel problemlos zu einem über dem Nennwert liegenden Kurs ausgegeben werden können und somit die Kapitalbasis des Unternehmens für einen Neubeginn gestärkt wird.

Kassakurs – auch Einheitskurs, er wird für alle an der Börse notierten Wertpapiere während der Börsenzeit einmal festgestellt. Umsatzstarke Werte werden darüber hinaus noch zusätzlich fortlaufend während der gesamten Börsenzeit notiert.

Kassenverein – auch Wertpapiersammelbank; Spezialinstitut für die Abwicklung des Wertpapiergiroverkehrs und der Wertpapiersammelverwahrung.

Die Kassenvereine übernehmen die buchmäßige Übereignung der Wertpapiere und führen alle Verwaltungsarbeiten wie zum Beispiel Abtrennung und Einlösung der fälligen Zins- und Dividendenscheine durch.

Kaufoption – der Käufer einer Kaufoption erwirbt gegen Zahlung eines Optionspreises das Recht, innerhalb einer bestimmten Frist jederzeit vom Verkäufer (Stillhalter) eine bestimmte Anzahl Wertpapiere zum vereinbarten Basispreis kaufen zu können.

Körperschaftssteuer – Steuer auf Gewinne von Kapitalgesellschaften und anderen Körperschaften. Gewinne, die die Gesellschaft zur Erhöhung ihrer Rücklagen einbehält, werden mit 56 Prozent belastet, während ausgeschüttete Gewinne wie Dividendenzahlungen nur mit 36 Prozent besteuert werden. Seit 1977 wird die Körperschaftssteuer auf die Einkommenssteuer voll angerechnet.

Konkurs – auch als Insolvenz bezeichnet; gerichtliches Zwangsverfahren, um die Vermögensmasse eines zahlungsunfähig gewordenen Schuldners möglichst gerecht und gleichmäßig auf die Gläubiger zu verteilen.

Kulisse – Bezeichnung für den Berufshandel der Makler und Kreditinstitute, wenn diese für eigene Rechnung Börsengeschäfte abschließen.

Kupon – Bezeichnung für die Dividenden- und Zinsscheine, die jeweils zusammen den Kuponbogen bilden, der in der Regel zu jedem Wertpapier gehört. Bei Fälligkeit der Dividenden oder Zinsen wird ein Abschnitt (Kupon) abgetrennt und bei dem betreffenden Unternehmen eingereicht.

Kurs – Börsenpreis von Wertpapieren, Devisen und Waren, der durch Angebot und Nachfrage gebildet wird.

Kurs-Gewinn-Verhältnis – englisch „Price-Earnings-Ratio“, Abkürzung KGV oder P/E. Der Kurs der Aktie wird dabei durch den geschätzten oder tatsächlichen Gewinn pro Aktie geteilt. Die daraus resultierende Kennzahl gibt dann an, mit dem Wievielfachen des Jahresgewinnes die Aktie zur Zeit an der Börse bewertet wird.

Kursmakler – die amtlichen Vermittler von Wertpapiergeschäften an der Börse. Sie vermitteln Börsengeschäfte für die zum Handel zugelassenen Börsenbesucher ausschließlich in amtlich notierten Werten und wirken an der Kursfeststellung mit. Sie sind streng zu unterscheiden von den freien Maklern. Sie werden von der Landesregierung unter Mitwirkung von Maklerkammer und

Börsenvorstand bestellt und vom Staatskommissar auf gewissenhafte Ausübung ihres Amtes vereidigt.

Kurszusätze – Zusätze zu den Börsenkursen, die das Verhältnis von Angebot und Nachfrage (Brief und Geld) bei der Ermittlung des Kurses erläutern sollen.

Kuxe – Anteile an einer bergrechtlichen Gewerkschaft, die keinen Nennwert haben, sondern einen Quotenanteil am Vermögen der Gewerkschaft verkörpern.

L

Leerverkauf – auch als Fixen bezeichnet; Verkauf von Wertpapieren oder Waren an der Börse, die der Verkäufer noch nicht besitzt. Der Verkäufer hofft, daß die Kurse in nächster Zeit sinken und er sich dann günstiger eindecken kann. In Deutschland ist dieses Verfahren nur für den Berufshandel und in einem Zeitraum von höchstens 3 bis 4 Tagen möglich.

Leitzins – von der Notenbank festgesetzter Zinssatz für Zentralbankgeld, dessen Höhe das allgemeine Zinsniveau beeinflußt. In der Bundesrepublik wirken der Diskontsatz und der Lombardsatz als Leitzins.

Libor – Abkürzung für London Interbank Offered Rate. Libor bezeichnet den Zinssatz, den Banken am Londoner Geldmarkt für sechsmonatige Einlagen anderer Banken bieten.

Limit – Preis- bzw. Kursgrenze, die bei Börsengeschäften vom Auftraggeber dem ausführenden Kreditinstitut gesetzt wird. Das Limit darf beim Kauf nicht überschritten und beim Verkauf nicht unterschritten werden.

Lombardsatz – Zinssatz für Kredite, die von der Bundesbank gegen Verpfändung von Wertpapieren den Kreditinstituten gewährt werden.

M

Makler – der Makler führt Kauf- und Verkaufsinteressenten von Wertpapieren, Grundstücken usw. zusammen und erhält hierfür bei erfolgreichem Abschluß eine Vergütung, die sogenannte Maklercourtage (siehe auch Kursmakler).

Mantel – Bezeichnung für die Urkunde eines Wertpapiers, die die eigentlichen Teilhaberrechte aus dem Besitz verbrieft.

Mindestreserve – von den Kreditinstituten bei der Deutschen Bundesbank zinslos festzulegende Gelder. Die Höhe der Mindestreservenhaltung eines Kreditinstitutes richtet sich nach Art und Höhe seines Einlagenbestandes. Für Spareinlagen gelten die niedrigsten, für Sichteinlagen wie zum Beispiel Guthaben auf Bankkonten, über die jederzeit verfügt werden kann, die höchsten Reservesätze.

mündelsichere Anlage – vom Gesetzgeber vorgeschriebene Anlageform für Vermögen von Mündeln (unter Vormundschaft stehende Personen wie zum Beispiel Minderjährige). Mündelsichere Wertpapiere sind u. a. Pfandbriefe und Anleihen des Bundes, der Länder und Kommunen sowie Finanzierungsschätze und Bundesschatzbriefe.

N

Nachbörse – Wertpapiergeschäfte, die im Anschluß an die offizielle Börsenzeit zwischen Banken und Maklern telefonisch im ungeregelten Freiverkehr abgewickelt werden. Die Kursnotierungen der Nachbörse geben bis zu einem gewissen Grad einen Hinweis darauf, wie sich die Kurse am folgenden Tag entwickeln werden.

Namensaktie – auf den Namen des Aktionärs ausgestellte Aktie. Die Eigentumsübertragung kann durch Indossament oder durch Abtretung des Rechts übertragen werden. Die Übergabe des Papiers ist daher bei der Übertragung unerläßlich. Die Eintragung von Name, Wohnort und Beruf ins Aktienbuch der Gesellschaft ist zur Übertragung nicht erforderlich, wohl aber zur Ausübung der Rechte wie zum Beispiel des Stimmrechts und Gewinnbezugsrechts.

Nennwert – auch Nominalwert, ist einer Aktie aufgedruckt und entspricht hier dem wertmäßigen Anteil am Grundkapital der betreffenden Aktiengesellschaft. Die Summe der Nennwerte aller Aktien einer Aktiengesellschaft entspricht also ihrem Grund- bzw. Aktienkapital. Der Mindestnennwert einer Aktie beträgt in der Bundesrepublik Deutschland DM 50,–. Höhere Aktiennennwerte müssen auf volle DM 100,– lauten.

Neuemission – andere Bezeichnung für Erstemission. Unter Neuemission versteht man die Ausgabe von Aktien einer Aktiengesellschaft, die bisher noch nicht an der Börse vertreten war.

Nominalzins – Zinssatz, der auf den Nennwert eines Wertpapiers bezogen ist.

Nonvaleurs – Bezeichnung für Wertpapiere, die zur Zeit keinen oder keinen realisierbaren Wert haben.

Notenbank – Bank, die das Recht zur Ausgabe von Banknoten besitzt, zum Beispiel die Deutsche Bundesbank.

O

Obligation – anderer Begriff für Schuldverschreibung, also eine Urkunde, in der sich der Aussteller dem Inhaber gegenüber zur Rückzahlung der geliehenen Geldsumme und zu einer laufenden Zinszahlung verpflichtet.

Optionsanleihe – Anleihe, die neben Zinszahlungen und Rückzahlungsverpflichtungen dem Inhaber noch ein Bezugsrecht an Aktien der Gesellschaft einräumt. Das Optionsrecht ist in gesonderten Optionsscheinen verbrieft, die auch getrennt von der Anleihe handelbar sind.

Optionsgeschäft – seit 1970 als Variante des Termingeschäftes in Deutschland börsenmäßig wieder zugelassen.
Gegenstand eines jeden Optionsgeschäftes ist der Erwerb oder die Veräußerung eines Rechts (Option) zum Kauf oder Verkauf von Wertpapieren.
Mit einer *Kauf*option erwirbt der Käufer gegen Zahlung eines Optionspreises das Recht, vom Verkäufer während einer vorher festgelegten Frist jederzeit die Lieferung einer bestimmten Anzahl von Wertpapieren zu einem vorher festgelegten Preis zu verlangen.
Mit einer *Verkaufs*option dagegen erwirbt der Käufer mit Zahlung des Optionspreises das Recht, innerhalb der Optionsfrist dem Verkäufer jederzeit eine bestimmte Anzahl Wertpapiere zu dem vereinbarten Basispreis zu verkaufen.

Optionsschein – Teil einer Optionsanleihe, der ein Bezugsrecht auf Aktien der Gesellschaft verbrieft und an der Börse auch getrennt von der Anleihe gehandelt wird.
Ein Optionsschein entspricht faktisch einer langlaufenden Kaufoption.

P

Pari-Emission – Ausgabe von Wertpapieren zum Nennwert.

Partizipationsscheine – der schweizerische Partizipationsschein verbrieft ähnlich wie der deutsche Genußschein einen Anteil am Reingewinn und/oder Liquidationserlös eines Unternehmens. Inhaber von Partizipationsscheinen haben Mitgliedschaftsrechte und daher auch kein Stimmrecht auf der Hauptversammlung einer Aktiengesellschaft.

Pensionsgeschäfte – Verkäufe von Wertpapieren, bei denen die Vertragspartner zugleich vereinbaren, daß der Verkäufer die gleichen Wertpapiere zu einem späteren Zeitpunkt und zu einem bestimmten Preis zurückerwerben muß.

Prime Rate – Zinssatz großer amerikanischer Banken für erstklassige Kreditnehmer. Da sich alle anderen Kreditsätze nach der Prime Rate richten, erfüllt diese in den USA eine Leitzinsfunktion, ähnlich wie in der Bundesrepublik Deutschland der Diskontsatz.

Prospekthaftung – Haftung bei falschen Prospektangaben. Vor der Zulassung eines Wertpapiers zum Börsenhandel wird in der Regel ein Prospekt erstellt, der maßgebliche Daten für die Beurteilung des betreffenden Wertpapiers enthält. Sind wichtige Angaben in diesem Prospekt unrichtig oder unvollständig, so haften diejenigen, die den Prospekt erlassen haben, sowie diejenigen, von denen der Erlaß des Prospektes ausgegangen ist. Die Haftung kommt allerdings nur dann voll zum Tragen, wenn die Falschaussage bekannt war oder man diese hätte erkennen müssen.

Put-Option – Bezeichnung für Verkaufsoption.

Q

Quellensteuer – Steuer, die dort zu erheben ist, wo die Einkünfte entstehen. In der Bundesrepublik Deutschland sind Lohnsteuer und Kapitalertragssteuer typische Quellensteuern.

Quotenaktie – in den USA, Kanada und Italien weit verbreitete Aktie ohne Nennwert, die in der Bundesrepublik nicht zulässig ist. Die Quotenaktie lautet ähnlich wie ein Investmentzertifikat auf einen Bruchteil am Kapital einer Aktiengesellschaft. Die Notierung an der Börse erfolgt pro Stück.

R

Realzins – Zinssatz, der sich durch Abzug der Inflationsrate vom Nominalzinssatz ergibt.

Reichsmark (RM) – Deutsche Währung von 1924 bis 1948.

Rendite – tatsächliche Verzinsung (Effektivverzinsung) des eingesetzten Kapitals. Auch bezeichnet als Gesamterfolg einer Kapitalanlage.

Rentabilität – Bezeichnung für die Ertragssituation eines Unternehmens.

Rentenfonds – Investmentfonds mit ausschließlich festverzinslichen Wertpapieren.

Rentenmarkt – Bezeichnung für den Börsenhandel mit festverzinslichen Wertpapieren.

Repartieren – anderer Begriff für zuteilen oder rationieren. Wenn bei einer Neuemission die Nachfrage größer ist als das Angebot, die Emission also überzeichnet ist, bekommt jeder Zeichner nur einen Teil seiner früheren Order zugeteilt

S

SEC – Securities Exchange Commission; oberste Wertpapier- und Börsenkommission der USA, die das gesamte Wertpapiergeschäft beaufsichtigt.

Spekulation – Geschäft, das in der Erwartung eines nicht sicher kalkulierbaren Gewinns abgeschlossen wird und dementsprechend mit einem gewissen Risiko verbunden ist.

Spekulationssteuer – Einkommenssteuer auf Spekulationsgewinne. Es unterliegen der Spekulationssteuer nur solche Gewinne, die aus Verkäufen von Aktien und Wandelanleihen entstehen, wenn zwischen Anschaffung und Verkauf weniger als sechs Monate liegen. Spekulationsgewinne bis zu 1 000 DM im Kalenderjahr bleiben steuerfrei. Kursgewinne *von* Schuldverschreibungen, Anleihen, Pfandbriefen, Kommunalobligationen, Industrieanleihen usw. werden in der Regel ebenfalls nicht der Steuer unterworfen.

Splitting – Aufteilung eines Wertpapiers in zwei oder mehrere neue Urkunden, die zusammen den gleichen Wert aufweisen wie das alte Wertpapier. Entweder wird beim Splitting der Nennwert einer Aktie herabgesetzt oder bei nennwertlosen Aktien verringert sich nach einem Split der Anteil der einzelnen Aktie am Kapital einer Aktiengesellschaft. Bei einem Split erniedrigt sich also der optisch hohe Kurs einer Aktie und regt so möglicherweise zu neuen Käufen an.

Stammaktie – Bezeichnung für die von einer Aktiengesellschaft üblicherweise ausgegebene Aktie, die nicht mit irgendwelchen Vorrechten ausgestattet ist.

Stillhalter – Bezeichnung für den Verkäufer einer Option, der abwarten muß, ob der Käufer der Option die Erfüllung des Geschäfts verlangt oder dieses verfallen läßt.

Stimmrecht – Recht eines Aktionärs, an der Beschlußfassung in der Hauptversammlung einer Aktiengesellschaft mitzuwirken. In der Regel hat ein Aktionär pro Aktie eine Stimme, lediglich die Inhaber von stimmrechtlosen Vorzugsaktien bleiben ohne Stimmrecht.

Stockdividende – aus den USA übernommene Bezeichnung für eine Dividendenausschüttung in Form von Aktien anstatt in bar. Der Bilanzgewinn des Unternehmens wird in die Rücklage überführt und mit Ausgabe der Aktien in Grund- bzw. Aktienkapital umgewandelt.

Streifbanddepot – separate Verwahrung von Wertpapieren. Um die Wertpapiere wird dazu ein Streifband gelegt, auf dem der Name des Besitzers vermerkt ist.

Stückzinsen – beim Kauf eines festverzinslichen Wertpapiers erhält der Käufer zusammen mit dem Wertpapier einen Zinsscheinbogen, mit dem er die volle Jahresausschüttung beantragen kann. Da der Käufer eines festverzinslichen Wertpapiers aber nur jenen Teil der Jahreszinsen beanspruchen darf, der auf die Zeit nach dem Kauf entfällt, sind neben dem Börsenkurs zusätzlich die anteiligen Zinsen zu zahlen, die vom Tag der vorherigen Zinszahlung bis zum Verkaufstag angefallen sind. Diese Stückzinsen stehen dem Verkäufer des festverzinslichen Wertpapiers zu.

Substanzwert – der Substanzwert eines Unternehmens ergibt sich aus der aktuellen Bewertung des vorhandenen Vermögens abzüglich Schulden.

T

Tafelgeschäft – Wertpapiergeschäft, bei dem der Kunde am Bankschalter Wertpapiere gegen Barzahlung und ohne Registrierung Zug um Zug ausgehändigt bekommt.

Taxkurs – als Kurszusatz: T oder Taxe; Kurs, der lediglich durch Schätzung festgesetzt wurde, da mit dem betreffenden Wert keine Umsätze verzeichnet werden konnten.

Telefonhandel – Bezeichnung für einen Teilbereich des ungeregelten Freiverkehrs, wo Wertpapiere lediglich telefonisch außerbörslich unter Banken und Maklern gehandelt werden.

Tenderverfahren – Verfahren zur Unterbringung bzw. Plazierung neu ausgegebener Wertpapiere. Die Wertpapiere werden lediglich mit einem Mindestkurs zum Kauf angeboten. Interessenten müssen ihr Gebot unter Angabe des Kurses einreichen, den sie zu zahlen bereit sind. Ausgehend vom höchsten bis zum niedrigsten Gebot erfolgt dann in absteigender Reihenfolge die Zuteilung des vorhandenen Materials.

Thesaurierung – Verwendung von Unternehmensgewinnen zur Stärkung der Rücklagen anstelle einer Ausschüttung an die Eigentümer.

Tranche – Bezeichnung für den Teilbetrag einer Emission.

U

Überzeichnung – die Zeichnungen bei einer Emission übersteigen das Angebot. Es erfolgt eine begrenzte, quotenmäßige Zuteilung der Wertpapiere. Oft kommt es zu Auslosungen.

V

Variable Notierung – Aktien von bedeutenden und umsatzstarken Aktiengesellschaften können auf Antrag vom Börsenvorstand zum variablen Handel zugelassen werden. Im Rahmen der variablen Notierung werden nur Aufträge ausgeführt, die auf eine Mindestmenge bzw. einem Mindestschluß von 50 Aktien oder einem Vielfachen davon laufen. Der Makler setzt fortlaufend immer dann Kurse fest, wenn er einen neuen Umsatz zu einem Kurs getätigt hat, der sich von dem vorangegangenen Kurs unterscheidet. Kleinere Aufträge unter 50 Stück, sowie die Spitzenbeträge größerer Orders werden zum Einheits- bzw. Kassakurs ausgeführt.

Vergleich – Vereinbarung zwischen einem in Zahlungsschwierigkeiten geratenen Unternehmen und seinen Gläubigern. Die Gläubiger verzichten bei einem Vergleich auf einen Teil ihrer Forderungen, um den Fortbestand des Unternehmens zu ermöglichen und einen Konkurs abzuwenden. Beim gerichtlichen Vergleich beträgt die Vergleichsquote mindestens 35 Prozent.

Verkaufsoption – der Käufer einer Verkaufsoption erwirbt gegen Zahlung des Optionspreises das Recht, innerhalb einer bestimmten Frist dem Verkäufer eine bestimmte Anzahl Wertpapiere zu dem vereinbarten Basispreis zu verkaufen.

vinkulierte Namensaktie – Namensaktie, die nur mit Genehmigung der Aktiengesellschaft übertragen werden darf, um einer Überfremdung des Aktionärskreises vorzubeugen.

Vorbörse – Wertpapiergeschäfte, die vor der offiziellen Börsenzeit zwischen Banken und Maklern vorwiegend telefonisch im ungeregelten Freiverkehr abgewickelt werden.

Vorstand – der Vorstand wird für höchstens fünf Jahre vom Aufsichtsrat bestellt. Er leitet eigenverantwortlich die Geschäfte einer Aktiengesellschaft.

Vorzugsaktie – auch „Vorzüge"; die Inhaber von Vorzugsaktien besitzen gegenüber den Stammaktionären gewisse Vorrechte, die sich auf die Ausschüttung einer Vorzugsdividende, auf die Verteilung eines eventuellen Liquidationserlöses sowie ein Mehrfachstimmrecht beziehen können.

W

Wall Street – Straße im New Yorker Stadtteil Manhattan, wo sich die bedeutendste Börse der Welt befindet, die New York Stock Exchange (NYSE).

Wandelanleihe – Anleihe, die innerhalb eines bestimmten Zeitraumes unter festgelegten Bedingungen in Aktien der ausgebenden Gesellschaft umgewandelt werden kann.

Werbungskosten – Werbungskosten sind Aufwendungen, die dem Erwerb, der Sicherung und der Erhaltung der Einkünfte z. B. aus Kapitalvermögen dienen.
Abzugsfähige Werbungskosten sind beispielsweise Depotgebühren, der Besuch der Hauptversammlung und auch Fachliteratur wie Börseninformationsdienste oder Handelsblatt.
Nicht zu den Werbungskosten zählen dagegen Aufwendungen bei der Anschaffung und Veräußerung von Wertpapieren wie Bankprovisionen, Maklergebühren und Börsenumsatzsteuer.
Schuldzinsen für einen Kredit zum Erwerb von Wertpapieren sind als Werbungskosten nur abzugsfähig, wenn auf Dauer gesehen ein Überschuß der Einnahmen über die Ausgaben erwartet werden kann.

Wertpapiersammelbank – die Wertpapiersammelbanken, auch als Kassenvereine bezeichnet, übernehmen die buchmäßige Übereignung der Wertpapiere und führen alle Verwaltungsarbeiten wie zum Beispiel Abtrennung und Einlösung der fälligen Zins- und Dividendenscheine durch.

Windfall profits – Bezeichnung für Unternehmensgewinne, die zufällig anfallen, ohne daß das Unternehmen dafür eine Gegenleistung erbracht hat. Eine vom Unternehmen nicht zu verantwortende Höherbewertung der eigenen Rohstoffreserven gehört ebenso dazu wie auch Gewinne, die durch schwankende Wechselkurse verursacht werden.

Window dressing – Bezeichnung für Transaktionen, die darauf abzielen, die Situation einer Unternehmung am Bilanzstichtag günstiger erscheinen zu lassen, als sie tatsächlich ist. Banken sind zum Beispiel zum Bilanzstichtag häufig bemüht, ihre flüssigen Mittel bzw. ihre Liquidität zu vergrößern, um dadurch eine günstigere Bilanzoptik zu erreichen.

Wurzelaktie – Bezeichnung für eine Aktie, die entgegen den Erwartungen im Kurs nicht gestiegen, sondern gefallen ist. Die Aktie „wächst" also nicht nach oben, sondern sie neigt sich zu den „Wurzeln".

Z

Zahlungsbilanz – Einnahmen und Ausgaben des Landes im Verkehr mit dem Ausland, also die Einnahmen aus dem Export von Gütern, Dienstleistungen und die Ausgaben für den Import von Gütern und Leistungen, ergänzt durch die Aus- und Einfuhr von Kapital. Aus dem Saldo ergibt sich ein Überschuß oder ein Defizit. Teile der Zahlungsbilanz sind die Handelsbilanz (Warenverkehr), die Leistungsbilanz (die gesamte volkswirtschaftliche Leistung) und Kapitalbilanz (Kapitalverkehr mit dem Ausland).

Zeichnen – Erklärung, die zur Übernahme eines bestimmten Betrages von neu ausgegebenen Wertpapieren verpflichtet.

Zentralbankrat – oberstes Währungsgremium der Bundesbank, bestimmt die Geld- und Währungspolitik des Landes und setzt u. a. Diskont- und Lombardsatz fest. Von seinen Entscheidungen gehen häufig wesentliche Impulse für die Kursentwicklung an den Börsen aus.

Zero-Bond – Festverzinsliches Wertpapier ohne laufende Zinszahlung, auch als „Null-Kupon-Anleihe" bezeichnet. Sie wird abgezinst, das heißt unter dem Nennwert des Wertpapiers ausgegeben, und bei Fälligkeit zum Nennwert getilgt. Je nach Zinssatz und Laufzeit kann der Ausgabekurs bis zu 90 Prozent unter der verbrieften Rückzahlung liegen. Der Ertrag für den Kapitalanleger besteht also aus der Differenz zwischen dem Ausgabekurs und dem späteren Rückzahlungsbetrag, der dem Nennwert der Anleihe entspricht. Da die Zinsen erst am Ende der Laufzeit gezahlt werden, entfällt das Wiederanlagerisiko.

Zinswarrant – Optionsschein, der zum Bezug von festverzinslichen Wertpapieren berechtigt.

> Kaufen Sie Land. Es wird nicht mehr erzeugt.
> *Mark Twain*

Register